U0525206

谨以此书纪念教育部重点研究基地建设 20 年,并献给以各种方式参与和支持田野政治学的构建者!

徐勇 著

田野政治学的构建

FIELD
POLITICS

中国社会科学出版社

图书在版编目（CIP）数据

田野政治学的构建 / 徐勇著 . —北京：中国社会科学出版社，2021.9
ISBN 978 – 7 – 5203 – 8705 – 7

Ⅰ.①田⋯　Ⅱ.①徐⋯　Ⅲ.①政治学—研究—中国　Ⅳ.①D6

中国版本图书馆 CIP 数据核字（2021）第 136669 号

出 版 人	赵剑英
责任编辑	冯春凤
责任校对	张爱华
责任印制	张雪娇

出　　版	中国社会科学出版社
社　　址	北京鼓楼西大街甲 158 号
邮　　编	100720
网　　址	http://www.csspw.cn
发 行 部	010 – 84083685
门 市 部	010 – 84029450
经　　销	新华书店及其他书店

印　　刷	北京君升印刷有限公司
装　　订	廊坊市广阳区广增装订厂
版　　次	2021 年 9 月第 1 版
印　　次	2021 年 9 月第 1 次印刷

开　　本	710×1000　1/16
印　　张	28.5
插　　页	2
字　　数	438 千字
定　　价	138.00 元

凡购买中国社会科学出版社图书，如有质量问题请与本社营销中心联系调换
电话：010 – 84083683
版权所有　侵权必究

目 录

第一章 以田野政治为对象的田野政治学 …………………… (1)
 一 从农村基层政治切入 ……………………………………… (1)
 二 作为对象的田野政治 ……………………………………… (6)
 三 田野政治学的自觉追求 …………………………………… (8)
 四 构建田野政治学的思考 ………………………………… (14)

第二章 以田野调查为基础的田野政治学 …………………… (17)
 一 基于承担项目的田野调查 ……………………………… (17)
 二 基于跟踪观察的田野调查 ……………………………… (23)
 三 基于历史使命的田野调查 ……………………………… (30)
 四 基于历史比较的调查翻译 ……………………………… (36)
 五 基于田野调查的体会与思考 …………………………… (42)

第三章 以制度与人为进路的田野政治学 …………………… (44)
 一 "乡政村治"的基本架构 ……………………………… (44)
 二 村民自治与基层民主 …………………………………… (46)
 三 "三农"问题与乡村治理 ……………………………… (53)
 四 税费改革与乡镇体制改革 ……………………………… (56)
 五 接点政治与地方治理创新 ……………………………… (58)
 六 社区建设与城市治理创新 ……………………………… (62)
 七 制度实践中的田野政治学 ……………………………… (65)

第四章 以现场实验为引导的田野政治学 (68)
  一 以现场实验作为研究方法 (68)
  二 以农民参与为目标的"黄梅实验" (70)
  三 以农民组织为目标的"蒙城实验" (75)
  四 以农民能力为目标的"南农实验" (78)
  五 以乡镇选举为目标的"杨集实验" (80)
  六 在实验中深化认识的田野政治学 (82)

第五章 以实证思维为原则的田野政治学 (86)
  一 从"唯书""唯上"解放出来 (86)
  二 事实先于价值：从事实出发 (88)
  三 理解先于评价：以解释为重 (94)
  四 他我先于自我：历史是过程 (98)
  五 将视野引向深处的实证思维 (103)

第六章 以田野教学为特色的田野政治学 (106)
  一 以学生主体为基础 (106)
  二 以方向方法为路径 (108)
  三 以能力提升为目标 (112)
  四 以现场教学为特色 (116)
  五 以志同道合为纽带 (122)

第七章 以农民特性为视角的田野政治学 (125)
  一 传统社会农民政治特性的二重性 (125)
  二 对农民的再认识与"社会化小农" (128)
  三 超越抗争性模式的"农民创造性" (132)
  四 中国奇迹创造主体与"农民理性" (136)
  五 基于内在责任机制的"小农韧性" (139)
  六 基于历史和社会关系的"农民性" (143)
  七 非精英主义，亦非民粹主义观点 (146)

第八章 以家户制度为钥匙的田野政治学 ……………………(151)
  一 理论准备不足与包产到户 ………………………………(151)
  二 理论尚不彻底与再识农户 ………………………………(154)
  三 理论认识不一致与家户制 ………………………………(157)
  四 将家户制置于历史比较中 ………………………………(160)
  五 将家户带入国家进程研究 ………………………………(166)
  六 理解中国特性的一把钥匙 ………………………………(169)

第九章 以村庄类型为切口的田野政治学 ……………………(173)
  一 超级村庄的崛起与能人型治理 …………………………(173)
  二 治理视角下的村庄分类与权威 …………………………(176)
  三 农村社区建设与微观组织再造 …………………………(179)
  四 集体经营与个体经营的区域性 …………………………(184)
  五 "分与合"为标准的区域村庄 …………………………(187)
  六 历史延续性视角下的社会形态 …………………………(191)
  七 社会基本单元与内生政治形态 …………………………(193)
  八 将社会形态带入国家进程研究 …………………………(197)

第十章 以国家形态为关联的田野政治学 ……………………(199)
  一 起点于非均衡的中国政治 ………………………………(199)
  二 着眼现代化中的国家主导 ………………………………(203)
  三 在自治中发现政府主动性 ………………………………(205)
  四 将现代国家带入乡村治理 ………………………………(208)
  五 从"下乡"建构"国家化" ……………………………(212)
  六 在深耕田野中扩展"国家化" …………………………(215)
  七 国家在关系叠加中的演化 ………………………………(218)
  八 探求田野与国家互动机理 ………………………………(220)

第十一章 以政治理论为拓展的田野政治学 …………………(223)
  一 由村民自治建构"草根民主" …………………………(223)

二　提出本质平等与事实不平等 …………………………………（228）
　三　田野中发掘"东方自由主义" ………………………………（232）
　四　田野揭开"专制主义"遮蔽 …………………………………（237）
　五　在关系社会中建构"关系权" ………………………………（240）
　六　从宗族社会发现"祖赋人权" ………………………………（243）
　七　中国场景中发现"积极政府" ………………………………（247）
　八　往来于理论殿堂与田野调查间 ………………………………（250）

第十二章　以著书立说为目标的田野政治学 ……………………（254）
　一　著书中形成立说自觉 …………………………………………（254）
　二　中国政治的非均衡性 …………………………………………（256）
　三　从中国理解村民自治 …………………………………………（259）
　四　农民流动的乡村治理 …………………………………………（264）
　五　国家化与农民性互动 …………………………………………（266）
　六　关系叠加的国家演化 …………………………………………（269）
　七　著书必要立说更重要 …………………………………………（273）

第十三章　以概念建构为标识的田野政治学 ……………………（275）
　一　概念自觉与标识性 ……………………………………………（275）
　二　概念来源与原创性 ……………………………………………（279）
　三　概念反思与唯一性 ……………………………………………（281）
　四　概念形成与学理性 ……………………………………………（283）
　五　概念转换与扩展性 ……………………………………………（284）
　六　概念完善与竞争性 ……………………………………………（287）
　七　概念分类与通约性 ……………………………………………（289）
　八　概念生产与流程性 ……………………………………………（291）
　九　概念建构与体系性 ……………………………………………（294）
　十　概念贡献与学科性 ……………………………………………（296）

第十四章　以内生方法为提升的田野政治学 ……………………（300）
　一　问题导向下的内生方法 ………………………………………（300）

二　多类型多层次的调查法 …………………………………… (302)
  三　政治与社会互动研究法 …………………………………… (307)
  四　基于历史过程的研究法 …………………………………… (310)
  五　注重异同的比较研究法 …………………………………… (315)
  六　不同特性的类型研究法 …………………………………… (318)
  七　深挖式基本单元研究法 …………………………………… (321)
  八　寻求因果机理的研究法 …………………………………… (325)
  九　基于数据的量化研究法 …………………………………… (327)
  十　方法的多样性与相容性 …………………………………… (328)

第十五章　以主体原创为准绳的田野政治学 ………………… (331)
  一　广泛学习借鉴中的反思 …………………………………… (331)
  二　村民自治之国家与社会 …………………………………… (334)
  三　治理的转换与乡村治理 …………………………………… (336)
  四　现代国家建构与国家化 …………………………………… (340)
  五　作为积极行动者的农民 …………………………………… (343)
  六　将家户制带入国家研究 …………………………………… (347)
  七　关系理论的建构与国家 …………………………………… (350)
  八　既有理论的清理与辨析 …………………………………… (352)
  九　主体和原创为学术准绳 …………………………………… (357)

附　录 ……………………………………………………………… (361)
  一　田野与政治：实证方法的引入与研究范式的创新 ……… (361)
  二　从田间地头讲到中南海 …………………………………… (371)
  三　政治学：从殿堂到田野 …………………………………… (375)
  四　站在全新历史起点上推进中国农村研究 ………………… (384)
  五　扎根田野，耕耘一流政治学研究 ………………………… (391)
  六　田野中的政治与学术 ……………………………………… (402)
  七　基于田野实践构建中国政治学理论 ……………………… (411)
  八　扎根中国大地　开创政治学"田野学派" ……………… (418)

田野政治学的构建

九　致力于基层政治和乡村治理研究，构建中国政治学
　　"田野学派" …………………………………………………（423）
十　徐勇学术成果目录 ……………………………………（427）

后　记 ……………………………………………………………（447）

第一章 以田野政治为对象的田野政治学

一门学问，总是因为有特定的研究对象而引起。田野政治学的研究对象是田野政治。田野政治主要指农村基层政治。在研究农村基层政治的过程中，逐渐产生了作为一个专门的政治学领域进行研究的旨向，从而使政治学由殿堂走向田野，产生了田野政治学的学术自觉，并力图构建政治学的田野学派。"田野政治"的内容扩展到广泛的基层领域，以普通民众为主体的田野政治学将有更为广阔的天地。

一 从农村基层政治切入

1980年代在中国大地上广泛传诵着一首歌——《在希望的田野上》。

田野通常被称为田地和原野，主要指农村。"在希望的田野上"意味着随着农村改革，中国大地上也在发生历史性的变化，人们正在告别饥饿走向温饱。农村改革正在解决一件"民以食为天"的天大的事情。只有解决了这一天大的事情，中国才有可能实现梦寐以求的现代化。而在走向现代化的进程中，作为传统因素的"农业、农村、农民"一度成为严重的问题，成为中国执政党和政府工作的重中之重。

无论是历史还是现实，无论是当政者，还是民众，目光都聚焦于田野。中国的政治学是1980年开始恢复重建的，从此有了专门从事政治学研究的学者，也才有了走向田野的政治学。

在中国，社会发展具有鲜明的国家导向。政治学是国家推动恢复重建的；恢复重建的目的是因为现代化建设有大量的政治问题需要研究；国家设立研究课题引导学者的研究。学者属于国家的教学科研机构，承担国家科研项目是其重要工作。中国的政治学者最初走向田野，主要基于承担国家科研项目。

在中国政治学恢复重建过程中，湖北省的政治学走在前列，活跃着一批政治学者。由于承担国家科研项目，逐渐形成一批研究农村基层政治的学者。这批学者主要集中在华中师范大学，也使华中师范大学成为田野政治学的发源地。

华中师范大学的农村基层政治研究最初以两条线起步。张厚安教授是中国政治学恢复重建后的第一批政治学者，于1981年便为1978级政治系本科生讲授政治学课程。张先生参加了国家"六五"（1981—1985年）规划重点项目"中国地方国家机构"，是项目成果《中国地方国家机构概要》一书的副主编。之后，张先生承担了国家"七五"（1986—1990年）规划项目"中国农村基层政权建设"的研究，多位同校老师共同参与，之后出版了《中国农村基层政权》《中国农村基层建制的历史演变》《中国乡镇政权建设》《中国县以下层次区划模式》等著作。

我本人1982年毕业留校与张厚安先生同在科学社会主义研究所工作。1984年就读硕士生，指导老师是从事科学社会主义专业研究的李会滨教授。1986年，我申报并承担了国家教委（现教育部）首批青年社会科学基金项目"我国城乡基层政治发展研究"。出版了《非均衡的中国政治：城市与乡村比较》。之后进入政治学研究领域，并参与张厚安教授的农村研究团队。

1990年代初，张厚安教授主持申报了国家"八五"规划重点项目"中国现代化进程中的农村政治稳定与发展研究"，出版了由张厚安、徐勇主笔，项继权等人共同撰写的85万字的著作《中国农村政治稳定与发展》，获得中共中央宣传部"五个一工程"一本好书一等奖。我于1992年承担国家教委"八五"规划项目"现阶段中国农村基层民主政治建设研究"，并于1997年出版《中国农村村民自治》一书，获得湖北省社会科学优秀成果一等奖。

自1990年代始，以华中师范大学科学社会主义研究所的老师为主体，形成了一个以农村基层政治为主要研究领域的团队，承担了多个项目，取得了一系列成果，有了较大的影响。

尽管华中师范大学的农村研究是以项目引导的，但申报和承担项目本身已开始体现了学者的自觉。

张厚安先生2000年回忆之所以作为一个政治学者从事农村研究的缘由：

> 是什么原因促使我们一个时期来将学术研究的目光聚焦在中国农村问题上呢？
>
> 首先应该强调指出：对社会科学研究的深刻反思乃是我和中心的学者们能将学术目光聚焦在农村问题上的前提。我本人从事社会科学研究已近半个世纪，但是在改革开放前的25年，尽管也出了一些研究成果，可是从研究内容与方法上看，总跳不出一个"怪圈"，那就是从理论到理论，从概念到概念，从书本到书本，基本上是一种注释式、经院式、教条式的研究。我想，这不仅是我个人的遭遇，应该说，这是当时整个社会科学界占统治地位的学风。当然，造成这种局面的原因是多方面的，除了学风方面的问题外，还有社会环境方面的诸多因素。改革开放以后，我国乡村和城市各个领域都发生了很大变化，社会科学界也被注入一股清新的空气，同时也对社会科学研究提出了挑战：社会科学研究应该遵循什么方向？社会科学研究的内容和方法要不要变？在反思中，我们逐渐认识到社会科学研究再也不能像以前那样"唯书、唯上、不唯实"了，不变是没有出路的。社会科学必须随着社会的变革而转换其研究内容和方法，变革的方向是为社会改革服务。也只有这样，才能出现社会发展与社会科学研究的良性互动。
>
> 其次，我国是一个农业大国，80%的人口生活在农村。这种国情决定了农村、农业和农民问题是我国现代化建设的根本问题。而且，"三农"问题将伴随整个现代化的全过程。实际上，我们的改革正是从农村开始的。这也可以说是我们如此关注农村问题的时代背景。
>
> 第三，20世纪80年代初，恢复不久的政治学研究主要侧重于意识形态的导向和国家政治制度的宏观构造方面，这被视为政治学研究的主流。然而，政治实践常常以其自身的执着超越政治学研究的视野。作为中国改革始点的农村改革的实践将政治学的目光由国

家上层引向农村基层。延续 20 多年的人民公社制度的解体，不仅是经济体制的变革，同时也意味着政治体制的变动。经济体制的变革要求有新的政治体制来与之相适应。而新的政治体制的形成显然有待时日，并因此向政治学研究提出了需要关注的课题。

正是基于上述认识，我们才明确地提出了"三个面向，理论务农"的口号，将政治学研究的视野投向当时主流政治学关注较少的农村基层。当然，就我个人而言，从事农村问题研究是有渊源的，1953 年我从中国人民大学马列主义教研室研究生毕业时，我的论文选题就是"农民问题"。特别是解放后，我参加过土地改革、合作化、公社化、"四清"等重大的农村改革实践，在脑子里留下了许许多多经常思考着的问题，需要得到科学的答案。①

我 1984 年开始攻读科学社会主义专业硕士，侧重于宏大问题关怀。1980 年代末的政治风波促使我将研究转向微观基层政治研究。1991 年，我在《社会科学报》上发表了《重心下沉：90 年代学术新趋向》一文。文章指出：进入 90 年代，学术研究重心下沉，由 80 年代关注国家大势的宏观层面转向广阔实在的社会基层层面。理由是：我国的基本格局已定，需要从基础社会着眼，做实实在在的研究；经过 1980 年代的起伏波动，社会思维趋于冷静，将视野投向自身立足的复杂多变的现实社会；思维方式开始从简单地定论"应该怎样"转向重视"是怎样"，强调思维的具体、精致和客观性；学术研究从浮躁转向对社会的深刻理解。②

在 1992 年出版的《非均衡的中国政治：城市与乡村比较》一书中，我开宗明义，引述了马克思的重大命题：为什么东方国家上层多变，社会却没有什么变化，不为政治领域中的风暴所触动？为此，我提出："对社会历史发展奥秘的揭示，不能为一般的历史表象所迷惑，而需深入社会深层，解剖社会内在的结构，揭示隐藏在现象背后的深刻原因。特别是在对政治社会发展的考察中，不能为极具诱惑力的国家上层权力

---

① 张厚安：《三个面向，理论务农：社会科学研究的反思性转换——华中师范大学中国农村问题研究中心 20 年回顾》，《华中师范大学学报》（人文社会科学版）2001 年第 1 期。
② 徐勇：《重心下沉：90 年代学术新趋向》，《社会科学报》1991 年 11 月 4 日。

更迭现象所纠缠，而应深入分析国家上层所立足的那个社会基础，需以广阔的多层次视野透视和剖析政治社会。自从国家产生以来，政治体系就一分为二：一是来自社会，又凌驾社会之上，以其强制性的权力控制全社会的国家权力体系；一是在国家权力的统辖之下，与社会紧密联系在一起并深深渗透在日常社会生活之中的基础性政治社会。毫无疑问，上层的国家权力是政治体系的本质和核心部分。但任何国家权力的存在及作用都是以基础性政治社会为前提的。……只有在注意国家上层变化的同时，对其立足的政治社会的状况、特点和变迁给予特别的重视，才能全面准确地认识和把握中国政治发展的进程、规律和特点。"[1]

应该看到，1980 年代到 1990 年代，也有许多政治学人将学术视野投向农村基层，并取得了不少有分量的成果。其中，最有代表性的是王沪宁教授的《当代中国村落家族文化——对中国社会现代化的一项探索》。我与王教授于 1980 年代初期便已结识，后来互有赠书，2006 年我到中南海为中共中央政治局集体学习作讲解时，他还专门问及我的研究情况。王教授与我是同龄人，但对农村问题关注很早。他在 1990 年为《当代中国村落家族文化——对中国社会现代化的一项探索》一书所写前言中说："我对中国乡村问题的兴趣起源于 18 年前，那时我从中学毕业，来到江苏大丰的农村，后又转到上海奉贤县，历时四年半。那时我有机会接触中国的实际状况，并且在几位农民家里住过一段时间。虽然没有过多的理性认识，但乡村的文化、乡村的经济不发展、乡村的生活方式给我留下了深刻的印象，深深体会到幅员辽阔的乡村是中国社会发展的不可忽略的基础。后来进入了复旦大学，不断地深化自己对中国社会发展的认识，作为一名政治学者，又不断丰富自己对中国政治的知识。……越是作认真和冷静的思索，越是剔除了浮光掠影的因素，就越感到乡村发展的重要性。……明乎此，我们总想寻找一个课题来说明这层关系：乡村发展与中国社会的发展。"[2] 该书便是他申报的国家"七五"规划项目的成果。

---

[1]　徐勇：《非均衡的中国政治：城市与乡村比较》，中国广播电视出版社 1992 年版，第 3 页。
[2]　王沪宁：《当代中国村落家族文化——对中国社会现代化的一项探索》，上海人民出版社 1991 年版，第 2—3 页。

二 作为对象的田野政治

1990年代后期，中国的现代化加速，农业、农村、农民问题日益突出。2000年，由我担任主任的华中师范大学中国农村问题研究中心成为教育部人文社会科学重点研究基地。72岁的张厚安先生正式退休，中心集聚了一批学者从事农村问题研究，重点仍然是农村基层政治，成为我国研究农村基层政治的重镇。随着研究的深入，我愈来愈意识到，政治学研究农村、农民问题，问题导向固然重要，但也要有学科意识，加强对农村农民问题的学理性研究。"田野政治"作为一个研究对象被提了出来。

2008年发表的《政治学研究：从殿堂到田野》一文提出了"田野政治"的概念，并就如何通过实证研究加强田野政治研究作了系统的阐述：

> 村民自治研究促使政治学研究领域从高高在上的"殿堂"走向下里巴人的"田野"。在中国，政治向来都是那些居庙堂之高的人之事，普通百姓是无所谓政治的，即"民可使由之，不可使知之"。政治产生于"宫廷"和"衙门"之中，田野无政治。进入20世纪之后，农村田野大地一度充斥着政治，但这种政治更多是动员政治。动员政治前所未有地赋予农民以政治主体地位，但这种抽象的国家主人却在公社支配体制下被消解了。他们可以高谈阔论国家大事，甚至发出"胸怀祖国，放眼世界"的豪言壮语，但是对于他们衣食住行的日常生活却没有支配权。……家庭经营和村民自治正是围绕农民从抽象的主人人格走向具体的主人人格的体制安排。因此，随着村民自治制度的实践，千百年来被政治所边缘化的农村百姓走向政治前台，成为政治主体。……因此，研究村民自治制度，必然要研究作为制度主体的村民和制度单位的村庄，并促使政治学研究从高高在上的殿堂走向"下里巴人"的"田野"。
>
> 村民自治研究促使政治学研究方法转变从"文本"走向"田野"。中国长期以来有政治无政治学，是因为在治国者看来，治国

的文本经典足够他们运用。所谓"半部《论语》治天下""天不变道亦不变"。即使是到了20世纪,"天"已大变,但从文本经典寻求治国理论资源的传统仍然未变,只是经典来源不同而已。……直到20世纪80年代,文本研究仍然是政治学研究的主要方法。学者习惯的是以经典注解政策,以文本解释事实。但村民自治的实践改变着学者的思维与方法。当村民自治促使政治学由"殿堂"走向"田野"以后,已有的文本无法解释正在迅速发生变化并千差万别的政治实践。正因为如此,村民自治出现以后,学界有人发表长文,认为村民自治在经典中都不曾有,不过是"理论怪胎"。是不是"怪胎"?仁者见仁,智者见智。与其打那些永远打不出所以然的笔墨官司,不如到实地观察,以实践检验。所以,村民自治研究将一批"坐而论道"的学者引向乡土大地,在实践中了解事实,发现问题。在这里,尤其值得一提的是张厚安先生。张先生是1949年后接受政治理论教育的。数十年都沉浸在文本经典之中。但他深刻地反思这种研究方法的局限性,90年代初就提出了"面向社会、面向实践、面向农村、理论务农"的理念,并带领包括笔者在内的数位学者走出书本,走向社会。

这篇论文指出了由于实证方法在中国政治学中的运用时间不长,还很不成熟,也存在许多不足,并提出了克服不足的思路。在此基础上,论文就如何推进田野政治研究提出五个需要努力的方面。其中提出了对"田野政治"内涵的扩展:

> 从狭义的田野政治转向广义的田野政治。政治学历来重视正式文本和上层精英话语的解读和研究。这个侧重点是由政治学的特殊性和传统性决定的。实证研究进入中国政治学领域改变了传统的研究格局,导致了"重心下沉",中国政治学研究从只注重正式文本和高层话语,转向关注村庄政治现象及底层政治行为,从文本政治走向田野政治,从精英政治走向平民政治。……对于政治学实证研究者而言,下一步更加紧迫的是进入真正的、广阔的田野,而不是被精英所笼罩的田野;进入真正的平民的田野,而不是平民精英的

田野；不是研究以村庄精英为代表的政治，而是广大农民所践行、感受的政治。从狭义的田野转向广义的田野，还必须从"田野即乡村"中走出来，城市社区、基层官员与政府等领域也属于田野，只要不是从国家正式文本、高层话语出发的调查研究都应该属于田野范畴，都是我们的研究领域。①

2018年12月，我在《探索与争鸣》举办的"一个人的四十年"专栏发表的《政治学：从殿堂到田野》一文中，指出"田野重塑主体、田野开拓方法、田野提供源泉"，认为："从社会科学来看，田野不是大自然，而是在田野上生活的农民。关注田野，是关注田野上的农民。当我们将研究的视角从上层转换到基层时，必然要以田野上的农民作为研究对象。""当广大人民不能作为政治主体自主、自立和自治时，政治文明的进程就会永远在路上！"②

三　田野政治学的自觉追求

进入新世纪之后，农村、农民问题相对缓和下来，解决"三农"问题更多依靠的是建设和振兴。我们的研究也发生变化，这就是由问题导向转向问题与学理导向并重。在对农村政治进行学理性研究过程中，必然要通过对学术史的梳理，为田野政治研究寻找恰当的位置，并提出进一步努力的目标，由此获得学术自觉。任路在《云南社会科学》2017年第3期发表《田野政治学：村治研究与中国政治学的重建——以村民自治为重点表述对象》，从学术史的角度探讨了村民自治在中国政治学重建过程中的地位和走向，并提出：

在全面建成小康社会的背景下，农村和农民依然是核心问题之一，在现代化的关键阶段，农村又将面临新的大转型，必然给村治

---

① 徐勇、邓大才：《政治学研究：从殿堂到田野》；邓正来：《中国人文社会科学三十年：回顾与前瞻》，复旦大学出版社2008年版。
② 叶祝弟：《一个人的四十年：共和国学人回忆录》，生活·读书·新知三联书店2019年版。

研究乃至农村研究带来新的挑战与机遇。因此，可以大胆想象，在不远的将来可以尝试着建立具有中国特色的"田野政治学"。①

我则从学派的角度提出、论证了田野政治学。2018年发表的《政治学"田野学派"的崛起》一文提出：

> 从世界范围看，中国的政治学不仅起步较晚，更历经曲折，直到进入21世纪初步形成学科体系。随着一个年轻的现代国家的崛起，中国的政治学迎来前所未有的历史机遇。而只有"百花齐放、百家争鸣"，才能促使政治学兴盛，以无愧于一个伟大的新时代。其中，中国政治学的"田野学派"，已初具雏形，并由于学派自觉而不断成长。
>
> 从政治学诞生，就沿着两条路径发展。一是以形而上的整体性、一般性、抽象性的政治问题为对象，着重于提供价值与规范，以理想理念为据；一是以形而下的部分性、特殊性、具体性的政治问题为对象，着重于描述事实，发现事实之间的联系，以事实为据。
>
> 如果从传统与现代的时间维度看，现代政治学的最大特点是以人民为主体。中世纪君权神授的神圣性为人民的神圣性所替代。人民成为政治学研究的原点和中心，其核心思想是天赋人权、主权在民。围绕这一原点，政治学研究又沿着两条路径展开。
>
> （一）以抽象的人民整体为对象的制度建构。强调普遍性、普适性、合理性。通过合理的制度建构，所有人都可以获得自由、民主和福祉。这一路径可以称之为"建制派"。
>
> （二）以历史与社会关系中的具体的人为对象的行为模式研究。强调特殊性、特定性、差异性。制度并非尽善万能，更非永恒不变。历史与社会关系中的具体的人的条件和处境决定了其行为模式，并制约着政治制度的建构和实施。这一路径可以称之为"田野派"。

---

① 任路：《田野政治学：村治研究与中国政治学的重建——以村民自治为重点表述对象》，《云南社会科学》2017年第3期。

中国的政治学一恢复，就是以研究制度问题为己任的，着重提供合理性与规范性。一是以马克思主义国家理论为指导；二是搭建中国政治制度体系。宗旨是坚持和完善中国特色社会主义政治制度。主要成果是提供制度自信的理论基础，研究如何进一步完善制度。

由于以制度为主要研究对象，其研究对象具有整体性，即对于政治学的核心概念，如人民、国家、政府、政党、民主等，都是作为一个宏观的整体进行研究的。这种规范性研究着重从价值层面研究政治问题，论证什么是好，应当的，对政治生活加以规范。其研究方式主要是论证、解释，重点是回答"为什么"的问题。因此，在相当长时间或从总体上看，中国政治学属于居庙堂之高的学问。这种主要以整体制度为对象，以文本为方法的研究，可以称之为"建制学派"。

随着政治学的恢复，政治学人的视野开始从文本走了出来，运用社会调查的方法，关注"是什么"的问题。……能够持续地将政治学研究由文本带向田野的是村民自治研究。村民自治是中国农村改革中出现的一种新型制度。与其他制度不同，这一制度的实施者是亿万农民，因而又是全新的政治实践。对村民自治的研究，促使一些学者走出文本，深入农村田野。一旦进入田野，研究者发现大量与书本不一样的事实。通过发现事实，使得政治学研究的视野进入一个全新的通道。

一是将居庙堂之高的政治学引入处江湖之远的农村田野。在1980年代之前，中国的政治学从未"下乡"。二是形成以调查为基础的研究方法。在这之前，中国的政治家们做过调查，政治学者极少有过调查。三是将研究对象锁定在农民这一群体，而不是人民整体。而中国农民是在特定的历史与社会关系中生存的，并形成农民性。四是不断深化调查，并形成调查自觉。研究者在调查自觉中形成了自己的方法重点，即强调事实先于价值，着力弄清"是什么"的问题，由此提出"实际、实证和实验"。[①] 村民自治是农民的政

---

① 参见徐勇《中国农村村民自治》总序，华中师范大学出版社1997年版。

治实践。研究村民自治制度，必须了解农民的存在条件、生存状况、文化意识的事实。只有了解由各种历史条件构成的底色，才能把握中国政治发展的路径与特色。五是在调查自觉中形成理论自觉。任何理论都是基于事实，但任何理论都不可能穷尽事实。只有通过调查发现事实，才能在发现事实中建构理论。这种理论具有原创性，或者独创性。以历史与社会关系中的具体的人为对象，从事实出发的政治学"田野学派"呼之欲出！

华中师范大学的政治学从村民自治研究开始，成为将政治学由殿堂引入田野的先行者，且一直将实证调查作为基本方法，从未中断，不断深化。只是长期致力于以田野调查为基础的政治学研究，但缺乏学派自觉。随着近年来国家提出建设中国特色、中国风格、中国气派的哲学社会科学，学派自觉才得以萌生。这就是政治学的"田野学派"。

学派是学术兴旺的标志，也是学术分工的要求。通过构建学派，可以在比较辨析中不断深入推进学科发展，提高知识增量，开拓认识视角。现代社会是一个分工和专业化的社会。只有通过专业化分工，才能将一件事做精。学术发展也是如此。更重要的是，由于中国政治学起步较晚，在相当长时间主要是搭建学科建设的基本框架，还未形成自己的学术自主性。大量丰富生动的政治事实为既有的理论所遮蔽。只有借助于从事实出发的研究方法，才能在发现事实中形成自己的原创性理论，强化学术自主性。政治学"田野学派"的崛起，有助于中国政治学的发展。

当然，学派的形成是长期努力的过程。作为成熟的学派，至少有两个标志。一是有源流。学派是对过往思想的传承，总要从过往思想中汲取营养。任何学问都不可能凭空而来，自说自话，总是在前人基础上有所前进、有所创造，这样的学派才会延续下去。因为后人总是在前人的思想中汲取知识和智慧泉源。一是有自己的核心观点和方法。学派具有相对性，总是相对某种理论或方法而言的。如经济学的"奥地利学派"强调市场的功能，注重理论建构；"芝加哥学派"认为政府也不可或缺，注重经验事实。学派不是帮派，也不是政治立场，而是以共同的学术观点和方法为纽带的学术共同体。只有建立在共同认可的价值和方法基础上的学派才能延续，并独树一帜。

政治学"田野学派"有两个基本特点，一是在研究对象方面更关注整体性、一般性、抽象性之下的部分性、特殊性、具体性。不是从整体的、一般的宏观制度的角度研究政治问题，而是将政治问题置于特定的历史条件下进行具体分析。因此，在思想源流方面，特别重视马克思主义以历史与社会关系中的人为出发点，从自然历史进程中考察国家、国家治理及其相应的政治问题。二是在研究方法方面强调从事实出发，以事实为据，从事实抽象理论，从事实的关联性推导结论，而不是纯粹的理论演绎。因此，在思想源流方面汲取亚里士多德、孔德及行为主义从事实出发、以事实为据的方法。

学术是天下共享的公器。学派只是学人基于学术分工，相对偏重，扬长避短，多方着力，共同推动学术发展的需要。因此，学派有自己的相对独立性，同时也要并必须广泛汲取各种思想营养。政治学"田野学派"关注"形而下"的部分性、特殊性、具体性，但是是以把握和了解"形而上"的整体性、一般性、抽象性为前提的。如果不能从整体上把握和了解国家的一般特征，就很难了解和把握国家整体之下的部分的特殊属性。政治学"田野学派"强调从事实出发，以事实为据，但不排斥价值与规范，相反要在充分了解价值与规范基础上才能更好把握事实，认识事实，并通过掌握事实与既有理论对话。这样的从事实出发、以事实为据的研究才有价值，否则就只是事实的"搬运者"，从而大大弱化研究功效。这恰恰是与从事实出发、以事实为据的学派追求的可靠性、可用性和准确性的目的背道而驰。

从根本上说，中国政治学的"田野学派"是生长在中国大地上的一个研究学派，是相对于传统政治学规范研究而言的。其主要使命是尽可能运用社会调查的方法，去发现大量被遮蔽或迅速变化着事实现象，去寻找事实现象之间的联系，并通过这种联系进一步深化人们对政治问题的认识。它与规范研究尽管在出发点和方法有所不同，但目的都是一样的，都是为了推进政治学科的发展，可以说是殊途同归。它要研究制度下的人，但不排斥制度，且将制度作为人的研究的重要基点。①

《政治学研究"田野学派"的崛起》一文是田野政治学进入自觉的标志，但人们对如何将田野与政治学关联起来的认识有所不同，只是由于长时间的积累，田野政治学的路径和身份已为学界所熟悉。2020年8月26日《中国社会科学报》在头版刊登题目为《基于田野实践构建中国政治学理论》的长文，对于田野政治学的构建作了专门介绍。2020年9月，为了进一步强化学术标识，"田野政治学"公众号得以推出。这是"田野政治学"作为一种学术路径和认同这一路径的学术共同体的正式身份标识。为了使这一身份标识更为明确，相关人员经过讨论达成"田野政治学"的基本共识：

> 田野政治学要有明确的内涵和清晰的界定，简而言之即"有学术关怀的田野调查，以田野调查为基础的原创性理论"。首先，田野调查为学术研究的基础，这是一个基本共识。在这样一个共识之下，田野政治学可以分为不同的分支和主题。其次，田野政治学强调唯一性和不可替代性。要注意与实证政治学的关系。田野政治学更加强调田野的现场感和学术研究的田野思维，现场感提供学术研究的灵感，一手材料和田野思维，是学术研究的基础。在此要求下，田野政治学将是一个开放的学术共同体，并不局限于我们自己所做的调查及研究。最后，田野政治学一定不能忘记政治学的学科属性。我们做了大量调查，比如家户制，积累了大量家户口述材料，如果不能提炼到国家形态的层面上，就没有学科属性，这一点恰恰是大有开拓余地的。……我们要用政治学的概念做研究。②

---

① 徐勇：《政治学研究"田野学派"的崛起》，《政治科学研究》2018年卷上，中国社会科学出版社2018年版，第4—13页。
② "田野政治学"公众号，2020年9月21日。

四 构建田野政治学的思考

社会科学都是围绕人、追求人的美好生活为目的。政治学是为了美好的政治生活。田野政治学以田野政治为研究对象，从根本上是为了田野上的普通民众的美好政治生活。田野政治本质上是民众，在相当长时间是最庞大但政治上最弱小的农民的政治。政治学进入田野，也就进入到农民生活，并将农民作为研究对象。这是过往的政治学极其少有的，也是最有中国特色的政治学之一。中国政治学尽管年轻，还要向外国学习，但并非一无是处，更不必妄自菲薄。中国有过严重的农民问题，在解决农民问题的过程中产生了田野政治学。美国曾经没有农民问题，也没有相应的田野政治学。"在一次政治学国际论坛上，有一位美国学者中肯地说：长期以来，中国政治学都是跟着美国学，美国人说什么，中国人说什么。……只有农村政治或者说村民自治领域，是中国人说什么，美国人说什么。"[①] 当下，美国"农民"问题日益突出，该是美国建立田野政治学的时候了。如今学者们夸夸其谈民粹主义，却不知道民粹主义的深厚土壤。美国政治学者也需要扎根美国大地做学问，去了解"庄稼汉"们为何愤怒，而不是仅仅将其视为一个投票数据。我们好不容易产生了一门田野政治学，自己不加珍惜，岂不是舍本逐末？尽管由于主客观原因，田野政治学在其发源地也有可能难以为继，但以普通大众为对象的田野政治学精神会延续。只要有人，有普通人的命运，有对普通人的命运的关注，田野政治学就有生命力！

当然，田野政治学还很年轻。田野政治学作为政治学研究的一种路径，一门有特色的学问，还要着力构建。就如修建大厦，田野政治学能否进一步构建好，取决于我们能否善于融通各种资源。

一是马克思主义这一最大增量资源。马克思主义是关于人类解放的学问，最关注普通民众的解放，经典作家们著有《英国工人阶级状况》《湖南农民运动考察报告》等名篇。中国政治学者得以走向田野，得益

---

① 徐勇：《中国农村调查：百村十年观察》2009年卷下，西北大学出版社2009年版，第3页。

于马克思主义对普通民众的关怀，有一种民众情结。王沪宁在《当代中国村落家族文化——对中国社会现代化的一项探索》前言中提到他为什么关注农村、研究农村的理想，在他看来："中国哪一天可以说是一个现代化国家了，我想应当是整个社会均衡的现代化，是11亿人共享的现代化，而非城市或一部分人口的现代化。"[①] 田野政治学以普通民众为对象，需要有一种对民众的亲近感，一种民众情结，从而才有可能去认识他们，理解他们，发现他们，而不是简单地将其作为研究客体和冷冰冰的数字。只有带着民众情结，而不只是为了做一个课题，才能持之以恒从事田野政治学研究。在改革开放过程中成长起来的年轻政治学人，马克思主义理论基础普遍不足，做农村研究更多的是一种任务，而缺乏对民众的天然情结。这是未来田野政治学构建能否持续的关键问题之一。

二是扎根中国大地，从中国大地上汲取理论的源泉。任何一门科学都是因问题而生的。农民问题产生于中国大地，也只有立足中国大地才能解决。田野政治学是在解决中国农民问题中生长的，是一门内生于自己的问题，内生于自我对问题研究的学问。只有始终扎根中国大地，面对社会大众，才有不竭的源泉。张厚安教授在进入农村研究之初便提出了"三个面向，理论务农"，即"面向社会、面向基层、面向农村"的方向。这一方向仍然是田野政治学构建的基础。田野政治学之所以能够产生一些成果，根本上就是扎根中国大地，从中国大地上汲取理论的源泉。扎根愈深，理论愈有可能更深刻。当下中国处于市场经济环境下，人们做学问和学术考核的功利性愈来愈强，很难平心静气到农村扎根调查，并从中汲取理论源泉。没有田野源泉，田野政治学必然会枯萎。

三是在开放中推动原创性研究。学问的生命力贵在独创性和原创性。田野大地为田野政治学的独创性和原创性提供了丰富的源泉，但是田野不能自动产生政治学。政治学人走向田野，不是为了将自己变成一个农民，而是为了推动政治学研究。这是田野政治学的初心。张厚安教授提出"理论务农"，并于2010年强调："当我们重视深入实际，重视

[①] 王沪宁：《当代中国村落家族文化——对中国社会现代化的一项探索》，上海人民出版社1991年版，第2页。

实证研究的时候，一定要防止'忽视理论'的倾向。希望我们年轻的朋友们，不要满足于发表几篇实证调查报告、论文或出版了一些著作，还要重视读书、系统学习马克思主义理论，要重视把深入实际研究的成果进行理论升华，要在自己研究的领域形成系统的观点，要创立学派"[①]。田野政治学从田野为源泉，提出了一些理论，但还不够，还要通过广泛吸收各种学术资源，推进学理化研究。在这一过程中，一定要注意理论的原创性，是基于事实经验内生出来的理论，而不是将现有理论与事实经验进行简单的嫁接。理论一定原生于田野，否则就不是田野政治学了。在理论研究中，势必向外国学术学习，但这种学习一定是以我为主，学什么不学什么，应该有主体性。"如果不加分析把国外学术思想和学术方法奉为圭臬，一切以此为准绳，那就没有独创性可言了。如果用国外的方法得出与国外同样的结论，那也就没有独创性可言了。"[②] 没有原创性和独创性，也就没有田野政治学。如果以外生的学术为准绳，就不是田野政治学而是其他政治学了。

[①] 张厚安:《乡土大地上的思考》，湖北人民出版社2011年版，第80页。
[②] 《习近平谈治国理政》第2卷，外文出版社2017年版，第341页。

第二章 以田野调查为基础的田野政治学

田野政治学所指的田野，包括两层意思：一是农村；二是调查。田野政治学起源于作为研究对象的农村，并以田野调查为基础。可以说，没有田野调查，也就没有田野政治学。迄今为止，田野政治学最大的收获在于田野调查。田野政治学能否坚持也在于田野调查的持续。田野政治学将田野调查作为起点和基础，经历了一个由自发到自觉的过程，在取得重要进展的同时，也还有诸多可改进之处。

一 基于承担项目的田野调查

政治学作为一门学科是20世纪引进的，并于1980年恢复重建。恢复重建之后的政治学的主要工作是打基础，即编写教材。在科学研究方面主要是规范性研究，其依据是文本文献。华中师范大学的政治学起步也是如此。

1980年代后半期，华中师范大学的学者开始承担涉及农村基层政治的项目。当时的农村政治体制正处于重大变革之中，特别是废除了"政社合一"的农村人民公社体制，出现了许多新情况和新问题。要完成这一类型的项目，仅仅依靠文献已远远不够，由此需要走出校园，走出书本，走向田野，进行实地调查。

从1980年代中期到2005年的近20年时间，田野政治学的田野调查主要从两条线展开。一是在民政部主管基层政权的部门支持下进行的调查。华中师范大学的政治学者所承担的项目主要是基层政权与村民自治。人民公社体制废除后，我国农村基层政权和基层治理发生了重大变化，政府专门设立机构管理相关事务，并需要学者进行调查，为决策和立法提出建议。我们要完成项目需要进行调查，也需要民政部门的支持，并通过我们的工作为政府部门服务。张厚安教授因此提出了"面向社会，背靠政府"的指导意见。① 二是由我们自己根据项目进行的调查。

在近 20 年的田野调查中，有一个由自在到自觉的过程。1997 年出版的"村治书系"的总序反映了这一认识过程。

> 如果说我们于 80 年代中期开始的乡村政治研究尚带有一些不自觉色彩的话，那么，进入 90 年代后，我们的研究便步入自觉状态。这是因为，随着现代化建设的深入，中国乡村政治社会正在发生结构性的历史变迁。市场化、民主化进程在乡村田野首先取得重大进展。特别是以大众参与为主要特征的村民自治，为中国的乡村治理注入了前所未有的现代民主因素。这一政治实践经验显然与以城市和市民为先导的西方现代民主化进程有很大不同。更为重要的是，它昭示着中国的政治学研究不能只是简单借用在西方经验基础上生成的理论来阐释中国政治，而应该从中国政治实践出发。在富有创造性的实践经验中寻找理论的源泉。10 多年的田野调查，使我们对这一点体会得尤为深刻。我们认为，这一研究思路或许会上升为政治学研究的主流方法。②

正是基于这一认识，"村治书系"的总序强调了未来研究工作的田野调查基础，提出了"三实"的主张，其中位于第一的便是"实际"。

> 本书系的出版不仅是政治学研究领域的拓展和深化，更是政治学研究视角和方法的转换。
> 书系承继 20 世纪以来中国知识界走向乡村，走向基层，走向民众，进行社会改造和社会实验的传统，但更注重从现代化建设的广阔视野，关注和推进乡村政治社会发展，致力寻求有效的乡村治

---

① 张厚安：《乡土大地上的思考》，湖北人民出版社 2011 年版，第 77 页。
② 徐勇：《中国农村村民自治》，华中师范大学出版社 1997 年版，第 3 页。

第二章 以田野调查为基础的田野政治学

理形式。

书系注意了解、借鉴外国的经验和理论,但特别注重将学术研究深深植根于中国的乡村大地,从丰富生动的政治实践经验中提升出富有创造性的理论,以此促进乡村的有效治理。

为达到这一目的,书系在研究方法上追求"三实",即实际、实证和实验。

追求实际,即强调实际先于理论。我们不轻视理论,但反对从先验性的理论出发剪裁实际生活,特别强调实际调查。任何理论观点都必须建立在充分扎实的社会调查基础之上。理论上的发言权也只能出自实际调查。[①]

2005年之前的调查除了一般性的实地考察外,主要是近百个典型村和个案村的深度调查。田野调查的成果集中反映于1997年开始出版的"村治书系"。最有代表性的是《中国农村村级治理——22个村的调查与比较》。这一调查在全国东部、中部、西部三个地区选择了6个重点村和18个对照村进行个案调查,参与调查人员数十人,并形成了一个由全国相关人员参与的学术调查研究团队。全书近70万字。该书的序言描述了这一调查的过程和对田野调查的认识。

政治学自产生以来,就存在着规范的和经验的两种不同的研究方法。前者主要依赖于逻辑的推理,而并不一定考虑事实的存在。后者主要依赖于事实的描述,在事实中提升理念。它并不排斥理论预设,但这种预设要经过事实的验证。这种方法在当代被称之为实证研究。采用何种方法,主要取决于研究对象和目的。

由于政治的封闭性和垄断性,中国的政治学发展十分落后。直到20世纪80年代,刚刚发育便被中断的政治学才逐渐恢复。这使得中国政治学研究可资利用的理论资源相当匮乏。在政治学研究中,大量存在着由书本到书本论证、由制度条文到制度解释进行的自我循环。仅仅运用这种方法,难免与实际政治生活相脱节,也无

[①] 徐勇:《中国农村村民自治》,华中师范大学出版社1997年版,第4页。

法面对实际生活的理论挑战，进行理论和制度创新。因此，我们选择村级治理这一课题研究，一开始，就力图要超越以往政治学研究的局限性，强调事实先于价值，注重对事实的了解和过程的描述。根据这一思路，我们在全国范围内选择了20多个村进行个案性实证研究。

个案研究的第一步是对研究对象的选择。我们选择研究对象的主要依据是中国农村的基本情况和我们以往的调查经验以及研究资源的积累。中国的基本国情是地方大，发展不平衡。根据地域分布的广泛性和经济发展的不平衡性，我们有意识地在东部、中部和西部地区各选择了两个重点调查村。它们分布于山东、浙江、湖南、河南、四川和甘肃。如果以中国的南北地域划界，它们分属于南北两大区域。从自然地理看，它们分别位于平原、丘陵和山区。这6个重点调查村的经济社会发展的不平衡性也十分突出。从经济资源占有和生产经营方式看，有完全实行集体统一生产经营的高度集体化村，有实行家庭经营和集体经营双层经营体制的村，有主要实行家庭经营的村，还有个体私营经济相当发达的村。从经济发展状况看，有的村年总产值达数亿元，有的村仅数百万元。从经济收入水平看，有的村人均年收入3000—4000元，是当地的"首富村"；有的村仅400—500元，是国家级的贫困村。从产业结构和城市化水平看，有的已经完全工业化城镇化，有的还完全停留在传统农业经济状态，基本保留着传统的农业村落形态。作为重点调查村，我们对这6个村进行了较为系统的调查。

为了使我们的研究对象更具有广泛性，并与重点调查村的情况相对照，我们还随机选择了10多个一般调查村。这些村分布于广东、云南、贵州、四川、湖北、湖南、陕西、江西、内蒙古等省区。这些村也有各自的特点。调查报告主要从不同的侧面考察这些村的村治状况。

选择研究对象后，从1995年开始，研究者便进入个案村进行实地调查。重点村的调查时间一般较长，有效工作时间达数月，并进行跨年度的追踪调查。调查方法主要有：

（1）文献查阅。文献来源之一是调查村所在地方的县志、乡志、村志等地方志。通过查阅这类文献，了解调查村的基本历史背景和线索。在我们所调查的地方，一般只有较为完整的县志，成文的乡志、村志几乎没有。但在少数经济发达村，却有大量记录该村改革以来发展状况的书籍和文献。如在广东万丰村，由正式出版社出版的有关该村改革发展的书籍多达几十种。文献来源之二是由村里保存的各类文件资料，包括政府下发给村并可公开的文件，村制定的规则、会议记录、统计报表等。在有些村，这些成文的资料比较多，而且保管得非常完善。在更多的村，不仅成文的资料十分少，而且没有进行统一的专门保管。文献来源之三是张贴在村头路边的文字、标语、图表。这些文字、标语、图表看起来很简单，在村的治理过程中却有重要作用。国家的诸多法律、政府的任务、村里的管理等都是通过这种简单的口号性的文字、标语和图表传达到村民中间的。它们也反映了一个村的治理方式和特点。

（2）访谈。在所调查的村，有较完备的文字记录材料的很少，而且文字材料很难将一件事情的全部过程记录下来。许多事情只能依靠当事者的记忆和言谈。所以，研究者的一对一、一对二或一对多的访谈成为我们最主要的调查方法。访谈对象尽可能包括各个方面的人士，特别是不忽视一般村民。同时，由于时间等原因，对同一事情，各人的说法有所不同。在调查中，对重大的或有不同说法的事情，我们一般要听取三人以上的意见，加以印证和甄别。

（3）现场观察。研究者进村入户，得到许可后列席有关会议，观察和体验治理行为和农民生活等，以直接感受村的治理过程及其环境，并进一步密切与当地人的关系。

（4）问卷测试。问卷本是社会调查的主要方法，但在实际操作中存在诸多困难。如一些村民不识字，更多的村民难以准确理解题意，同时还有些顾虑。为此，我们在进行问卷调查时，十分注意针对性。对一些文化层次比较高的干部和村民，采取封闭式问卷。在大多数情况下，则采取访谈和问卷相结合的方式。各类问卷无须记名，以消除被问者的心理压力。

规范研究强调概念的同一性和论证的严密性，实证研究强调事实的准确性和方法的科学性。在这两种方法中，实证研究的困难更大。因为它不仅取决于研究者本人的水平，还取决于环境提供的可能性。由于政治学研究涉及敏感的权力和利益问题，实证研究受环境的制约性更大。这使我们的研究不能不带有局限性。

首先是对调查村进行选择的局限性。在个案研究中，对研究对象的选择通常采用的是随机抽样法。但在对个案进行田野调查时，必须得到当地政府的支持和调查村的合作。否则，研究者根本无法进入现场。在选择调查村时，尽管我们注意到代表性和随机性，但在实际操作过程中还要取决于当地政府和被调查村的态度。一般来说，当地政府都给予支持，尽可能满足我们的要求。但是，也有个别地方希望将一些条件较好的村介绍给我们这些"外来人"。这样，在我们所调查的村中，有相当一部分属于当地的先进村。

其次是调查方法的局限性。长期以来，中国农民都存在"自家人"意识，只有建立起较为亲密的关系，才能充分了解到他们的真实想法，而这需要一定的时间。更重要的是，村治过程涉及领导者的产生、利益的分配、管理方式的合理性和合法性等一系列较为敏感的问题，当事人有诸多顾虑，难以得到全面准确的调查实情。而要进一步了解影响村治过程的各种环境因素就更为困难。因此，我们的研究不可能不受到局限。

当然，政治学的田野调查在我国毕竟刚刚开始，可资利用的方法资源又相当少，我们本身的水平也需要在实践中提高。[①]

从1980年代中期开始到2005年的田野调查，主要有以下收获：

其一，获得了田野调查自觉，并将田野调查作为学术团队的基础。过往的政治学很少有田野调查，即使有，也主要是个别人的行为。而华中师范大学政治学人的田野调查，成为一种持续不断和团队自觉行为。这一团队扩展到全国范围。

其二，为成为教育部人文社会科学重点研究基地打下了基础。1999年，教育部在全国高校设立重点研究基地。因为具有唯一性，在申报过

---

① 张厚安、徐勇、项继权等：《中国农村村级治理——22个村的调查与比较》，华中师范大学出版社2000年版，第13—16页。

程中的竞争很激烈。华中师范大学的农村研究团队也申报了，但对此出现不同的意见。其中的重要意见是，学校属于以教育为特点的师范大学，涉农的基地应该放在涉农的学校。教育部主管部门专门到学校考察，了解到华中师范大学做农村研究不是"纸上谈农"，而是深入田野，在调查和通过调查为政府服务方面取得了有影响的成果，符合设立基地的目的。2000年，华中师范大学中国农村问题研究中心（后更名为中国农村研究院）成为教育部重点研究基地。这为之后的农村研究提供了机构支撑。

其三，形成了以调查为基础的教学科研机制。长期的田野调查经历形成了一个习惯，这就是将田野调查作为教学科研的基础。学生写作论文要进行田野调查，老师指导论文到田野现场进行指导。"学生田野调查，老师现场教学"的培养模式从自在到自觉，已形成为田野政治学的传统。通过这一培养模式，华中师范大学有四篇博士论文获得全国百篇优秀博士学位论文奖，一篇获得提名奖，是政治学获得优秀博士学位奖最多的学校。华中师范大学在学科评估中分别列为第二、三、四名，与获得优秀博士学位论文奖密切相关。而学科评估结果直接构成了华中师范大学政治学得以成为世界一流学科建设的基础。

二 基于跟踪观察的田野调查

2000年，华中师范大学中国农村问题研究中心成为教育部人文社会科学重点研究基地。在基地成立之前，以张厚安教授为首的研究人员是一个没有体制性资源保障，纯因个人兴趣而结合在一起的学术共同体，有人坚持下来，也有人离开。成为教育部基地以后，中心仍然坚持调查这一基本方法，并试图体制化。其主要进展是在全国选择了20多家机构作为调研基地，以此为全国性调查提供相应的保障，并建立相互合作关系。

作为教育部重点基地，中心是一个有一定资源保障的学术机构，有固定的编制人员，也有固定的项目经费，条件大为改善，但也产生了新的问题。这就是农村调查根据各人承担的研究项目而开展。这不仅会造成研究人员过度关注项目资源分配，更重要的是造成调查研究的"碎片化"和"片断化",难以形成整体和持续性的调查。同时,研究人员也会因为理念和风格的不同而产生分歧,造成体制性的学术共同体动荡。为了改变调查研究项目体制引起的"碎片化"倾向,2005 年,笔者作为中心主任重新规划了基地的发展,提出"百村观察计划",计划在全国选择 100 多个村进行为期 10 年、20 年、30 年以至更长时间的调查和跟踪观察。目标是如建立气象观测点一样,能够及时有效地长期观测农村的基本状况及变化走向。这一计划得到时任华中师范大学社会科学研究处处长石挺先生的鼎力支持。2006 年,计划得以开始实施,并每年出版反映跟踪观察成果的《中国农村调查——百村十年观察》。2006 年卷的序言描述了这一计划实施的构思。

> 中国是一个农民大国,13 亿人口中 70% 以上的是农民;中国是一个农业大国,农业生产与国家安全密切相关。这决定了中国社会的发展走向及其命运。可以说,在中国,谁抓住了农民,谁解决了"三农"问题,谁就抓住了中国。20 世纪中国百年的历史反复证明了这样一个真理。21 世纪则会预示这样一种前景:只有解决了"三农"问题,中国才能真正实现现代化,中国才能真正独立于世界民族之林。
>
> 当前,中国农村正在发生从未有过的深刻变化。免除农业税,统筹城乡发展,建设社会主义新农村,这都是历史上前所未有的举措,农村经济社会正处在急剧变革之中。在这历史进程中,古老传统的农业文明正在迅速消逝和变异,新兴的文明正在迅速发育和生长。当今世界,可以说没有什么比中国农村的变迁还迅速和复杂。这为我们学人提供了观察历史变迁的绝佳时机,也是我们进行研究的最好资源。
>
> 深以为憾的是,面对如此的时机和资源,我们学界的工作却多有欠缺。近些年,虽然"三农"问题引起全社会关注,成为社会热点和焦点问题,但在"热"的过程中也有不少"虚火",片断的调查与研究往往生产的是片面而武断的结论。在相当时间里,我们的学术还处于积累阶段,特别是对第一手资料的积累。
>
> 正是基于此,中国农村问题研究中心在 10 年前设想的基础上,

正式实施"百村十年观察计划"。计划在全国选择150个左右的村庄进行为期10年的调查和跟踪。目标是如建立气象观测点一样，能够及时有效长期观测农村的基本状况及变化走向，以此积累学术资源，为后来者奠定基础。①

2009年出版的《中国农村调查——百村十年观察计划》序言中进一步明确了跟踪观察计划的目标。

"百村观察"项目的目标有三：

1. 政策目标。通过深入、扎实和持续的调查，为国家决策提供事实依据，努力成为国家解决"三农"问题的决策"智库"。

2. 学术目标。通过深入、扎实和持续的调查，为中国农村学术研究提供第一手资料，努力创建中国特色、中国风格、中国气派的中国农村研究，改变历史形成的"中国农村在中国，中国农村调查在日本；中国农村在中国，中国农村研究在美国"的学术格局。

3. 历史目标。通过深入、扎实和持续的调查，为中国农村的变迁积累历史资料，建立"中国农村博物馆"，记录和保存丰富灿烂的中国农业文明。②

与过往的田野调查不同，"百村观察"是一个持续不断、有众多人员参与的大型调查工作。首先，该项调查具有公共性，不是个人项目。其次，该项调查的工作量大，参与人员多。每年有上百名以上的调查人员，10多名老师，来源于基地及在各地设立的调研基地。再次，该项调查所需要的经费多。学校社科处为此给予了大力支持。第四，为保证质量进行了专门的培训，包括北京大学社会学系马戎教授，华中师范大学社会学系的陆汉文教授等专家开设了调查方法的讲座。

"百村观察"一般是利用暑期进行。调查工作启动之前，要召开培

---

① 徐勇主编：《中国农村调查：百村十年观察计划》2006年卷，西北大学出版社2009年版，序言。

② 徐勇：《中国农村调查：百村十年观察计划》2009年卷下，西北大学出版社2009年版，第1—2页。

训、动员和表彰大会，学校社科处、校团委的领导参加。在 2009 年的启动会议上，我作为项目设计人对前期调查工作进行了总结：

> 调查活动积累了资料，积累了经验，积累了人才。
>
> 调查回来的第一手资料非常丰富。我们过去讲没有第一手资料就无法做出第一手学问。由于资料是我们的原创的材料，所以我经常讲我们做学问的有两个飞跃，第一个飞跃就是从经典走向经验，我们在学校读书时读经典、读大师，但是经典和大师毕竟是过去历史的一个总结概括提升，而我们实际生活正在不断地发生变化，这就是一位哲学大师讲的"理论是灰色的，生活之树长青"。去年以来开展调查积累了大量的资料，这就为我们今后做学问，为我们做论文提供了一个非常好的基础。
>
> 同时我们也积累了经验，即怎样来开展这样一个大规模的调查，更重要的是积累了人才。因为这是一个不断持续的活动，需要一个年级一个年级，一代人一代人的努力。三个积累就有三个产出：产出了报告，产出了论文，产出了影响。去年我们中心有三个报告得到了总理、副总理的批示，其中有一个报告是直接来自于"百村观察"。这是不容易的。
>
> 调查活动出了影响，出了品牌。我们今年上半年举办了一个新闻发布会，把我们"百村观察"的项目成果，向新闻界展示，有二三十家新闻媒体给予了报道，包括中央电视台。
>
> 调查活动锻炼人才。我们所有的参与者，通过这项活动，都得到了锻炼。我去年说过，我们这个"百村观察"不仅使我们获得了新的知识，长了见识，长了才干，更重要的是提升了我们的思想境界。……我们走出了校园，就拥抱了大地，我们胸怀就可以宽广起来，所以希望是在田野上。我们过去讲"三农"，现在说"四农"——加上了农民工。大家可以去看看农民工。前几天端午节的时候，我和石处长去晋江，参观了两家生产线。我们的农民确实是伟大的创造者。在生产球衣和球鞋的企业里，过去二十多年前，其领导者还是一个什么都不知道的农民，但是现在竟然在纳斯达克上市了。二十多年时间，创造了中国奇迹。在那个生产线上，大家可

以去感受一下。你们现在穿球鞋，穿得很高兴，但是你们看看制球鞋是多么艰难，假如我们去那里体验几天，不说几天，就体验几个小时，你们的幸福感就会油然而生；我们在校园里的一点委屈、困难，可以说不在话下。所以说我们走向田野，有利于我们提升思想境界。

正是因为有这三个提升，令我们大家终身受益，不说终身受益，眼前就受益了。现在正在面临毕业，有就业难的问题。但是有些用人单位听说某某学生参与了"百村观察"，他们就很高兴。因为我们现在的干部制度，正在发生一个根本性的转变。我们过去的干部就是"三门"：家门、校门、机关门，脱离实际，特别是脱离农村，所以他们来理政，难免就会陷入空谈，脱离实际。我们中国最大的实际，就是一个农民大国，你不了解农民，怎么能够了解中国。……我们参与了这样一个调查，对我们了解中国、了解农村、了解民众，大有好处，成绩突出。[①]

在2010年的调查培训会上，我就如何推进"百村观察"作了进一步的阐述。

作为一个农村的观察者，我们正在路上奔跑，怎样来观察农村呢？我觉得我们的视角有三个方面：

第一个是历史的视角。我们看待一个农村，不是看它的一时一次，而是从历史的视角来看。在世界上找不出一个像中国这样古老的农业国家现在能够焕发出青春的活力。这是一个伟大的历史变革。今天我们看到的农村问题确实很多，但是要有历史的视野。为什么我们把这个"百村"冠以十年，甚至是二十年，三十年以至更长时间，就是要把握农村变革的脉络。大家做调查的时候不妨首先从老人入手，他们是一本活字典，他们见证了历史，而且他有时间跟大家慢慢聊，所以要有历史的视角。

[①] 徐勇：《中国农村调查：百村十年观察计划》2010年卷下，西北大学出版社2010年版，第4—5页。

第二个是国家的视角。新世纪以来国家出台了一系列支农、惠农、稳农、富农的政策，大家用四句话概况："种田不交钱，上学不缴费，看病不太贵，养老不发愁"。过去我们所看到的各种各样的问题正在逐一加以妥善解决。从历史的角度看，没有哪一届领导人在支农惠农方面做出过这么大的工作成就。中国是一个道德国家，农业社会是一个道德社会，人格的力量具有很强的影响力。……现在的领导人，以人为本、为民谋利，特别是在解决"三农"问题上做了大量的工作，出台了很多政策。所以我们要从国家视角去把握。

第三个视角是农民的视角。我们出台了这么多支农惠农富农的政策，那么究竟农民从中获得多少实惠？……究竟有多少好的政策落到农民头上呢？这是从农民的角度要了解的。我们的政策它下来以后有个递减效应，我们现在有种说法："中央是好人，省里是亲人，乡里是恶人，村里是仇人"。政策下来后它有所递减，真正落到农民头上有多少，同时这个政策并不一定就是执行当中的问题，也有决策不完善的地方，这就需要我们去了解。

我们这个项目，我认为会有三大贡献：

第一是政策贡献。我们的调查是为国家解决"三农"问题提供政策依据。大家注意到，我们去年的调查所产生的报告集中了我们所有调查员的心血、辛劳，所以我们的功劳大家都有一份。

第二个就是学术贡献。大家知道，自新世纪以来，"三农"问题成为热门、热点问题，由此而来，"三农"成了一门显学，但是这个"显学"是"显"而不"学"，"显"是什么呢，就是大家很关注，知道不解决农村问题，中国终究会出现大事，这个道理很明白，所以它很"显"。但是有多少学问来支撑呢？还很难说，所以我说是"显"而不"学"：大家都忙着发表看法，真正扎扎实实的学问还不多。那么这个学问该怎么来呢，还要从田野上来，依靠我们扎扎实实的调查，再提炼出我们自身的学问。现在我们讲"中国特色""中国风格""中国气派"，怎么形成呢？最首要的工作就是靠调查，去挖矿，到田野上找矿藏。我们最丰富最优质的矿石在田野上，不是在书本上，书本上的知识已经是"过去时"了，田野上的东西是"正在发生时"。所以只有深入田野才能采到最优质的矿石，在这个基础上提炼出我们真正的学问。

第三个是历史贡献。我们讲中国的象征是"龙"，今天早上我突发奇想，我想这个"龙"啊，应该换一下，要颠覆一下，应该换成"农"。中国"龙"是皇帝的象征，是标志皇权的，我们历史以来就在不断强化皇权，所以把"龙"作为我们中国的象征是不妥当的。中国的历史是千千万万无数的农民创造出来的，我们要强化这个"农"，农民的"农"，农村的"农"。大家都是"农"的传人，是农民的后代。在座的各位，你们的父母可能很多不是农民，但是你们往前推三代都是农民，他们是衣食父母，我们有责任有义务给他们树碑立传，有责任有义务抢救正在消失的农村，正在变化的农民。……虽然路程很辛苦，但是要知道我们的问卷是沉甸甸的，因为这东西今后要进入历史。我们调查的生命力就在于客观、真实、持续。我们不带主观意愿，没有个人偏好，客观。现在有些学者认为我们的这个调查是中国的第三大调查系统。第一个是国家统计局；它有农调队；第二个调查系统是农业部，它有观察点，我们这个调查是第三个。他们有他们的优势，我们有我们的特点。他们的优势在政府系统，他们的弱点也是政府系统：政府愿意听的话，它报得多，政府不愿意听的话，它报得少，它是按政府规则行事。而我们有我们的弱点，就是没有政府系统支持，但是也有我们的优势，我们能够有客观的态度，我们不是利益的相关者，所以客观是我们的前提，真实是我们的生命。我们的数据，我们的访谈要真实无误，绝对不能够编造，不能像写小说一样。①

经过"百村观察"持续不断的调查，取得了突出的成效。

其一是田野调查的持续性。每年对样本村和户进行调查，调查内容和形式逐步完善，并形成相对稳定的调查体系。除了暑假定点调查以外，还扩展到寒假专题调查。每年参与调查的人员达数百人左右，并出

---

① 徐勇：《中国农村调查——百村十年观察计划》2010年卷上，西北大学出版社2010年版，第4—8页。

版《中国农村调查》等系列著作。

其二是田野调查的专业化。为了提高调查质量，从2012级开始，举办重点研究基地班。基地班的研究生以田野调查为基础，设置专门的课程，成为田野调查的骨干力量。至此，农村调查完全由受过专门调查和学术训练的人员承担，走向了专业化道路。

其三是开启了作为"智库"的历程。大规模的调查，可以进行分析，并在此基础上形成调查报告，提供给决策部门，由此也形成了"顶天立地"的理念。"顶天"就是为决策部门服务；"立地"就是立足于实地调查。在时任国务院副总理刘延东主持的推进智库建设工作会议上，华中师范大学中国农村研究院专门作了会议发言，被称之为具有智库雏形的单位，后来又成为教育部的智库签约单位。

其四是大型调查和决策咨询直接促进了基地建设。华中师范大学中国农村问题研究中心在教育部第二次基地评估中由合格成为优秀，并于2010年更名为"华中师范大学中国农村研究院"。在2016年教育部对150多个重点研究基地评估中，研究院再次被评为优秀，总分排名第一。

三 基于历史使命的田野调查

农村调查的深入和相应工作的扩展，势必与以行政方式组织科研的现行大学体制产生碰撞。但是，已经有一个良好开端的调查不可停止。适逢中国的智库建设时机，2015年，华中师范大学中国农村研究院成为完全独立建制的研究机构。独立建制后的中国农村研究院仍然将农村调查作为自己的基础性工作，且成为体制性保障的工作。2015年研究院启动了大规模的深度调查。这一调查基于很强的历史使命，目的性很强。这在于现代化是一个由传统农业社会向现代工业社会转变的过程，这一转变是从农村开始的。农村和农民成为现代化的起点，并规制着现代化的路径。19世纪后期，处于历史大转变时期的俄国，数千人参与对俄国农村的调查，持续时间长达40多年。20世纪上半叶，日本在对华扩张中，以南满洲铁道株式会社为依托开展对中国农村的大规模调查，持续时间长达40多年，形成著名的"满铁调查"。进入21世纪，

第二章 以田野调查为基础的田野政治学

中国作为一个世界农业文明最为发达的大国，正在以超出想象的速度向现代工业文明迈进。中国需要也应有能够超越前人的大规模农村调查。"2015版中国农村调查"正是基于这一历史背景设计的。

"2015版中国农村调查"超越过往的项目或者机构调查体制，而具有更为宏大的历史使命：一是政策目的。智库理所当然要出思想，但"思想"除了源自思考以外，更要源自可供分析的实地调查。过往的调查虽然也是实地调查，但难以对调查进行系统化的分析，并根据调查提出有预见性的结论。在这方面，19世纪的俄国农村调查有其长处。"2015版中国农村调查"将非常重视实地调查的可分析性和可预测性，以此提高决策服务成效。二是学术目的。调查主要在于知道"是什么"或者"发生了什么"，是事实的描述。但是，这些事实为什么发生？其中存在什么关联？这是过往调查关注比较少的。以致大量的调查难以进行深度的学术开发，学术研究主要依靠的还是规范方法，实地调查难以为学术研究提供必要的基础，由此会大大制约调查的影响力。"2015版中国农村调查"特别重视实地调查的深度学术开发性，调查包含着学术目的，并可以通过调查提炼学术思想。其作为一种有实地调查支撑的学术思想也可以间接影响决策。为此，"2015版中国农村调查"在设计时，除了关注"是什么"，以外，也特别重视"为什么"，试图对中国农村社会的底色及其变迁进行类似于生物学"基因测序"的调查。三是历史传承目的。在现代化进程中，传统农村正在迅速消逝。"留得住乡愁"需要对"乡愁"的记录和保存。20世纪以来，中国农村发生了太多的变化，中国农民经历了太多的起伏，农民的历史构成了国家历史不可或缺的部分。"2015版中国农村调查"因此特别关注历史的传承。

基于以上三个目的，"2015版中国农村调查"，由四个部分构成：

其一，口述史调查。主要是通过当事人的口述，记录20世纪上半期以来农村的变化及其对当事人命运的影响。其主体是农民个人。在历史上，他们是微不足道的，尽管是历史的创造者，但没有历史记载他们的状况与命运。进入20世纪以后，这些微不足道的人物成为"政治人物"，尽管是"小人物"，但他们是大历史的折射。通过他们自己的讲述，我们可以更加充分地了解历史的真实和细节，也可以更好地"以史为鉴"。口述史调查关注的是大历史下的个人行为。

其二，家户调查。主要是以家户为单位的调查，了解中国农村家户制度的基本特性及其变迁。中国在历史上创造了世界最为灿烂的农业文明，必然有其基本组织制度支撑。但长期以来，人们只知道世界上有成型的农村庄园制、部落制和村社制，而没有了解研究中国自己的农村基本组织制度。受20世纪以来的革命和现代化思维的影响，人们对传统一味否定，更忽视对中国农村传统制度的科学研究，以致我们在否定自己传统的同时引进和借鉴的体制并不一定更为高明，使得中国农村变迁还得在一定程度上向传统回归。实际上，中国有自己特有的农村基本组织制度，这就是延续上千年的家户制度。家户调查关注的是家户制度的原型及其变迁，目的是了解和寻求影响中国农业社会变迁的基因和特性。

其三，村庄调查。主要是以村庄为单位的调查，了解不同类型的村庄形态及其变迁实态。农村社会是由一个个村庄构成的。与海洋文明、游牧文明相比，农业文明的社会联系更为丰富，"关系"在中国农村社会形成及演变中居于重要地位。中国在某种意义上说是一个"关系国家"，但是作为一个历史悠久、人口众多、地域辽阔、文明多样的大国，关系格局在不同的地方有不同的表现，由此形成不同类型的村庄。国家政策要"因地制宜"，必须了解各个"地"的属性和差异。村庄调查以"关系"为核心，注重分区域的类型调查。通过不同区域的村庄形态和变迁的调查，了解和回答在国家"无为而治"的传统条件下，一个超大的农业社会是如何通过自我治理实现持续运转的；了解和回答在国家深度介入的现代条件下，农业社会是如何反应和变化的。

其四，专题调查。主要是以特定的专题为单位的调查，了解选定的专题领域的状况及其变化。如果说前三类调查是基本调查的话，专题调查则是专门性调查，针对某一个专题领域，从不同角度进行广泛深入的调查，以期获得对某一个专门领域的全面认识和把握。①

"2015版中国农村调查"是一项世纪性的大型工程，它是原有基础的延续，也是当下正在从事、更是未来需要长期接续的事业。为了让参与者更深入地认识这项事业，需要从理论上对这一调查进行阐述。2018年我发表了《历史延续性视角下的中国农村调查回眸与走向》一文，回顾了20世纪以来中国农村调查的状况，指出处于历史断裂边缘的20世纪中国农村调查具有以下特点：其一，有很强烈的问题意识，即意识到农业、农村和农民是一个迫切需要解决的时代问题，不能按照原样继续下去了。而土地是农村的主要生产资料和农民的主要生活保障，在农业、农村与农民问题中具有至关重要的地位。20世纪调查最多的是与土地相关的问题，土地调查可以说是20世纪中国农村调查的一根主线，贯穿于整个世纪。其二，在农村调查中建立起"民族自觉"和"调查自觉"。因为农村问题关系到国家兴衰，促使人们从民族自强的角度去认识和解决农村问题，萌生出"民族自觉"意识并形成了"调查自觉"。其三，产生了专门的调查机构和人员，采用多种调查方法，出现了多种不同的观点。其四，在调查过程中产生和强化本土意识，开始建立起本土化理论。20世纪的中国农村调查取得的成就无疑十分辉煌，但由于时代限度，也存在相当大的局限性。这种局限性构成了中国在由农业国家向工业国家转变中受到重大挫折的重要原因之一。一是"调查自觉"及其调查缺乏连贯性。二是缺乏大型深度的基础性和战略性调查。针对以上问题，论文提出要站在新的历史高点上，21世纪的农村调查既要充分吸取20世纪调查的经验，又要努力弥补过往的不足，将中国农村调查提升到与时代相匹配的高度。为此要在以下方面做出努力：

（一）基础性调查

从历史延续性的角度看，人类文明是长期历史积累的，在长期

---

① 徐勇、邓大才：《中国农村调查》第1卷，中国社会科学出版社2016年版，第3—5页。

积累中形成一个国家成长变化的基础。这一基础构成社会变迁的起点和底色,任何社会变迁都无法摆脱这一基础条件的制约。中国比俄国的农业文明更为悠久,并有着与俄国完全不同的基础性条件。这就是中国核心区域自秦朝开始就超越了村社制,其经济社会形态是由家户构成的并形成了家户制度。

(二) 学理性调查

从历史延续性的角度看,人类社会总会依据一定规则运行并会形成某种反复出现的规律性。这种规律会制约和影响人类社会的向前发展。由此便需要借助某种理论知识和认识视角从不同角度进行调查,揭示人类社会发展的内在规律性。这种调查具有学理性关怀,不一定能够直接为现实决策提供服务,但有助于理解社会运行的内在规律性。通过大规模的调查,发现支配和影响乡土中国或城乡中国的内在依据和具有普遍解释力的新理论和新观点。

(三) 区域性调查

从历史延续性的角度看,人类社会有不同的起点,也会有不同的行进路径。在20世纪,农业、农村和农民问题是一个国家总体性问题,具有同质性。进入21世纪以后,随着农业税的废除和工业化、城镇化的推进,农业、农村和农民问题的区域性更为突出,不同区域的表现形式差异性更大。强化区域社会的农村调查自觉,可以为分类施策提供依据,也有助于从不同区域的角度认识中国文明进程和国家成长路径。

(四) 系统性调查

从历史延续性的角度看,人类社会是一个由多种要素构成并相互联系和不断变化的社会系统。由此既需要从多个角度的调查来认识,也需要通过将各个要素联系起来的系统性持续性调查进行整体把握。

(五) 主体性调查

从历史延续性的角度看,人类社会的变迁,在客观历史条件变化的同时,也是作为历史主体的人的变化。人存在于具体的历史条件和进程之中,每个人的生活命运和主体体验都不同。农民创造了历史而未能自我表达历史,而他人的表达并非一定完整准确。20

世纪至 21 世纪是中国发生巨大的历史变革的世纪，广大农民的生活波澜起伏，他们的命运、行为和心理都是巨大的历史财富，但有待通过大型调查加以开发和记录。

（六）传承性调查

从历史延续性的角度看，人类社会是一个不断进化的过程。在进化中会淘汰一些劣质要素，也会传承一些优质要素。对于有着古老农业文明传统的中国来说，农业文明构成了丰富的历史底色，也是宝贵的文明遗产。进入 21 世纪，一方面，国家日益强大；另一方面，传统农村和农民正在迅速消逝，成为"最后的农民"和"消逝的农村"。这一巨大历史变化强烈期待通过抢救式的农村调查，全面了解传统文明底色，以总结挖掘继承珍贵的农业文明遗产，使得优秀的传统农业文明得以传承。

（七）比较性调查

从历史延续性的角度看，人类社会不仅是自我发展的过程，也是一个不同国家的交往日益扩大的过程。中国走向世界不能重复殖民者的老路，所秉持的是"人类命运共同体"的崭新理念。这需要不同国家和文明之间的尊重和包容，而尊重和包容的前提是了解和认识，调查则是了解和认识的重要条件。因此，伴随中国走向世界并日益靠近世界舞台的中央，中国的农村调查也要走向世界并通过调查在比较中寻找开启世界之门的钥匙。[1]

以上七个方面反映了 2015 年版深度调查的使命，标志着田野调查进入一个高度自觉的阶段。

2015 年开启的大型深度调查，取得了丰硕的成果。最重要的是抢救式地挖掘了一大批资料。这一调查主要是对 1949 年以前的农村社会形态的调查，至少是 80 岁以上的老人才能给予描述。有关土地改革和农业合作化时期的口述史对象也要在 80 岁以上。许多老人接受访谈不久便去世了。这一调查将全国分为七大区域进行，许多区域是过往的调

---

[1] 徐勇：《历史延续性视角下中国农村调查回眸与走向——再论站在新的历史高点上的中国农村研究》，《吉林大学社会科学学报》2018 年第 3 期。

查从未有过的空白地带，应该是全国调查区域最为完整的。从调查对象和调查区域看，这一调查所获得的资料具有绝版性。到 2019 年 12 月，以 2015 年大型深度调查为依据的调查资料已编辑出版到第 46 卷，每卷百万字左右，总共达 4000 多万字。如果对已调查的资料继续编辑出版，至少可达上亿字。

从 2015 年启动的大型深度调查看，我们期待的是，经过长时间持续不断的努力，能够成为世界顶级调查机构。但是，毕竟我们只是学校的一个人数不多的机构，且处于代际更替之中，对于达到目标的难度估计不足，对于一类调查多少样本为好缺乏准确认识，对于因为抢救性调查造成的压力没有足够的心理准备，一个偶然的事件造成大型深度调查停顿了下来。

不过，无论今后大型深度调查是否还会延续，我们已获得的大量调查资料是不可再得的，总算为历史保留下一笔珍贵的财富。特别是我们的调查对象都是普通的、经历了农村历史性变革的农民，他们的讲述大大丰富了我们对历史的认知。我们的调查为普通民众留下一份珍贵的记录，是为人民大众写史。

已经获得的资料也为学术研究提供了雄厚的基础，可能是数辈人都使用不尽的。美国哈佛大学费正清研究中心主任参观后，深为惊叹！

四　基于历史比较的调查翻译

我们进行大型深度调查，并不是心血来潮。20 世纪 90 年代是中国农业、农村和农民问题最为突出的时期，也是"三农"问题研究非常火热的时期。但我国的相关理论研究很不够。学术界流行的是美国学者所著的书。这些书的共同特点便是基于日本满铁在华进行的调查。但是，这些调查资料都是用日文写的，中国学者难以阅读到。因为不占有第一手资料，我们的研究只能跟着说。与此同时，华中师范大学的农村研究是以田野调查作为基础的，我们也很想了解外国人的调查情况，为我们自己的调查提供参考。在 2015 年版的《满铁农村调查》序言中描述了翻译满铁农村调查资料的想法和工作。

第二章 以田野调查为基础的田野政治学

我们华中师范大学中国农村研究院是专门从事农村问题研究的机构，并以调查为基本方法。我们将满铁农村调查资料翻译成中文出版的设想已有10多年。

满铁农村调查资料是指20世纪上半期由日本"南满洲铁道株式会社"（以下简称"满铁"）支持的对中国调查形成的资料。由"满铁"支持的中国调查长达40多年，形成了内容极其庞大的调查资料。"满铁调查"的目的出于长期侵占中国的需要，但由这一调查形成的资料对于了解当时的中国有重要的参考价值，其调查方法也有其独特性。

中国是世界农业文明古国，也是世界农村大国，但从学理上对中国农村进行专门和系统的研究时间不长，有影响的论著还不多。10多年前，一系列由美国籍学者撰写的关于中国农村研究的专著被翻译成中文，并在学界引起很大反响，成为专业领域研究的必读书。如黄宗智的《长江三角洲的小农家庭与乡村发展》、《华北的小农经济与社会变迁》，杜赞奇的《文化、权力与国家：1900—1942年的华北农村》，马若孟的《中国农民经济——1890—1949：河北和山东的农民发展》等。这些书的共同特点是在利用日本满铁调查资料基础上写成的。日本满铁调查也因此广泛进入当今中国学界的视野。一时间甚至有人表示："中国农村在中国，中国农村调查在日本；中国农村在中国，中国农村研究在美国"。无论这一说法是否成立，但满铁农村调查的影响却是不可忽视的。只是美国学者运用的满铁资料都是日文的，中国学者在阅读和了解日文资料方面有困难。尽管有国内出版社出版了部分满铁调查资料，也主要是日文的影印版，仍然难以让更多学者使用。为此，我们有了将满铁农村调查资料翻译成中文，让更多学者充分阅读和使用这一资料的念头。

与此同时，我们华中师范大学中国农村研究院在整合过往的农村调查基础上，于2006年开启了"百村观察计划"，对中国农村进行大规模调查和持续不断的跟踪观察。为了实施这一调查计划，我们邀请了国内外学者进行有关方法论的训练，同时也希望借鉴更多的调查资料和方法。日本满铁调查资料的翻译出版进一步进入我们的视野。在 2006 年启动"百村观察计划"时，我们甚至提出在农村调查方面要"达到满铁，超越满铁"的雄心勃勃的目标。翻译满铁调查资料的想法更加明晰。当本人将这一想法告知时任华中师范大学社会科学处处长的石挺先生时，得到他积极赞同。但这项工程的重点是日汉翻译，需要一个高水平的强有力的翻译团队，于是他引荐了华中师范大学外国语学院副院长、日语系主任李俄宪教授，同时还给了一定的经费支持。此事得到专门从事日本语教学和研究的李俄宪教授的积极响应，并同意率领其团队参与这项工作。……在各方面努力下，由华中师范大学中国农村研究院和黑龙江档案馆联合编译的《满铁调查》一书，于 2015 年 1 月由中国社会科学出版社正式出版。

100 多万字的《满铁调查》出版后，中国学者得以从较大范围一睹满铁调查资料的真容，这在中国学界也是一件大事。2015 年 1 月 23 日，由华中师范大学中国农村研究院与中国社会科学出版社共同主办的《满铁调查》中文版出版发行学术研讨及新闻发布会在北京召开。此次会议非常重要。来自中国农业博物馆、南开大学、北京交通大学等高校和科研机构的"满铁调查"研究专家参加了会议，并提了很好的建议。其中，南开大学的张思先生长期利用满铁调查资料从事研究，并有丰硕成果。特别是在中国农业博物馆工作的曹幸穗先生，长期从事满铁资料的整理和研究，并专门著有以满铁调查资料为基础撰写的《旧中国苏南农家经济》一书。在他看来，"满铁对农户的调查项目之详尽，可以说是旧中国的众多调查中绝无仅有的"。此次会议的重大收获是，曹幸穗先生建议我们主要翻译满铁农村调查方面的资料。

曹先生的建议引起我们高度重视。2015 年 1 月 26 日，华中师范大学中国农村研究院专门召开了满铁调查翻译出版推进会，调整和重新确立了翻译的主要方向和顺序，形成了新的翻译计划。新的计划定位为"满铁农村调查"，主要翻译"满铁调查"中有关农村方面的内容，并从著名的中国农村惯行调查资料翻译开始。这之后，我们又先后邀请曹幸穗和张思先生到华中师范大学讲学，他们对新的翻译计划提出了进一步的建议。曹先生还多次无私地向我们提供了相关资料目录和线索，供我们翻译出版使用。同时，我们也从整体上充实和加强了资料收集和翻译编辑的力量。

《满铁农村调查》翻译出版计划是在已出版的《满铁调查》一书基础上形成的，但已是全新的设计，资料来源更为广泛和直接，翻译出版的进展也大大加快。同时，它也是与由华中师范大学中国农村研究院主持的2015版大型中国农村调查工程相辅助的翻译计划。我们希望能够通过《满铁农村调查》的翻译为我们正在实施的中国农村调查及其学界提供有益的借鉴。

《满铁农村调查》的翻译出版是一个庞大的计划，付诸实施难度很大，特别是没有固定的经费支持。但我们认为，中国是一个正在崛起的大国，理应有相应的文化工程。好在主持与参与《满铁农村调查》翻译出版的人都些许明知有难而为之的理想主义精神，愿意为此事作出贡献。特别是由华中师范大学日语系主任李俄宪教授担任主译的翻译团队在翻译方面作出了巨大贡献。李教授团队可以说是举全系师生之力，包括日籍教授，来从事这一工作。他们不是简单的翻译，而是将其作为一项事业。在翻译过程中，他们遇到了《满铁调查》中使用的语言、专业词汇、地名等大量难题，但本着对事业高度负责的精神，认真校核，精心推敲，力求准确。这项事业的推进凝聚了翻译团队的大量心血。[1]

《满铁农村调查》是一项得到多方面支持和多人参与其中的工程。在相关者的努力之下，《满铁农村调查》惯行类第一卷至第六卷全部出版，字数近千万字。在《满铁农村调查》中，惯行类可以说是学术价值最大的。它的调查设计者有很深厚的学术背景，设计时针对性强，其调查显示出深、专、精、细的特点。正是因为这一特点，为后来的学术研究提供了很好的基础。如现在为人们所熟悉的"内卷化"便产生于对惯行类调查资料的利用。《满铁农村调查》有若干类别，惯行类只是其中的一种，地方类等类别的翻译已在进行之中，并出版数百万字。

---

[1] 徐勇、邓大才主编：《满铁农村调查》（总第一卷·惯行类第一卷），李俄宪主译，中国社会科学出版社2016年版，第1—2页。

除了日本满铁农村调查外，我们还着手进行了俄国农村调查资料的翻译。2020年《俄国农村调查》（第一卷，待出版）序言描述了这一翻译的想法和工作。

人民公社曾经是20世纪中国社会的基本单位。人民公社制度从产生到废除，在中国延续达20多年时间。"公社"一词在中国人心中有着十分深刻的印象。而公社制度产生前的1950年代，正是中国向苏联学习的年代。在作为苏联主体的俄国，有着世界最为漫长的村社制度。在许多人看来，村社就是公社，因而与中国的人民公社制度有着千丝万缕的关联。而在相当长时间，学界对于村社制处于十分陌生的状态。即使是1980年代之后，出现了一些有关村社制的研究，但也是十分零碎的，且运用的是第二手资料。

20世纪中国面临的最大任务，是从传统农业国家向现代工业国家的转变，面临的最大问题是农村和农民的改变。古老的农村要变，已成为共识；如何变，则众说纷纭。面对这一重大问题，本应有充分的理论准备。只是暴风骤雨的变革浪潮，对于在"破"之后"立"什么，缺乏足够的理论准备，以致在实践中出现巨大偏差。已经进入宪法的人民公社制度在延续20多年后不得不废除。由此也可以看出，任何一项重大变革都需要有足够的理论准备，理论准备的重要内容是基础理论，基础理论的基础又在于掌握第一手资料的基本调查。

在20世纪，由于激烈的变革，人们缺乏足够的条件进行基础理论研究。到了21世纪，人们有了一定的条件，平心静气地进行基础理论研究。基础理论研究必须认真回顾总结历史，必须进行比较，以发现事物运动的规律。其前提则是充分掌握第一手材料。伴随世界现代化进程中产生的大型农村调查的翻译和研究因此成为我们的重要工作。其中便包括俄国农村调查。

在世界现代化进程中，俄国走出了一条独特的道路，其深刻原因是俄国有着在世界上存续时间最长，对民族和国家命运影响最深的村社制度。俄国国策宣布："村社是俄国人的特点，侵犯村社就是侵犯特殊的俄罗斯精神。公社是自古以来就存在了的，它是凝结

第二章 以田野调查为基础的田野政治学

俄国人民生活的水泥。"[①] 村社制度是俄国现代化进程的历史基因，也规制了俄国现代化的道路。

俄国的村社制与其社会主义的命运密切相关。而俄国是世界上的第一个社会主义国家，对世界，特别是社会主义国家有着深刻影响。中国在土地改革后，实行集体化，在集体化进程中产生人民公社制度，与俄国的影响有着紧密的联系。正因为如此，对俄国农村调查的翻译很早便进入我们的视野。在21世纪的头十年里，在我校社科处处长石挺的引见下，我与我校俄语系主任刘永红结识，并委托他牵头组成人员进行翻译。后来，我们约请了我校历史文化学院专门从事俄国村社研究的罗爱林教授做学术顾问，还专门拜访了相关的专家。

尽管这一大型调查工程的翻译和研究是一项难度很大的工作，但我们还是愿意以坚持不懈的努力去推动这一世纪工程的进展，后续的翻译和研究成果不断问世。

除了日本和俄国的农村调查外，我们还准备对英国关于印度农村调查资料进行翻译。英国将与欧洲面积差不多的印度纳入自己的殖民地，留下了大量的历史资料，特别是涉及农村村社制度。马克思曾经将村社制视为印度的国家基础。翻译相关调查资料，对于我们比较中国和外国的传统社会形态具有重要价值。

我们2015年启动中国农村深度调查，主要是对中国农村传统形态的调查，开始具有田野调查的高度自觉。为此梳理了世界农村调查的历史，发现在传统社会向现代社会转变过程中，伴随着相关的大型农村调查，并显示出不同国家的重点。如果说18世纪的农村调查在英国，19世纪的农村调查在俄国，20世纪的农村调查在日本，那么，21世纪的农村调查理应在中国。中国学者有历史使命承担这一工作。因此，除了我们自己推进大型深度的中国农村调查外，我们还着手翻译其他三大调查，并计划对世界农村进行典型调查。这一调查从2010年便已启动，

[①] [俄] 谢·尤·维特：《俄国末代沙皇尼古拉二世》上卷，新华出版社1983年版，第396页。

计划从日本到韩国，由东到西延伸到世界。日本、韩国、中国台湾、印度的实地调查已进行，并出版了相关成果。

显然，作为全球顶级农村调查机构的设想过于浪漫。但无论如何，已经开启的各类调查和调查翻译为后人提供了继续努力的基础。即使是此类的调查难以延续，也毕竟将中国学者的调查视野扩展到广阔的历史和世界。

五　基于田野调查的体会与思考

田野政治学以田野调查作为基础。随着田野政治学的推进，田野调查也逐步扩展和深化，并取得了突出成效。可以说，这一田野调查在相当程度上具有唯一性。在田野政治学已经取得的成就中，田野调查是最主要的。没有田野调查，也就没有田野政治学。回顾田野政治学的田野调查历程，有以下几个方面需要高度重视。

其一，田野调查是一项具有公共性的公益事业。田野调查取得了丰硕成果，尤其是积累了大量资料。但任何时候都不可忘记，田野调查所取得的成果，是无数人共同努力的结果。有的参与者没有能够享受到对成果的利用，甚至没有任何历史记录。大型田野调查的推进更是得到了相关机构的支持，尤其是学校社会科学处原处长石挺先生的鼎力支持。田野调查所获得的资料具有公共属性，来自于众多人的努力，也应该为人们所共享和利用。

其二，在田野调查中锤炼出"田野精神"。参与田野调查的人数至少是上万人。他们在调查工作中付出了艰辛的努力。任何时候都不可忘记参与者所付出的艰辛。张厚安教授是田野调查的开拓者。年近七旬还行走于农村。在四川大巴山区，山高路陡，只能依靠滑竿才能上山。调查需要路费，而经费有限，在相当程度上要依靠政府部门提供支持。有一位学生曾在调查中被安排在殡仪馆所在地居住。此类艰辛不胜枚举。由此也锤炼出一种坚韧不拔的"田野精神"。这种"田野精神"是做任何事都需要的。

其三，田野调查是学术研究的一种重要路径。尽管田野调查付出了别人没有的艰辛，但也取得别人没有的成就。这是因为，田野调查毕竟是学术研究的重要源头，永远具有生命力。由田野调查的路径进行学术研究的模式是可再生、可学习、可复制的。我非常高兴地看到，华中师范大学湖北地方政府治理与地方发展研究中心组织实施的"百社十年"观察项目于 2020 年启动。云南大学的政治学者也走出校门，与地方政府合作，开展边疆民族调查。

其四，田野调查的精髓是行动，是田野现场。华中师范大学中国农村问题研究中心得以成为教育部重点研究基地，在于不是"纸上谈农"，而是跨出校门进入田野实地，去发现，去理解，去追问。理论上的高谈阔论，方法上的头头是道，没有亲临田野调查现场，可能都无济于事。

其五，田野调查的核心是总结，是不断提升。田野政治学的田野调查是一个不断行动，又在行动中总结和提升的过程。随着调查由自在到自觉，调查过程中不断添加理论和方法的元素，调查逐步深入和扩展。

其六，田野调查永远在路上。过往的田野调查尽管取得了诸多成就，但也存在一些不足。许多调查已不具有继续的可能。未来的田野政治学的田野调查可以更精致一些，更具有学理性一些。这就是 2020 年田野政治学所设立的宗旨："有学术关怀的田野调查，以田野调查为基础的原创性理论"。2021 年田野政治学开启的田野调查可能是崭新的思路。

第三章 以制度与人为进路的田野政治学

田野政治学的对象是农村，方法是调查，进路则是制度。农村是一个领域，可以从不同的角度研究，调查是一种方法，不同学科都可以使用。田野政治学是从政治学的角度对农村，特别是对农民问题进行研究，其起点和进路是制度变迁，只是在研究制度变迁中主要研究基层政治制度，并将人的状况和命运作为基点，使用的方法主要是田野调查的方法。这正是田野政治学与其他政治学研究所不同的路径。

一 "乡政村治"的基本架构

华中师范大学的政治学者是从承担科学研究项目进入农村研究领域的。1980年代正是农村发生重大变革的时期。随着家庭联产承包制的推行，农村人民公社体制的经济基础发生了变化，相应的管理体制也必然发生变革。人民公社体制的重要特点是"政社合一"，即政权组织与经济组织合为一体。人民公社体制废除后，在乡镇设立人民政府，在乡镇以下的村设立村民委员会，实行村民自治。对于这样一种体制，如何从学术上加以概括呢？张厚安教授提出了"乡政村治"的基本架构。

我在学术界首先概括并提出了在人民公社制度解体后，在我国农村已经形成了"乡政村治"的新的政治模式，即乡（指乡镇政权）是国家依法设在农村最基层的一级政权组织，村（指村民委员会）是农村最基层的群众性自治组织，村治乃是乡政的基石。乡政和村治的结合使我国农村政治有了全新的内容，今天我国广大农村就是通过5万多个乡镇政权和90余万个村民委员会来进行治理的。

第三章 以制度与人为进路的田野政治学

最近我有一本书由台湾桂冠图书股份有限公司出版,书名就是《中国特色的农村政治——"乡政村治"的模式》。①

在《中国特色的农村政治——"乡政村治"的模式》一书中,张厚安教授进一步对"乡政村治"作出了阐述。

> 乡政村治乃是在治理乡村的过程中形成的一种政治格局,它是社会主义的上层建筑活动并同为社会主义经济基础服务。乡政以国家强制力为后盾,具有高度的行政性和一定的集权性;村治则以村规民约、村民舆论为后盾,具有高度的自治性和民主性。就村治对乡政的作用而言,村治是乡政的基石。"乡政村治"就是中国特色的农村政治。②

废除人民公社体制之后的新型体制并不是很快就能取得制度成效,且随着家庭承包、农民流动,农村出现了许多新情况和新问题。其中之一便是基层组织和治理体制未能有效运转。一些地方官员要求加强行政管理,并提出修宪建议,以将村级组织由自治组织变为基层政权组织。针对这样的建议,笔者于1997年发表了《论中国农村"乡政村治"治理格局的稳定与完善》的长文,指出:

> 即使存在诸多问题,"乡政村治"的总体格局不宜轻易变动。
> 首先,农村经济体制改革及相应的政治构架与农村经济社会发展基本适应。……任何国家管理的合理性都是建立在促进经济社会发展的基础上,而不是单纯的便于管理和控制。
> 其次,应通过制度创新和完善走出沿袭已久的"一统就死"、"一放就乱"的政治困境。……"乡政村治"将国家管理与村民自我管理结合起来,体现着当代政治发展的趋向,是中国寻求摆脱政

---

① 张厚安:《三个面向,理论务农:社会科学研究的反思性转换——华中师范大学中国农村问题研究中心20年回顾》,《华中师范大学学报》(人文社会科学版)2001年第1期。

② 张厚安:《中国特色的农村政治——"乡政村治"的模式》,台湾桂冠图书股份有限公司1998年版,第103页。

治困境的积极努力。

　　此外，农村改革以来，中国的行政管理层次并未减少，反而在不断增加。……如果在村一级设立政府，则达6级之多，这将严重影响管理效率，与精干高效的行政管理改革趋向格格不入。而伴随体制变更的财政问题也是一大难题。

　　至于"乡政村治"格局下出现的问题，应通过制度创新和完善逐步加以解决。①

农村改革以来，尽管乡村治理内容和形式发生了很大变化，但"乡政村治"这一基本架构没有变化。特别是"乡政村治"是中国学者对中国农村基层体制作的一种概括。通过这一概念，人们可以非常清晰地把握与"政社合一"的人民公社体制的不同特质。这可以说是中国的政治学者贡献的一个重要的学术概念。

二　村民自治与基层民主

人民公社体制废除后，一部分地方官员要求将村级组织由自治组织变为基层政权组织，从根本上说，是由于实行村民自治进程中存在着弱化自上而下的管理问题。正如张厚安教授所说的，村治是乡政的基石。废除人民公社体制，恢复建立乡政府，实行乡政管理，较为容易；而要实行村民自治则较为困难。这是因为，人民公社体制是"三级所有，队为基础"，公社、大队和生产小队三级垂直管理，国家可以通过这一管理模式一直将行政权力延伸到每家每户。废除人民公社体制之后，在乡镇以下设立村民委员会。这一组织在法理上属于村民自治组织，以村民为主体，这意味着乡镇官员缺乏过往的管理基础。因此，村民自治是否运行畅通，直接关系到乡政管理，关系到整个国家对农村基层的治理。村民自治因此成为人民公社体制废除后乡村治理的关键性因素。对此，张厚安教授表示：

---

① 徐勇：《论中国农村"乡政村治"治理格局的稳定与完善》，《社会科学研究》1997年第5期。

如果说 1978 年安徽凤阳小岗村的土地承包到户启动了整个农村的经济体制改革，那么可以说，村民自治特别是村委会民主选举揭开了农村政治体制改革的序幕，这样的评价是丝毫不过分的。我们决不能低估了十年里农村推行村民自治，把社会主义民主落实到基层所取得的成绩和意义。但是，自从实行村民自治以来，一些人就一直持有另一种观点，他们认为农民素质低，是不可能搞民主的。他们实际上是忽视了农民群众的智慧和改变现状的积极性。村民自治反映了人民公社解体后，日益成为经济主体的农民维护自身利益的要求。当时制定和通过《村民委员会组织法（试行）》时，全国人大常委会彭真委员长是做了许多工作的，他的作用首先在于发现并肯定了"九亿农民"的要求。当然，在我们这个存在着深厚封建专制影响的国家里，社会主义民主的进程注定是一个渐进的、曲折的和不平衡的发展过程，但是我们不能等到条件完全成熟的时候才去实行民主。农民也只能通过自身的民主实践，去学习民主。这条路必须走下去，舍此别无他途。如果有人要走回头路，"九亿农民"是决不会答应的。

同时，我们也不能低估了目前村民自治存在的问题和困难。必须看到，在广大农村村民自治实行得比较好的村毕竟还是少数，不少地区虽然也建立了村委会组织，也按期进行了选举，也制定了一些规章制度，但是离真正的"村民自治"还有较大距离，有些地方的村委会甚至还处于瘫痪、半瘫痪状态。就是在那些村民自治搞得比较好的地方，各种自治组织和规章制度也还有待进一步完善。应该看到在有些地方，人民公社时期传统的政治体制、权力结构及行政方式并未彻底改变，还有很大的影响。总之，一种能适应农村变化了的生产方式，利益关系及人们变化了的思想观念的新型的农村基层组织体制虽已建立，但仍有待健全和完善。实行"村民自治"任重道远。[1]

---

[1] 张厚安：《三个面向，理论务农：社会科学研究的反思性转换——华中师范大学中国农村问题研究中心 20 年回顾》，《华中师范大学学报》（人文社会科学版）2001 年第 1 期。

从张厚安教授开始，华中师范大学的政治学人将村民自治作为研究重点，在相当程度是将村民自治作为实现农民权利的一项制度安排，是以民主为导向的。这一导向为田野政治学的研究取向提供了基础。

笔者自进入农村基层政治领域，便因为连续承担教育部项目，而将研究重点放在村民自治。进入这一领域后，一方面与张厚安教授一起参与民政部相关调研和研讨会；另一方面自己进行实地调查。在调查和研究基础上，1996年，我撰写了博士学位论文《中国农村村民自治：制度与运作》。之后，在论文的基础上形成著作《中国农村村民自治》，并于1997年出版。这本书是我国系统研究农村村民自治的率先之作，出版后很快引起注意。中国人民大学的相关学者专门组织围绕该书的研讨会。自此，我便一直将村民自治作为重要研究对象，历时20余年。主要贡献有：

一是考察和论证了村民自治发源地。

中国的许多历史性创造往往产生于不经意之中。谁也没有意料到，村民委员会这一村民自治的组织载体，竟在中国得到普遍推行，并引起世界的广泛关注。1998年，时任中共中央总书记江泽民在视察安徽农村的讲话中对村民自治给予了高度评价，指出，包产到户、乡镇企业和村民自治，都是在党的领导下我国亿万农民的伟大创造。那么，村民自治这一伟大创造是怎样发生的呢？人们对包产到户的发源地已十分熟悉，对村民自治的发源地还很陌生。为此，我带着学生对广西数县进行了实地考察，访问当事人，追根溯源，多方求证，写下《伟大的创造从这里起步——探访中国最早的村委会的诞生地》一文，发表于《炎黄春秋》2000年第9期。该文成为确立村民自治发源地的重要依据之一。当地修建了非常气派的中国村民自治展示中心，将我的论文置于重要位置。我到村民自治发源地考察不下十次，与当地人有着深厚的感情，村民们数里相送的"只有山歌敬亲人"的歌声还经常让我激动不已。

二是将村民自治与基层民主联结为一体进行研究。

村民自治从农村自发产生之后，很快引起中央高层领导人彭真的重视。这在于村民自治不是简单地解决基层治理问题，而是要解决一个事关社会主义民主的基础性的大事。经历了"文化大革命"后，建设社会主义高度民主成为大政方针，但在一个有着十多亿人口、漫长的专制历史和正在建设现代化的大国，从哪里着手进行民主建设，不是一件容易的事。在彭真看来，要从两头着力，一是上层的人民代表大会，一是基层的村居民自治，后者是社会主义民主的基础，只有当人民将身边的事情管好了，才有管更大事情的基础。1989年发生的事件证明了彭真的认识是有道理的。我经历了这一事件，在1992年出版的《非均衡的中国政治：城市与乡村比较》一书中特别关注基础性政治社会，因此在之后的村民自治研究中非常自觉地将村民自治与基层民主政治建设联结为一体。

我们对村民自治的持续不断研究，一直得到国家主管部门的重视和支持。2006年11月30日，我和国务院发展研究中心赵树凯研究员担任了第十六届中共中央政治局集体学习的讲解，题目是"我国社会主义基层民主政治建设研究"。胡锦涛总书记在学习前与讲解人交谈，专门指出不能将村委会作为一级政权。学习会上他强调："善于把人民群众在社会主义基层民主政治实践中创造的好经验好做法上升为政策，把成熟的政策上升为法律法规，不断提高社会主义基层民主政治建设的水平。"①

三是为村民自治的深化研究提供了导向。

村民自治作为一个社会和学术热点持续了将近10年，之后突然趋冷，有人甚至称"村民自治已经死亡"。面对这一状况，我们没有急于下结论，而是继续调查，反思村民自治由热到冷的历程，并为进一步开展村民自治研究提供了导向。2015年我发表了《实践创设并转换范式：村民自治研究回顾与反思——写在第一个村委会诞生35周年之际》的长篇论文。论文提出了村民自治研究经历了第一种研究范式，即村民自治制度化：价值—制度范式，正在向第二种范式转换，即村民自治制度落地：形式—条件范式。第一种研究范式的主要贡献在于：

一是明确了村民自治的特性，将其与传统的乡村自治区别开

---

① 《提高社会主义基层民主政治建设水平，保证基层人民群众直接行使民主权利》，《人民日报》2006年12月2日。

来。乡村自治在中国有着悠久的历史，但其形态主要是乡村精英主导，更多的是一种秩序的自我建构。而当今的村民自治是在现代国家的总体框架下，以全体村民为主体的自治，体现着全体村民作为国家公民和集体成员，享有参与公共事务管理的权利。

二是从理论上阐明了中国农村村民自治的特殊国情基础，这就是集体所有制。村民自治蕴含的村民权利深深植根于集体所有制这一经济社会土壤之中，因此被视之为"草根民主"。

三是促进了整体制度设计。村民自治由地方经验上升为国家制度以后，学者以"价值—制度"范式对村民自治的制度构成、制度体系、制度运行、制度绩效等整体制度问题进行了研究。

四是将政治学等学科的视野引向中国大地和中国实践。我国的政治学、社会学、法学等学科是1980年代以后恢复的，之初主要是引进外国学说。村民自治这一本土政治实践将学术的视野引向中国，推动了中国政治学研究从"殿堂"到"田野"的历史性路迁。[①]

随着实践发展，村民自治研究范式的2.0版——"形式—条件"范式应运而生。这一范式的主要贡献在于：

其一，回归村民自治本位。从村民自治实践看，当作为村民自治载体的村民委员会成为国家重新组织农村社会单位时，就面临着给予村民委员会过多任务的问题，面临着将其压垮的危险。与此同时，"价值—制度"范式仅仅是从村民委员会的法定自治组织的一个维度考察，对于村民自治给予了过高的期待。这是"价值—制度"范式必然带来的难题——要论证其对象的合理性、进步性。如果这一制度没有价值，也就无须建构制度了。因此，村民委员会变异为行政组织之时，村民自治也随之变形、走样，对村民自治期许过高的学者也因此而失望。事实上，村民自治只是乡村治理的一种

---

① 徐勇：《实践创设并转换范式：村民自治研究回顾与反思——写在第一个村委会诞生35周年之际》，《中国社会科学评价》2015年第3期。

方式，不足以承载过高的价值期待。在新农村建设中，一些地方重新发现村民自治的价值，更主要的是从其自治的内在治理价值考虑的。村民自治回归其自治本位，尽管它仍然具有民主的要素，但已不主要是民主的一元价值。"形式—条件"范式恰恰是适应村民自治回归这一实践而产生的。

其二，大大拓展了村民自治的研究视野。当村民自治从地方经验提升为国家法律制度时，国家并没有根据村民自治的原则制定法律制度，而是以村民委员会组织为载体制定法律。这样一来，村民委员会便成为唯一的法定自治组织。"价值—制度"范式的主要研究对象也是村民委员会。但是，由于村民委员会天生的行政功能，使村民自治的作用难以充分发挥。而"形式—条件"研究范式从如何有效发挥村民自治的作用考虑，大大拓展了研究视野。如当以"行政村"为载体的村民自治陷入"山重水复疑无路"的困境时，一些地方以自然村为载体的村民自治却相当活跃，呈现出"柳暗花明又一村"的景象。作为自然村的"这一村"给村民自治研究者以相当启示，村民自治的研究不能仅仅限于以行政村为单位的村民委员会，只要有助于村民自治，形式应该是多样的。"形式—条件"范式对于村民自治研究的视野大大拓展。

其三，村民自治研究的重心由国家制度安排转向农村社会内部需求和条件。村民自治从地方性经验提升到国家制度时，就具有其统一性、一致性、规制性。这是国家制度的特质决定的。而当村民自治从国家文本制度落地时，就面临着地方情况不同的问题。特别是村民自治是亿万农民的实践活动，必须适应地方的不同情况和农民的不同需求，即要"接地气"。"价值—制度"范式的研究重心是村民自治的国家制度，因此难以解答村民自治如何"接地气"的问题。"形式—条件"范式应运而生。这一范式的研究重心从村民自治本身的价值出发，特别重视村民自治的有效实现形式，强调村民自治的"因地制宜"性，要根据不同情况选择不同形式实现村民自治的价值。村民自治的实现形式取决于其条件。"形式—条件"范式正是从村民自治实践活动中建构起来的。如村民自治实现的必要条件——"利益相关、地域相近、文化相连、规模适度、群众自愿"等条件的研究，就是基于村民自治的内在因素和要求，在地方实践中率先提出后由学者加以总结提炼的。这种相关性研究大大提高了研究的科学性和应用的有效性。

其四，"形式—条件"范式不仅着眼于现实条件，还关注历史的延续性和未来的走向性。因为这一范式强调一切因时间、地点和条件而转移。这一研究范式必然要求对依赖条件的了解，由此促使学者对农村社会形态、变迁及现实状态的深度调查，将"因地制宜"中的"地"的属性、要素、结构、状态等摸熟、摸透，掌握其习性。就如庄稼人必须首先熟悉"土地"的习性，才能决定种小麦或稻谷一样。正是基于此，华中师范大学在确立"形式—条件"范式之后，于2015年对原有的农村调查进行了重大调整，重新规划，开启了大规模的农村调查世纪工程。这是范式转换的必然要求，也是意外收获之一。①

通过对村民自治研究的反思，可以得出以下结论：

一是研究范式的创设和转换的基础是实践，只有依据实践活动才能创设出与实践活动相关联的理论范式，才能在"中国实践"的基础上形成"中国话语"。

二是研究范式的创设与转换才能促进学术进步，使学术成果与实践相适应，并成为能够直接或间接影响实践的学术成果。

三是村民自治研究范式的创设与转换具有普遍的启示意义。无论什么有价值的东西，都需要相应的形式加以实现，而有效的实现形式取决于相应的条件。离开了必要的条件和有效的形式，再好的价值也难以体现。如"民主是个好东西"，从现代价值看是没有问题的。但这一好东西需要有好形式加以实现，而实现形式又取决于相关条件。②

---

① 徐勇：《实践创设并转换范式：村民自治研究回顾与反思——写在第一个村委会诞生35周年之际》，《中国社会科学评价》2015年第3期。

② 徐勇：《实践创设并转换范式：村民自治研究回顾与反思——写在第一个村委会诞生35周年之际》，《中国社会科学评价》2015年第3期。

四是形成了一个学术群体。

村民自治最初没有为学界所重视。主管这一领域的官员曾经打趣地说道："九亿农民实践村民自治，不到九个学者研究村民自治。"九个当中的政治学者不多，其中至少我们有两个，且我们一直坚持下来，之后又有专门的机构支撑，从而形成了一个学术群体。可以说，在相当长的时间里，华中师范大学政治学人对农村政治研究最为见长的领域便是村民自治，取得的成果、获得的项目数都在全国首屈一指。

三 "三农"问题与乡村治理

村民自治生于适时，发展却颇为艰难。这就是自1990年代开始，随着现代化、工业化和城镇化的推进，"三农"问题日益突出。1990年代初由张厚安教授主持的"中国现代化进程中的农村政治稳定与发展研究"，得以成为国家"八五"规划重点项目，其成果获得中共中央宣传部"五个一工程"一本好书一等奖。我们在研究中已意识到"三农"问题对于中国现代化进程的重要性，要解决这一问题有待于有效的乡村治理。我在1997年出版的"村治书系"总序提出：

> 在广阔的黄土地上崛起的中国，有着源远流长的乡土文明。乡土文明的嬗变，深刻地映照着中国的历史进程。中国的治与乱、兴与衰、变革与倒退、发展与停滞，都可以从深厚的乡土文明中寻找到动因和根据。
>
> 当今的中国正在发生历史上前所未有的大变革。现代化为乡土中国注入了强大的生机和活力，沉寂凝重的黄土地正在变为生机勃勃的金土地。但乡土中国的创造性变革绝非易事，更不可能一蹴而就。通向理想彼岸的重要条件之一就是乡村的有效治理。[①]

乡村治理作为一个学术概念得以广泛运用，与"治理"概念从国外

[①] 徐勇：《中国农村村民自治》，华中师范大学出版社1997年版，第1页。

的引进有关。中国历史上有着丰富的治国理政经验，但未能进行学术性研究。1990年代，随着对外开放，国际上最新的术语得以很快传到中国。"治理"便是其中之一。但对于英文的"Goverance"如何翻译便有争议。我在《政治学研究》1997年第1期专门发表了《GOVERANCE：治理的阐释》一文，对"治理"一词作了马克思主义和中国场景的理解，指出"治理是通过公共事务的处理，以支配、影响和调控社会。而要达到治理的目的，必须借助于公共权力"，"从治理的角度看，公共权力体系应包括国家权力和社会自治权两部分"①。

1990年代后期，乡村治理愈来愈多地被使用。2000年出版的《中国农村村级治理———22个村的调查与比较》一书，直接提出了"村级治理"。这一概念远比"村民自治"要丰富得多。

在中外学术语境，治理都是基于解决问题而生的。乡村治理得以迅速在中国广泛地运用，与"三农"问题日益突出有关。而在"三农"问题之中，农民问题又居于突出地位，它直接涉及国家与农民的关系，关系到政治稳定与发展。在农民问题中，我比较早地就注意到农民负担问题。我在《社会科学》1993年第7期发表论文《论现阶段农民负担问题的特点及对国家和农民关系的影响》，指出：

> 农民负担不仅仅是农民个体的经济利益问题，它还体现着一种社会关系，直接影响国家和农民的联系。在现阶段，农民负担问题呈显形化。在相当长时间里，我国农村主要实行人民公社体制，人民公社集体经济成为国家和农民之间的中介组织。在这一时期，农民也承受不少负担，特别是在"大跃进"时期，农民负担相当沉重。但是，由于一方面农民缺乏相对独立的个人利益意识；另一方面农民的负担大多通过集体经济这一中介组织而濡化，其后果是集体经济发展缓慢或停滞，农民生活水平普遍降低，而农民负担则呈隐形状态。80年代实行生产责任制以来，农民大多以家庭为生产单位，不仅有了较多的自主性和相对独立的个人利益，而且与国家直接发生联系。国家通过基层行政组织，从农民手中直接征缴税

---

① 徐勇：《GOVERNANCE：治理的阐释》，《政治学研究》1997年第1期。

事实。……持续不断的大规模的农民流动已成为乡村治理中一个不可忽视和十分重要的变量因素。①

"三农"问题是一个统称,对应的学科有所不同。推动教育部重点研究基地建立的教育部社会科学司司长顾海良教授认为,农业问题主要是经济问题,农村问题主要是社会问题,农民问题主要是政治问题。我们是从政治学的角度介入"三农"问题研究的,主要针对的是农民问题。2003年,我承担了教育部首批哲学社会科学重大课题攻关项目"我国农村与农民问题研究"。我在最终成果《中国农村与农民问题前沿研究》一书中指出:

> "三农"问题之首是农民问题。一般来说,"三农"问题之首是农业问题。正是因为工业的崛起和农业的弱势才造成乡村的衰落和农民的贫困,于是才有了大规模的城市化和农民的工人化。但是,在中国,工业化先天不足,城市化进程缓慢,工业化和城市化不仅难以带动乡村,吸纳和消化农村人口,反而以牺牲农村和农民为代价。这就使得大量的农村人口长期堆积在有限的土地上。历史上的人地矛盾未能缓和,反而更加突出。
>
> 中国20世纪百年历史反复证明了这样一个道理:谁抓住了农民,谁就抓住了中国;谁丢掉了农民,谁就会丢掉中国。②

将农民问题置于"三农"问题之首,既是事实,也反映了我们研究的价值取向,这就是关注广大农民的状况和命运。有效的乡村治理必须将改善农民的状况和命运置于核心位置。

四 税费改革与乡镇体制改革

2000年前,华中师范大学政治学者的研究重心在村治,在于村治

---

① 徐勇、徐增阳:《流动中的乡村治理——对农民流动的政治社会学分析》,中国社会科学出版社2003年版,第1—5页。

② 徐勇等:《中国农村与农民问题前沿研究》,经济科学出版社2009年版,第6—9页。

款，各个部门和单位也通过基层行政组织直接从农民手中收取费用，由此便使农民的负担问题迅速显形化，农民负担与政府行为紧密相关。……应该从现代化建设和国家长治久安的高度认识农民负担问题，寻求有效的解决办法。①

1990年代农民负担问题日益沉重，农民的抗争也日益激烈。国家与农民之间的关系紧张，到了时任国务院总理朱镕基所说的"民怨沸腾"的境地。美国人也由此提出了"中国崩溃论"。但是，中国并没有发生美国人所预言的状况。1990年代后期我们一直在农村做田野调查，我们注意到两个情况：一方面，农民负担确实沉重，亲身感受到朱镕基所说的"民怨沸腾"。1996年，我和张厚安教授到四川省大巴山区调查时，当地人以为我们是中央派下来的人，夜晚打着火把向我们反映"民怨"。当时看着一个个打着火把的农民从大山中匆匆赶来，我特别震撼，想着当年农民跟着红军闹革命也不过如此吧！而当地确实是过往的红军革命根据地。但另一方面，我们又发现当地的青年农民大多数外出务工了。他们在外拼命工作，所获得收入可以养家糊口。农民负担尽管沉重，但还没有到"揭竿而起"，群起反抗的程度。我在贵州、湖南交界的武陵山区做调查时，访问一位被称之为"苗王"的家庭，他家大门紧闭，说是到深圳打工去了。这位"苗王"的祖上曾经凭借天险与清王朝官府抗衡数十年。从调查中我隐隐感觉到，农民流动或许正在消解巨大的政治风险。之后，我非常关注农民流动及乡村治理问题。1996年，我申报和承担了国家社会科学基金项目"现阶段农村流动人口问题与政治稳定研究"。其最终成果是《流动中的乡村治理——对农民流动的政治社会学分析》一书。书中开篇明义，指出：

直到进入21世纪，中国的大多数人口都居住在乡村。对乡村的有效治理是国家治理的基础。而现阶段乡村的一个突出特点，就是农民的大规模和持续不断的流动。这是今日乡村治理面对的基本

---

① 徐勇：《现阶段农民负担问题的特点及对国家和农民关系的影响》，《社会科学》1993年第7期。

是乡政的基石。但是，随着农民负担日益沉重，要求税费改革的呼声日益强烈，改革的目标直接指向乡镇体制。我们研究的重点开始向乡镇体制改革转变。我在《山东科技大学学报》（社会科学版）2002年第4卷第3期发表《从村治到乡政——乡村管理的第二次制度创新》的论文，指出：

> 我国农村正处于深刻的历史变革时期。20年前，随着人民公社体制的废除，我国建立起以"乡政村治"为主要特征的乡村管理体制。其主要成果是村民自治得以迅速发展，村民自治的制度架构基本形成。但是，"乡政村治"制度模式建立的一开始就存在内在的结构性矛盾，乡政管理没有得到相应的变革，不但大大压缩了村治的发展空间，而且制约着乡村的有效治理，管理成本愈来愈高，管理成效却愈来愈低。面对农村发展的新格局，乡镇管理仅仅依靠一些局部性的改革已无法应对挑战，必须在体制改革上有新的突破，由村治到乡政，着眼于第二次制度创新。[1]

围绕乡镇体制改革，我发表了一系列论文，也提出了自己的政策主张。但基本出发点有两个方面：一是认为税费改革引发乡镇体制改革；二是通过乡镇体制改革建立现代乡镇制度。这两个方面的共同特点便是减轻农民负担，让农民从沉重的负担中解放出来，激发农民的积极性，适应经济社会发展。我在《江苏社会科学》2002年第2期发表的《县政、乡派、村治：乡村治理的结构性转换》一文中指出：

> 农民负担的加重不是少数领导人的作风问题，而是一个体制性问题；农民负担只是表面现象，其深层的原因是乡村治理结构不合理。当今中国已具备改善乡村治理结构，给农民以休养生息的条件。[2]

---

[1] 徐勇：《从村治到乡政——乡村管理的第二次制度创新》，《山东科技大学学报》（社会科学版）2002年第4卷第3期。

[2] 徐勇：《县政、乡派、村治：乡村治理的结构性转换》，《江苏社会科学》2002年第2期。

我在《战略与管理》发表《乡村治理结构改革的走向——强村、精乡、简县》的长文提出：

> 在与税费改革相配套的乡村治理结构改革中，应该以强村、精乡、简县为取向，对农村利益关系进行再调整，使税费改革的好处真正为农民所享受。[①]

我在《江西社会科学》2004年第1期发表的《精乡扩镇、乡派镇治：乡级治理体制的结构性改革》一文中直接提出了建立现代乡镇治理体制的观点，主张：

> 在农村税费改革中，对现行的乡级治理体制进行结构性改革，按照工农分业和乡镇分治的原则，精乡扩镇，将现有的乡级政权改为县派出的基层行政组织；扩展镇的自主权，将镇政权改为基层地方自治组织，实行镇自治，建立纵向集权，横向分权的现代乡镇治理体制。[②]

因为关于乡镇体制改革的论文具有领先性，反响较大，在中国知网上属于政治学领域中引用率排名靠前的论文。有些政策主张已成为现实，如扩大镇的权力，精简乡的机构，加强乡镇政府的服务能力等。

除了我本人的研究以外，我通过重点研究基地推动相关人员的研究，设立研究项目，举办研讨会，参与乡镇改革实验，发表了大量成果。最有代表的是项继权教授团队对于以湖北省咸安区的乡镇改革为例进行的研究。

五　接点政治与地方治理创新

中国农村改革的一个很重要的特点，便是从最微观的单元开始，

[①] 徐勇：《乡村治理结构改革的走向——强村、精乡、简县》，《战略与管理》2003年第4期。
[②] 徐勇：《精乡扩镇、乡派镇治：乡级治理体制的结构性改革》，《江西社会科学》2004年第1期。

实行家庭承包制，之后的路径是由户到村，实行村民自治，再由村到乡，进行乡镇体制改革，之后延续到县。这一制度演化的逻辑不是事先设计的，而是经济社会变迁的必然结果。我们的研究也遵循着这一逻辑进程。我在研究乡镇体制改革时，已关注到县，提出了"县政"问题，意识到随着税费改革和乡镇体制改革，乡镇和村的经费由县直接支付，县对于乡村治理的作用将愈来愈大，也愈来愈需要研究。为此，我让我指导的2004级博士生樊红敏进行这一研究，并要求她进入县级"官府"内部去调查。她在调查县挂职，对县域政治的运作过程进行了考察，并写出博士学位论文《县域政治：权力实践与日常秩序——河南省南河市的体验观察与阐释》。我2008年为她的书作序言时谈道：

> 中国是一个超大国家。其政治体系由多个层级构成。离一般平民最近，且形态较完整的政治是县域政治。……县在整个国家政治运行中具有特殊的地位。不仅国家大政方针要通过县一级加以贯彻，而且县要根据地方情况作出决定。县可以说是整个国家政治运作的枢纽，只有通过县，治理国家的机器才可以运转起来。也正因为如此，从上往下看，县距中央最远，往往成为中央权力鞭长莫及之处；从下往上看，县的主政者又执掌着当地人的命运，对于一般平民百姓来说又极具威严和神秘性。
>
> 本书最为重要的特点是为我们展示了一个县级市的政治原生态。本书没有从组织、机构、关系、制度等文本话语入手，而是将县域政治置于日常生活的运行中加以考察，选取了日常政治运行中若干个关键性的环节来展示政治的真实、具体和生动的状况。[1]

该博士生毕业后连续获得两个国家社会科学基金项目"县域维稳运行逻辑与制度化研究""县域政治运作的实践逻辑与改革方向"，出版了数部相关著作，成为这一领域的重要专家。其重要背景是县域政治很

---

[1] 樊红敏：《县域政治：权力实践与日常秩序——河南省南河市的体验观察与阐释》，中国社会科学出版社2008年版，序言。

快成为社会和学术热点。自1990年代，农民群体性事件接续发生，其重要特点就是"由乡入城"，规模扩大，烈度提高，处理难度增大。2008年左右先后爆发出多起群体性事件主要发生于城乡接合、人口相当集中的县城。我在《华中师范大学学报》2009年第6期发表《接点政治：农村群体性事件的县域分析》，试图用"接点政治"的解释框架对此加以分析。

作者作为没有"知识"的青少年下乡五年后，在一家工矿企业做过三年电焊工人。电焊工的工作是将两个部件焊接为一个整体。两个部件焊接在一起的地方称之为接点，即电焊接口。为了将两个部件连接在一起，对焊接工艺的要求十分高。即使如此，接点部分仍然是一个整体中最为脆弱的部分，不仅容易锈蚀，而且容易产生金属疲劳，因此成为整体构件中最有可能断裂的部位。为此，在寻找焊接口时，一般选择在应力最小的部位，使它不至于应力太大而断裂。

县政是县域社会利益的集中反映，也是县域社会矛盾的集聚点，直接关系到地方治理成败，也往往成为群体性事件的多发部位。

其一，县政是国家上层与地方基层的接点，是地方决策中心。……在整体国家政治体系中，县政是国家上层与地方基层权力的"接点"，也是政治应力最为薄弱的部位。

其二，县政是中央领导与地方治理的"接点"，是一级完备的基层地方国家政权。……从政权体系的角度看，县政是中央领导与地方治理的"接点"，也是政治应力最为薄弱的部位。

其三，县政是权力运作与权力监督的"接点"，是国家权力监督体系中的"末梢"。县政上接中央，下连民众，是国家与社会的接合部。

在当代中国，新的社会要素迅速产生，要素之间的摩擦和矛盾增多，并集中体现在县域社会。县域社会由此成为整体社会体系中的最脆弱的部分，并成为产生群体性事件的社会"接点"。第一，县域社会是城市与乡村社会的"接点"。第二，县域社会是传统与现代社会的"接点"。第三，县域社会是中心与边缘社会的"接点"。

运用"接点政治"的框架解释农村群体性事件，是要说明不能孤立地看待已发生的群体性事件，也不能仅仅将其视之为互不相干的个案，而是要将农村群体性事件置于社会结构转变和整个国家治理体系的背景下考察。持续不断的县域群体性事件的发生，说明它们不是孤立的个案，必有内在的逻辑关联；也不能只是简单地处理当事人，而要从完善国家治理体系的角度寻求长治久安之策。①

群体性事件是社会矛盾的集中爆发。频频爆发的群体性事件让地方主政者穷于应付，同时也促进他们思考解决问题的出路。广东省是中国改革开放的先行者，经济发展迅速，社会结构性矛盾增多，群体性事件频发。时任中共中央政治局委员、广东省委书记汪洋注意到这一问题，并希望地方领导探索解决问题的办法。在这一背景下，新任广东云浮市委书记王蒙徽两次亲自带队到我所在的学校，希望我们帮助地方出谋划策，给予指导。为此，我们去云浮讲学、调研并提出建议。云浮市的发展形成了新的思路，这就是不复制珠三角的模式，而是走出一条经济与社会同步发展的地方治理新路。这一新路不仅促进了当地的经济社会发展，而且对于全国具有普遍性价值，因此被称为"云浮模式"。我为总结这一模式写的书取名为《再先行一步——云浮探索》。用"再先行一步"是与美国著名学者傅高义写的《先行一步：改革中的广东》相比较来讲的。先行一步主要是经济改革和开放，再先行一步主要是指经济与社会同步发展。

云浮的探索得到了汪洋书记的高度重视，专门到当地村庄实地考察，对云浮经验作了多次批示。我受邀请，为广东省领导做专题讲座，汪洋书记在讲座时就进一步推进经济与社会同步发展作了讲话。云浮的探索也开启了我们参与和指导地方治理创新的路径，总结了不少地方治理创新经验。

---

① 徐勇：《接点政治：农村群体性事件的县域分析——一个分析框架及以若干案例为例》，《华中师范大学学报》2009年第6期。

六 社区建设与城市治理创新

城市是现代化的引领者。中国正处于现代化进程之中，城市是重要研究对象。我在1986年申报的项目便是"我国城乡基层政治发展研究"，1992年出版了著作《非均衡的中国政治：城市与乡村比较》。只是因为农村研究而将城市研究搁置下来。1990年代后期，随着社会主义市场经济体制的确立和国有企业改革，大量"单位制"人员进入社会。与此同时，大量农民工进入城市。城市社会问题日益突出，并直接要求通过城市治理体制改革，加强社区建设。因为城市基层组织都属于居民自治组织，加上我过往做过相关研究，民政部主管部门希望我们将研究领域扩展到城市。为此我开启了对城市社区治理的研究。我在《华中师范大学学报》2001年第3期发表《论城市社区建设中的社区居民自治》一文，指出：

> 随着中国改革的重心由农村转移到城市，城市的经济、政治和社会正在发生深刻变化。在这一变革中，城市社区建设正在成为继农村改革中出现的包产到户、乡镇企业和村民自治三项伟大创造之后的又一新的伟大创造。但与农村的制度创新一样，中国城市的制度创新过程也突出表现为实践先行，理论创新相对滞后的特点。随着制度创新的启动和扩展，迫切需要理论的创新，否则制度创新就会缺乏明确的目标导向和持久的动力。
>
> 在中国，城市社区建设是在党和政府领导下，依靠社区力量，利用社区资源，强化社区功能，解决社区问题，促进社区政治、经济、文化、环境协调和健康发展，不断提高社区成员生活水平和生活质量的过程。社区建设是一项内容广泛的社会系统工程，但其实质是对中国传统城市管理体制的改革，是在改革中的制度变迁和创新。
>
> 由于意识形态追求和利益支撑，任何一种制度都具有不可易变的刚性。只有当既有制度难以应对外部挑战，甚至出现难以为继的危机时，才会发生变迁。中国的社区建设是在全能政府"失效"和

第三章 以制度与人为进路的田野政治学　　◇　63

万能市场"失灵"的双重背景下发生的，是传统"单位制"趋于解体后出现的。

在社区建设中，存在行政和自治两种导向，本文认为应该强化自治导向。这在于社区居民自治是低成本的管理体制创新，是社区建设的内在要求，有利于扩大公民政治参与和加强基层民主。由于特定的国情和制度背景，中国的城市社区建设是一种"规划性变迁"，居民自治属于政府主导型自治。而自治的成长，又要求政府下放权力，转变职能，改变领导方式，在自治基础上重新塑造政府，实现政府与社会关系的重构。应以合作主义理念处理政府管理与社区自治协同治理城市社会的关系问题。①

在中国，农村改革先于城市改革，农村改革后的村民自治先于城市改革后的社区自治。村民自治已有一整套完善的体制和机制，城市社区自治才刚刚开始。它们之间会存在差别并发挥不同的作用。为此，我在《学习与探索》2002年第4期发表《"绿色崛起"与"都市突破"——中国城市社区自治与农村村民自治比较》的长文，指出：

在中国，与市场导向的经济体制改革一样，民主导向的政治体制改革有以下特点：从层级结构上看，是从基层社会开始；从城乡关系上看，是由农村启动再向城市扩展；从变革动力看，是自下而上和自上而下的互动过程。正是在这一进程中，随着农村村民自治的率先崛起，城市社区自治又迅速突破，成为中国政治体制改革与民主化过程中最有活力的基础性部分。城市社区自治与农村村民自治处于不同的背景和生态之下，有着各自的特点。

第一，由于农村经济改革率先从分散落后的农村地方开始，使农村村民自治一开始具有较强的自发性，村民自治的特点较为突出。城市社区自治则具有很强的规划性，主要是在政府有意识地推进社区建设的过程中产生的，因而只蕴含在社区建设之中，其特性尚没有充分显现出来。第二，农村村民委员会作为农村的主要组

---

① 徐勇：《论城市社区建设中的社区居民自治》，《华中师范大学学报》2001年第3期。

织，对原有人民公社组织具有很强的替代性。而城市社区建设中建立的社区居民委员会更强调社区基础，没有也不可能全面取代原有的城市组织，它主要是为城市治理提供了一个崭新的制度平台。第三，在农村村民自治活动中，自治主体基本上都是自然人。而在城市，除了作为自然人的居民外，还大量存在各种单位和组织。因此，在城市社区自治的制度平台上，法人团体也是自治活动中的重要角色，只是其地位及作用与自然人有所不同而已。第四，农村村民自治建立在土地等生产资料集体共有基础上，村民一出生就是村庄的当然成员，自动享受自治权利。而城市社区没有共同的经济基础所维系，社区成员的界定较为困难，其流动性较强。在某一社区出生，之后并不一定就是该社区成员；不在某一社区出生，但也可能成为该社区成员，并享受社区自治权利。第五，农村的村民委员会具有一定的经济管理职能，自治活动的内容不仅有公共社会事务，还包括经济事务。在城市，经济事务主要由各种企业所承担，社区自治组织一般不承担管理经济事务的职能，自治活动的内容主要是非经济的社会发展方面。因此，社区自治与社区建设密切相关。①

2001年，我主编了与"村治书系"相对应的"市治书系"。在书系总序中我指出：城市化进程的加快，特别是城市治理体系的创新，将会使城市治理问题得到更广泛的重视。如果说，在20世纪，中国社会发展的主题是乡村发展的"绿色崛起"，那么，在21世纪，中国社会发展的主题将是城市发展的"都市突破"，"市治"将成为一门新的"显学"。2003年我在给我指导的博士生撰写的论著《中国城市基层管理体制创新》作的序言中指出：

  科学研究贵在原创性。社会科学研究原创性的重要来源是创造性的实践。……本书最重要的特点，就是具体展示了武汉市江汉区

---

① 徐勇：《"绿色崛起"与"都市突破"——中国城市社区自治与农村村民自治比较》，《学习与探索》2002年第4期。

社区建设中着力于城市基层管理体制创新的过程,并通过这一过程概括出我国城市基层管理创新的特点,提出所要遵循的基本规律和原则。由此为整体规划城市社区建设和体制改革提供了有益的启示和参考。①

随着城市化进程,城市治理问题日益突出。2013年福建省厦门市爆发了震惊中外的"陈水总公交爆炸案",造成47人死亡、34人受伤。如何改善城市社区治理,成为地方主政者的大事。此时,由云浮市委书记调任福建省副省长的王蒙徽,在就任厦门市委书记不久,便提出了"美丽厦门,共同缔造",通过"决策共谋、发展共建、建设共管、成果共享"的方式加强城市社区建设。王蒙徽书记邀请我们到厦门调研和指导。我们作专题报告、实地调研、论证方案、总结经验,从厦门地方治理创新经验中提升出具有全国普遍性的元素。之后,王蒙徽先后就任沈阳市委书记和建设部部长,每任一职都非常重视城乡基层治理,并邀请我作专题报告,到实地考察和指导。

七　制度实践中的田野政治学

中国的改革开放是人类历史上前所未有的伟大实践。这一实践是对过往严重束缚经济社会发展的制度的根本性变革,又在大变革中保持了基本的政治稳定,从而创造了人类的奇迹。华中师范大学的政治学者一开始便参与了这一伟大实践,并在实践中形成田野政治学。主要体会有:

实践出真知。田野政治学是从政治学的角度介入城乡基层治理研究。1980年,邓小平发表了著名的《党和国家领导制度改革》的讲话,提出领导制度、组织制度问题更带有根本性、全局性、稳定性和长期性。这一论断对于我们从事政治学研究的学者耳熟能详,具有强大的指导意义。我们进入制度研究便受这一思想引导。我国通过改革,建立了

---

① 尹维真:《中国城市基层管理体制创新——以武汉市江汉区社区建设经验为例》,中国社会科学出版社2003年版,序言。

一系列新的制度。我们研究制度主要是研究基层政治制度。我在调查时发现，农民最关心的是两个人，上面是总书记，制定大政方针；下面是村书记，直接关系个人生活。所以我们研究制度，更关注制度是如何在实践中内生并在实践中落地和运行的。这是田野政治学研究制度的重要特点之一。

实践出创造。中国的制度变迁有一个较为清晰的路径，先农村，后城市；先基层，后逐渐向上；先是群众创造，后经过试点提升为中央决策在全国推广，并加以制度化。我们全程参与这一实践过程，始终跟着实践走，跟着基层的领先创造走，从而使我们在制度研究方面能够走在前面，提出对策建议和观点。我们根据中国的制度实践总结出一个基本规律，这就是群众的创造性、地方政府的主动性与中央高层的推动性"三位一体"。正是"三位一体"的制度变迁，使中国的改革能够行稳致远。

实践出深度。制度创新并非易事，其间会经历许多曲折，甚至遭遇难以想象的困难，以致到了"山穷水尽疑无路"的困境。村民自治由热到冷，便是典型例证。但正是这一困境，促使村民自治在实践中为自己开辟道路，不断深化，由自治走向自治、法治和德治的结合。这一制度实践过程也促使我们去思考为什么如此，从而由表到里，从制度表象走向制度深入，去挖掘制度的底色与根基，由此达到"柳暗花明又一村"的景象。田野政治学的命运何尝不是如此。在其成长过程中，经历了不少挫折，甚至陷入"山穷水尽疑无路"的困境。但每一次挫折带来的是反思：为何如此？带来的是韧性：如何做得更好？由此达到"柳暗花明又一村"的新境界。

实践促提升。中国的制度改革是人类历史上前所未有的伟大实践。但对这一伟大实践的理论总结还远远不够。田野政治学者全程参与了制度实践过程。但更多的是对实践的追随，而实践的步伐又太快了，容不得我们平心静气地进行扎实深入的理论研究。随着制度改革进入新常态，我们有必要加强制度实践的理论研究，"提炼出有学理性的新理论，概括出有规律的新实践"，这将是田野政治学未来的重点努力方向之一。

实践出学派。华中师范大学的政治学人研究制度变迁，与一般学者最大的不同便是以人，以农民的状况和命运为中心。村民自治的主体是村民。乡村治理是由"三农"问题引起的，核心是农民问题，是要通过有效的乡村治理解决农民问题。乡镇体制改革、地方治理创新和城市治理创新都与人的状况和命运息息相关。正是基于人的状况和命运，才研究体制和治理，研究体制和治理是为了改善人的状况和命运。这一以人为中心的研究取向，成为田野政治学的重要标识。2018 年提出政治学的"田野学派"的研究重心，是长期研究思路积聚的结果。2021 年 1 月 12 日《中国社会科学报》头版长文《把学问写在中国大地上》指出："中国政治学的'田野学派'是生长在中国大地上的一个研究学派"，在于它是以中国大地上的人民的状况和命运为基点的。这是田野政治学的灵魂所在。离开了这一基点，就会丢魂失魄，人心涣散，不可持续。

第四章 以现场实验为引导的田野政治学

田野政治学的对象是农村，方法是调查，进路是制度，引导是实验。政治学人进入农村，研究制度，大脑里不可能是一片"空白"，不带有价值取向。田野政治学一开始就强调：追求实际，即强调实际先于理论；追求实验，即强调实验先于方案。通过实验，提炼和检验理论方案，使之具有可行性、可操作性和可预见性。正是通过多次现场实验，将我们的研究由表及里，引向深入，由此构成田野政治学与其他政治学研究的不同路径。

一 以现场实验作为研究方法

中国改革开放是人类历史上从未有过的伟大实践，事先并没有清晰的路线图和时间表，更没有一揽子成熟的方案。"摸着石头过河"成为改革探索的重要方式。从某种意义上说，中国的改革开放又是人类历史上的一场伟大实验。华中师范大学的政治学人是从研究制度变迁进入农村田野的。农村基层制度改革是实践，也是实验。除了调查以外，实验也成为我们的重要方法。

在我们进入田野研究时，"实验"还没有成为政治学人的研究方法。外国的实验政治学更是闻所未闻。但是，伴随着改革实践，实验很早便成为我们的一种研究理念和方法。张厚安教授表示：

> 实践是检验真理的唯一标准。过去，社会科学研究的最终成果往往只是出一本书或写一些文章就完了。可是这些成果正不正确，对实践有没有指导意义，还没有得到检验。于是，我们决心突破以

第四章 以现场实验为引导的田野政治学

往的做法，要亲自把研究得出的结论，运用到一个村去进行实验、比较，通过实践检验、修正结论，再指导实践，并更好地为实践服务。①

我在1997年出版的"村治书序"中明确提出"三实"的追求，其中的"一实"，便是"实验"。

> 追求实验，即强调实验先于方案。我们要解释世界，成为学者；也要改造世界，成为实践者。而改造世界的方案应该来自社会实验。通过实验，提炼和检验理论方案，使之具有可行性、可操作性和可预见性。②

我在1997年出版的《中国农村村民自治》一书提出了村民自治研究要进行"实验"的依据：

> 改革是中国历史前所未有的一场伟大社会实验，而在农村改革中产生和发展的村民自治，则是中国历史上前所未有的民主实验。民主化是一个长期的、艰巨的过程，它的成效要经过较长时间才能逐步显示出来，进而实现由民主制度向民主习惯的转换。村民自治亦是如此。
> 村民自治作为基层直接民主和现阶段农村治理的一种有效方式，人们对其地位和意义的认识有一个过程。从一般意义上讲，国家层面的民主影响更大，经济文化较发达的城市更易于推进民主化进程。那么，在我国现阶段，为什么必须重视基层民主？基层人民群众自治为什么首先在经济文化较落后的农村取得了突破性进展？特别是在经济文化较为落后的农村实行村民自治是否有成效？是否合适？它与其他自治形式有何不同？是否属于自治？许多人对此认识不清，甚至持怀疑态度。在村民自治实践中，也出现了将村民自

---

① 张厚安：《乡土大地上的思考》，湖北人民出版社2011年版，第85页。
② 徐勇：《中国农村村民自治》，华中师范大学出版社1997年版，第5页。

治视为仅仅是实现某种目的的手段，而不是国家政治制度和民主化进程的重要组成部分的情况。当村民自治能给农村治理或某些社会成员带来直接好处时，就被接受和采用，否则便被消极对待或放弃。与此同时，相当多数的人对实行村民自治的长期性、艰巨性和复杂性认识不足，看不到村民自治作为一种崭新的民主形式和治理方式，需要有相应的经济、政治、社会和文化条件，必须循序渐进，有步骤、有秩序地进行。①

正是因为对村民自治的认识还存在许多不同看法，而这些看法势必影响村民自治进程。与此同时，从事村民自治研究的也不能简单地进行理论论证，而应该深入实践去了解这一过程。我在《中国农村村民自治》一书因此指出：

> 社会科学研究本来以社会实践为其研究对象，其正确认识也只能来自社会实践，但在相当长的时间里，人们习惯于从书本到书本，远远地脱离社会实践。这正是人们往往陷入抽象地讨论民主，或用某一既定理论剪裁现实而于现实无补的误区的重要原因之一。村民自治是一项亿万农民参与的生动、具体的社会实践活动。要真正了解、认识这一前所未有的民主实践，只有深入其中，直接观察和切身体验，才能把握其内在的运动规律。②

而深入其中，直接观察和切身体验，把握其内在运动规律的最重要的方法便是"实验"。

二 以农民参与为目标的"黄梅实验"

实验是一种有目的的人为活动，通过这种活动观察对象的状况，发现对象的特点，掌握对象的规律。当我们进入村民自治研究领域时，只

---

① 徐勇：《中国农村村民自治》，华中师范大学出版社1997年版，第14页。
② 徐勇：《中国农村村民自治》，华中师范大学出版社1997年版，第18页。

知要实验,但对于怎样进行实验,特别是政治学实验,并没有足够的理论准备。这是因为,1990年代下半期,村民自治成为举世瞩目的中国民主的一个窗口,人们对其寄予各种想象。我们作为村民自治的研究者,自然会对这一热潮的来临欢欣鼓舞,村民自治终于由"冷门"变为"热点"了。但我们毕竟是学者。特别是以田野调查为方法的学者,不能停留在一般的文本论证上,更要进入现场去了解,去发现真实状况。其中,最好的办法是"实验"。这是因为田野调查者毕竟是外来人,是置身以外的观察者。只有"实验",才能将自己作为主体融入其中,亲自感受和体验实际过程,从而发现一般现象观察不到的内在因素。

民主的重要特点是大众参与,人民群众是政治主体。这种政治主体不仅仅是文本上的,更重要的是实际行动者。村民自治的制度安排为农民参与治理过程提供了制度平台。但在这一制度下,农民能否有效参与其中,这是一个问题。正是带着这一问题,我们希望在湖北省选取一个村进行"村治实验",通过实验了解和观察农民参与的现实状况。张厚安教授回忆道:

> 在湖北省省委书记贾志杰同志的亲自关心和支持下,我们的设想得以付诸实践。从1997年3月起,中心理论工作者先后有两位教授、两位副教授、两位博士、四位硕士参加了湖北省黄梅县水月庵村进行的"依法建制,以制治村,实现农村基层管理工作规范化"的实验,迄今,实验已进行了两年,从总的来看,实验是顺利的、有成效的。[①]

黄梅县的实验过程时间长,且非常艰难。2011年出版的《南农实验》一书全面回顾了这一实验的过程。

"依法建制,以制治村,民主管理"可谓是水月实验的实验理念。在这种理念的指导下,张厚安先生带领"中心"科研人员进驻

---

① 张厚安:《乡土大地上的思考》,湖北人民出版社2011年版,第85页。

月村。入村后经过认真的调查评估发现,实验开始之时也正是该村陷入困境之际。当时中共中央对农村基层组织的要求是"三有"(即有人管事、有钱办事、有章理事)。该村的现实却基本上是"三无"。①

根据调查情况,实验组在黄梅县委书记的直接支持下,试图通过农民参与的方式推进村治的改善。

其一,民主选举。1997年4月下旬和5月上旬进行村支部换届选举。首先召开全体党员大会,进行预选,由党员群众直接采取无记名投票的方式差额选举出6名正式候选人。随后采取差额选举的方式正式选举产生5位支部委员,组成新一届村支部。在村支部选举中最引人注目的是,村民李不仅进入6名候选人之列,而且以仅次于支部书记的高票当选为村支部副书记。这是镇领导和村书记事先没有预料到的。在村支部预选后,当时主持选举的镇领导对要不要当场公布预选结果一直拿不定主意。在党员的强烈要求下,镇领导才决定当场宣布预选结果。最后村民李在正式选举中当选为副书记。所以,村民李可以说是从票箱里"跳"出的一匹"黑马"。

选举结果当场公布后,群情激动,在场党员热烈鼓掌。一些党员甚至将选举会议视为月村的"遵义会议",是该村历史上的转折点。镇领导也认可了这一结果。……村民们认为这是月村"历史上破天荒第一次"。据实验组在其他地方的实地调查和对一些村民自治模范村的选举观摩,月村的村委会选举在民主程序上可以说是领先的。

出人意料的是,村委会换届选举才200天,高票当选且踌躇满志的村民李竟自动辞职。镇、村干部和村民再三挽留,无奈村民李去意坚决,不再管事,令选民们大失所望。为使村里"有人管

---

① 马华:《南农实验——农民的民主能力建设》,中国社会科学出版社2011年版,第24页。

事",月村不得不在村委会换届选举一年后再次启动民主选举程序——改选村主任。

其二,制定《村民自治章程》。

选举后的村委班子当务之急是建立现代型民主法制管理模式,编制一套适合月村实际的"村民自治章程",需要新当选的村委会领导全体村民去完成,"章程"制定后又将是规范全村干部和群众的行为准则。

在这一过程中,许多村民代表都提出要对村账进行清理。实验组与县工作队认识到清理财务问题关系到"建章立制"工作的成败。于是经过村民代表会议决议立即清债。清债工作遭到了村主要财务经手人的坚决抵制。由此可见清债问题困难重重,最后在县委书记的直接干预下,清理村财务的工作最后虽然进行了,但由于各种人为障碍问题并未彻底搞清楚。

章程制定不容易,贯彻执行就更难了。①

黄梅县实验告一段落后,实验人员回到实验点访问。

实验的发起人之一张厚安先生曾于2000年重返月村走访。2005年8月20日,为重现当年的村治实验景况,徐勇教授带领博士生重访湖北省黄梅县小池镇水月庵村。

与当初展开村治实验相比,主要的变化有以下两个方面:一是以前村干部是上面任命的,现在是民主选举、民主推荐;二是没有实行村民自治之前,村民对村干部的看法主要有三个方面:其一,村干部与上级领导保持一致,所做工作与群众有矛盾;其二,上面的负担过重,收取税费太高,村民不理解有误解,以为交的钱都进了村干部的荷包;其三,村干部工作方方面面压力过重,大部分精力和时间都用在应付上面的工作任务,只考虑上面,老百姓的具体问题解决不了,群众抱怨多。如今重返月村后发现,这些看法已经

---

① 马华:《南农实验——农民的民主能力建设》,中国社会科学出版社2011年版,第25—28页。

被负担减轻、村干部民选、干群关系相对融洽所取代。[①]

黄梅县水月庵村的实验过程十分曲折,实验过程的结果经常出乎意料。我全程组织和参与了实验,并于实验结束不久,在《华中师范大学学报》1999年第2期发表《利益与体制:民主选举背后的变数分析——以湖北省月村村治实验为例》一文,分析了这一实验背后的因素。

月村一年内进行了两次村主任民主选举。对选举的投入之大,选举的民主程度之高、程序之严格,不仅在该村前所未有,在全国可能也少见,因仅我们实验者就有多人一直住在该村,并给予指导。但即使如此,为什么出现了村民寄予厚望,本人也踌躇满志的村民李就职不到200天便坚辞其职呢?为什么一些村民开始表示积极参与选举,后又积极逃避呢?为什么村民第二次选举选择了钟,但又怀揣着不安呢?这背后蕴含着复杂的因素,也折射出不少具有普遍性和值得深思的问题。

问题一:村民的积极参与意向与不甚积极的参与行动。

问题二:法人行动者的责、权、利分离。

问题三:民主选举之后的权力制衡和监督。

问题四:外力影响与内源发展。

通过对月村两次村主任民主选举过程及其变数的分析,我们可以得出如下结论:

其一,在现阶段农村民主选举作为一种治理方式是必然选择。其原始动因便是实行家庭承包后农民正在成为利益主体,其自主性日益增强,他们需要通过民主选举维护和扩大其利益。

其二,民主选举程序启动后,并不一定会产生预期成果。这是因为,民主选举作为权力资源的分配方式,作为一种大众参与行为,会受到复杂多样的因素影响。在现阶段,复杂的利益格局和传

[①] 马华:《南农实验——农民的民主能力建设》,中国社会科学出版社2011年版,第29页。

统的体制架构是最主要的变数。

其三，与任何一种治理机制和方式一样，民主选举也是有缺陷的。但与其他机制和方式相比，民主选举可以保证权力的有序更迭，可以成为一种纠错机制，如月村的一年内两次村主任选举。……我们在月村的实验和其他村的调查表明，农民日常政治生活最关心的只是两个人，一是中央最高领导人，这意味着国家治理的大政方针；二是基层领导人，这意味着谁直接当家理财。普通民众从选举自己的领导人开始，不断培养民主素质和习惯，最后过渡到选举更高的领导人。这是切实可行的民主路径。那种认为邓小平没有提村民自治这四个字而否定村民自治这一民主形式的观点，或许有意忽视了邓小平关于民主由基层到上层渐进发展的思想。

月村村治实验，既使我们对民主选举背后的复杂变数有了进一步认识，也使我们对民主选举机制的特殊作用和必要性有了深一层的思考。[①]

三 以农民组织为目标的"蒙城实验"

在长期历史上，中国农民处于一盘散沙状态，这也是数千年实行专制统治的社会基础。中国共产党在民主革命中提出的重要方针便是将分散的农民组织起来。正是依靠组织起来的农民使中国共产党取得民主革命的胜利。中华人民共和国成立之后，通过人民公社体制将农民组织到集体之中。随着人民公社体制的废除，实行家庭承包，农民的组织化程度下降。尽管他们有了独立的个体利益，有了因为利益驱动的参与诉求。但是，由于分散性，使他们不能以组织化的方式参与基层治理。我们在黄梅县的农民参与实验已深刻体会到这一点。在调查时，有农民说，改革前集体生产，会多；改革后家庭生产，会荒。多年没有开会，好不容易开一次会，尽是吵架！在实验中为了将农民集聚起来开成会，费尽心力。没有组织的农民，也难以抵制不合理的政府负担。正是基于

---

① 徐勇：《利益与体制：民主选举背后的变数分析——以湖北省月村村治实验为例》，《华中师范大学学报》（人文社会科学版）1999年第2期。

这一背景，我们继黄梅县的实验之后，在安徽省蒙城县的岳东村开展了以农民组织为目标的实验。

第二次村治实验方向定为：整合农村资源，培育发展各种类型的乡村组织。其目的是发展能够代表和维护中国农民利益、促进社会协调发展的农民组织，提高农民组织化程度，改变农民在市场经济条件下的弱势地位。在这种理念的指导下，"中心"于2004年10月1日在安徽省蒙城县岳坊镇岳东村正式揭牌成立岳东村综合发展试验区。这是"中心"成立以来的第一个农村社区综合发展试验区（以下简称岳东实验）。由此拉开"中心"第二次村治实验的序幕。这次实验强调农民合作组织，希望农民通过自主、自为的组织化建设，培养农民的合作意识和参与意识。①

蒙城县的实验是华中师范大学中国农村问题研究中心成立之后进行的"村治实验"，以年轻老师和研究生为主体。他们热情很高，满怀理想，并对实验方案进行了充分的论证。因为没有政府的支持，实验条件比黄梅更为困难，其结果也与预期相距甚远。

岳东实验相对水月实验可以说是我们"中心"发展乡村组织的一种尝试，这种草根组织来源于民服务于民。纵观整个实验过程，岳东每个实验项目几乎都是轰轰烈烈开始，匆匆忙忙收场。除进行养鸡协会、普法协会、乡村图书馆建设外，实验人员在岳东还试图建立村庄公共事务理事会、村庄住宅合作社、老年人协会等，这些项目在尝试初期就被迫终止。

反思实验，我们的困惑在于，为什么每个实验都是进行了科学评估却最终归于失败？虽然任何政治实验都允许失败的存在，但或许我们能从这些失败中总结出一些有规律性的经验。从养鸡协会中我们归纳出其失败的原因在于：一是管理不完善，缺乏有序的制度

---

① 马华：《南农实验——农民的民主能力建设》，中国社会科学出版社2011年版，第33页。

第四章　以现场实验为引导的田野政治学　　77

作保障；二是有些会员的入会动机功利化，农户的合作能力欠缺，协会的成长环境受到制约。养鸡协会的主要贡献有，农民的市场意识、抗风险意识、成本控制意识得到增强；农民的参与精神得到培养。从普法协会中我们得到的启示有，村委会应当是宣传维护国家法律、法规的主体力量，法律知识的输入应当首先建立在法律体系的完善和权威性建立，农民只有在认识到法律的权威性和公正性的情况下才会主动寻求法律的帮助。普法知识的宣传和学习应注意各个自然村的差异性，电视、广播应当成为信息社会传递涉农法律的主要媒介。普法协会项目值得肯定的是农民的法律意识得到增强。从岳东图书馆项目中，我们取得的经验教训有以下几点：一是公益组织的可持续性如何得到维系？公益组织的可持续建设需要有充足的经费做后盾，需要有能力的管理人员去管理。二是对农民的教育要尊重农村的现实，市场经济增加了农民日常生活的流动性，流动中的农民是接触现代社会的先行者，可以尝试在城市中加大对流动农民教育的投入。[1]

尽管我没有直接组织和参与"蒙城实验"，但专门到实验地进行了考察。有两个场面给了我强烈的印象并引起深思。一是在实验村庄，一群被组织起来的农民系着红巾作为标识。这使我马上联想到历史上的红巾军，而这里正是当年红巾军最为活跃的地方。当时学界流行一句话："政府组织农民怕，农民组织政府怕。"这句话深刻揭示了农民与政府之间的复杂关系。我在实地深有感受。正因为如此，这一实验为当地干部所高度警惕，更不可能支持。二是当时正处于农民负担沉重，干群关系特别紧张的时期。以实验点所在地区为背景的《中国农民调查》一书火遍神州。读过此书的人无不对书中的地方干部"欺压"民众咬牙切齿。我到实验点考察时，恰逢与书中描写的干部一起开会，亲眼所见的干部并不是那样"凶恶"，甚至有些老实"土气"。什么原因造成了这些老实"土气"的干部变得"凶恶"？这也是我长期思考的问题：任

---

[1] 马华：《南农实验——农民的民主能力建设》，中国社会科学出版社2011年版，第37—38页。

何权力都必须受到制约,但如何通过制度建设使权力受到制约却是一件非常困难的事情。

四 以农民能力为目标的"南农实验"

将分散的农民组织起来,这已是共识。但如何将农民组织起来,则不容易。中国共产党长期依靠的是政治动员将农民组织到政治体系中来,在相当程度上属于"被组织"。这种"被组织"的农民也容易因为体制机制原因而重新陷入无组织状态。人民公社体制废除后,农民各自为家,组织化程度不高。安徽省蒙城县的实验便是试图推动农民重新组织起来。但这一实验是外部力量推动的,农民仍然是作为被组织的客体。农民虽然组织起来了,但在组织过程中自身的能力并没有提高,一旦外部力量弱化,组织很容易解体。正是在此背景下,我们启动了以农民能力为目标的"南农实验"。

2005年10月16日,在中共十六届五中全会刚闭幕不久,时任南方农村报新闻总监的毛志勇,给华中师范大学中国农村问题研究中心主任徐勇教授写了一封信,内文中提道:"关于在广东找农村进行社区试验的工作,我们(即南方农村报社——笔者注)陈永主编有了新的想法,他说能否借助五中全会'建设新农村是我国现代化建设的重大历史任务'的提法,在我们报纸上刊登广告挑选几个村子,由你们派人来指导,我们作跟踪报道。"当年12月20日,《征集新农村建设试验村庄》的广告在《南方农村报》上刊出,广告说明了试验的内容:由南方农村报与华中师范大学中国农村问题研究中心合作开展的新农村建设试验,计划在广东选取三个村庄,进行为期五年的建设试验。

2006年4月12日,在位于广州市的南方农村报社会议室,华中师范大学中国农村问题研究中心、南方农村报社和4个村(小组)及其所在的地方政府代表,共同签署了《合作共建新农村示范实验点协议》(正式将"试验"的提法改为"实验",因为这项活动是用于验证已经存在的理论),并举行了启动仪式,徐勇教授将此次实验命名为"共建新农村——南农实验",意为"农民和政府、学术机构、媒体在南方农村地区共同建设新农村"。在启动仪式上,徐勇教授再次明确了南农实验的目的:这是一个以人为本、尊重农民权利,由村民充分参与,并且以提高农民福利为目的的社会实验,它把学术资源、媒介资源、政府资源和民间资源有机地结合起来,为国内首创。希望通过实践,探索出新农村建设中规律性的东西,寻找多样化的发展模式。①

"南农实验"是在前两次实验基础上开展的,并设计了本次实验的目的:

> 本次实验的重点是解决农民的能力问题。从以往的村治实验中我们发现农民在利益追求能力上的弱势与利益表达渠道不畅以及能力的缺失是联系在一起的。农民的利益诉求在改革开放之前被长期压抑,致使其丧失了对自身权益发掘的能力,同时也不能有效掌握表达其利益的方式和渠道。一方面不能把村落社区的声音有效传达到当局以争取于己有利的政策;另一方面在官民之间发生利益冲突的情况下则扩大了冲突的范围。因此,我们希望通过系统的学习和培训,一方面提升乡镇人大代表沟通和协调能力,使之能够顺利地收集到选民的意愿和争取到最广泛的支持,同时能够将选民的意愿通过各种途径表达出来。另一方面,强化村民自治的实施质量,使村民代表大会的决策和监督作用得到加强,提高选举后的村民自治质量,进而使普通农民识别自身利益和表达自身主张的能力得到根本改观,农民能够明确地意识到自己的利益所在,对自己与国家的关系有理性的认识和独立的见解。②

"南农实验"主要是通过各种项目和方式,提升农民能力。包括农民的表达能力、农民的合作能力、农民的监督能力等。这一实验是在前

---

① 马华:《南农实验——农民的民主能力建设》,中国社会科学出版社2011年版,第40页。
② 马华:《南农实验——农民的民主能力建设》,中国社会科学出版社2011年版,第46页。

两次实验基础上进行的,特别注意强化农民的主体性,挖掘农民的内生动力,激发基层的自身活力,因此取得了较好的成效。2009年11月8日,"农村治理创新与社会实验研讨会"在广东省蕉岭县举办,对实验中产生的"蕉岭模式"进行了论证。

  2010年7月21日,南农实验一期成果总结大会暨第二期启动仪式在南方农村报会议室召开。华中师范大学徐勇教授、南方报业传媒集团副总编辑江艺平、南方农村报主编陈永、蕉岭县纪委书记卢尧生和各合作村庄代表共同探讨新形势下如何通过整合资源创新乡村治理,推动新农村建设。①

"南农实验"的重要成果是产生了一篇全国百篇优秀博士学位论文。这篇论文是作者主持并全程参与"南农实验",以实验过程为基础写成的,是真正用自己的实验将论文写在中国的大地上。之后该文作者在《中国社会科学》2018年第5期发表了以三次实验为基础的长篇论文《村治实验:中国基层民主的发展样态及逻辑》,从理论上总结了三次实验的成果。地处广东与福建交界的大山区蕉岭县是"南农实验"的重点实验地,之后长期坚持治理创新,一直居于广东省基层治理创新的领先位置。省委书记带队专门考察并给予很高评价。我多次去该县,次数仅次于村民自治发源地,与当地人结下深厚情谊。

五 以乡镇选举为目标的"杨集实验"

自1997年开启的"黄梅实验"、"蒙城实验"和"南农实验"是以实验者为主体推动的、有计划有目的并具有连续性的政治学实验。除此之外,我们作为政治学者还参与观察了以地方领导为主体的实验。

  随着以村民直接选举村主任的村民自治的推进,"海选"一词成为热词。当村民能够直接选举村主任之后,能否由农民直接选举乡镇长?这显然是一个可以选择的题目。四川省远离中原,胆子较大。在人民公

---

① 马华:《南农实验——农民的民主能力建设》,中国社会科学出版社2011年版,第412页。

第四章　以现场实验为引导的田野政治学

社体制还没有废除时,四川人便率先将人民公社的牌子摘下来了。人民公社体制废除后,实行村民自治,根据国家立法,村主任由村民直接选举。而乡镇长则是由乡镇人大代表选举。受村级"海选"的激励,1998年12月四川省遂宁市市中区政府基于对当地农民要求由自己直接选举乡镇长的回应,在步云乡进行了直选乡镇长的试点。这是中国第一例乡长直选,尽管争议不小,但仍然属于允许试验的范围。之后,直接选举乡镇长的试点愈来愈多。正是在此背景下,湖北省京山县在杨集镇进行了两推一选乡镇长的实验。这一实验是在当地党政负责人直接主持下进行的。华中师范大学中国农村问题研究中心闻讯参与了选举观察。

与"步云直选"不同,杨集的实验更为谨慎。先由群众推荐,再在小范围进行选举。其选举结果也没有发生"意外",符合组织的意图。即使如此,这一选举也是对原有方式的突破,特别是授权机制的改变。我为2003年出版的《杨集实验:两推一选书记镇长嵌入乡村社会的事件及侧重学术角度的解读》写下长篇序言:

> 如果用现行的法律条文和组织规则衡量,杨集实验显然是有所超前的。如果用民主化的理想标准衡量,杨集实验的有限性更是显而易见的。阅读此书后,人们甚至会怀疑在中国农村是否能够实行真正的民主?
>
> 尽管杨集实验不是那么理想化,但它的示范性意义却是空前的。这就是它第一次将竞争机制引入基层政权体系,将自我封闭的政治体系向社会开放,"亲民之官"的任职和升迁不再只是由上级决定,所治下的民众也有了发言权和影响力。它强烈冲击着长期历史沿袭的单向的自上而下授权体制,也改变着长期习以为常的官场规则。这种突发性的规则变化势必引起基层政治生活的动荡。尽管民主化成为一种潮流,但当这一潮流成为真正的现实来到面前,人们又显得十分仓促、窘迫,甚至规避,缺乏必要的心理准备和承受力。因为,规则的改变不仅涉及当事人的切身利益,而且会极大冲击人们习以为常的行事理念,从而出现政治不适应性。
>
> 杨集实验只是一次竞争性选举的尝试。对于这种尝试是否会延续,谁也没有把握。面对多年习以为常且与官员利益攸关的"潜规

则",民主授权机制的能量似乎又太弱小了。在总体上追求稳定的格局下,这一尝试的最终结果仍然是中国传统流行的"大团圆"的喜剧。但它给当事人带来的冲击恐怕不只是喜悦,更多的是压力,以致在这场稍带点竞争性的选举过程中,当事人都已不再看重结果了,更希望早日结束不确定性竞争所带来的煎熬。仅仅就这一点来说,这一事件对于中国政治改革过程就已极具象征性意义了。

正因为如此,我们没有从民主化价值的一维性看待杨集实验,而是将其作为一种嵌入性的事件,作为一种非常规性的"政治标本",从中透视和分析中国基层政治的真实运作过程。[①]

尽管乡镇选举回到法律制度的规范中来了,选举突破也未能延续。但是授权机制作为一个政治学的话题仍然值得关注。"步云直选"是地方主政者推动的,没有外部介入。事过若干年后,我专程去了步云,并对参与直选的当事人进行了访谈。从当事人反映看,他们对直选乡长的事情印象很深,事过若干年后还对当时的场景记忆犹新。乡镇选举虽然回归到常轨,但普通村民对于能够直接参与"父母官"的选择还是非常兴奋的。毕竟,在长期历史上,"父母"是不可选择的。与此同时,随着城镇化,步云成为所在市区最边缘的地方,当地人十分迫切地希望有个"好父母官"能够降下阳光雨露。这正是历史和社会关系中的人的多面性。我后来提出田野政治学主要研究历史与社会关系中的人的定位,便与此考察产生的认识相关。

六　在实验中深化认识的田野政治学

自 1996 年开启村治实验,我们进入田野现场进行实验的时间达 10 多年,对政治实验有切身的体会。

其一,政治实验的难度太大。

做规范研究主要依据文本,做田野调查是旁观者,做田野实验的人必须进入现场,置身其中,并且长时间身在其中。从实验项目的提出,

[①] 徐勇:《田野与政治》,中国社会科学出版社 2009 年版,第 29—32 页。

到获得批准；从进入现场，到事先调查；从设计方案，到听取意见；从方案实施，到问题的处理；从实验结果，到对实验结果的检验，当事人都得亲力亲为。缺乏任何一个环节都会造成实验难以为继。我清楚记得，黄梅实验最为艰难的时刻正值1998年长江大洪水。张厚安教授和我从学校所在地的武昌到长江对岸的汉口乘船到黄梅。到汉口时，内涝的洪水将公交车困住。张老师和我只好下车，在深水中前行。其时的张老师已年近七旬。

实验过程更为艰难的是不可控的因素太多。我们是带着省委书记的批示进入现场实验的。但当地的领导更关心的是给他们带去项目和资金，对于农民参与的村治实验并不感兴趣。实验过程中遭遇困难，实验者希望当地领导支持，但领导缺乏积极性。张老师为此数次找当地最高领导交谈。好不容易做好领导的工作，农民在调查中也普遍答应参与选举。但临到选举那一天，距离选举时间过了两个多小时，村民们才稀稀拉拉到选举会场。原来村民们到长江对岸的九江卖菜去了。好不容易从票箱里跳出了一个村主任，结果干了不长时间就坚决不干了，又要重选。费了很大力制定了一个村民自治章程，结果干部出于人情带头违背章程。……太多的意料之外，以致让实验者伤透脑筋，无比沮丧。

其二，政治实验的价值太大。

事非经过不知难。政治实验的难度太大，但收获也大。它改变和深化了我们的认识。

一是制度与制度在实际生活中的运行存在巨大的差异。

我们最初是以非常乐观的心态进入现场的。在张厚安老师看来，我们实验是根据国法民意，为村里编制一个制度软件。这个软件制定好以后，全国的村庄都可以按照这个软件运行。但这一制度软件的编制非常困难，就是编制后也不一定会按制度软件运行。

二是制度环境直接制约着制度的运行。我们做实验的时期，正值"三农"问题特别严重，农民负担特别沉重，计划生育特别艰难的时刻。领导最关心的是如何完成任务，民众最关心的是如何减轻负担。村治实验并不是实验地最为关心的。"南农实验"之所以成效显著，与制度环境的变化密切相关。

三是实验是一种试错，正是在试错中丰富和深化了我们的认识。

中国的改革是一场伟大的实验。其重点特点是在一些地方和基层先行先试。中国的民主政治建设是一项伟大工程，也是一项前所未有的伟大事业。邓小平、彭真等对民主有坚定的信念，同时又非常慎重，他们主张从基层着手，出了问题容易纠正的观点是经得起实践考验的。实验在一定程度上是试错，有问题可以纠正。这是中国改革的一条宝贵经验。

我们起初对基层民主的认识十分乐观。但正是在实验中使我们充分感受、体验和认识到民主的复杂性、艰难性和曲折性。我们自以为农民有了选票会欣喜若狂，没有想到投票时，农民优先选择的是钞票。我们自以为农民组织起来就有力量，但这一力量也可能是一种不可预期的力量。我们自以为编制了制度软件就可以自我运行，不承想制度背后的力量更为强大。这都是我们事先没有预料到的。从这一结果看，我们的实验是"失败"的。但正是"失败"的结果激发起我们走向历史深处，去发现蕴藏在制度背后的因素和机制。这正是我们启动深度调查并在深度调查中发现政治现象背后的社会基础的重要原因所在。如果没有实验，我们很难走向历史深处，走向社会根基，也就很难有之后的田野政治学自觉。

四是社会科学研究有自己的方法，决不能照搬自然科学的方法。

实验是比调查更为深入的研究方法。但政治学作为社会科学的实验，远比自然科学困难得多。自然科学的实验条件是根据科学研究的目的，尽可能地排除外界的影响。而社会科学的实验恰恰经常受到外界的影响，没有外界影响恰恰是不正常的。早年的空想社会主义者之所以空想，在于他们的实验试图与外界隔绝。这也说明，政治学不能简单照搬自然科学的方法。美国的政治科学以自然科学方法为标准，这种科学愈多，就愈不科学。这在于人不是可以控制的物。我在2021年1月8日"政治学人"举办的年会上发表"用历史和理论拯救政治学"的演讲，提出了以上观点。这一观点不是突发奇想，而是基于多次实验的经验教训。中国的政治科学如果跟着美国的政治科学学习，是没有出路的。

当然，实验作为一种方法是非常重要的，只是这种实验与自然科学的实验有所不同，不能以自然科学的实验为标准。社会科学的实验重在参与，重在参与过程中的新发现，重在将新发现提升为有规律的理论。

因此，田野政治学要坚持实验，实验可以深化认识；但要避免简单地照搬自然科学方法的实验。

五是实验者在实验过程中得到提升。

实验不能以成败论英雄。张厚安老师在黄梅实验时经常打气说，自然科学的实验也要经过若干次才能成功，甚至永远不能成功，更遑论社会科学的实验。正是在实验过程中，实验者不断试错，不断自我调适，并不断自我教育、自我提高。实验中我们经常会感受和体验农民自我组织何其难，只有通过行政的力量才能将"一盘散沙"的农民组织起来，但组织农民的行政力量往往成为凌驾于农民之上的力量。这一点马克思早有论断，但我们在实验过程中切身体会到了这一点。实验中还会反思，我们责怪农民素质低，如果让我们这些素质高的学者参与政治过程又会发生什么呢？难道就一定会比农民高明吗？在相当长的时间里，中国未能产生学派，重要原因是以行政组织学术。行政组织可以集中力量做一些大事，但难以形成一个学派。这在于学派一定是有共同理念和认同的自组织，是以共同的"学"为纽带的。这也是田野政治学能否延续的基点。

第五章　以实证思维为原则的田野政治学

田野政治学的对象是农村，方法是调查，进路是制度，引导是实验。为什么要调查，要实验呢？这在于实证思维。人是有目的的行为者。人们的行为受其思维所支配。政治学人进入农村，研究制度，必然有自己的目的和价值。但是，田野政治学一开始就将"三实"作为自己的追求，其中之一便是：追求实证，即强调事实先于价值，弄清"是什么"和"为什么"。只有在这种思维原则的支配下，调查和实验才可以持续，并通过调查和实验提炼理论，由此构成田野政治学与其他政治学研究的不同路径。

一　从"唯书""唯上"解放出来

思想是行动的先驱。中国的改革开放可以说是从思想解放开启的。邓小平在1978年发表了"解放思想，实事求是，团结一致向前看"的著名讲话，指出："一个党，一个国家，一个民族，如果一切从本本出发，思想僵化，迷信盛行，那它就不能前进，它的生机就停止了，就要亡党亡国。"[①] 陈云也提出"不唯上、不唯书、只唯实"的思维方法。尽管当时的政治学正处于刚刚恢复重建之中，解放思想和"不唯上、不唯书、只唯实"的思维方法已广泛流传，进入我们的脑海之中。

华中师范大学的政治学人走出校园，进行调查，从事实验，一是项目驱动；二是有了一定思维方法的自觉。张厚安教授在谈到从事农村调查和实验时表示：

[①] 《邓小平文选》第2卷，人民出版社1994年版，第143页。

第五章 以实证思维为原则的田野政治学

改革开放前的 25 年，尽管也出了一些研究成果，可是从研究内容与方法上看，总跳不出一个"怪圈"，那就是从理论到理论，从概念到概念，从书本到书本，基本上是一种注释式、经院式、教条式的研究。我想，这不仅是我个人的遭遇，应该说，这是当时整个社会科学界占统治地位的学风。当然，造成这种局面的原因是多方面的，除了学风方面的问题外，还有社会环境方面的诸多因素。改革开放以后，我国乡村和城市各个领域都发生了很大变化，社会科学界也被注入一股清新的空气，同时也对社会科学研究提出了挑战：社会科学研究应该遵循什么方向？社会科学研究的内容和方法要不要变？在反思中，我们逐渐认识到社会科学研究再也不能像以前那样"唯书、唯上、不唯实"了，不变是没有出路的。社会科学必须随着社会的变革而转换其研究内容和方法。[①]

随着政治学的恢复重建，开始用政治学话语表达思维方法。"实证"这一词汇进入政治学人的思维中。一般来讲，政治学研究主要有两种方法，一是规范；二是实证。"这一分析框架是一个相对划分。规范的政治理论着重从价值的层面来看待政治问题和理解政治生活，也就是解释什么是好的、什么是值得的、什么是应当的。而实证主义的政治理论着重研究的是事实层面。实证政治理论，是以价值中立、甚至是价值祛除，来谈论政治问题。"[②] 我在 1997 年出版的"村治书系"总序中明确提出了"三实"方向，其中之一便是"实证"：

追求实证，即强调事实先于价值。我们不否定价值取向，但在实际调查中坚决摒弃先入为主、以个人价值偏好取代客观事实的做法。我们不排斥"应该如何"，但首先要弄清"是什么"，突出动

[①] 张厚安：《三个面向，理论务农：社会科学研究的反思性转换——华中师范大学中国农村问题研究中心 20 年回顾》，《华中师范大学学报》（人文社会科学版）2001 年第 1 期。

[②] 任剑涛：《方法引导下的政治理论——对政治哲学、政治生活与研究方法关联性的一个宏观勾画》，郭正林、肖滨主编：《规范与实证的政治学方法》，广东人民出版社 2003 年版，第 95 页。

态的过程研究。①

从政治学的角度出发，我们率先走向田野，也率先建立起实证思维，且这一思维作为方法论原则一直贯穿在我们的研究之中，成为田野政治学的重要标识。我在2018年发表的《政治学"田野学派"的崛起》一文中谈道：

> 中国的政治学一恢复，就是以研究制度问题为己任的，着重提供合理性与规范性。……其研究方式主要是论证、解释，重点是回答"为什么"的问题。
>
> 随着政治学的恢复，政治学人的视野开始从文本走了出来，运用社会调查的方法，关注"是什么"的问题。……研究者在调查自觉中形成了自己的方法重点，即强调事实先于价值，着力弄清"是什么"的问题。②

尽管最初我们对于实证研究还缺乏深入理解，但基本原则是清晰的，并随着调查研究的深入，逐步形成了比较完整的认识。

二　事实先于价值：从事实出发

政治学本来是一门规范性很强的学科，特别强调价值。1979年，我国政治学恢复以来，政治学研究的主要方法是规范方法，研究来源和依据是文本文献。但1980年代以来，中国的政治实践发生着迅速的变化，出现了许多原有文本文献没有的现象。如人民公社体制废除以后，农村在经济上实行家庭承包，在政治上实行村民自治。村民自治是亿万农民直接行使民主权利的政治实践活动。用全国人大原委员长彭真的话说："八亿农民实行自治，自我管理，自我教育，自我服务，真正当家

---

① 徐勇：《中国农村村民自治》，华中师范大学出版社1997年版，第5页。
② 徐勇：《政治学研究"田野学派"的崛起》，《政治科学研究》2018年卷上，中国社会科学出版社2018年版，第9—10页。

第五章 以实证思维为原则的田野政治学　　89

作主，是一件很了不起的事情，历史上从没有过。"①

对于这样一件在历史上从来没有过的事情，从一进入国家层面，便产生了争议。对于人民公社体制废除后实行什么体制有两种主张：一是要求强化自上而下的行政管理，绝大部分来自于地方领导；一是主张村民自治，将村民自治作为社会主义民主的基础性工程，彭真等中央主要领导持后一主张。在中央高层推动下，1987年通过了《中华人民共和国村民委员会组织法（试行）》。法律虽然通过了，但有一个限定词，这就是"试行"。这意味着对这一以亿万农民为主体的法律施行，立法者持十分慎重的态度。1989年到1990年代初，对于这一法律规定的村民自治原则仍然持较大争议。只是以上争议都只限于政界，还没有引起学界的注意。

随着1990年代后期村民自治得到广泛推行，并成为举世瞩目的公共话题。村民自治因此进入众多学科的视野，并出现了对村民自治的不同认识。最具代表性的是沈延生发表在《战略与管理》1998年第6期的5万字长文《村政的兴衰与重建》。论文主题是："回顾历史上村政的演变，从理论和实践两方面对农村基层'群众性自治组织'进行批判，并提出村民委员重新定位和未来村政建设的具体设想。"②这篇长文在当时对村民自治一片叫好声中无疑独树一帜，且理论非常扎实。但论文对于村民自治持否定性意见的依据却具有很强的规范性。作者认为：

> 村民自治作为一种"基层群众性自治"（以下简称群众自治），无论是在马恩列斯著作中，还是在政治学理论中，均找不到它的理论源头。村民自治与毛泽东无关，因为毛泽东的理想模式是政社合一的人民公社。村民自治也与邓小平无缘，在三卷《邓小平文选》中没有一句话涉及村民自治。
>
> 有民主就一定有选举，但反过来说就不一定能够成立。希特勒是靠选举上台的，但他的上台标志着魏玛民主宪法的死亡。沙皇俄

---

① 《彭真文选》，人民出版社1991年版，第608页。
② 沈延生：《村政的兴衰与重建》，《战略与管理》1998年第6期。

国的村社中也有货真价实的选举,但很少有人说那是俄国民主模式的象征,而是把村社视为沙皇专制的社会基础。

群众自治则是一种理论上的怪胎。从理论的实质上分析,它更接近19世纪以前的地方自治,即国家机器尚不发达时期与官治相对而言的自治。从理论的渊源上看,又不能把它排除在社会自治的体系之外,其中主张"村企合一"的一支,更与人民公社有着藕断丝连的关系。①

沈延生的长文立意宏大,视野开阔,提出了中国乡村治理体制的设想。但他在否定村民自治的论述中,具有很强的规范性思维。强调什么是好的、什么是值得的、什么是应当的。而否定事实上已存在的村民自治的依据,主要是没有理论源头、选举不等于民主、是一种杂糅了各种自治成分的"理论怪胎",因而是不好的、不值得的、不应当的。但是,该文唯一没有给予回答的是,这样一种现象为什么会存在,为什么会长时间普遍性地存在,什么才是"理论正胎"?所谓"怪胎"的判断便在于价值优先。

我们是在争议中从事村民自治研究的。要将村民自治作为一种政治现象进行研究,首先必须摒弃是否好坏的价值判断。如果我们从传统规范方法上,从价值上首先判断其是"怪胎",也就没有任何研究的意义了。同时,如果不了解事情究竟如何,简单争论是否为"怪胎",永远无法获得真知。我们在1997年就明确了实证思维的原则,这就是不否定价值取向,但在实际调查中坚决摒弃先入为主、以个人价值偏好取代客观事实的做法。我们不排斥"应该如何",但首先要弄清"是什么",突出动态的过程研究。正是从事实出发而不是从价值出发,我们继续从事村民自治的调查和研究。因为涉及两种思维方法,我们也没有展开争论,而是将村民自治作为一种事实过程来研究。

从1998年村民自治成为举世瞩目的热点,到2008年村民自治跌入到无人问津的"低谷"。有人甚至宣称"村民自治已经死亡"。面对这样的状况,我表示不能过早地给村民自治召开"追悼会",而应该继续

---

① 沈延生:《村政的兴衰与重建》,《战略与管理》1998年第6期。

观察是否已死？如何死的？为何而死？在调查中，我们了解到，广东省清远市以自然村和村民小组为单位开展自治活动，解决了许多村民关心政府头痛的难题。但国家法律规定的是以"建制村"为单位的自治，以自然村和村民小组为单位的自治缺乏法律和政策依据。主管部门对于这样一种自治形态持慎重态度。《乡镇论坛》是由主管村民自治事务的中华人民共和国民政部主管的杂志，该刊2014年第7期发表了署名"郑铨史"的文章《自然村设置村委会切莫一哄而上》。文章指出："有的人认为，村民自治的有效实现形式是在自然村或村民小组建立村委会。这种意见认为，在自然村层面选举产生村委会比行政村'海选'更有优势，更能适应村庄治理的需要。笔者认为，自然村和村民小组建村委会探索要慎之又慎，万万不可盲目跟风，把农村基层组织架构搞乱。"① 广东省清远市主政者对于这样一种"存在但不合法"的自治探索也缺乏足够的底气，专门邀请我们前去了解和研讨。基于"存在必有合理性"的实证思维，我对实践探索是持肯定态度的，并在《华中师范大学学报》2014年第4期发表《找回自治：对村民自治有效实现形式的探索》的长文。论文描述了我国村民自治经历了三个波段，即：以自然村为基础自生自发的村民自治；以建制村为基础规范规制的村民自治；在建制村之下的内生外动的村民自治。论文从理论上论证了村民自治的价值及寻找有效的实现形式。

首先，村民自治具有强大的内在价值。我国正处于现代化进程中。现代化在国家治理方面的要求是建构一个强大的现代国家，国家为主体的治理愈来愈深入地渗透到社会各个层面。相对于传统农业社会而言，现代国家的力量将大大压缩自治的空间，农民与国家的联系会愈来愈紧密。国家凭借工业财政所获得的巨大资源，也愈来愈依靠国家力量治理社会。……一些地方动用成千上万干部帮助农民打扫卫生，修建水塘等，就反映了这一趋势。但也正是在这一过程中，充分暴露出国家力量的有限性。村民自治的第三波崛起，便是补充国家力量之不足的产物，并显示出村民自治的内在价值及

---

① 郑铨史：《自然村设置村委会切莫一哄而上》，《乡镇论坛》2014年第7期。

其强大的生命力。

其次,村民自治需要有效的实现形式。村民自治作为一种制度已实施30多年,但为什么这一制度未能完全"落地"和运转,为什么村民自治第三波实践都不约而同地在建制村之下开拓自己的空间,并取得相应成效,促使村民自治能够"落地"运转?其答案就是村民自治的内在价值一定要通过有效的形式加以实现。没有有效的实现形式,村民自治的内在价值再大也无从反映,只能被"悬空"。

第三,村民自治的有效实现形式与一定条件相关。村民自治是一项植根于群众实践中的制度和活动,对实践的"社会土壤"要求特别高。只有合适的"社会土壤",村民自治的实现形式才是有效的。村民自治第三波的共同特性就是在建制村以下开拓出村民自治的空间。这其中,就反映出村民自治内在要求具备相应的条件。这些条件包括利益相关、地域相近、文化相连、群众自愿、便于自治等,涉及产权关系、社会联系、文化认同、自治能力等深层领域的结构。正因为如此,一号文件提出的是"探索不同情况下村民自治的有效实现形式","不同情况"就是一个界定,要求村民自治形式不能"一刀切"。[①]

从我们的调查研究看,过往人们寄予了过多政治想象的村民自治确实发生了变化,但治理导向的村民自治并没有消失,并融合到整个乡村治理体系之中。作为规范性的村民自治在全国遭遇了许多困境,但村民自治在不同地方表现出不同的形式。这一形式取决于不同地方的条件。我们在广东清远进一步的调查中,发现清远之所以以自然村和村民小组为单位开展自治,在于这些地方的村大多属于具有深厚宗族底色的村庄。在这种以血缘关系为纽带的村庄,村民是亲人关系,不仅彼此熟悉,更有共同祖先所形成的认同感和归属感,达成一致比较容易。

广东清远与广东蕉岭县同属于华南农村。蕉岭的"南农实验"从现

[①] 徐勇:《找回自治:对村民自治有效实现形式的探索》,《华中师范大学学报》2014年第4期。

第五章 以实证思维为原则的田野政治学

代民主的角度关注如何提高农民参与能力。当时并没有注意到蕉岭的村庄底色为"南农实验"的推进具有基础性作用。而在广东清远以自然村和村民小组为单位开展自治引起的争议,将我们调查和研究的视野引向历史深处和社会底色,并激活了原有的知识,扩展了原有的认识。

自我们从田野调查切入政治学研究中,以调查为重要方法的相关学科知识也进入我们的知识体系之中,特别是社会学、人类学和历史学。在中国历史学界有一个著名的"华南学派"。该学派以华南区域为研究对象,其中大量涉及农村宗族。进一步溯源,则了解到国内外人类学家早就对中国的南方宗族有过研究。如中国人类学者林耀华的《金翼》,美国人类学者弗里德曼的《中国东南的宗族组织》,科大卫的《皇帝与祖宗》等。再向前推,得知早在19世纪,外国学者就注意到中国宗族这一独特的社会现象。人类学家摩尔根对比因人类社会基于血缘关系形成的组织延续时,专门针对中国说:"当野蛮阶段早已过去之后,它们竟一直维持到现代,这却是值得惊异的事,同时,这也是他们这个民族十分固定的又一证据。"[1] 在社会学家韦伯看来:"氏族,在西方的中世纪时实际上已销声匿迹了,在中国则完整地被保存于地方行政的最小单位,以及经济团体的运作中。并且,氏族发展的程度是世界其他各地,甚至是印度,所不能及的。"[2] 韦伯认为,中国在长期历史进程中有许多变化,但是唯一不变的是氏族血缘纽带(或拟血缘性的凝聚关系)。[3] 他在论述"中国法"时专门引述道:"氏族团体在中国从未崩解,不像在西方,氏族团体早因城市的发展和基督教的缘故而瓦解了。"[4] 由血缘关系产生的权力成为中国最重要的权力之一。毛泽东1920年代就表示,中国人,特别是农民长期受四大权力的束缚。其中的父权和族权都属于血缘性权力。日本人服务侵华目的而进行的"满铁调查"项目,

---

[1] [美]路易斯·亨利·摩尔根:《古代社会》(下册),杨东莼、马雍、马巨译,商务印书馆1977年版,第362页。

[2] [德]韦伯:《中国的宗教宗教与世界》,康乐、简惠美译,广西师范大学出版社2004年版,第140页。

[3] [德]韦伯:《中国的宗教宗教与世界》,康乐、简惠美译,广西师范大学出版社2004年版,第9页。

[4] [德]韦伯:《法律社会学》,康乐、简惠美译,广西师范大学出版社2005年版,第231页。

其中之一的依据就是毛泽东的认识。①

由以上知识的扩展,我们意识到血缘性的宗族社会是中国长期存在的一种社会现象。只是由于近代以来的冲击,在华南保留得更为完整。2015年,我设计和推动了"深度中国调查",内容之一是将中国分为七大区域进行村庄调查。首先便是对南方宗族村庄的调查。所调查的省份包括广东、福建、江西、浙江、安徽、湖南、湖北、广西等,调查村庄数十个。调查资料仅仅是已出版的便达上千万字。我自己所观察的村庄达30多个。通过驻村调查,对中国的宗族村庄有了较为完整和深入的认识。②

正是要寻找合适的"社会土壤",才促进我们超越村民自治的一般现象,将调查和研究的重点深入村民自治赖以生存和延续的历史社会土壤。如果没有实证的思维,简单地判断合理不合理、并据此判断死或未死,那就没有我们后续的深度调查和深入研究,也就没有田野政治学的延续了。

三 理解先于评价：以解释为重

实证思维首先强调"是什么",存在先于合理;接下来还需要追问"为什么",存在的"合理性"在什么地方,即要对存在的现象加以解释。如果只是弄清楚"是什么"的现象,获得的就是杂乱无章的一堆材料。作为有学术关怀的实证研究还要根据材料加以解释,为什么是这样而不是那样。调查的第一步只是关注到"发生"了什么;第二步则要关注"发现"了什么。如果第一步是经验实证的话,那么第二步就是逻辑实证,即要对第一步所取得的资料按照内在的逻辑加以整合和提炼。

马克思无疑是思想伟人。他关于"哲学家们只是用不同的方式解释

---

① 参见徐勇、邓大才主编《满铁农村调查》,李俄宪主译,中国社会科学出版社2016年版,第3页。

② 徐勇:《实证思维通道下对"祖赋人权"命题的扩展认识》,《探索与争鸣》2018年第9期。

第五章　以实证思维为原则的田野政治学　　95

世界，问题在于改变世界"的观点对后人的影响甚深。① 要改变世界必然会首先评价世界是否合理公正。但马克思并不否定"解释世界"，而且只有科学地解释世界才能更好地改变世界。同时，社会有分工。作为学者，主要工作是解释世界。特别是对于实证思维来说，理解先于评价。只有充分了解客观存在的事物，并按照事物本身的逻辑加以理解，才能更好地评价。

　　我们在华南进行调查时，发现在单一姓氏的自然村内，农民经常调整土地。土地是农村的主要资源，被视为农民的"命根子"。1949年后，我国的土地制度发生了重大变化，且变化频繁。为了稳定民心，农村改革以后，中央政策一再强调要长期稳定农村土地承包制度，即通常所说的"增人不增地，减人不减地"。2008年中共十七届三中全会强调，农民承包的土地长久不变。但我们在广东农村调查时发现，当地的农民对于土地是"三年一小调，五年一大调"，与中央政策精神恰恰相反，是"增人就增地，减人就减地"。面对这一现象，如果从政策出发，肯定被认为不合上面的规定。但这一现象毕竟是客观存在的事实。从学术研究的实证思维看，首先要弄清事实。通过进一步调查，我们发现，这类事实并不是孤立的个案，而是一种具有地方性的普遍现象。其中有一个共同特点，就是调地的范围属于一个姓氏构成的自然村，村里人都是同一血缘关系的亲人。

　　看起来不合中央政策的农民调地行为是如何发生的呢？换句话说，农民为什么这样做呢，是一时冲动，还是理所当然？这又涉及农民的行为是否有理据的问题。如果按照既有的定义，理性是知识生产者的产物。正是基于此，作者于2010年在《中国社会科学》发表的《农民理性的扩张："中国奇迹"的创造主体分析——对既有理论的挑战及新的分析进路的提出》一文受到质疑。但理性这一词的使用不是重要的，关键的是农民的行为是否有理据，农民是否纯属感性的动物。如果承认农民的行为是有其自身理由和依据的，我们才有可能进一步追问其理由和依据是什么？这正是实证思维的结果。同时，实证思维还要求我们根据事物本身的内在逻辑去发现事物背后的理由和依据，而不是代替其

---

① 《马克思恩格斯选集》第1卷，人民出版社1995年版，第57页。

寻找。

正是受这一思维方法驱使，使我们进一步追问农民为什么要经常调地？当地农民脱口而出："都是同一个祖宗的子孙，大家都要吃饭。增加了人口自然要增加土地。"同一祖宗成为人们行为的基本理据。我们进一步的调查发现，南方的宗族村庄有一个共同特征，就是"祠堂中心，聚族而居"。每个村都有祠堂，并以祠堂为中心，具有同一血缘关系的人围绕祠堂共同居住。而在长江、黄河流域的村庄，宗族形态已不完整，更多的是家族形态，各个家庭里供奉着自己前辈先人的牌位。大量的现象使我们意识到，在中国农业核心地区，祖宗（包括近祖的前辈先人）具有神圣一般的地位。祖宗具有至高无上性、本源性，也是后人认识世界的本体性。这一本体认识基于血缘关系。同一血缘关系的人敬奉祖宗并赋予其神圣地位，是与生俱来、世代传递、无师自通、理所当然、共同维护的自然法则和"公理"。而人们之所以敬奉祖宗，从根本上说是祖宗赋予了后人以生命、资格、地位、权利及其相应的责任。没有先人就没有后人。人们之所以要调整土地，给新增人口土地，理由和依据就是同一个祖宗的子孙。"祖赋人权"的概念因此而生。

当我们将祖宗作为理解农民行为的理由和依据时，就需要进一步根据其血缘理性的内在逻辑对"祖赋人权"的法则加以阐释。

宗族是一个以血缘关系为纽带的共同体。共同体存在和延续的基础，就是成员的一致性和同等性，并由此获得宗族成员的认同感和归属感。"同一个祖宗的子孙，大家都要吃饭"，便意味着同一个祖宗子孙具有同等地位。我们在华南宗族村庄调查中，进一步发现，这种宗族同等性的现象比比皆是。主要体现在生命、财产和规则方面，特别是同等的财产权。这是维系中国血缘团体延续的重要条件。如财产的"诸子均分"，而不是"长（幼）子继承"。土地的自由买卖首先必须卖给族人，如果卖给外人则要经过族人同意。这类现象的背后都受一个共同的理由和依据所支配，这就是财产是祖宗留下来的，且为祖宗后人所共同所有。同等性因此构成血缘理性的第一法则，没有这一法则，宗族共同体就难以存在和延续。

血缘共同体是由不同的人构成的，这些人在共同体内的地位和身份并不是一致和相同的，由此形成次序。这一次序的形成不是基于法律，也不是资本，而是基于血缘关系。血缘关系的重要特点是生命的传递性，即所谓"薪火相传"。因为生命的先来后到，决定了人在共同体中的不同地位，即"长幼有序"。族长、房长、家长、长子等地位较高的人受其出生时间和辈分决定。祖宗为大为本，本身就体现的是血缘生命继替的法则。华南村庄调查中，祠堂是必去之地。每去一个祠堂，就会发现挂灯，意思是禀告祖先，族里"添丁"了，象征香火兴旺。但这里所说的"丁"是男性，女儿的出生则无须禀告。农民所说的"同一个祖宗的子孙"，是男性"子孙"而不是女性。族谱是宗族共同体的资格证书，而女性则不能入谱。尽管有同等的生命权，却没有取得同等的资格。这类现象都可以用"男女有别"的概念加以概括。而从血缘理性的角度看，男女有别是理所当然的。在调查访谈中，问及男女都是同样的人，为何待遇有所不同？在被访问者看来，这根本就不是问题，因为女儿最终要嫁出去成为外姓人。只有男性才能承继本姓氏的"香火"，使血缘生命得以延续。为了延续生命，男性可以娶两个或多个妻子，只是地位有所不同。所以，血缘共同体的人一出生就生活在一个有差别等级的结构之中，这一差等逻辑被视为血缘理性的第二法则。

一般来讲，有差别的社会必然产生对立和冲突。但从我们的调查看，在单一姓氏的宗族村庄内部较其他村庄更容易达成集体一致。广东清远村民自治在"行政村"的层次，与其他地方一样困难重重，而在行政村以下的自然村却非常顺利。重要原因就是这些单一姓氏的宗族村庄，人们的地位和身份虽然有差别，但这种差别不是特权，而是责任。换言之，地位更高的人，责任更大。一家之长，有责任将一家治好；一族之长，有责任将一族治好。女性虽然不能继承财产，但也没有赡养老人的责任。财产的"诸子均分"不仅仅均分财产，同时也均分责任。在华南村庄调查时，我们非常惊讶地发现，当地的农活大多由女性承担，许多男性并不做事。这与通常所知的"男耕女织"并不一样。但进一步的访谈才知道，男性不做农活，是因为男性承担着更重要的责任，即读书做官，光宗耀祖。如果男性做农活，反而是没有本事的表现，女性没有尽到自己的本分，会被人指责。所以，在宗族共同体里，虽然人一出生就处于差等结构之中，但相互关系的对等性大大对冲和化解了因为差等有可能产生的矛盾和冲突。这便构成了血缘关系的第三法则：对等性。

做调查的人不是生活在真空之中，必然有自己的理念和价值。在调查中会面临各种与自己理念和价值不一致的现象，甚至与自己的价值理念是尖锐对立的。如在农村做过五年农活，当地的农民认为男性主外做重体力劳动是"天经地义"。如果以自己的评价，要女性做农活简直是"离经叛道"。但从实证思维看，面对一种现象不是先于评价，而是先于理解。只有进入血缘关系的逻辑通道里，我们才会意识到女性做农活男性读书，自有其理由和依据，尽管这些理由和依据是基于血缘。相反，如果我们不进入血缘关系的通道，就有可能只是一味地指责和反对，从而无法弄清人们"为什么"要如此的问题。①

根据在南方宗族村庄的调查和研究，我在《中国社会科学》2018年第1期发表《祖赋人权：源于血缘理性的本体建构原则》（原稿题目为"祖赋人权：同等、差等、对等"）。论文发表之前有不同意见。好在杂志社大度地将论文发表出来。发表之后有不少读者有不同看法。胡键先生在《探索与争鸣》2020年第6期发表《"祖赋人权"辨析——兼与徐勇教授商榷》一文。这有助于进一步的思考。

四　他我先于自我：历史是过程

"祖赋人权"引起的最大争议是与人们广为接受和深信不疑的"天赋人权"有所不同。由于《祖赋人权》一文主要是正面阐述一个新的命题，因此未及对"天赋人权"这一命题作出展开性阐述。而在作者看来，引起争议的主要问题还是涉及思维方法的差异。

从实证思维看，任何一种社会现象都要放在特定的历史环境和背景下考察。在列宁看来，"在分析任何一个社会问题时，马克思主义理论的绝对要求，就是把问题提到一定的历史范围之内"。② 存在是合理的命题，意味着只有在一定历史范围内才是合理的。那么，对于历史久远

---

① 徐勇：《实证思维通道下对"祖赋人权"命题的扩展认识》，《探索与争鸣》2018年第9期。
② 《列宁选集》第2卷，人民出版社1972年版，第512页。

存在的现象如何去把握其合理性呢？这就要还原历史环境，从历史存在的当事人的理解角度出发，而不是替代当事人的理解。当事人是他我，认识者是自我。实证思维要求他我先于自我，即从他我的角度出发去思考历史现象的存在及其合理性。这是因为，不管认识者是否同意，历史现象都是一种客观存在。与此同时，社会存在有一个历史过程。只有设身处地地从历史过程的角度出发，才能对社会存在给予充分认识和理解。当然，作为认识者的自我，不是为了认识而认识，肯定会对一种存在给予相应的评价，绝对的价值中立是不存在的。每个人心中都有个"魅"。但对于实证思维来讲，只有首先"去魅"，还原历史，从一定历史范围的角度，才能更好把握所认识的客观现象，并给出具有历史合理性的评价。

"祖赋人权"的命题是建立在血缘共同体的基础之上的。共同体是初始社会人类存在的必要方式。生产力低下，使人们只能以整体的方式存在和延续。只是随着生产能力的提升和社会进步，人类才从整体走向个体。马克思在描述这一历史进程时说："我们越往前追溯历史，个人，从而也是进行生产的个人，就越表现为不独立，从属于一个较大的整体；最初还是十分自然地在家庭和扩大成为氏族的家庭中；后来是在由氏族间的冲突和融合而产生的各种形式的公社中。"① 家族、宗族这类血缘共同体，便是生产力水平相对较低基础上的人们存在和延续的社会组织方式。人们通过祖先崇拜结成以血缘关系为基础的共同体，可以增强个体的力量。但是，任何历史存在的合理性都蕴含着不合理元素。共同体的存在在一定意义上是以压抑，甚至牺牲个体，特别是某些个体的利益为代价的。《祖赋人权》一文已有所表达。尽管祖赋人权强调对等法则，但差等在先的法则使强势者任意妄为时，弱势者是无能为力的。

更为重要的是，家族、宗族等血缘共同体存在于更大的国家共同体之中。政治共同体与血缘共同体最大的不同，就是拥有特殊的公共权力及凌驾于社会之上的统治者。在中国，由于国家脱胎于血缘共同体，统治者非常自然，也十分智慧地将血缘共同体的法则，特别是有利于统治的差等法则运用到政治领域，从而形成等级身份制。这种等级身份制严

---

① 《马克思恩格斯选集》第2卷，人民出版社1995年版，第2页。

重压抑和限制着被统治的弱势者。

由于商业文明，西方得以率先从共同体中解放出来，并产生出"天赋人权"理论。"天赋人权"既是历史自然演化的结果，更是先知者理性建构的产物。这一理论的核心是将所有人都归之于"上帝之子"，任何人的权力和权威都不是与生俱来、不可改变的。从这一意义上说，"天赋人权"高于"祖赋人权"。"天赋人权"的平等、自由理念恰恰是"祖赋人权"所缺乏的，甚至是难以抗衡的。在我们的调查中发现，当西方宗教进入宗族村庄时受到强烈抵制，被称为"无父无子"。但西方宗教内含的普遍平等的观念受到宗族社会里一些弱势者的欢迎。特别是在开放的大环境下，对西方宗教的抵制已非常困难。正因为如此，进入近代之后，包括"天赋人权"等现代理念大量进入古老中国。受现代理念的影响，血缘共同体的差等法则受到强烈否定，如毛泽东将父权、族权视之为束缚中国人的绳索。祠堂被视之为族权的象征而在农民运动中加以捣毁。

在一个通过革命建构现代性的世纪里，血缘宗族与封建社会画等号受到否定，是可以理解的。但这种简单的否定制约和妨碍了人们对血缘理性这一历史久远存在的深入认识和辨析。

作为知识生产的概念有两类。一类是归纳性概念，即对一类事实的概括，"祖赋人权"即是如此。另一类是建构性概念，即人们基于某种理念建构起来，具有超越现实性，"天赋人权"便是如此。这一理念具有很强的建构性和革命性，在一定时期指引着人类前进的方向。而这一概念内含对传统的彻底否定，形成传统与现代的二元分离思维。但历史的前进并不是如先知们设计的那样简单，古老的传统与现代历史进程如影相随，并制约着历史进程，使其表现出曲折性、复杂性和反复性。正如马克思所说："人们自己创造自己的历史，但是他们并不是随心所欲地创造，并不是在他们自己选定的条件下创造，而是在直接碰到的、既定的、从过去承继下来的条件下创造。"[1] 费正清反思了现代性在中国受到挫折的重要原因，就是追求现代性的过程中，忽略了一个古老中国对于现代中国的约束。"当时我们美国人接触到的那个现代中国，是轻

---

[1] 《马克思恩格斯选集》第1卷，人民出版社1995年版，第585页。

敷在古老文明表面的一层粉饰。在这层虚饰底下,旧中国仍在半个大陆的农村里继续存在。"近代以来的"新中国的生活和我们外国的生活相互渗透,但在它的下面和后面却潜藏着古老的中国社会","这是西方人所不能理解的,而且往往现代的中国人也不能理解。""我们不能理解的部分原因,在于我们误认为中国现代那层虚饰的薄盖就是中国生活的全部。"①

在20世纪前,中国的历史可以说是农业社会的历史。这一历史土壤不会因为现代性的植入而很快消失,甚至会使现代性生长出异样的果实。孙中山先生可以说是深受西方现代观念影响的先知。但他在组建中华革命党时,要求党员必须向其个人效忠。1980年,邓小平在著名的《党和国家领导制度的改革》一文中指出:"家长制是历史非常悠久的一种陈旧社会现象,它的影响在党的历史上产生过很大危害。陈独秀、王明、张国焘等人都是搞家长制的。"② 应该说,以上人物在当时中国都是最具有现代性理念的人,可一旦掌握领导权,为什么不约而同地拾起"家长制"这一古老的法宝呢?如果是个别现象,具有偶然性,如果是普遍现象,便具有必然性。这就是产生"家长制"的深厚土壤。以往人们的想象过于浪漫,以为现代性一来,古老的传统就会风尽云散,因而缺乏对古老传统的深刻认识和解析。《祖赋人权:源于血缘理性的本体建构原则》一文的写作正是基于这一宏大背景。这也与我近些年的思考相一致。我在2013年第8期发表的《中国家户制传统与农村发展道路——以俄国、印度的村社传统为参照》一文,就提出了"当形成'传统'的社会条件仍然存在,'传统'就会继续发生影响"③。通过对南方宗族农村的实地调查,我们发现历史传统的力量是如此的巨大。尽管中央政策精神是"增人不增地,减人不减地",但农民不是依照中央的精神,而是依据长期历史形成的惯性逻辑在行为。如果我们以自我优先,会毫不迟疑地加以否定。只有以他我优先,才能去了解产生这一

---

① [美] 费正清:《美国与中国》,张理京译,世界知识出版社1999年版,第228—229页。
② 《邓小平文选》第2卷,人民出版社1993年版,第329—330页。
③ 徐勇:《中国家户制传统与农村发展道路——以俄国、印度的村社传统为参照》,《中国社会科学》2013年第8期。

行为的社会土壤及人们的行为逻辑。从现代性的价值评判的角度看,我也并不赞成"祖赋人权"的命题。但从科学研究的实证思维看,无论你是否赞成,它都存在。既然是一种存在,就需要研究它存在的理由和依据。当然,为了使论文得以发表,在论文前面还特别增加了一句话:"在此需要强调的是,研究和提炼祖赋人权概念,探讨源于血缘理性的本体建构原则,并不是要回到祖赋人权。"① 这一概念是对事实存在的提炼,而不是如"天赋人权"理想的建构。

与此同时,"天赋人权"为什么只到近代才得出,而不是更早?这说明这一概念也有其历史性。提出这一概念的历史背景是对传统的彻底否定,将这一概念出现之前的人类认识都归之于"蒙昧"和"黑暗"。这在一个革命的年代,是完全可以理解的。问题在于,在这一概念出现之前的社会果然都只能用"蒙昧"和"黑暗"加以概括吗?难道当时的人们完全处于无知和愚昧状态,其行为都是率性而为吗?如果是,人类文明岂不是上天突然降临的吗?显然不是。人类的成长是一个过程,犹如人的成长一样。"天赋人权"的基本假设是同样的"成年人",非经同意,不成权威。这一命题本身就是经不起事实检验的。人还有幼年期。此时未成年人的"同意"很难用完全自愿来界定。如果以当今(大人)的眼光,古人(小孩)可能都是错的。但成人毕竟要从小孩成长。从实证思维看,要认识小孩的行为,需从小孩的角度,而不是站在大人的立场去理解。

还需要指出的是,人类一定历史阶段的行为,对于后来的行为并不是一点可取之处都没有。如小孩身上有大人所没有的天真纯朴的品质。"祖赋人权"包含的同等、差等、对等是一个相互联系,缺一不可的整体。离开了其中任何一个环节,共同体就难以存续。这里所体现的价值即使对于当今一个团体的存续也有其价值。人类社会的成长路径和阶段不一样。不同时空里会产生不同的理念,而不能以一个既定的观念赋予其唯一的定义。我针对"东方专制主义"这一唯一定义,提出了"东方自由主义"的概念。这是因为由于知识生产的"先占原则",人们过去主要从纵向的政治关系定义中国,而忽视了从横向的社会领域发现中

---

① 徐勇:《祖赋人权:源于血缘理性的本体建构原则》,《中国社会科学》2018年第1期。

国基层社会存在着自由的因子。而如果一个社会里没有自由的因子，完全依靠外部植入，自由的大树也难以存活和生长。近些年，学界将自由主义的起源完全归于西方，在认识上是偏狭的。"祖赋人权"内含的同等、对等法则对于建构一个基本权利和机会均等的社会及其责任政府，并非无可取之处，甚至可以说是人类共同的价值资源，至今仍然闪耀着智慧的光芒。只有还原历史，从多个角度加以研究，才能发现人类历史的丰富性，并加以概括。正如习近平总书记所说："我们既要立足本国实际，又要开门搞研究。对人类创造的有益的理论观点和学术成果，我们应该吸收借鉴，但不能把一种理论观点和学术成果当成'唯一准则'，不能企图用一种模式来改造整个世界，否则就容易滑入机械论的泥坑。""对国外的理论、概念、话语、方法，要有分析、有鉴别，适用的就拿来用，不适用的就不要生搬硬套。哲学社会科学要有批判精神，这是马克思主义最可贵的精神品质。"[①]

当然，"祖赋人权"命题毕竟是人类一定历史阶段的产物，内含着相当的狭隘性和排斥性。"非我族类，必有异心"。随着历史条件的变化，其历史局限性愈益突出。特别是血缘关系向政治生活的渗透造成公共权力与私人关系难以分离，深刻制约着中国政治进程。而这正是国家治理现代化所要解决的问题。只是在改变世界之前，需要准确认识世界，从而找到国家治理现代化的切入点。

五　将视野引向深处的实证思维

田野政治学从一开始就将实证思维作为研究原则。这一思维原则具有独到的价值。

首先，这一思维原则具有对"理性的傲慢"的警惕。

与自然形成的传统社会不同，现代社会是人们根据一定的目的建构起来的。这种建构的社会实现了人类社会的巨大飞跃，但也产生了一种"理性的傲慢"。黑格尔提出的重大命题"存在即合理，合理即存在"本身蕴含着巨大的张力。人们往往从"合理性"出发对社会加以评价

[①] 习近平：《在哲学社会科学工作座谈会上的讲话》，新华社，2016年5月18日。

和改造，由此产生主观意志至上的"理性的傲慢"。这种"理性的傲慢"曾经给人类带来了灾难性后果。田野政治学的实证思维注重"存在即合理"，任何事物只要存在，必然有其依据和相应的条件。只有改变其存在的条件，才能改变事物的存在。马克思主义之所以将社会主义冠以"科学"，以示与"空想"的区别，便在于强调一切以时间、地点和条件为转移。邓小平关于"如果一切从本本出发，思想僵化，迷信盛行，那它就不能前进，它的生机就停止了"的论断正是基于中国社会主义曾经遭遇巨大挫折而言的。造成巨大挫折的重要原因便是唯意志论。田野政治学是从唯书唯上解放出来开启自己历程的，并形成了特有的实证思维原则。

其次，这一思维原则有助于将研究引向深层。

问题是创新的起点，也是创新的动力源。实证思维的特点是首先弄清楚"是什么"，再追问"为什么？"在实证思维看来，人类社会永远不会尽善尽美，人类设计的方案永远不会完美无缺，一个问题解决了，新的问题又产生了。人类社会不可能完全依照主观意愿行进，最重要的不是定论而是问题和原因。田野政治学是从村民自治进入农村的。村民自治充满着争议和起伏。实证思维没有让我们为一时的争议和起伏而停止研究的步伐，而是尊重事实，以事实变化为依据，从而将研究一步步引向深入。我们从村民自治入手，村民自治在建制村层面受到挫折后，通过调查发现在自然村和村民小组层面有成效，之后为了解为什么在这一层面有成效而进入华南宗族村庄做调查。在调查过程中发现这些村庄的宗族底色，进入历史深层去理解农民行为，并从农民行为中发现其血缘关系的支配性。所以当我进入国家领域研究时，非常自然地建构起关系叠加的方法框架，由此撰写《关系中的国家》多卷本著作。

再次，这一思维原则有助于形成以学术为纽带的学派。

规范思维强化"合理即存在"。对于什么是"合理"？每个人都可能有自己的看法，有自己所持的"合理性"。这也是现代社会与生俱来的意识形态冲突。当这种冲突无法解决时，往往是权力的介入。但强权毕竟不是公理，权力不可能等同真理。实证思维强调"存在即合理"，任何事物只要存在，必然有其依据。对于存在的事物最重要的是理解其为什么存在，而不是简单地否定。人是历史和社会关系的产物，人的思想必然具有多样性。人的认识只有在多样性的互动中才能得以提升，在思想市场的平等竞争中才能发展，没有任何一个人可以垄断真理。田野政治学在发展中遭遇多次学术上的争论，这种争论在相当程度上属于思维方式的不同。正是因为有思维方式的不同才有可能形成独树一帜的田野政治学。田野政治学也只有在学术争论中才能得到提升。毕竟，一个学派得以成立，在于以学术为纽带。学术的纽带在于学术本身的魅力。这种魅力是包括权力在内的任何东西都无法替代的。

第六章 以田野教学为特色的田野政治学

田野政治学的对象是农村，方法是调查，进路是制度，引导是实验，思维是实证。这一路径不仅是构建者个人的思路，更重要的是贯穿于人才培养之中。毕竟田野政治学的调查、实验和研究的主要力量是学生，田野政治学能否传承在于人才培养。田野政治学以田野作为对象和方法，人才培养的重要特色便是将校园与田园结合起来，强调田野教学，在田野调查和实验中实现教学相长，由此构成田野政治学与其他政治学研究所不同的路径。

一 以学生主体为基础

田野政治学的主体是从事田野研究的人。从事田野研究的人是在一定环境下生长和培养出来的。教师是人才培养者。只有将学生作为主体，充分尊重学生的主体地位，发挥其自主性、积极性和创造性，才能培养出人才，否则只会是奴才。

田野政治学得以成为政治学研究的一种有特色的路径并长期坚持，起步于一个以学生为主体的环境和老师。

华中师范大学从事农村研究的学者最初的教学科研单位是科学社会主义研究所。科学社会主义研究的特点是宏大理论问题，研究依据是文献。张厚安教授1951年进入中国人民大学学习，是马列主义专业的研究生。之后在华中师范大学马列主义基础教研室工作。改革开放后成为科学社会主义研究所的老师，并率先从事政治学研究，在科学社会主义研究所之下成立政治学研究室。1986年以张厚安老师等人申报的政治学硕士点招生，并开始指导硕士生。当张厚安老师走向田野时，也将学生带入田野。

我 1982 年大学毕业留校，在科学社会主义研究所担任助教。1984 年就读科学社会主义专业的硕士生，指导教师是李会滨教授。李老师长期从事科学社会主义研究，对马克思主义经典文献非常熟悉，治学特别严谨，长期担任科学社会主义研究所所长。

科学社会主义专业是 1978 年后才建立的一个学科专业。我校的科学社会主义专业在全国处于前列。学界流行"南有高原，北有高放"一说。高放即中国人民大学著名的马克思主义研究专家，高原则是我校科学社会主义专业的首创者。正是在高原、杨宏禹、张厚安、李会滨、胡原、徐育苗等一批老师的带领下，科学社会主义专业很早便获得硕士和博士授权点，培养了一大批人才，更重要的是形成了良好的育人环境，即以学生为主体，形成一个宽松、宽容、宽厚的学术氛围。

首先，为学生的学习提供宽松的学术环境。科学社会主义研究所是独立建制的科学研究机构，只招收研究生。而 1980 年代的研究生大多年纪较大，思路较成熟。当时，国家正处于改革开放初期，思想特别活跃。科学社会主义研究所的教学特别重视基础理论学习，马克思主义经典理论是必修课。与此同时，对于学生接受外来思想，老师持开放态度。徐育苗等老师还亲自引领我们 1983 级、1984 级研究生到我国四个特区实地考察。

其次，对学生的一时偏差持宽容态度。1980 年代发生过两次学潮。科学社会主义研究所一是学生多；二是距离政治近，不可避免卷入其中。老师们对于出现一时偏差的学生持宽容态度，以严格教育为主。这一态度经过实践证明对人才培养是有利的。这些学生进入社会后成为积极的建设者，其中有的还担任了党政重要职务。

再次，对学生的学术选择持包容宽厚态度。我是科学社会主义专业硕士生，我的硕士学位论文选题并不是指导老师的专长。硕士毕业后，因为承担科研项目，我与政治学专业的张厚安老师较为接近，开始从事农村研究。当时，科学社会主义研究所虽然分设有两个研究室，但相互之间没有严格的界限。正如张厚安老师所回顾的："科学社会主义与政治学在课程设置上虽然是分开的，但是研究的内容却存在着共同点，二者是相通的。"① 1993年，已是破格教授的我开始攻读博士学位，指导老师仍然是李会滨教授。我的博士学位论文题目《中国农村村民自治：制度与运作》，与指导老师的专长距离更远。李老师不仅不加限制，还充分鼓励我大胆探索。正是在李老师的支持和鼓励下，这篇博士学位论文获得首届全国百篇优秀博士学位论文。之后，我便继续沿着学位论文的方向从事农村研究。如果没有李老师的宽厚大度，我可能就不会从事这一方向的研究。

类似我的情况还有项继权教授。项继权教授是华东师范大学的硕士生。后来师从徐育苗老师，其博士生选题是徐老师不擅长的农村政治，博士学位论文获得了第二届全国优秀博士学位论文。

如果没有科学社会主义研究所老师营造的以学生为主体，宽松、宽容、宽厚的学术氛围，就不可能有后来的田野政治学。

二　以方向方法为路径

我是在以学生为主体的宽松、宽容和宽厚的氛围里进入学术殿堂的。这种氛围成为我从事人才培养的底色，并在田野调查和研究中形成以方向方法为路径的特色。

我是华中师范大学从事农村研究的第一个博士，也是第一个博士生导师。因为年岁已高，张厚安老师没有能够直接担任博士生指导工作。我博士生一毕业，便开始招收博士生。之后培养了一大批硕士和博士生。最有代表性的是有两位博士生的学位论文获得全国百篇优秀博士学位论文奖，一位获得提名奖。

他们三人有共同的特点，就是对农村不熟悉。于同学大学毕业后没有从事学术工作，他是在1990年代中期感觉到农民问题突出而先到我这里做访问学者，后就读博士的。吴同学长期生活在大城市，过往没有农村生活经历，来我校前是一名高校从事思想政治教育的老师。马同学虽然出生于农村，但一直成长于校园之中。

他们就读我的博士生，我的要求有两点：一是方向，就是做农村政治研究；二是方法，就是农村研究必须做调查。

---

① 张厚安：《乡土大地上的思考》，湖北人民出版社2011年版，第71页。

第六章 以田野教学为特色的田野政治学　109

于同学本身是因为对农民问题感兴趣而来的。他来之前已在经商方面小有成就,出于湖南人天生的政治使命感,认为农民问题太重要,所以到我这里来。他有强烈的政治情怀和价值取向。我没有急于回答他希望弄清的问题,只是告诉他,沿着70年前毛泽东写《湖南农民运动考察报告》时走过的路再走一次。他回来报告说,湖南农民又在运动了。这就是因为负担沉重引起的农民抗争。我要他做进一步的调查,为什么农民会"运动"?并与他一起去湖南,路经毛泽东、刘少奇和彭德怀的家乡。在调查中我也在思考,为什么这几位中共领袖都出自农家?革命后又因为农民问题的争议造成巨大的历史悲剧?只有将农民问题置于历史长河里深入考察,才能找到答案。于是,我希望于同学进一步找一个点进行深入的实地调查。他听了我的建议,在湖南衡阳选择了一个最早成立农民协会的村庄进行驻村调查,时间长达一年。在驻村调查的寒冬季节,我到现场看望和指导,住的是20元一晚的乡镇小店。在充分调查的基础上,于同学写成博士学位论文《岳村政治——转型期中国乡村政治结构的变迁》。因为我所在机构已产生两篇全国百优论文,于同学的论文获得提名奖。他在博士学位论文基础上写成的著作成为热门学术著作。

于同学有强烈的使命感,因此对调查有天然的热爱和才能。他在衡阳农村调查点上发现,当年农民组织的领导人多有在安源煤矿的经历。他沿着这一线索,到江西安源做调查。安源是中共早期工人运动的重要地点。于同学到安源后,我去过两次。印象最深刻的是安源大广场上的时钟停止了。这极具象征意义,它意味着什么?我希望于同学进一步挖掘。在这一敏感的时刻和敏感的地点做调查自然不容易。在他的努力之下,出版了《中国工人阶级状况:安源实录》。这一研究引起美国哈佛大学著名学者裴宜理教授的关注,并作出进一步研究,写出《安源:中国革命的发祥地》(2012)的重要著作。

吴同学在我校科学社会主义研究所硕士生毕业,过往没有农村调查的经历。我1996年在湖南省临澧县农村做调查时,带他一起进村入户。当时正值寒冷的冬天,两人每天奔走于乡间。他的感悟能力很强。我们所调查的村是全国村民自治示范村。也许调查经历使他认识到村民自治的实际运行与文本话语存在的距离,后来参与"黄梅实验"使他对村民自治有了进一步的认识。他后来攻读博士学位，去四川省一个村庄进行深度调查，最后写出了博士学位论文《村治变迁中的权威与秩序——20世纪川东双村的表达》，并获得全国百篇优秀博士学位论文奖。当时，在调查和实验中，我已注意到他的研究取向与我有所差别，但我并没有要求他必须根据我的取向进行研究，而是持宽松、宽容、宽厚态度。这是因为我自己也是在这一氛围中成长起来的。我2002年在为他以博士学位论文成书的序言中，对他和于同学的论文作了比较：

> 《岳村政治》的研究对象是湖南省中部的一个村庄，这里是改变整个中国政治面貌的农民革命的发源地，处于国家政治旋涡的中心地带，政治风浪此起彼伏一直相伴于村庄生活。本书所选择的研究对象则是四川省东部地区的一个山村，尽管这里不可避免地卷入政治旋涡，但毕竟处于整个国家政治的边缘地带，冲突性的政治更多地犹如闪电风暴，伴随村庄生活的是平和与宁静，因此在这里也保留着许多传统的样式。
>
> 《岳村政治》的研究路径是由外向内，由国家到乡村社会。由县到乡，再至村，由此考察中国政治是怎样一步步将一个小村庄结构化于国家政治体系之内的，并分析其结构化过程中村庄自身的反映，从而把握村庄与国家的互动关系。本书的研究路径则是由内向外，由乡土社会到国家，由村庄到乡，再至县，由此考察村庄自身的政治原生形态，并分析当国家政治介入后村庄权威与秩序的更迭，国家对村庄政治的改造和重新塑造。如果说岳村由于在激荡的政治风云中形成的村庄自主性和挑战性使乡村社会与国家处于互动之中，那么，20世纪的双村更多的是国家对乡村社会再塑造的结果，是国家介入乡村社会的产物。所以，在那里，乡村政治缺乏岳村般的激情，但却反映着大多数村庄的常态性。
>
> 《岳村政治》的作者在乡村生活过，自身是乡村"熟人社会"的一员。他运用政治社会学的方法，从查阅历史文献数据入手，一步步进入村庄，注重乡村社会与国家政治的互动关系。本书的作者一直生活在大都市，没有任何乡村记忆，是乡村社会的"陌生人"。作为一个好奇的"异文化者"，为写作本书，他径直闯入崇

第六章 以田野教学为特色的田野政治学　　111

山峻岭之中的双村,在那里与农民共同生活,在直接的生活体验和感悟中考察乡村政治,感受乡村是怎样为国家政治所塑造的。他运用的是政治人类学的方法。虽然这一方法在中国才刚刚起步。①

马同学与以上同学不同,他从校门到校门。在我们这里就读硕士生时,做过一些调查,但只是走马观花、浮光掠影式的调查。2006年,"南农实验"得以启动。开始是以志愿者为主体。但对实验的困难缺乏足够的准备,当实验难以持续时,具体负责项目的志愿者不再从事这一实验,为难之际,我让刚就读我博士生的马华主持这一工作,我指导的硕士生任路等参与,从而使实验得以持续下去。在实验进程中,我长途跋涉到广东省与福建省交界的蕉岭县现场指导。实验时,该村的矛盾较大,特别是各自然村相互冲突,实验难度较大。我到现场后,发现这个地方的农家厕所很整洁。因为我们到农村调查最害怕的就是上厕所。进一步了解后得知这个村的自然村都属于宗族村。人们对本家本族更为关心,与此相反的是家族之间缺乏凝聚力。实验要充分考虑这一村情,开展工作。马同学是一个积极的行动主义者,贯彻能力很强。在他的主持和推动下,"南农实验"取得了突出的成效。他以实验为基础写成的博士学位论文《民主学步:农民的民主能力建设——以"南农实验"为例》,获得全国百篇优秀博士学位论文奖。我在为他以博士学位论文为基础写成著作的序言中谈道:

> 实验是非常艰苦的。它要通过外部力量的输入改变农村内部状态,会出现许多预想不到的困难和问题。它不仅需要激情,更需要耐心和毅力。实验开始不久,实验的主持者就难以工作下去,要求退出。情急之下,我召唤入学不久的博士生马华,让他接任主持。在他努力下,实验继续下去,并取得了较好的成效。他博士生期间的大部分时间就住在实验村里,并以实验村为个案,写出博士生论文。这篇论文后来获得全国最后一届优秀博士学位论文。我本人因

---

① 吴毅:《村治变迁中的权威与秩序——20世纪川东双村的表达》,中国社会科学出版社2002年版,序言。

为以村民自治为主题写的博士论文获得全国首届优秀博士论文。我指导的博士生的论文因为村民自治的实验而获得全国最后一届优秀博士学位论文，也算是一种历史的机缘和对我们工作的回报。

当然，这三篇论文只是一个代表。方向方法一直是我指导学生的一种路径。如有一位黄同学是江西兴国人。毛泽东在民主革命时期曾经做过著名的"兴国调查"，距今已有 80 年。"在选取博士论文题目时，我给他提出要求，希望他回到自己的家乡，学习八十多年前毛泽东对八户农民进行调查的方法，了解和发现八十多年来农民的状态发生了什么变化，这种变化对于政府治理提出了什么样的要求。"[①] 他根据指导意见，对 8 户农民 80 多年的变化作了深入的调查，写出博士学位论文，并以博士学位论文为基础出版了《家户变迁与政府治理——基于家户的政治人类学考察》。该书一出版便被美国的出版社引进。由此也看出，愈是中国的，愈是深入中国大地的成果，愈能走向世界！

三　以能力提升为目标

我本人就读研究生期间，属于精英教育，研究生数量很少。记得我们一个指导组一个上午只答辩了一位学生。当时是名副其实的答和辩。学生受益，老师也有提高。这位学生后来在省委机关工作，提升很快。2000 年后，高等教育转向大众教育，一是研究生数量扩大；二是学生全部是应试教育的产物。特别是文科研究生，只要会背书，就容易被录取。知识不少，能力不强。研究生多了，指导老师也相应增加了。过往的老师要成为研究生导师，非常不易。因为学生增加了，研究生导师资格的获得不是那么难了。这是人才培养面临的新问题。研究生无疑是重要的学术资源，但需要将资源转换为财富，将数量转换为质量。为此，我们于 2012 年设立了重点基地研究生班，加强研究生的统一培养，设立校园和田园两个课堂，以提升学生能力为目标。

[①] 黄振华：《家户变迁与政府治理——基于家户的政治人类学考察》，北京大学出版社 2019 年版，第 4 页。

第六章　以田野教学为特色的田野政治学　113

一是强化基础理论。我们为研究生统一开设马克思主义经典著作、政治学基础理论、农村农民理论、农村调查方法等基础课题。老师们都参与课堂教学，还专门聘请院外的老师开展讲座，让研究生在校园里打下坚实的理论基础。

二是提升行动能力。重点基地研究生班承担"百村十年观察计划"的调查。基地班的每位同学都要从校园走向田园，进行田野调查。学生自己进入观察点，到观察点获得第一手资料。他们是积极的行动者。在调查中获得的行动能力是在校园里永远也无法获得的。

三是提升表达能力。基地班开设有"百村讲坛"，由调查者向老师和同学报告调查过程、结果和体会，由此提升自己的口头表达能力。通过"百村十年观察计划"获得大量第一手资料和数据，基地班同学要加以整理，在老师指导下写成调查咨询报告，由此提升自己的文字表达能力。

四是提升管理能力。基地班是围绕学习、调查、讲坛、写作展开的，有大量的日常管理事务。这些事务由同学们自己承担，并在工作中提升了自己的管理能力。

我在2012年调查工作启动会上的讲话中谈道：

> 从2012年我们又进入第三个阶段，也就是我们走向了正规化、专业化、固定化这么一个阶段。正规化是指我们要受到严格的专门训练，以前我们的学生人数相对不够，大多数是志愿者，有的是其他专业的，今年以来在座的绝大多数是我们本专业的同学，在这方面，我也要特别感谢石挺处长，他不仅是我们"百村观察"计划实施的最大支持者，而且给我们提供一个平台，就是特别招收了我们基地班的学生。……基地班有"三高"：高门槛、高要求、高水平，它的目标就是培养北京大学元培班一样的那种优秀人才，复合型人才，以人为主的人才。今天在座的绝大多数是我们本专业的同学，当然也有少部分校外，或者院外的优秀学生，这方面要受到严格的训练，按照石处长的意思要持证上岗，今后我们恐怕还要走到这一步，你要经过培训合格以后，才能够参与到这项工作中。
>
> 第二个就是专业化。我们所说的专业化，它不仅仅是一个专业训练的问题，而是一个人生取向。因为专业化是现代化对人的要

求,它的特点就是以学术为天职,具有强烈的敬业精神。人们都知道有一个大社会科学家,叫韦伯,他有一个重要理论就是说,资本主义为什么在西方产生而不是在中国?就是因为资本主义有那么一批人,有强烈的职业精神,孜孜不倦、不计名利,不计任何其他的东西,专注于某一项事业。所以我们"百村观察"工作,可能会给我们带来一些荣耀,但是这个荣耀一定是产生于我们的行动之后、奉献之后,在我们的行动之前,我们可以说不计功利。这个就是我们的专业化,它为了知识和真理,所以"百村观察"一定要求大家求真,这是第一位的,真实是生命。

第三个就是固定化。因为我们在这些村里面的观察要长期固定下来,今年大家要肩负一些重担,……代表华中师范大学中国农村研究院,去给人家村里面授牌,同时我们还要给他们建立"农家书屋",……我们不仅仅是请他们支持帮助,更重要的是我们要有一种回报的精神和理念,我们要回报农民。所以"百村观察"的村,它们给我们提供了养料,成就了我们,我们那么多报告被批示,我们今后以"百村观察"为荣,但是我们一定不要忘记,我们的荣耀都是来自于父老乡亲们对我们的厚爱、支持和协助。所以我们要尽我们所能,给他们提供一些帮助。我们从今年开始给每个村建立一个"农家书屋",今年考虑到大家的负重和我们的经济财力,我们今年带去不多,但是我们每年带一点,我想带一百年,那总会数量巨大了。我们建立一些固定联系了,我们就跟走亲戚一样,就不需要再借助介绍信,就跟走村入户一样,我们直接常来常往,这里才真正感受和体验到农村和农民。这就是我们今年进入一个新的阶段。①

在2012年调查工作启动会上讲话时,我也提出了希望:

一是要有坚韧不拔的精神。大家知道最近即将举办伦敦奥运会,这个奥运会当中,最受人欢迎的是什么项目?马拉松。马拉松

---

① 徐勇主编:《中国农村调查》2013年卷,中国社会科学出版社2015年版,第6—8页。

第六章　以田野教学为特色的田野政治学　　115

你看，它那个最后的终点，这个过程太艰难了，跑了一圈又一圈，不仅是跑的人不耐烦了，看的人也不耐烦了，我们"百村观察"也像马拉松，要一棒接一棒、一代接一代下去，所以这种坚韧不拔的精神对我们来讲特别重要。红军长征的时候大家知道是30万人，最后到终点的时候有多少人，其中主要除了战死的以外，大量是掉队的。我们这个"百村观察"也像一个长征一样，今后能够到达终点的，需要有一种坚韧不拔的精神。

　　二是团队意识。最近欧洲的足球，现在说谈体育比较多，虽然我这个人不擅长体育，一看就不是体育身材。但是我还是比较喜欢观看体育，因为中国看足球的人比踢足球的人还多，但是中国最受人关注的，但又最不争气的是什么？男足。……男足有什么问题？这也是中国几千年来的文化，这种观念，集体行动的这种观念。几千年来的这种一家一户的个体经济，培养高度具有个体精神的人，它很难形成一种团队互助。对于我们"百村观察"，它是要求具有高度的团队意识的这么一个公共项目。它是要集体行动，我们出去以后，要分到各个村，行程遥远，特别需要我们相互帮助。集体行动它强调整体意识相互配合，同时也非常珍惜每个成员，……我们这种集体主义是要建立在个体之间相互帮助这个基础上。大家经常看美国大片，好像美国大片就是那种高度的个体主义、个人英雄主义，其实不然。我平时去看电影很少，到农村去，晚上也没什么事，就是数星星，没别的娱乐活动，数星星实在数不清楚了，最后睡觉了。再就是看电影，在县城里面待着看电影，我的印象最深的，就是和我的一个学生，现在在河南财经政法大学已经当上了副教授了，我和他看了一场电影——美国大片《拯救大兵瑞恩》。我建议你们去看一下，你看美国军队为了拯救这么一个受伤的兵员，不惜代价，珍惜每一个人的生命，你要珍惜每一个人的生命，每个人才有这种对祖国、对集体的尊崇感。……虽然我们女足很强，但是我们女观察员也要像女足一样更强。但是毕竟还是女同学，你们家长不放心，虽然你们很有坚强的决心，但是你们的家长不放心，所以说我们男同学多帮帮女同学，我们建议大家分组，咱们相互有个照应。

三是考验。这个考验我想从现在就开始了。……武汉是火炉，这个火炉现在开始冒烟了，身在武汉学习过的同学已经经受过一些考验，但是没有在武汉学习的同学，可能就要开始接受这种考验。有的同学想武汉怎么这么热，但是你们要想到热有热的好处，在火炉里面出来的人，什么世面都可以见。我记得我和我们院的长辈张厚安先生在1998年大水时，去下乡，真的是水深火热，头顶上面有大太阳。但是他很乐观。他说只要我们经历过这个过程，我们今后即便告别人生，到阎王那里去我们都不怕。你说阎王那里最难受的是上刀山下火海，我们从火炉里面来怕什么。我觉得我们经过这个考验，会锤炼我们坚强的意志。我前面讲了，那么多学生还回味我们"百村观察"的历程，不是回味它的荣耀，更重要的是回味这个艰难的过程。所以我们相信你们经历了这些考验之后，在你们的人生会留下深刻的影响。①

以能力提升为目标的培养方式取得了良好的成效。一是田野调查专业化。二是产生了大量的调查咨询成果，收集了大量的第一手资料。三是指导老师的水平得到提高。四是研究生的能力得到提升。这一点是最重要的。经过基地班培养的研究生的综合能力有非常突出的提升。我对已经毕业的基地班学生进行过回访。他们普遍反映：在工作中，知识不如能力，能力不如平台。正是因为有基地班这个平台，他们的能力得到提升，能够在工作中运用所学到的知识解决问题，因此得到工作单位很好的评价。

四　以现场教学为特色

通过对村民自治的调查、实验和跟踪研究，我们将研究的重点转向传统农村社会形态，并于2015年启动了"深度中国调查"计划。这一计划具有调查自觉，是一种目的性、规划性很强，参与人数较多的调查。在调查之前，我们提出了调查目的，专门编写了调查提纲，进行了

---

① 徐勇主编：《中国农村调查》2013年卷，中国社会科学出版社2015年版，第6页。

培训。即便如此，仍然有相当多数的调查员对这一调查理解不深不透，对于在调查中遇到的问题难以破解。这就需要老师进行现场教学。在现场教学中发现提纲的不完善之处，与调查员一起共同破解调查难题，同时老师在这一过程中也得到提升。这一调查将全国分为七大区域，调查时间历时数年。

我是调查计划的设计者，就调查计划提出了设想。2015年6月29日我在暑期调研会议上发表"新起点再出发"的讲话。表示：

> 自今年开始，我们的调研在原有基础上有了全新的提升，被称之为"2015年版的中国农村调查"。这一调查除了已启动9年的"百村观察"以外，还新增加了口述史、家户、村庄、地方、专题调查五大类。核心是建立以农民为主体的调查。大家都知道，中国创造了世界最为灿烂的农业文明。文明创造的主体是农民。进入20世纪，中国农村经历了巨大的变革，付出巨大的艰辛，甚至沉重的代价。我们都知道包产到户，但不知道这一政策的实行付出了多少代价。我们访问的当年探索者戴洁天老人，今年93岁，因为探索农村责任制而打成右派，全家人的命运遭受巨大痛苦。但是，我们的历史主要是以大人物为中心的历史，无数个小人物的生产生活和命运被历史所忽略了。如果我们不去记录，作为农民的后代会愧对自己的前辈和祖先，也会愧对丰富复杂的历史。当今中国正处在深刻的文明更替之中，传统农村和农民正在迅速消逝，历史事件也会很快为人遗忘。在山西，去一家名为"人民公社饭店"吃饭，问服务员"什么是人民公社"，她想了半天，说好像是唐朝的吧！所以，我们现在做的事情，是"对历史的抢救"，是"对现实的记录"，也是一个世纪性的伟大工程。

我作为计划的设计者，通过现场教学的方式，全程参与了调查，去的村庄达100多个。在调查中通过微信的方式加以记录和分享。以下是若干微信记录：

> 人丁兴旺，家族治理。这几天已看了十来个宗族性村庄。今天

到的陈姓村,双轨治理。穿红T恤的是支部书记兼村长,年龄不大辈分高。他旁边的是族长,专管宗族历史传承。另一边是理事会总理事。理事会分别由六房产生,多少不一。理事会讨论村中事务。通过宗族,家国连通。历史上有一位族人因护皇朝有功,下旨表彰。加官晋爵成为宗族信仰。为保证秩序,村中有空余房屋也不容许出租外人。本村有一青年违反村规民约,在镇领导默认下,饱尝了族人一顿痛打。正是在严格秩序下,宗族人丁兴旺。400年前仅一个老祖宗,生有六子,为六房,现族人已达上千。土地有限,人地矛盾尖锐。改革开放后,族人外出务工经商,但不忘根源。一在新疆经商的族人一次捐款38万元。饮水思源。每年清明,先供奉共同祖先,再供奉六房祖先,最后供奉小家先人,极具秩序感,以维系共同体,由此也提供了自治的组织基础和内在机理。中国人多地大,因地制宜,得将每块地的结构属性弄清楚。现代国家的统一性必须考虑地方多样性。否则,强大的国家行为也难以成功。(2015年7月13日)

慰问之旅:今日开启暑假农村调查慰问之旅,第一站为浙西南山区。这两年所在学校以出花边新闻出名,如连续两年千名男女同学到体育馆睡特大统铺,享受空调的清凉。因为"90后"的学生每个细胞都有空调的因子。而我们中农院学生的每个细胞都得有烈日的因子。不是命苦,实在是姓农的就与苦结下不解之缘。田野调查是基本功。暑期我们的400多位师生全部走向田野,沐浴在烈日炎炎之下,经历了火热的考验。照片上的女生为15级博士生,还未新生报到,就独自一人在村里待了40多天了,人晒黑了,村姑模样。但得到了当地人的高度赞赏。老人家说,这孩子才是真正做调查的,有耐心。她成了乡政府食堂做饭阿姨的好帮手。晚上特地为我们做了好几个可口的农家菜,看她俩笑得!(2015年8月18日)

因地制宜。今年8月在长江区域跑了近30个村。自上月始至今,在黄河区域跑了18个村。相对熟悉的长江区域,黄河区域给人以强烈的震撼,一个字:大。平原大。我的行程西至八百里秦川西端,东至江苏徐州,数千公里大平原一望无际。村庄大。少则三千人,一般五六千人,多的上万人。一个村庄由若干行政村聚合而成。村墙大。村庄有大城墙,有的厚度达数丈,城门厚度达一尺多。城内还有堡。院落大。一般占地七分,有的一亩多。院门大。院落门楼达五米,院墙也有丈余。面积大。有的大户有数千亩地。一般小户也有数十亩地。农具大。从居住地到生产地达10多里,骡马大车必不可少,也最贵。家户大。数十人上百人的大家族比比皆是,都在一口大锅里吃饭。人体大。过去只是在书本上看到"人高马大",如今得以见识……国家由地方构成,国家治理需因地制宜。最近,中央下发关于以自然村和村民小组为村民自治基本单元的文件,方向很对。但南北的"自然村"范围相差太大。这正需要分区域调查。(2016年11月18日)

见识奴隶。彝族以奴隶社会而知名,称之为奴隶社会博物馆。下午专程访问的是一对奴隶老夫妇。男性奴隶的父亲作为主人家女儿的陪嫁奴隶,10多岁从邻县而来,成年后与另一女奴结合,有了访谈男性老人,且与父亲一起在主人家当奴隶。女性奴隶是作为主人家女儿的陪嫁奴隶到此地。家内奴隶吃住在主人家。穿的是主人家给的衣服。主人家农活由奴隶做,主人在旁边看着。如有不会做的农活,主人会教,一般不会打。奴隶并不是完全一无所有,自己建的房子归奴隶所有,且为自己的后代所继承。只是后代仍然为奴。由奴隶赎身为白彝,有,很少。两位原为奴隶的老人历经奴隶时代、民主改革、人民公社和分田到户,有两个时期曾吃不饱。只是自改革开放后,再没有饿过饭了……(2017年8月1日)

终于走出茫茫大草原了!昨天在内蒙古阿旗北部牧区访谈。得知牧民已赶着牛羊去100多里的夏营地放牧。为了感受和体验游牧生活,我们一路颠簸驱车到更北的夏营地。晚饭后离开时突降大雨。平时干涸的河顿时水流湍急。小兴安岭的山坡也哗哗流水。此时夜色降临。我们渡过河流,翻越山坡。为越过一个高坡,车冲越数次。当快走出草原时,一条河流成了拦路虎。先是车陷进沙滩。经过一个多小时推拉才上来。接下来道路被冲毁,无法渡河。此时已是夜晚,手机没有信号,四下无人,连牛羊都没有,只有黑漆漆的夜晚和雨点。已临深夜,只好就地寻找帮助。夜色中几近迷路。

好在开车的小伙有经验,在茫茫草原和夜色中找到一个蒙古包。包里只有一位50多岁的女性。她非常热情地接待,让我们在包里住下。年轻人在车上睡。今晨5时,天亮了,雨停了。但乌云又已密布。我们赶紧出发,来到河边,趁着没有下雨,挖出一条路来。当第三辆车开足马力冲过河滩,冲上河边的路,我们欢呼雀跃,留下合影。这是我巡访中最艰辛也是终身难忘的一次!多亏当地人向导,多亏蒙古包女主人,多亏开车的小伙,也多亏学生家长。现在刚入坦途,让人不由得感受部落的力量——生死相伴,患难与共!(2017年8月21日)

认主独一!西部农村调查现场教学第九站。几经周转,由内蒙古大草原来到甘肃天水。此地与"苦甲天下"的定西接壤。但今天去的地方是更东边的一个回族自治县。本院一位女硕士研究生在该县一个偏远乡村调查了近两个月,特别有激情,特别能吃苦,也特别有办法,边调查边写了近20万字的报告。唯一的缺憾是两个月没有吃过鱼了。中午吃饭专门为这个来自鱼米之乡的女生点了条鱼。以前去过甘肃省会兰州,见过气派的清真寺。昨晚到作为地级市的天水,有清真寺,也有教堂,还有佛教、道教场所。今天到的天水市下的回族自治县,处处可见的是清真寺。仅仅在县城,就有好几座。我们走进一个镇的清真寺,向教职人员讨教伊斯兰教义,核心理念是"认主独一",这与前几天得知的喇嘛教"众生平等"似有不同。乡镇之下的自然聚落都有自己的清真寺。调查员所在村的清真寺气派壮观,花费甚巨,仅在新疆就募得数十万元。与正在兴建中的村委会办公楼形成强烈反差。更重要的是村民每天要去五次清真寺,而村委会可能十天半月难得去一次。我们访谈的88岁老人,眼睛已无视力,但记忆甚好。他回忆该村是由陕西省迁居而来。三户人家一安顿下来第一件大事就是修建清真寺,哪怕简陋些。随着条件改善,清真寺修建得越气派。人到哪里,清真寺就会到哪里。这可能是许多当政者都不一定了解的民族特性……(2017年8月24日)

高温极值下的东北村调。本想先到东北,避避长江带的持续高温,不料火炉随人,东北的高温达到历史极值。更重要的是,东北

第六章 以田野教学为特色的田野政治学

猝不及防。这几天的空调卖断,安装不及,沈阳紧急从南方调配安装人员。而我们的老师和同学在烈日下走村入户,不可能有空调降温。牡丹江一女生除调查外,还在乡镇做义工半月。访谈老人家里什么降温手段都没有,一女生抄起秧歌扇子使劲给老人扇风,唯恐老人中暑。在黑龙江绥化的是云南的小女生,专程赶到呼兰见老师。在大庆偏僻小村做调查的女老师,毕业于英国爱丁堡大学。为追寻当年日本满铁调查的踪迹,主动选了一个偏远的小窝棚村,住村长家,与两条凶猛的藏獒为伴。吉林、辽宁的两位同学,有丰富经验,但明显晒得黑红。东北不仅温度高,更是干燥,喉咙都会干得起烟。一位主人家准备了西瓜,可唠得兴起,没有说让我们吃。馋得我隔一会儿要望下大片西瓜。后来实在等不到主人开口,只好自己主动拿瓜,滋润下冒烟的嗓子。我们的师生在这里已近一月,还会继续一些时间,要在酷暑中经受着身体和意志的"烤"验。不过,来年还是建议,避开高温,为调查员,更为调查对象考虑……(2018年8月4日)

强分化弱整合。东南区域调查现场教学第一站。今天到浙江东阳市的白坦村。调查员已在这里两月有余。该村600年前由吴姓先祖定居。先祖有两子,分家立业形成一村、二村,实际上是大房二房。两房延续,生子不等。因诸子均分,财富大体相同。此村位于河道止点,成为商品集散地。出现农业与商业的分业。吴姓中的一支因商致富,修建了大宅院,做工精致令人惊叹!还购置了田产。另一支务农,贫困潦倒。富户供子弟读书做官,有权有势。村里的保甲长多要巴结。土改时,富户中的六兄弟全部划为地主,大宅院分给贫户。直到20多年前,各家经济状况大体平衡,少量土地与各家户的手工工场,产生了农业与手工业的分工分业。当时的家庭手工业比垮了生产同类产品的国家企业,金银丝线占全国市场三分之一多。20多年过去了,少量家庭手工业提升为企业公司,扩大再生产拓展了市场。如今占全国市场80%,世界市场的三分之一。扩大再生产造成了第二次社会大分化。少数企业家成为富户。其中的一个企业家是原贫困户的后代。同一祖先,600年繁衍,充满着房、支、家的分化竞争,却因利益在先,缺乏整合。前些年,政府将地域相邻的一村二村合并，但名合实不合。各房支贫富分化，因家庭为核心单位也只能各奔前程。20多年前，家庭手工业时期，各家新建了房屋，但公共道路泥泞不堪。如今到了工厂化时期，道路硬化了，却垃圾遍地，公共治理亟待强化。1949年前大宅院主人的后代基本上都读书外出了。一位与我们交谈的留守者谈到土改时说，当时的六兄弟也不均，但都划成地主。因房子多些，比别人好过些。不划地主，别人分不了房子。土改是对存量的均分。贫户的后代在扩大再生产中才使自己真正富起来。同一祖先的贫富分化与命运翻转，几位老人家的话意味无穷……（2018年9月18日）

五　以志同道合为纽带

自从担任研究生指导老师以来，直接指导的学生超过百名，间接指导过的学生难以计数。培养人才的历程正是我国经济社会和高等教育发生重大变化的时期。人才培养的环境和价值取向都有了前所未有的变化。中国数千年来遵循的"一日为师，终身为父"的观念早已为"文革"所荡涤。改革开放后，市场经济蕴含的个体化和功利化更是使"师父"传统遭受根本性的颠覆。我当学生时流行的是"我爱我师，我更爱真理"。这一理念之后也不太流行了，反倒出现了"我爱我师，我更爱自己"。我们正是在这样一种环境下进行人才培养的，并通过以田野教学为特色的人才培养为田野政治学提供了人才基础，使田野政治学的调查、实验、资料收集等基础性工作得以展开，并产生了一批有价值的科研成果。

当然，田野政治学作为一种学术路径，作为在这一路径上建立起来的有共识和认同的学术共同体，具有开放性和持续性，以志同道合为纽带。

现代教育建立在独立的人格基础上。从师承关系看，可以分为两类：

一类是职业型师生。现代教育的重要特点便是职业化。老师教育学生，需要按照职业规范，尽职尽责。学生是独立的个体，是学习的主体。只有充分发挥学生的主体性、自主性、积极性和创造性，才能达到比较好的教育效果。而学生按照规范，认真学习，敬重老师，毕竟还需要老师引进门。双方都履行着各自的职责。

我的硕士生和博士生指导老师不是从事农村研究的，我选择做农村研究，但老师的马克思主义理论基础教育让我受益终身；张厚安教授不是我直接的研究生导师，我参与农村研究，从张老师那里学习到政治学和农村研究知识。他们肯定我是独立的主体，至今都为我所敬重。

田野政治学的田野教学是基于政治学的田野研究路径产生的一种教学方式。这种方式比一般文本教学的难度更大。但也属于一种职业的内在要求。这也是我经常讲的，做农业研究的要到田头，做农村研究的要到村头，做农民研究的要到炕头。到田间地头，可以说是田野研究天经地义的教学规范。2000年，华中师范大学做农村研究的学者能够争取到教育部重点研究基地，依据之一便是将田野调查作为基础性方法。后来的田野教学便是沿着过往的特色继续前行，并在实践中显示优势。没有田野教学，也就无所谓田野政治学。

当然，作为一种职业行为，当职业到期后，由职业产生的师生关系便已结束。"一日为师，终身为父"只是一种尊重，而不是要求。毕竟，老师和学生都是独立的个体。约定的职业时间结束后，学生完全有自我选择的自由，从事自己所选择的工作。这种职业行为已与老师无关。

我指导的博士生于同学，毕业后继续深造，根据他对农民运动和工人运动的兴趣，从事抗争政治研究，开辟出新的天地，并被评为全国"风云人物"，名气比我大得多。一次一家省级党校请我和他同时讲课。在介绍我时，介绍人说，这是于教授的老师。我觉得很正常：高徒出"名师"！他上课讲的是"社会抗争"，激情澎湃；我上课讲的是"社会建设"，条分缕析，各美其美。让我讲抗争，是为难我，我从来不会抗争。让他讲建设，是为难他，他有天生的激情。而抗争与建设都不可或缺，所谓美美与共。

一类是志业型师生。所谓志业型师生，便是因为志同道合而形成的师承关系。这种关系不是因为就读的"师门"出身决定的，而是因为共同的学术理念，并基于共同学术理念而不断结成和深化的。这在于学者是以"学"为生的。而每个人有自己对"学"的理解，且这种理解会发生变化。只有那些具有共同学术理念或认同这一理念的人，才能形成志业型师生。

华中师范大学的政治学人从事农村研究最初只是个别人和少数人的行为，后来不断增加，也不断有人退出。我本人和张厚安教授的研究起点和路径也不一样。但在研究中，我对张老师的理念、思维和方法是认同的，在研究中形成愈来愈多的共识，并将张老师开创的农村研究坚持下去。所以讲田野政治学必须从张老师的工作开始。我和张老师不是直接的职业型师生关系，但是志业型师生关系。

华中师范大学最初从事农村研究的学人，是一种高度自由的学术联合体，合则来，不合则去。作为教育部重点研究基地，其成员具有职业性。尽管在一个职业机构工作，学术理念并不一致，且会发生变化，即使是原来的职业型师生关系也会这样。只是在长期的研究中，作为学术团体已形成基本的政治观、学术观和人生观。这"三观"是形成学术共同体的基础。所谓道不同不相为谋。田野政治学作为一种研究路径，长期坚持"三实"，特别强调基于田野调查内生出具有原创性的理论。这是华中师范大学从事田野研究的数代人的努力，经过无数艰难曲折形成的基本理念。没有从田野调查中内生的研究，与其他政治学研究路径就没有不同，也就无所谓田野政治学了。田野政治学作为一种研究路径，作为一个因为这一路径形成的学术共同体，是开放的、动态的，是以志业型师生为基础构成的。

第七章 以农民特性为视角的田野政治学

田野政治学的对象是农村，方法是调查，进路是制度，引导是实验，思维是实证，育才是条件，但这些都只是田野政治学构建的基础。就一种研究路径看，田野可以成为不同学科不同人员的共同方法，但只有从政治学的角度进行研究，并通过田野路径获得了独特的研究成果，能够自成一体，立一家之言，才能称之为田野政治学。不仅要有独特之路，更要有独家之言。田野是基点，政治学是落点。田野政治学关注农业、农村、农民问题，农民特性理所当然成为研究的起点。

一　传统社会农民政治特性的二重性

田野政治学是以历史与社会关系中的人为研究对象的，更具体说主要是以农民为研究对象。地域、人口和政权是国家的基本要素。人口有不同的特性。中国是一个有着悠久农业文明的国家，农民长期占人口的大多数，是典型的农民国家。农民特性及对农民特性的认识，与国家政权和治理状况直接相关。

田野政治学是从政治学的角度进入田野的，田野上的人，即农民成为主要研究对象，并从农民特性为认识的视角。这一认识经历了自在到自觉的过程。

我是从科学社会主义专业步入田野研究的。毛泽东在革命时期，邓小平在改革之初都高度重视农民问题，一再表达中国是一个农民人口占多数的国家，这是中国的基本国情。对政治领袖的观点我们非常熟悉。因此，步入田野进行科学研究时，不由自主地将农民作为重要研究对象，并力图认识农民的特性。

1986年我承担了湖北省社会科学研究项目"社会主义生活方式的研究",并于1987年出版了《走向现代文明——大变革中的中国社会生活方式》一书。该书指出:"生活方式具有主体性特征。它能最直接地概括和表达作为社会主体的人们的具体存在形式、生活状况和典型特征,最直接地反映人们以什么形式存在于世界,以什么方式生活,成为一个什么样的人。通过农民的生活方式可以直接反映农民的具体存在。"[①] 该书第一章便是对农民传统生活方式及变化的论述。

1987年我承担国家教委(现教育部)首批青年社会科学基金项目"我国城乡基层政治发展研究",经过数年努力,于1992年出版了《非均衡的中国政治:城市与乡村比较》一书。该书已有了对农民特性进行政治学研究的自觉。该书的研究目的便是探索中国政治为何上层多变下层不变的问题,提出了政治体系一分为二的观点,并高度关注基础性政治社会的作用。基础性政治社会的重要主体便是农民。该书用大量篇幅论述了传统农民政治特性的二重性特征。其政治文化方面的表现主要有:

> 古代中国的政治权力系统集中表现为以皇权为中心的君主——官僚体系。期盼"圣主"和"清官",是古代农民的普遍向往,体现了农民对皇权的无限崇拜又极力疏远的二元政治情感。
>
> 对"圣主"和"清官"的期盼,首先表达的是农民对皇权的无限崇拜之情。在农民看来,皇权是主体、支配者,自己是客体、受动者;皇权是至高无上的,自己是微不足道的;皇权是强大无比的,自己是软弱无力的,因而对皇权顶礼膜拜。
>
> 而对"圣主"和"清官"的期盼,又反映了农民对皇权的疏远之情。个体农民并不是无条件地崇拜皇权,而是有条件的,这就是只崇拜代表和保护其利益的皇权。能代表和保护其利益的皇帝和官僚就是所期盼、具有合法权威的"明君"和"清官",否则就是不予认同、不具有合法性权威的"昏君"和"贪官"。农民对皇权表示无限

---

① 徐勇:《走向现代文明——大变革中的中国社会生活方式》,华夏出版社1987年版,第6页。

第七章 以农民特性为视角的田野政治学

崇拜的同时又极力疏远皇权，对皇权有着高度的戒备心理。

在古代中国社会政治生活中，农民往往表现为胆小怕事、逆来顺受，是唯命是从的"顺民"。惧怕权力，对统治者的顺从是农民一般的政治态度。

农民的逆来顺受是有条件，而非绝对的。这个条件就是基本的生存有所保障。超出这一界限，为生存所迫，农民就有可能走上与外部环境抗争之路，即"官逼民反"。

官逼民反包含两层含义：一是在社会常态下，农民对外部政治环境的压迫一般持逆来顺受的态度。只要官府不逼人太甚，农民有一条活路，就不会反叛官府。这是消极的一面。但是，当生存环境恶化，代表地主阶级利益的官府压迫剥夺太甚，超出了农民承受力的极限值，基本生存得不到任何保障，农民就会不得不群起造反，破坏既存秩序，重新获得生存基本条件。这是积极的一面。

追求财富平均、地位平等是农民最主要的政治理念。在古代中国，由于统治阶级的残酷剥削和压迫，社会不断陷于贫富严重不均的两极分化：一极是拥有大量财富的统治阶级；一极是生活缺乏保障，随时会陷于破产和极度贫困境地的广大农民。在贫富两极分化的情况下，被剥削被压迫的农民首先要求财富的平均占有，其政治理想就是财富均等，没有差别，即"有福同享"的社会。"均贫富"一直是古代农民起义的战斗口号。这一口号极具感召力。它可以迅速将那些处于一盘散沙、穷困潦倒的农民聚合在一起，形成强大的政治力量。古代农民起义的规模在世界上因此是空前的。由此可见，追求财富的平均，是蕴藏在广大农民心理深层的共同和最基本的政治理念。

均平与特权这两种相互对立的理念寓于农民之一体，形成他们特有的双重政治人格。在古代社会政治生活中，农民往往以追求均平始，以形成新的不均平终；以作为追求均平的农民代表始，以成为维护新的不均平的地主阶级代表终，便是农民双重政治人格的表现。[①]

[①] 徐勇：《非均衡的中国政治：城市与乡村比较》，中国广播电视出版社1992年版，第104—111页。

该书对于农民政治特性的二重性分析是以马克思主义作为方法论的，在小农经济、专制社会的基础上生成了农民的政治特性。这一特性是中国政治上层政权多变而基层政治社会不变的重要基础。随着小农经济和专制社会的历史条件的变化，传统农民的政治特性才有所变化。该书的中篇和下篇考察了近现代农民特性的变化，但也指出这一特性变化的艰难性。

二 对农民的再认识与"社会化小农"

农民是一个与传统农业社会直接相关的社会群体。在漫长的历史长河里，农民是一种自然而然的存在者。在中国历史上，人们早已注意到农民的地位与作用。早在西汉，就有人上书指出："天下之患在于土崩，不在于瓦解，古今一也。何谓土崩？秦之末世是也。陈涉无千乘之尊，尺土之地，身非王公大人名族之后，无乡曲之誉，非有孔、墨、曾子之贤，陶朱、猗顿之富也，然起穷巷，奋棘矜，偏袒大呼而天下从风，此其故何也？由民困而主不恤，下怨而上不知，俗已乱而政不修，此三者陈涉之所以为资也。是之谓土崩。故曰天下之患在于土崩。"（《史记·平津侯主父列传》）正是无千乘之尊，尺土之地，身非王公大人名族之后，无乡曲之誉，非有孔、墨、曾子之贤，陶朱、猗顿之富的农民陈涉等起义，造成了"土崩"。只是"土崩"之后，同样性质的王朝在同一地点上重新建立，历史进入下一个周期。因此，在相当长的时间里，农民并没有作为一个需要解决的问题来认识。

农民作为"问题"是在现代化进程中产生的。现代化是以工业化、城市化为特点的。农民只是前现代化的传统社会的产物。现代化进程必须面对作为传统因子的农民人群，如何处理便成为一个问题，由此而产生农民问题。要解决农民问题，就必须认识农民，由此有了对农民的研究。

随着中国现代化的推进，农民问题日益突出。如何认识农民，特别是现代化进程中的农民特性成为重要论题。因为在相当长的时间里，学界对于农民的界定更多的是定格于传统农民，将农民与传统的小农经济相提并论，农民形象更多的是落后、愚昧、保守的代名词。这在改革开放之初是可以理解的。但是，随着现代化，农民有何变化，为何变化，走向如何？这成为一个新的论题。

我当过知青，有农村生活经历，切身感受到农民生活世界的有限性。我拖了近半年的粪车，好不容易积攒了 20 多元钱购得一部收音机，从此才有了与外部世界的联系。自 1980 年代进入田野，一直从事农村调查，亲眼感受到农民状况的变化。其中有一个调查案例给了我深刻印象。1990 年代中期在深山里的小村做调查时，当地一位老人竟然问及：当今皇上是谁？他们生活在几乎与世隔绝的"村落"里，村落就是他们的世界。后来，公路、电话通到山村，将小村与世界联系在一起，世界已成为他们的村落，生活水平有了很大提高。与此同时，当地能走动的人都外出到广东、浙江打工去了，以应对日益增长的生活需求。这一案例使我意识到传统农民特性正在发生革命性的变化。这种变化只有在现代化进程中才会发生。我以"社会化小农"的概念来概括农民特性的变化。我在《华中师范大学学报》2006 年第 3 期发表《"再识农户"与社会化小农的建构》一文。论文首先提出：

> 近年来，国家为解决"三农"问题提出了各种方案和措施。其基点有两个方面：一是维持家庭经营体制长期不变；一是重视解决农民的增收、就业、保障等问题，为农民提供健全的社会化服务体系。由此就会产生两个理论问题：一是家庭经营属于传统的小农经济范畴，在现代社会，家庭经营是否有生命活力，能否长期延续；二是如果家庭经营属于传统的小农经济范畴，那么为什么需要解决农民的增收、就业、保障等非传统小农经济范畴的问题，并提供健全的社会化服务体系？这说明，运用传统的小农经济范畴已很难解释当下的农村社会，在对农户的认识方面发生了"范式危机"。[①]

论文描述了小农之"小"与社会之"大"的当代农民特性：

---

① 徐勇：《"再识农户"与社会化小农的建构》，《华中师范大学学报》（人文社会科学版）2006 年第 3 期。

小农之"小"主要表现为：其一，农户耕种的土地规模小。2004年，我国总耕地资源面积为130039.2千公顷，农村人口9.42537亿，平均人均占有耕地资源面积2.07亩（实际占有耕地面积2.00亩）。其二，农户的家庭人口数量小。2004年，我国农村总人口为9.42537亿人（户籍人口），农村家庭为2.49714亿户，农户家庭平均3.8人。

为什么当今的分户经营仍然有活力，农户仍然将长期成为农村人口的基本生产、生活和交往单位呢？其根本原因就在于当今的小农正在发生深刻的历史变化，小农户所处的和面对的却是一个大社会。传统的小农经济有一个基本特征，就是封闭的自给自足的地域性社会。小农与外部世界是隔绝的，村落就是他们的整个"世界"。而在现阶段，农户已愈来愈广泛和深入地进入或者被卷入一个高度开放、流动、分化的社会里，他们的生产方式、生活方式和交往方式日益社会化，不再局限于村落世界。正是在这种社会化的变动之中，新的生产、生活和交往要素进入农户的活动之中，改变着他们的生产、生活和交往方式，并由此汲取了"力量"，改造着中国传统家庭的"惰性"，使农户的行为能力得以提升。

当今的小农户已越来越深地进入或者卷入一个开放的、流动的、分工的社会化体系中，与传统的封闭的小农经济形态渐行渐远。如果我们仍然将当下的农户称之为小农的话，那么他们已成为迅速社会化进程中的小农。"小农"处在或者面对的是一个开放流动的"大社会"。[①]

在传统理论看来，社会化总是与大生产相联系。而在当下，一方面是小农愈来愈"小"；另一方面是社会化程度愈来愈高，由此构成"小农"与"社会化"两极。这看似极不对称的两极有何意义，它预示着什么呢？

[①] 徐勇：《"再识农户"与社会化小农的建构》，《华中师范大学学报》（人文社会科学版）2006年第3期。

(一) 它展示着农户仍然有强大的生命活力。

农户经营并不天然排斥先进生产要素进入农业生产领域，而当先进生产要素不断进入农业领域，又会增强农户的生命活力。

依靠农业生产效率的提高和外出务工经商而不断增长的现金收入，提升了农户抵抗风险的能力，使他们仍然得以顽强地生存和不断地再生产。

当今的农户也进入一个开放的社会体系中，交通信息的发达、市场经济的渗透、高频率和跨区域的流动、教育的普及、国家赋予农民以平等权利等各种因素，改变了分散、孤立和封闭的状态，农民的头脑不再只是局限于小块土地和小村落之中，他们不再是传统规则的奴隶，而且正在表现出伟大的历史首创精神。

(二) 社会化的小农使农民面临新的压力

其一，生产条件的外部化与自我生产能力弱小的矛盾。

其二，生活消费的无限扩张与满足需要能力有限的矛盾。

其三，交往范围的不断扩大与集体行动能力不强的矛盾。

以上三大矛盾集中起来，就是社会化给小农带来的是货币化的压力。货币收入因此成为他们行为的主要依据。他们的行为动机和行动方式都可以从这一压力中寻求答案。如果说传统小农是以获得实物产品为主要目的，那么，社会化小农则是以获得现金收入为主要目的。而现金收入的获得相对实物产品而言，其稳定性更弱，不确定性因素更多，风险更大。所以，当下的农户已进入或者被卷入一个更高风险的社会之中。

"小农"与"社会化"这两极之间形成了一种张力，构成影响当下农户的动力和压力。这种张力，既赋予农户以生机活力，同时又使他们面临新的困境。

面对社会化给农户带来的困境，需要寻求新的出路。一方面要在社会化进程中，不断提升农民的自我生产、生活和交往的能力，为农民提供完善的社会化服务体系，以服务来提升农民自身的能力。……另一方面要将农户纳入统一的国家支持和保护体系。当下的农民已进入一个统一开放的社会化进程之中，面临着与其他人一样,甚至更多的风险,尤其需要国家提供支持和保护。①

小农经济的经典特征是农业和手工业结合,自给自足的自然经济形态,并产生出传统小农。从土地和规模看,当代的中国农民仍然属于"小农",但已不是传统自然经济形态下的小农,而是进入包括市场化、国家化在内的广泛的社会化体系之中,在从"大社会"中获得活力的同时,也面临着风险。政府在保护和支持小农的同时,更要提升小农应对社会风险的能力。

为了进一步推动"社会化小农"的理论研究,我指导三位博士生,进一步深入农村进行实地调查,分别从生产、生活和交往三个维度研究小农的社会化问题,撰写出博士论文并发表了相当数量的研究成果。他们中的两位如今已是博士生导师。

三 超越抗争性模式的"农民创造性"

1990年代,"三农"问题日益突出,特别是农民负担日益沉重,农村群体性事件不断增多,如何解释农村群体性事件成为学界十分关注的问题。在这一过程中,由"依法抗争"引起的各种"农民抗争"的分析模式甚为流行。

对农民抗争,我并不陌生。早在1980年代后期写作《非均衡的中国政治:城市与乡村比较》一书时我用了很大的篇幅写历史以来的农民反抗。1990年代的农村调查,我亲身接触到农民因为负担沉重而发生群体表达的事实,直接感触到农民的愤怒心情。只是当时关注中国农村的学者还很少,深入农村进行调查的学者就更少。美国学者欧博文等到中国农村调查时,非常敏锐地注意到农村正在发生的群体性事件,并以"依法抗争"的分析模式加以解释。之后,随着农村群体性事件愈来愈多,这一分析框架流行开来,由此衍生了多种"抗争"模式。

农民抗争是一种针对政府的政治行为。这种政治行为在中国由来已

---

① 徐勇:《"再识农户"与社会化小农的建构》,《华中师范大学学报》(人文社会科学版)2006年第3期。

第七章　以农民特性为视角的田野政治学

久。农民反抗因此成为学界长期流行的分析模式。但是,我在进入农村领域时,对1949年后的农村变革历史有过较多的接触,撰写了《包产到户沉浮录》一书。该书早在1994年便已完稿,因为出版社讲究经济效益迟迟未能出版,直到1998年适逢改革开放20周年才得以出版。该书详细考察了包产到户的由来和过程,包括基层干部和农民不屈不挠的要求和争取。与此同时,我自1980年代后期从事农村调查,在许多地方发现基层和农民通过自主行为为自己的生活创造条件。对历史的了解和对现实的调查,使我意识到,仅仅沿用传统的农民反抗和农民抗争模式来解释农民行为是不够的。这种模式只是将农民视为政治的反抗者,而不是历史的创造者。为此,我在《学术月刊》2009年第5期发表《农民改变中国:基层社会与创造性政治——对农民政治行为经典模式的超越》。论文提出了写作目的:

> 改革开放不是个别领导人的突发奇想,而是来自基层,特别是来自农民的一系列首创行为的推动。如果说是市民改变了西方国家,那么,农民则改变了当代中国——在农民群众和基层干部构成的基层社会的推动下,超越了农民政治行为的经典模式,形成了特有的创造性政治。这是中国实践和中国经验对人类政治发展进程的重要贡献,同时也需要创造新的理论,特别是新的分析范式加以概括和解释。①

论文指出,中华人民共和国成立后,农民一方面是政权的依靠力量;另一方面是国家改造的对象。计划经济基础上的一系列体制在一定程度上是以牺牲农民利益为代价的,必然会导致农民的体制性突破行为。这种行为不是对根本制度的反抗,而是直接针对具体体制的压抑。农民以各种各样的方式进行表达,并最终导致体制难以延续。其表现为:"生产力暴动""包产到户""瞒产私分""自由买卖""乡镇企业""村民自治""农民流动"等。论文由此指出:

---

① 徐勇:《农民改变中国:基层社会与创造性政治——对农民政治行为经典模式的超越》,《学术月刊》2009年第5期。

以上事实说明：如果说改革是决定中国命运的关键，那么，农民则是改革的突破者和原创者。1978年后中国改革之所以能够取得巨大成就，关键就是尊重实践、尊重群众的首创精神。

当代中国农民的一系列创造行为，不只是改变了自己的命运，而且引发了整个制度的变迁。这就是通常所说的，中国的改革是自下而上的改革。当然，这里不是说农民有多么高明，农民的行为是一种自觉的制度变迁行为。但是，农民的行为确实使执政者意识到政策和体制的不合理性。正是农民一系列、持续不断的自主行为，促使当政者反省：为什么我们主观上是为人民谋利益，客观上却得不到农民群众的拥护；"为什么严重的问题在于教育农民"，而农民却不听教育，仍然自行其是？通过反思，当政者进行了较大的自我调整和改革。

当代中国农民突破体制障碍的行为，主要表现为农民日常生活实践活动，看起来微不足道，没有革命那样轰轰烈烈，但正是这些微不足道却不约而同的日常行为，却引发和推动了中国的伟大改革。正如获得1974年诺贝尔经济学奖的哈耶克所说："在实践中，恰恰是平凡大众在面对变化不定的环境处理其日常事务的过程中所采取的无数微不足道且平实一般的小措施，产生于种种为人们所普遍接受的范例。这些小措施的重要性并不亚于得到明确公认并以明确的方式传播于社会的重大的知识创新。"[1][2]

农民抗争解释模式是研究农民政治行为的经典模式。研究这一模式的重要学者裴宜理教授，我很敬重她。她的《上海罢工》一书及其一篇书评，给我留下十分深刻的印象。她数次来访，交谈甚欢。提出"依法抗争"理论的欧博文教授也来我所在机构访问过，张厚安教授还陪同他调查。提出"依理抗争"的于建嵘教授更是我指导的博士生。我高

---

[1] [英]哈耶克：《自由秩序的原理》（上），生活·读书·新知三联书店1997年版，第27页。

[2] 徐勇：《农民改变中国：基层社会与创造性政治——对农民政治行为经典模式的超越》，《学术月刊》2009年第5期。

度肯定他们的研究成果，同时我也认为可以对农民政治行为有更多维度的解释，特别是注意过往研究模式的限度。

对于农民政治行为的研究，迄今仍然沿用的是经典的"压迫—反抗"二元模式。近年来，为解释中国日益增多的群体性事件，"底层社会与抗争性政治"的分析范式影响很大。但是，我认为这一分析范式是有限度的。它不仅难以解释农民行为引起的制度变迁，就是解释一般的群体性事件也是要小心谨慎的。在裴宜理教授看来，"中国是世界上研究抗争性政治最好的实验室"；"中国的抗争性政治至少可以上溯到公元前3世纪一直到陈胜和吴广那里，并一直延续到今天"。然而，当代中国毕竟已发生很大变化，"底层社会与抗争性政治"的运用必须了解这一分析框架背后的话语逻辑及其社会背景作为解释农民政治行为经典模式的一种分析框架，其背后的话语体系是革命话语，其理论是冲突理论。

"底层社会与抗争性政治"的分析框架基本是对"压迫—反抗"经典模式的沿袭。它的内在逻辑是：社会分为有权的统治精英和无权的社会大众；统治精英和底层民众的关系是对立、对抗的；底层民众只有通过集体反抗行为才能改变自己的命运；这种反抗行为具有历史和道义的天然合理性。

"底层社会与抗争性政治"沿袭的是传统农民行为的经典模式。这一模式解释了民众抗争的起因、条件、策略，但没有能够解释抗争所引起的后果，特别是没有能够深入解释民众抗争引起的制度变迁。因为，对于农民或者底层社会成员来说，他们的抗争是不得已的，只有通过抗争才有可能改变其命运，但他们并没有创造出一种新的体制，因此，他们的命运犹如钟摆一样，处于循环往复之中。这也是马克思认为农民没有任何伟大的历史首创精神的重要原因所在。而在当代中国，农民的行为不仅改变着自己的命运，而且冲击着体制，并发明替代性的新体制，使他们的命运获得了一个新的天地。所以，要解释这一行为模式，必须有新的分析范式，这就是本文提出的"基层社会与创造性政治"。

"基层社会与创造性政治"与"底层社会与抗争性政治"的思

维模式和话语体系有很大的不同。后者是革命性思维和话语,前者是建设、执政、治理性的思维和话语。

如果说"抗争性政治"是上层与下层的冲突性政治,那么,"创造性政治"更多的是上层与下层的互构性政治,它强调历史推动的"合力"。①

在抗争性政治模式大行其道的背景下,我的这篇论文显然有些曲高和寡,关注者少。但是,我认为学问的生命力在于独创性。这种独创性一是要有事实依据;二是要有独立见解。这篇论文的学术贡献之一,是要注意到一种分析模式背后的内在逻辑和理论预设,要注意一种观点内含的思维模式和话语体系。构建中国特色的政治学,一是要从事实出发,二是要有自己的话语表达,不能只是"跟着说",更重要的是"自己说"。这也是田野政治学所遵循的基本原则。在发表这篇文章的10年后,我反复强调政治学的主体性和原创性,与10多年前写作这篇论文的学术自觉密切相关。

四 中国奇迹创造主体与"农民理性"

早在1994年,林毅夫就与他人合著了《中国的奇迹:发展战略与经济改革》一书,从新制度主义的角度,提出了著名的比较优势理论。进入21世纪以后,特别是在2008年之后,有关讨论更多。随着中国经济的高速发展和政治的相对稳定,"中国奇迹"及其相关的"中国模式""中国经验""中国道路"等"中国性"成为热门议题,各种看法和观点纷纷纭纭,但认识视角主要是制度主义的。这些认识毫无疑问有相当高的价值,但历史创造的主体问题显然被忽视了。有关"中国奇迹""中国模式""中国经验""中国道路"等"中国性"的观点,与其说是展示了一个不可思议的社会经济现象,不如说是提出了一个未曾预料到的重大问题:"中国奇迹"是中国人创造的,而中国人的主体是

---

① 徐勇:《农民改变中国:基层社会与创造性政治——对农民政治行为经典模式的超越》,《学术月刊》2009年第5期。

农民。那么，为什么在一个充满传统主义的农民国度里，能够在短时间内创造出一个"中国奇迹"？

农民问题属于政治问题。研究农民问题需要进行调查。我1986年第一次去深圳，1990年代去得更多。我亲眼见证了深圳一座座高楼拔地而起，也亲身感受到修建这些高楼的农民工的贡献。我对在那里工作的农民工有过长时间的跟踪观察，了解到他们为何外出，为何拼命工作的心路历程。1996年，我主持了国家社会科学基金项目"现阶段农村流动人口问题与政治稳定"，并于2003年出版了《流动中的乡村治理——对农民流动的政治社会学分析》。当"中国奇迹""中国模式""中国经验""中国道路"等"中国性"论题成为热门话题时，我自然而然地想到了农民工，并力图将"中国奇迹"的创造主体引入这一议题之中。为此，我在《中国社会科学》2010年第1期发表《农民理性的扩张："中国奇迹"的创造主体分析——对既有理论的挑战及新的分析进路的提出》的长文。论文指出：

> 所谓农民理性，是指农民在长期农业生产活动中形成的意识、态度和看法，它们不仅来自于本人感性经验，还是长期传统的积淀。
>
> 中国的改革开放不仅适应了国内社会转变的要求，也适应了世界格局的变革。改革开放前，中国主要是农业社会。农民理性与农业社会是相匹配的，其作用也是有限的，主要适应于生存的需要，或者说是生存理性。"在一元经济条件下，假如不存在土地所有权的集中，那么农户间的收入差距即使存在也不会很显著，即表现为一种'大众贫困'。"改革开放后，中国走向工商业社会，二元经济结构不仅更为明显，更重要的是处于结构性开放状态，农民可以自由跨越经济结构，向非农领域流动。农民面对的工商业社会是一个全新的世界。在别国已成熟的工商业社会及其理性原则，对于中国农民则十分陌生。而农民闯入或者卷入这一陌生世界之时，仍然会按照其在农业社会形成的理性行事。农民理性的优质因素与现代工商业社会的优质因素的有机结合，会释放出传统农业社会和现代工商业社会都未有的巨大能量，产生"叠加优势"。农民理性正是

在这一起承转合的历史关节点上得以扩张,由生存理性扩展为发展理性,从而成就了"中国奇迹"。①

论文选取了农民理性中的关键性词语来说明农民理性扩张是如何造就"中国奇迹"的。包括:勤劳、勤俭、算计、互惠、人情、好学、求稳、忍耐等。这些品质的相当部分在韦伯的新教伦理中都有提及,并被认为是造成资本主义率先在西欧崛起的资本主义精神。只是,这些品性发生于中国的农民,而在工商经济发展过程中表现出特有的扩张性,转换成经济发展的推动力。农民理性的扩张在农业文明向工业文明转换的起承转合关节点上发挥了巨大作用,这种作用并不是永恒不变的。人的理性最终是环境的产物,环境在变,人的理性也会变。当农民进入工商业社会以后,他最终会随着环境的改变而改变自己的理念、态度和看法。这样,两种文明形态中的"精华"要素交互形成的"叠加优势"就会慢慢失去,进入社会常轨,农民理性也会由扩张而转化为收缩状态。论文以农民理性为切入点解释"中国奇迹"的发生及其可能的变化,试图说明以下观点:

其一,走出传统与现代二元对立的思维定式。20世纪以来,中国正处于传统农业社会与现代工业社会的交替之中,现代性一直是社会追求的目标。出于改变现实的目的,现代性目标成为神圣、崇高、先进的化身,传统则被视为落后、退步、弃之不及的东西,由此形成了传统与现代二元对立的思维定式。而伟大的革命,特别是历史上最彻底的土地革命恰恰发生于传统最为深厚的中国;伟大的发展,特别是在世界上少见的经济发展奇迹,恰恰也发生于农民人口占多数的中国。这一历史进程要求我们走出传统与现代二元对立的思维定式。否则我们无法解释在一个农民国度里为什么会突然发生一个"中国奇迹"。

其二,重视文明形态起承转合的历史关节点上的因素及其影

---

① 徐勇:《农民理性的扩张:"中国奇迹"的创造主体分析——对既有理论的挑战及新的分析进路的提出》,《中国社会科学》2010年第1期。

响。20世纪以来,中国正处于文明形态的转换之中。这一历史转换是亘古以来从未有过的大事件。而在起承转合的历史关节点上,某种因素会发生重要,甚至关键性作用。……本文的要旨就是要说明"中国奇迹"不是某一个神圣人物的作用,而与历史上从来都处于默默无闻状态的"泥腿子"——农民有关。但在现有关于"中国奇迹"、"中国模式"、"中国经验"和"中国道路"的研究中,几乎看不到作为中国人的主体——农民的影子,而离开了人这一主体,遑论什么"奇迹"、"模式"、"经验"和"道路"?

其三,重视社会变迁中的文化和民性民情民意因素。以往忽视农民的作用,重要原因是强调制度的功能。只要在少数领袖人物领导下改变了制度,就会带来所需要的一切。事实并不这样简单。制度是形式外壳,其内核则是文化。再好的制度如果没有相应的文化内核,就难以发挥其作用而沦为形式和空壳。……本文的价值不仅是要说明农民理性扩张是如何成就"中国奇迹"的,更重要的是要说明长期历史形成的文化和民性民情民意在历史转换中的关键性作用。

其四,对于历史制度主义的分析框架给予足够重视。20世纪以来,由于中国的制度革命和改革成为主题,制度主义分析框架大行其道。在这种理论看来,只有改变了制度,一切会随之而变,因此它往往忽视了制度变迁中的历史因素。……历史制度主义注重制度变革是一个历史过程,这一过程是由人这一历史主体所创造的,制度变革能否有成效,与特定的历史时期人的因素分不开。现有分析"中国奇迹"、"中国模式"、"中国经验"和"中国道路"的论著恰恰缺乏对人这一创造历史的主体给予足够的关照。[①]

五 基于内在责任机制的"小农韧性"

农民的创造性和理性反映了农民在历史长河里为了自己的生存,形

[①] 徐勇:《农民理性的扩张:"中国奇迹"的创造主体分析——对既有理论的挑战及新的分析进路的提出》,《中国社会科学》2010年第1期。

成的一种不屈不挠的特性，这就是韧性。我 2010 年发表的《农民理性的扩张："中国奇迹"的创造主体分析——对既有理论的挑战及新的分析进路的提出》一文中指出："中国农业社会里的农民是一家一户生产的小农，要在不可驾驭的自然环境下获得生存，必须具有高度的韧性，能够忍受一切艰难困苦。"① 但是，过往我对于韧性的理解，更多的是一种表层的直觉。我自己在农村劳动过，知道农民过日子的艰难以及为了将日子过下去的坚韧不拔的品性。在写《包产到户沉浮录》时，我阅读了大量史料，展示了农民以各种各样的方式，不屈不挠地改善自己的生存条件。从事农村调查时，我也直接感受到农民的艰辛。在山东我亲眼看见女性拉犁的场面。在江西，老农讲到在传统时期，他们是如何通过坚韧不拔的精神由贫农成为中农的。正是在大量的生活体验的基础上，我才提炼出农民的理性，其中包括农民的韧性。

但是，学术研究不能仅仅停留在事实层面，还应该追溯事实背后的机理。村民自治经历了短暂辉煌而陷入困境之后，我们将研究的视角伸向历史深处，去挖掘政治现象背后的社会基础。2015 年我们启动了"深度中国调查"。所谓"深度"，一是调查要挖掘事实背后的机理；二是调查者要深入农村中，深入农民内心中，认识农民，发现农民，理解农民；三是对农民的行为加以深度解析，不能仅是停留在事实表层。

陈军亚教授是"深度中国调查"的排头兵。不仅自己开车为团队调查探路，行迹遍及全国，而且在多个区域进行"扎根"调查。她是从校园到校园成长的，专业是政治经济学。过去接触到的是书本上的农民。初次到农村，便进入最艰难的深度调查层次，与农民面对面交流，深刻体验到生活中的"小农"与书本上的"小农"并不完全相同。多年耳熟能详的书本"小农"是一种"脆弱性小农"，但实际生活场景中的"小农"却具有坚韧不拔的属性。生活中的"小农"改变了她对书本"小农"的认知，由此提出了"韧性小农"的概念。她在《中国社会科学》2019 年第 12 期发表《韧性小农：历史延续与现代转换——中

---

① 徐勇：《农民理性的扩张："中国奇迹"的创造主体分析——对既有理论的挑战及新的分析进路的提出》，《中国社会科学》2010 年第 1 期。

国小农户的生命力及自主责任机制》的长文。论文以调查事实为基础,提出了过往研究的限度,并描述了韧性小农的表现,其最重要的贡献是对韧性小农的形成机制进行了探讨:

> 中国是世界上小农生产历史最为漫长的国家,并在长期历史进程中锻造出小农的韧性。但是,为什么中国的小农具有强大的韧性?除了小农的一般特性以外,还与中国特有的小农生成发展机制相关。
>
> 中国家户农民在获得自主性的同时,更多的是获得一种责任,即对自己的命运与生活承担责任。正是这种自由即责任的机制,锻造了小农户自立自强、获得生存与发展的韧性。
>
> 首先,小农户作为命运共同体的责任对等机制。
>
> 家户小农首先是一个命运共同体,人们的生命活动都依靠家庭进行,家庭成员之间是一种休戚与共、命运相连的关系。尽管家庭内部有上下尊卑,但这种关系不是西欧封建庄园那种非血缘性的支配和服从关系,而是血缘性的对等关系,即家庭成员相互负责,享有共同的人生预期。
>
> 对等关系实际上是家庭成员的共同责任机制。这种责任机制使得中国人特别看重家庭的兴盛,人生的使命或者天职就是"发家致富、光宗耀祖、传宗接代",人生最大的耻辱则是"败家""断子绝孙"。正是这一天职,使得小农户不屈不挠、克难克艰,努力从事生产经营活动。因为生产活动是家庭生存和生命延续的基本条件。这种以血缘关系为基础的家庭生命共同体是小农韧性的基本来源。毛泽东引用的"愚公移山"的故事,就深刻表达了中国农民"子子孙孙无穷尽",挖山不止的韧性。
>
> 其次,小农户作为生活共同体的责任分担机制。
>
> 中国家户制注重的是"分家析产"。这一制度本质上是儿子各负其责。"分家析产"之后则"分灶吃饭",不再有原有的共同体"大锅饭"可吃。"兄弟分家,各自努力",多劳多得,少劳少得,不劳不得。如果偷懒,是对自己的惩罚,并为人所鄙视。因此,中国的小农户作为生活共同体,内生着"分家析产"之后各负其责的

机制。这一机制驱使着人们各自发挥最大的主动性、积极性和创造性，想方设法克服各种困难，维系家庭生活的存续，乃至"六畜兴旺，五谷丰登"。因此，中国的分家，不仅产生了"析产"的结果，而且是一种责任的"再生"。

再次，小农户作为生产共同体的责任内化机制。

责任有两重含义，一是应当性；二是惩罚性。在由外部约束所建构的各种形式的共同体之中，需要有外部性的监督才能使主体履行责任，由此需要相应成本。对于中国的小农户而言，生命共同体、生活共同体与生产共同体融为一体，家庭既是生命延续、生活消费单位，同时又是生产单位。在长期共同生活中，家庭成员之间相互熟悉，彼此更有亲情约束，对生产活动有着共同的期待和目标。以家庭为单位的共同劳动，责任机制内化于每个家庭成员的内心，成为一种自觉和习惯，免去了外部指挥、监督的成本和困难。

最后，小农户作为政治共同体的责任连带机制。

家庭是人类社会普遍存在的组织单元。中国的家庭得以从较大的整体中脱离出来，重要原因在于春秋战国以来实行的户籍制度。"户"是国家建制的细胞组织。在宗法国家向地域国家转变中，国家以家为单位，编制户口，将血缘性的"家"与地域性的"户"巧妙地结合起来，将每个"家"通过"户"联结起来，从而获得自主性。但这种自主性是以对国家的依从为代价的。国家以家户为单位进行治理。家户成员对国家承担连带责任，即"一损俱损，一荣俱荣"。这种家庭连带责任机制，强化家庭内部监督，促使每个家庭成员对家庭兴衰承担责任，也锻造出小农户坚韧不拔的毅力和意志。

论文不否认传统小农的脆弱性，但指出中华人民共和国成立以来，通过组织化、社会化和国家化，对小农的脆弱性有所克服，而强化了小农的韧性，增强了韧性小农与现代农业的有机衔接。

中国是一个农民国家，农民的韧性为国家韧性提供了社会基础。2020年，中国在遭遇新冠疫情中的表现，体现了国家的韧性。2020年7月2日，陈军亚教授在田野政治学论坛上作了"小农韧性与韧性国家"的讲座。指出小农的坚韧性源于其长期形成的自主责任机理。正是这种韧性支撑了一个东方大国的悠久文明，并已深深植入中国人的基因，使之成为国家的特性。中国向现代国家转型，不是一个孤立的社会变迁，是向世界历史进程转变中的国家转型。但基因性的因素，在转型过程中不会轻易消失，并构成我们理解现代中国的关键。[①] 与会的专家高度肯定了来自生活经验的"小农韧性"的概括，同时也指出了建立小农韧性与韧性国家之间的关联。之后，陈军亚教授撰写了《家户小农：韧性国家的历史社会根基》一文，进一步阐述了小农韧性所型塑的国家韧性。

六 基于历史和社会关系的"农民性"

当农民作为一个"问题"时，便意味着他们进入现代化的视野和话语体系之中。农民从传统农民到"社会化小农"、农民的创造性、农民理性的扩张，再到农民韧性的强化，都发生于现代化进程之中。从政治学的角度看，现代化必然要求现代国家建构。而现代国家建构所面对的是一个传统农民社会。改造传统农民社会便成为现代国家建构的必然要求。20世纪，中国对古老的农民社会进行了大规模的改造和变革，取得了巨大成就，也付出了沉重代价。对这一历史进程进行学理性解释成为重要的学术问题。我自2006年便开始着手这一问题的研究，在《东南学术》2006年第4期发表《"回归国家"与现代国家的建构》一文。之后发表了一系列现代国家要素"下乡"的论文。现代国家要素"下乡"意味着将国家意志和元素带到乡村，将乡村"国家化"，但在这一过程中也产生了不同的遭遇。其中的重要原因便是"下乡"所面对的是一个个活生生的农民。农民是历史传统的产物，并构成了特有的"农民性"。我在《中国社会科学》2010年第1期发表的《农民理性的扩张："中国奇迹"的创造主体分析——对既有理论的挑战及新的分析进路的提出》一文中指出："在中国，三代从事非农产业的人群占极少数。因此，这种代际的关联决定了即使未从事农业产业的人群也深深浸

[①] "田野政治学"公众号，2020年7月3日。

淫和具有深厚的农民意识或者"农民性"。①"农民性"因此成为"国家化"相对应的因素。经过10多年的研究，2019年我出版了专著《国家化、农民性与乡村整合》一书。

《国家化、农民性与乡村整合》一书将"农民性"置于历史和社会关系中考察：

> 农民性：指与传统农业生产方式和社会交往方式相联系所赋予农民的社会特性。它既包括构成传统乡村成员的农民，更包括决定传统乡村社会成员意识和行为的社会历史条件。受传统社会历史条件支配的农民分散在广袤的田野上，与国家有着若有若无的关系。农民性是一个社会—历史概念，与传统农民依存的乡土性相一致。
>
> 从现代国家建构中的国家一体化的角度看，农民社会在本质上是个离散性社会。
>
> （一）农民社会是一个孤立分散、自我封闭的经济社会。
>
> （二）农民社会是一个基于亲缘、地缘、传统而进行自我整合的村落社会。
>
> （三）农民社会是一个阻隔着国家权力渗透、城乡分割、上下分裂的地方性社会。
>
> （四）农民社会是一个与国家缺乏有机联系，并以义务为本位的政治社会。
>
> （五）农民社会是一个在现代化进程中日益处于弱势地位的边缘社会。②

该书指出：在一个离散的农民社会的基础上，是无法建构一个现代国家的。建构现代国家最突出的任务之一就是通过国家整合，对传统乡土社会进行改造。整个20世纪，可以说是一个国家改造农民社会的世纪。正是在这一改造过程中，农民被国家化。尽管农民还被称为农民，

---

① 徐勇：《农民理性的扩张："中国奇迹"的创造主体分析——对既有理论的挑战及新的分析进路的提出》，《中国社会科学》2010年第1期。

② 徐勇：《国家化、农民性与乡村整合》，江苏人民出版社2019年版，第5、42—50页。

但他们与传统的农民已有天壤之别。他们不仅仅是自然生成的，同时也是为国家所建构的。

如果说20世纪是一个农民国家化的过程，那么，我们也不能不正视，农民并不是国家的消极复制品。特别是农民作为一个生活实体，有自己的生活逻辑和自主性，并回应着国家的改造，使现代国家的建构具有很强的农民逻辑。这种自主性是国家化了的农民的重要特性。其逻辑表现为：

> 首先，农民作为具体的人，受其生存逻辑的支配。……当国家不能保障国家化了的农民的基本生活时，农民就会按其生存逻辑作出自己的选择。农村改革不过是国家承认并顺应了农民这一选择而已。生存逻辑是乡村回应国家改造的基本动力。
>
> 其次，来自农民经验的悠久的乡村传统具有强大的支配力。……农民根据祖祖辈辈积累和传承下来的经验和习惯支配其生活。这种经验和习惯作为世代相传的传统已深深地内化于农民内心，并形成乡村共同体的共同意识。它是外部性的国家力量难以轻而易举加以改变的。尽管与有形的国家力量相比，无形的传统显得很软弱，但这种内化于农民的传统往往将有形的国家力量化解于无形之中。面对传统，国家往往也无能为力。进入现代社会以后，虽然农民的传统和保守性被视为落后性，国家力图加以改造，但是深深植根于农业生产方式和农民内心的传统仍然十分顽强地表现自己，并以自己特有的方式抵制和化解国家改造。
>
> 第三，现代化的社会动员赋予农民的主体性和反抗权利。在传统社会，尽管以农立国，以农为本，但农民始终是被动的消极存在，从未获得主体性地位。现代化的一个重要后果就是赋予所有社会成员，包括农民以平等的国民地位。民族—国家的所有成员都是平等的国民。特别是对后发展的国家来说，要实现国家转型，必须进行广泛的社会动员，包括乡村动员。
>
> 第四，市场化和社会化催生农民的现代性。农民性是由于农民所特有的生产方式和社会交往方式所限定的。……改革开放以后，乡村传统、国家行政和市场经济的逻辑同时支配着农民社会，而市

场经济的逻辑愈来愈成为主导性力量，并促使农民以前所未有的积极、主动的态度回应国家。

所以，农民的国家化和国家的农民性是一个双向和变动的过程。农民的国家化体现着国家对乡村社会的整合，而国家的农民性又使这一整合过程充满着复杂性，甚至戏剧性。①

《国家化、农民性与乡村整合》一书对"农民性"的界定，不是一种固化的模式，而是将农民置于历史与社会关系中考察。农民的特性不是与生俱来，也不是永恒不变的。它是历史和社会关系的产物，并随着历史和社会关系的变化而改变。这一变化过程中，农民不是消极的被改变者，而是以自己的行为回应着变革。国家改造必须充分考虑农民的状况和要求。只有在这一基础上才能对乡村社会实现有机整合而不是机械整合。

七　非精英主义，亦非民粹主义观点

当现代化进程中的农民成为一个问题时，便产生了如何对待农民的问题。从现代化的角度看，存在两种倾向，即精英主义和民粹主义。田野政治学研究农民特性，势必面对以上两种倾向，但将农民置于历史和社会关系中考察，其观点既非精英主义，亦非民粹主义。

从现代化与农民关系看，精英主义将现代化、市场化和城市化倾向推向极致，将作为传统社会要素的农民视为消极落后的存在，是历史的弃儿，对其命运持放任主义态度，任其自生自灭。这种观点从现代化启动便存在，表现为自由主义取向，一直贯穿于现代化进程之中。

田野政治学是从政治学的角度研究农民问题的，其基本出发点是：研究现代化进程中的农民问题，问题不在农民，在于国家如何认识和解决他们的问题。现代化不能将农民抛弃在外。只有将农民纳入其中的现代化，现代化才能成功，才是理想的现代化。

这一认识最初是自发的，是基于个人的经历。我14岁从城镇到农

---

① 徐勇：《国家化、农民性与乡村整合》，江苏人民出版社2019年版，第56—61页。

第七章　以农民特性为视角的田野政治学　　147

村劳动了近五年，亲身感受和体验到农民的疾苦，直接品尝过饥饿的滋味和昼夜劳作的艰辛，感受到城乡的差别，有了对农民的感情。从事农村农民研究后，我有长期农村调查的经历，亲身感受到农民面对沉重负担的无奈和痛苦。我在调查和生活中结识了许多农民朋友，有的保持着长期的联系，深知底层农民的生活艰难和他们为改变生活状况的坚韧不拔的努力。从事学术研究后，开始有了对农民问题的理性认识。我在《社会主义研究》1992年第3期发表的《社会主义现代化建设时期的农民问题初探》便指出：

> 农民问题不仅仅是中国革命的基本问题，也是中国社会主义现代化建设的基本问题。
>
> 在中国社会主义现代化建设时期，农民不仅仅是忍辱负重的贡献，而且极具主动创造精神。在西欧，现代化的精神动力主要来自城市。正是乡村农奴不断逃亡到城市，在城市形成了一种克勤克俭、进取开拓的资本主义精神，才为现代化注入了活力。而在中国，政治性城市和经济性乡村的古代二元社会结构，严重抑制着城市的创造活力。政治控制相对较松的广阔乡村反而成为社会活力的源泉所在。
>
> 绝不能片面认为农民是现代化建设的包袱和消极因素，而应将其视为中国现代化建设的强大动力和积极因素。只有解决好农民问题，使蕴藏在广大农民中的积极性和创造精神充分发挥出来，社会主义现代化建设才能获得长足发展。[1]

作为传统要素的农民，在现代化进程中处于弱势地位，是最需要加以重视的人群。他们的落后和弱势在于特定的历史和社会关系。只有改变历史和社会关系，才能改变他们的特性。更重要的是，农民在现代化进程中并不只是消极的存在，恰恰相反是历史的积极行动者。从对传统小农的认识，到"社会化小农"、农民创造性、农民理性、小农韧性及

---

[1] 徐勇：《社会主义现代化建设时期的农民问题初探》，《社会主义研究》1992年第3期。

农民性的建构，都反映了田野政治学对农民特性的认识，并努力挖掘和发现农民的积极存在。这种挖掘和发现不是简单地基于立场，而是基于事实经验。正是将农民作为一种积极的历史存在，所以更要关注其弱势地位，为他们创造条件，分享现代化的成果，成为现代化的建设者而不是反对者。

田野政治学从起步，延续 30 多年，坚持不懈地发现、发掘和研究农民的历史主动性、积极性和创造性。我们不是简单地从道义上同情农民的遭遇，而是以充分的事实和建立在其上的理论，从农民积极存在的角度为农民说话，希望能够改善他们的条件，让现代化获得强大动力，并建设一个能够让农民分享成果的现代化。

正是基于这一认识，使我们从各个方面发挥学者的作用。我们力图从现代国家建构的角度研究农民，为农民获得政治权利和国民待遇提供理论根据。我们执着于村民自治的研究，在于这一制度毕竟为历史上毫无政治权利的平民百姓行使权利提供了一个合法性渠道。最近看到华南师范大学阮思余团队在广东对村民委员会进行选举现场观察，特别欣慰。亿万"泥腿子"正是在这种若干年一次的选举中一步步走向"政治人"。农民也是人，他们应该过上美好的生活，包括美好的政治生活。他们是历史的创造者，将他们排斥在现代文明进程之外，不仅危险，而且没有良心。

我们讲农民是历史的创造者，但历史极少记录农民。有限的记录也都是为大人物的行为做注脚。20 世纪以来，农民成为关注的对象，更多的是作为一个必须解决的问题。农民与问题联系在一起，而不是历史的主体。他们作为小人物被宏大叙事所淹没。我们将农民作为历史的积极存在，对数千农民进行了口述史调查，让他们作为叙事主体进行表达，而不是作为外在性的研究对象被表达。

田野政治学坚持不懈地发现、发掘和研究农民的历史主动性、积极性和创造性，让他们得以以历史主体存在于现代化进程之中，这是我们独到的贡献，也是引以为自豪的。我们认同现代化，但非精英主义的"理性傲慢"。

从现代化与农民关系看，民粹主义将农民命运与现代化、城市化、市场化对立起来，并视之为洪水猛兽，刻意美化过往的农村社会，只有

第七章 以农民特性为视角的田野政治学

农村才是农民的归宿。这种民粹主义思潮自现代化进程一开启便存在。传统社会根基愈深厚的国度，民粹主义的影响愈广泛。这一思潮发端于俄国，并对其他农业传统悠久的国家也产生了广泛影响。1990年代，随着现代化、市场化和城市化进程迅速加快，农业农村农民问题日益严重，民粹主义思潮在中国兴起。特别是在从底层进入城市的年轻人之中很有影响。他们来自于乡村，进入城市后直接感受到城乡的巨大差距，并对市场化和城市化持批判和否定态度。我们作为农村农民问题的研究机构，也势必受到影响，并存在着思想的分歧。就我个人看，虽然研究农村农民问题，对农村农民有一种天然的情感，但并不认同民粹主义。

这一认识最初是自发的，是基于经验。"人往高处走，水往低处流"，这是生活常识。我在农村生产和生活近五年，当时最大的意愿是跳出"农门"。数千万知识青年上山下乡接受贫下中农再教育，历经数年却还是想方设法"返城"。"文化大革命"后期兴起"批林批孔批走后门"，"后门"便是指少数干部子女可以避免下乡。就是农村的基层干部，有了招工的指标，也优先于自己的亲属。为何他们都不愿意留在农村呢？即使是那些相信民粹主义的人，也很少看到他们自愿地生活在农村。

从事农村研究后，长期的田野调查，使我对现代化与农民的关系有了理性的认识。我长期跟踪农民工的行迹。春运期间，广州火车站广场人山人海。正是因为现代化、市场化和城市化，将大量的农业过载人口转移到新的产业和新的地点，不仅避免了外国人所预言的"中国崩溃"，而且改变了无数农民的命运。三年前，我在湖南长沙周边五县做农村调查，看到的几乎都是新楼，而且农民有了汽车。进一步访问，其收入都来自于务工。谁能想象到，90多年前，正是在这里兴起了轰轰烈烈的农民运动。但凡农民有出路，就不会铤而走险。所以，现代化、市场化、城市化并非洪水猛兽，只是我们要更多地关注在这一进程中农民的命运，让他们有公平参与和平等分享的机会。

我不赞同民粹主义，还在于读书期间受到良好的马克思主义经典理论的训练。在《共产党宣言》中，马克思主义无情批判了资本主义，但也否定了形形色色的背离历史潮流的社会主义思潮。马克思在《路易·波拿巴的雾月十八日》对农民的两面性有过深刻的描述。为了批判俄国的民粹主义，列宁在极其困难的条件下著有《俄国资本主义的发展》。这些经典著作使我对民粹主义保持着距离。民粹主义实际上是精英主义的变种，将自己视为农民的天然代表，但事实并非如此，连农民自己也不愿意成为土地的奴隶。

我记得1990年代，我与张厚安教授一同到北京西皇城根南街9号院拜访原中共中央农村政策研究室主任杜润生先生时，老人家亲笔题字：要让农村成为人们愿意在那里居住和生活的地方。我对杜老的题字高度认同，视为学术研究的座右铭。长期历史以来，农民务农，与生俱来。只有让农民成为一个自由选择的职业，才是理想的农民状态。无论是新农村建设，还是乡村振兴，不都是为这一目标创造条件吗？

正是基于以上认识，我经常讲，我们同情农民，不是为了让农民永远成为农民；我们研究小农，不能将自己变为"小农"。在对待农民的态度上，持精英主义是缺点良心；持民粹主义是缺点脑筋。田野政治学从田野中获得良心，从政治学研究中获得脑筋。当然，在思想极化的氛围下，非精英主义和非民粹主义的观点难有新闻效应。但学者之所以为学者，就在于独立思考，有自己的主见，在于其观点经得起历史检验。回头看30年前的文章，观点不过时，仍然立得住。从这一点看，我还是欣慰的！

第八章 以家户制度为钥匙的田野政治学

农民特性不是与生俱来，也不是永远不变的，它是历史与社会关系的产物。而特定的历史和社会关系会以相应的组织形态表现出来。中国农民的创造性、理性、韧性来源于家户制度。田野政治学以"包产到户"为线索，在理论争论的背景下进行实地调查，将"一家一户"问题学理化，建构起家户制这一农村本体制度。通过家户制这一钥匙，可以深度理解农民行为，理解中国农村社会，进而理解中国的国家特性和进程。田野政治学的一个重要贡献就是，创建了"家户制"这一学术概念，并将其带入中国的文明和国家进程研究，进行理论表达。

一 理论准备不足与包产到户

我是从政治学的角度进入农村研究领域的，最初主要是研究村民自治。但是，村民自治是在农村经济体制改革后产生的。农村经济体制改革的核心是实行包产到户，建立家庭承包制。包产到户理所当然地进入我的研究视野。

在中华人民共和国的历史上，很少有比"包产到户"这几个字的分量更重的事情，它不仅触发了一场长达10年的"文化大革命"，而且引发了改革开放这一新的伟大革命。

我们做政治学的研究农村，具有国家政治的高度和宏大理论的关怀，注意将微观事件置于宏大背景下考察。我于1980年代中期进入农村研究领域，阅读了大量的农村政策文献，特别是厚厚的两大册《农业集体化重要文件汇编》，对中国农业集体化的来龙去脉有了基本了解。为此，我写作了《包产到户沉浮录》一书。该书虽早已写好，但因为经济效益问题，在河南人民出版社搁置许久，直到 1998 年才由珠海出版社出版。我在该书后记中写道：

> 近些年，我一直沉在中国农村基层，关注和研究农村和农民问题。在接触了大量有关文献后，我深深感到，以包产到户肇始的农村家庭联产承包制被确定为当代中国农村的一项基本制度，其间经历了三十多年，有过无数坎坷和曲折，上至国家主席，下到农民百姓，成千上万的人为之付出惨痛代价，真可谓是一场带有革命性的历史大变革。但遗憾的是：至今尚没有见到系统论述这场变革历程的论著。受历史使命感的驱动，我写出此书。①

在我阅读大量文献后，我发现，执政党对于推动农业集体化的方向是明确的，但对于集体化的形式，特别是对于集体化之前的传统经济组织缺乏深刻的理解，理论准备严重不足。早在 1940 年代，毛泽东在《组织起来》一文中指出："几千年都是个体经济，一家一户就是一个生产单位，这种分散的个体生产，就是封建统治的经济基础，而使农民自己陷于永远的穷苦。克服这种状况的唯一办法，就是逐渐地集体化；而达到集体化的唯一道路，依据列宁所说，就是经过合作社。"② 但是，中国的农业集体化要在"一家一户"为生产单位的传统基础上开启，"一家一户"单位在集体化过程中是否完全属于要抛弃的对象呢？对这一问题，当时的领导人很少考虑。1953 年出任中共中央农村工作部部长的邓子恢是极个别对这一问题有所思考的领导人。他认为农村工作要从"中国小农经济的现状出发"。主要包括：（1）土地改革后焕发起来的个体生产积极性，是发展农业生产的主要方面；（2）以家庭为单位的分散的个体生产，是中国农村生产的主要形式；（3）从个体生产到合作生产，是一个转化过程，要保护个体生产的积极性；（4）中国的农业生产主要还是分散的落后的手工劳动；（5）中国农村经济发展极不平衡。最为重要的是邓子恢肯定了家庭小农经济的优点，这就是"以

---

① 徐勇：《包产到户沉浮录》，珠海出版社 1998 年版，第 401 页。
② 《毛泽东选集》第 3 卷，人民出版社 1991 年版，第 931 页。

血缘关系形成的家庭小群体，团结一致，利害与共，能够自觉地全心全意地对生产负责，以适应农业生产复杂、多变的情况，经过它们长期的努力，已经创造出一套优良的传统耕作方法和管理经验。由此使它们虽然经历了千百年的曲折，仍保留了它们的生命力，使其成为整个农村经济肌体组成的细胞。即使农业合作社实现了土地公有化，家庭经营这个生产细胞和它的自我责任意识，不能废掉，要加以保护。"①

但是，由于农业集体化进程过快过急，邓子恢的观点并没有被接纳，集体化在短短几年内便从合作社一跃为"一大二公"的人民公社，一家一户的生产单位被彻底抛弃。但从1956年开始，不同地方不约而同地探索以家庭为单位的生产形式，出现了包产到户。这一形式尽管有利于生产，但因为属于"一小二私"而受到批判和抑制。之后，包产到户上升到资本主义和社会主义两条道路斗争的高度，从而引发了旷日持久的"文化大革命"。直到农村政策松动，包产到户才合法化，并成为农村改革的核心部分。我在书中写道：

> 当历史遭到不应有的重重阻力时，必然会以其固有的韧性为自己寻求出路。尽管农村承包制反复受到批判压制，成为不可逾越的禁区；尽管因主张"包产到户"而命运多舛，甚至付出宝贵生命的人难以计数，以致人们谈"包"色变，但一旦"左"的锁链稍有松动，它就会如野火后的春草，顽强地在广阔的原野上生长起来，直到1979年遍及全国，形成颇具创造性的家庭联产承包责任制。②

回顾包产到户三起三落的沉浮，可以看出，最关键的是对"一家一户"地位的理解。"一家一户"曾经是不可逾越的政治红线。我通过写作《包产到户沉浮录》一书，对于"一家一户"问题有了深刻的印象。没有想到小小的"一家一户"会引发大大的"革命"？！我本人实地考察了包产到户的发源地，还让我的博士生专门到浙江省永嘉县对1956年率先试行包产到户但遭受打击的当事人戴洁天老人进行了口述史专访。

---

① 徐勇：《包产到户沉浮录》，珠海出版社1998年版，第11页。
② 徐勇：《包产到户沉浮录》，珠海出版社1998年版，第3—4页。

二 理论尚不彻底与再识农户

中国的改革从农村开始，农村改革又从包产到户开始，并建立起家庭承包制这一基本经营制度。但是，由于农村改革及其引发的改革进程非常迅猛，家庭承包制合法化了，但在合理化方面还很不够，理论尚不彻底。例如，在政策上主张家庭经营和集体统一经营的双重经营。但在实际生活中，大部分地方的集体统一经营不复存在，家庭经营成为主要的经营方式。

1990年代，随着现代化、工业化、市场化和城市化的快速推进，农业农村农民问题日益严重，家庭经营再次成为社会关注和理论争论的焦点，并出现了否定家庭经营的倾向。其理由便是家庭经营没有能够让农民富裕起来，反而是坚持集体统一经营的才富了起来。前者如包产到户发源地的小岗村，是"一夜之间脱贫，二十年没有致富"。后者如山西大寨、河南刘庄和南街、江苏的华西等富村。"一家一户"再次成为关注的焦点。

对于这一焦点性问题，我们不可能置身事外。但是，我们没有参与讨论，更没有直接参与争论，但并不意味着没有自己的看法。只是这一看法来自于对包产到户三起三落历史的了解，也来自于农村实地调查的底气。

1990年代以来，我们便从事农村实地调查。一些先富起来的"明星村"我去过不少。去得多了，我发现这些"明星村"有个共同特点，便是依靠工业富起来。大寨曾经是全国农业学习的样板。我下农村时的生产队长从大寨学习回来，照大寨的样板深挖土壤，结果将生土翻了起来，第二年收成大减。后来我到大寨去考察，发现大寨田下面挖大矿，主要依靠煤矿赚大钱。河南的刘庄是全国最早建立人民公社的村庄，改革开放时靠举办药厂而富裕起来。河南省的南街村我去过两次，号称坚持集体经济的典范，主要是进行农业加工。江苏的华西村更是依靠工业发家，成为"天下第一村"。这些"明星村"无不是依靠工业致富。而原有的集体经济基础恰恰有利于工业发展，因为不用支付土地成本。这或许是农村集体经济的意外之处。正因为如此，我专门写了一篇题为《"种瓜得豆"：农村集体经济的不同产业绩效及动因》（《社会科学家》

2016年第6期）的论文。但是，这种在极少数村庄发展工业的模式难以复制。首先，村庄都发展工业，农业怎么办，农地没有了怎么办？其次，这种在集体经济基础上依靠工业致富的村，都有特殊的主客观条件。我直接问过南街村所在的县委领导，为什么其他村不学南街？他直截了当地回答：没法学！

与此同时，我也调查了更多的主要实行家庭经营的村庄。在问及是否想再实行集体经营时，有一农民形象地回答，竹子已划开了还能合起来吗？更多的农民回答的是分田到户后最大的好处是"自由了"，种田划不来，可以打工挣钱。"自由了"是农民对家庭经营的普遍认识。我之后专门写过一篇论文《东方自由主义传统的发掘——兼论西方话语中的"东方专制主义"》便与调查所受启发有关。

正是在充分调查的基础上，我在《华中师范大学学报》2006年第3期发表《"再识农户"与社会化小农的建构》一文，指出：

> 现阶段，中国仍然有近2.5亿农户。中国将长期实行以家庭为单位的经营体制。农户不仅是农民的基本生产单位，同时也是基本的生活、交往单位，还是国家治理的基本政治单元。因此，农户构成中国农村社会的"细胞"，也是认识和分析中国农村社会的基本出发点。但在相当长时间里，家庭经营因其生产规模小而被称之为小农，由小农构成的经济被视为小农经济，小农经济则被视之为落后的代名词，是改造的对象。根据这一理论逻辑，家庭经营就缺乏基本的理论和现实根基。而这一理论逻辑是建立在传统的封闭的自然经济形态基础之上的。如果从历史变迁过程的角度考察，我们会发现，当今的小农户已不再是局限于与世隔绝的"桃花源"里，而越来越深地进入或者卷入一个开放的、流动的、分工的社会化体系中，与传统的封闭的小农经济形态渐行渐远，进入社会化小农的阶段。农户生产、生活和交往的社会化过程大大提升着农户适应现代社会的能力。[①]

---

① 徐勇：《"再识农户"与社会化小农的建构》，《华中师范大学学报》（人文社会科学版）2006年第3期。

为了回应当时的争论,我在《华中师范大学学报》2007年第1期发表《如何认识当今的农民、农民合作与农民组织》一文,就存在的一些争议性问题,提出了自己的观点。一是"组织农民合作"还是"农民合作组织";二是"原子化小农"还是"社会化小农";三是"农民善分不善合"还是"农民善分也善合";四是封闭的"集体合作"还是开放的"专业合作"?文章特别强调农民的主体性,主张在以家户农民自主自愿基础上的合作。

> 与组织农民合作不同,农民合作组织是一种基于农民内在需要而建立的组织,是农村社会的自主性整合。这种整合有两个特点:一是自愿,农民自愿合作,并通过建立合作组织解决个人无法解决的问题;二是自主,它没有外部性的强制性力量,完全依靠愿意合作和参加组织的农民自己形成的共同规则来维持合作及组织的延续和存在。农民可以参加合作组织,也可以不参加;可以参加这一组织,也可以参加另一组织,有自动进入和退出的机制。在这种合作和组织中,自始至终都体现着农民的主体地位。可以说,没有农民的主体性,也就没有农民合作组织。
>
> 农村改革以来,尽管实行分户经营,但农民之间的合作仍然存在。无论是生产过程中的邻里相助,还是生活领域的患难相恤,社会交往中的信息沟通,到处都可以看到合作的行为。一个十分简单的事实:中国现有上亿农民在外打工,他们大多结伴而行,处处可见合作的影子。只是这种合作是非组织化和非制度性的,主要依靠行动者之间利益默契和长期形成的乡情信赖而产生。这种合作是一种低成本的,是基于其合作收益而作的理性选择。
>
> 农民善分不善合本不是"天注定",一切归结于分合能否带给农民以"好处"。当今,农民要求合作,要求建立合作组织,是因为只有合作,只有合作组织,才能维护和扩展其权益,才能过更好的日子。
>
> 当下的农民合作更需要的是超出地域、行政限制的专业性合作。这种专业性合作不仅不排斥分工分业分化,反而建立在分工分

业和分化基础上,目的是通过合作达到多方共赢,实现"和而不同"。更重要的是"专业合作"是非同质化的合作,合作过程中将会生产和再生产出新的生产要素和社会关系,从而提升生产力水平。①

三　理论认识不一致与家户制

在中国,一向是实践在先,理论滞后。尽管农村家庭承包制已进行了若干年,但有关基础理论研究还很不够,由此导致人们对一些基本概念的使用方面缺乏共识。

2011年4月,中央农村工作领导小组办公室在中南海召集10名专家座谈农村发展会议。办公室主任、著名学者陈锡文在会上谈到在一个有着悠久的东方村社传统中如何推动农村发展的问题,并希望专家们加以研究。在这之前,我经常听到农业经济专家提到集体村社制。特别是1990年代后期以来,这一提法更为流行。根据我对马克思主义经典作家著作的理解,农业经济学者眼中的"村社制"可能是一种本土化的理解。由此便涉及,中国传统究竟是"村社制"还是其他什么制度?这一问题涉及农村本体性制度问题,如果不弄清,很容易发生偏差。

我在《江苏社会科学》2002年第2期发表《县政、乡派、村治:乡村治理的结构性转换》的一文,就注意到中国农村的基本组织单位,指出:

> 古代乡村社会既不是中世纪西欧社会的地方主义,也不是近代西方的个体主义,而是家户本位的"家—户主义"。②

2012年5月4日,在复旦大学陈树渠比较政治发展研究中心开幕演讲中,我发表了题为"莫把外国当中国——东方村社制与家户制比较"

---

① 徐勇:《如何认识当今的农民、农民合作与农民组织》,《华中师范大学学报》(人文社会科学版)2007年第1期。

② 徐勇:《县政、乡派、村治:乡村治理的结构性转换》,《江苏社会科学》2002年第2期。

的主题演讲,从方法上提出了理解历史变迁的三个基本命题:第一,起点决定路径;第二,原型规制转型;第三,以微观机理理解宏大问题。那么,中国农村发展的起点、原型和微观组织是什么呢?我在《中国社会科学》2013年第8期发表了《中国家户制传统与农村发展道路——以俄国、印度的村社传统为参照》的长文。论文开宗明义地提出:

> 当下中国正处于传统与现代的历史转换之中。在探索现代社会发展道路的过程中,注重传统的"延续性"与注重超越传统的"创新性"同样重要。那些能够对现代社会产生长远影响的本源型传统,构成现代社会发展的基础性制度,是现代社会的历史起点和给定条件。诺贝尔奖获得者阿马蒂亚·森在为其著作中译本写的序言中说:"中国必须在建设其未来的同时不背弃其过去",并特别引述了一句中国经典名句"与古为新"。中国是一个有着悠久农业文明传统的东方大国,由此型构了当代中国的一个基本国情——"大国小农",即由数亿个农户构成的农民大国;并在长期历史进程中形成了特有的"中国特性",其中包括特有的中国家户传统。[①]

论文提出要对"传统"和"东方"进行再认识。从对当今影响的角度,可以将"传统"定义为能够对当今,甚至未来会发生影响的价值、行为和规范及其与此相关的历史条件。由此可以对传统加以分类:一是本源型传统,即能够对当下和未来产生深远影响并长期发挥作用的传统。这种传统对于现代社会发展具有本源性,构成了现代社会发展的基础性制度,也可以说是现代社会发展的历史本体。二是次生型传统,即在历史上产生并会对当下产生一定影响,但不具有基础性作用的传统。三是派生型传统,即在历史上产生但属于本源型传统派生出来并发挥当下影响的传统。在讨论中国农村发展道路时,有人将改革前的人民公社作为传统加以继承。其实,人民公社虽然存在了20多年,但在某些方面,它恰恰与中国的本源型传统是脱节和背离的,甚至是反传统

---

① 徐勇:《中国家户制传统与农村发展道路——以俄国、印度的村社传统为参照》,《中国社会科学》2013年第8期。

的，如"一大二公"的公社正是对中国长期历史上"一小二私"的家户传统的否定。在相当程度上，人民公社是借鉴苏联的农村社会组织形式，是"以俄为师"的产物。由此，就需要进一步讨论东方社会。

论文提出了两种东方传统：村社制与家户制：

> 家户制与村社制的内容和特性有极大的不同。村社制具有一元性、一体性，更强调整体性和个体对整体的依赖性、依从性；家户制具有二元性、混合性，更强调个体性（非西方意义的自然人个体，而是家户个体）和个体之于整体的相对独立性、差异性。从生产关系和上层建筑看，俄国和印度的村社制与中国的家户制有以下典型差异：一是村社制的财产属于村社共有，家户制的财产属于家户个体所有；二是村社制下的纳税单位是村社，家户制下的纳税单位是家户；三是村社制下的村社是地方自治单位，具有行政功能和地方权威性，家户制下的村落是家户基础上自然形成的自然村，主要是家族自治功能。①

同为东方的俄国和印度，其本源性传统和本体性制度是村社制。而中国很早就超越了村社制传统，进入更高的层次——家户制。在当下和未来的中国农村发展中，必须高度重视和深入挖掘这一基础性制度和本源型传统，精心厘定本国的制度传统资源，才能形成具有中国特色的发展道路。否则，"中国特色"很可能是"他国特色"，"中国道路"很可能是"别国道路"。论文从家户经营传统与农业经营组织、农工商结合传统与农工商互补经济、家户互助合作传统与农村合作道路、家国共治传统与农村治理体系等方面阐述了中国农村发展道路，其核心底色是家户制。论文最后指出：

> 从中国农村发展道路变迁可以看出，与同为东方世界的俄国、印度的村社制不同，家户制才是中国农村发展的基础性制度，属于

---

① 徐勇：《中国家户制传统与农村发展道路——以俄国、印度的村社传统为参照》，《中国社会科学》2013年第8期。

可以能够不断再生和复制的本源型传统。尽管在历史进程中的表现不一样，但形式和内核相同。尽管一度中断，但总是会顽强地存在和再生。在现代化进程中，需要尊重家户传统，而不是蔑视；完全可以利用家户传统，而不是简单的"决裂"。相反，不考虑历史持续性的"现代"，很可能是貌似现代，其实很传统；貌似进步，其实很落后。这是因为，"制度和文化的持续性曾经产生了体现为气势澎湃和坚守既定方针的惯性，而并非不动的惰性"。"家户制"作为中国农村社会发展的本体，在中国农村发展中产生的是历史的惯性，而不是历史的惰性，完全可以"与古为新"。[1]

"一家一户"、包产到户、个体户等话语早已为人耳熟能详。本论文的最大贡献是将"家户制"作为一个学术性概念提了出来，是相对"村社制"而言的，并将其视为农村本源性传统和本体性制度。由此为中国经历了人民公社体制之后为何实行家庭经营并长期坚持提供了理论依据。论文获得由杜润生先生发起的"中国农村发展研究奖"。

为了进一步研究"家户制"，我指导我的博士生陈明到农村做实地调查，撰写了博士学位论文《家户主义的行为逻辑及其公共治理》，后于2018年在中国社会科学出版社出版。陈明还撰写了一系列相关学术论文，如《"家户"：中国农村治理研究新视角的建构》（《内蒙古社会科学（汉文版）》2015年第6期）、《家户主义：中国农村治理的逻辑与底色》（《马克思主义与现实》2018年第6期）等。

四　将家户制置于历史比较中

"家户制"的提出是农村研究中基础理论领域的一个重要进展，但还需要作出进一步论证，特别是置于历史比较中发现其特性。我在《社会科学研究》2016年第4期发表《历史制度底色下世界土地改革进程与成效比较》一文指出，土地制度改革是现代化的重要起点，也在一定

---

[1] 徐勇：《中国家户制传统与农村发展道路——以俄国、印度的村社传统为参照》，《中国社会科学》2013年第8期。

第八章　以家户制度为钥匙的田野政治学

程度上规制了之后的现代化路径。如被称之为"中国农村改革之父"的杜润生先生所说："土地改革：奠定今日农村基础。"世界大多数国家进入现代化门槛时都进行了政府主导下的土地改革，但其进程与成效却有所不同。其重要原因便是历史制度底色不同。在世界历史上，家户制、村社制及庄园制都是典型的农村社会组织制度，它们对土地改革进程及其成效具有重要影响，构成土地改革的历史制度底色。

东亚国家和地区的土地改革在形式、方法上有诸多不同，甚至很大差异，但也有共同特点。一是改革的时间不长，均在3—5年内；二是无地和少地的农民获得了土地；三是农民积极性得以调动，经济得到发展，为工业化提供了基础性条件；四是政治格局得以稳定，农民纳入现代政治体系，由潜在的革命性力量变为现政府的积极支持力量。

东亚国家和地区进行土地改革之前所碰到的、既定的、从过去承继下来的条件是什么呢？最基本的条件就是长期历史形成的农村家户制。家户制是由一家一户作为产权、生产经营、分配、消费、继承、生育、纳税等活动的基本单位而形成的社会微观制度。一家一户，农业为主，农业与手工业结合，自给自足，可以说是家户制作为一种生产方式和社会组织方式的基础性内容，在长期历史演进中形成了家户制度。

家户制社会的基本特点是"有效率无保障"。在家户制度下，一家一户为独立的血缘和利益单位。这种单位具有天然的内聚性和排他性，并会产生相互间的竞争。竞争带来效率的提高，促使人们为了生存和家族延续而团结一致，勤奋劳作。……家户农业可以说是一种有效率的农业，家户农民可以说是勤劳而有效率的农民。

然而，家户制又是一种缺乏保障的制度。家庭在历史传承中会发生分化和裂变。在家户制度下，家户之间的竞争提升了效率，但也会造成社会分化，一部分家庭获得和占有较多土地和财富，大多数家庭占有较少土地，有的甚至没有土地。缺少或者没有土地者不得不租佃较多土地拥有者的土地。由此形成土地产权方面的地主经济和租佃经济。这种经济导致农民生产生活极度缺乏保障，经常会出现破产。这也是东亚国家和地区,特别是最为典型的中国经常会因为民不聊生而激起农民反抗的重要原因。

但是,在家户制下,无论土地多少,有无土地,都是以家庭为独立进行生产经营的单位,并在长期历史上获得独立从事生产经营的能力。对于无地或者少地的农民来讲,他们最为缺乏的,也是最为渴求的是拥有一块属于自己的土地,以期获得基本的生活保障。当他们通过土地改革以后,可以很快独立从事农业生产,保持甚至进一步提升生产效率。这是东亚国家和地区土地改革获得成功的基本制度基础。①

在世界各国的土地改革进程中,俄国的土地改革经历了漫长而曲折的过程,其付出的代价也十分沉重。

俄国的土地改革经历数十年时间,期间先后发生了1905年革命、1917年革命、1930年代农业集体化。土地改革的目的是获得稳定,但带来的却是愈益极端的革命;土地改革的目的是为了发展,但农业发展长期停滞,愈是激进的措施,其农业发展的消极后果愈益严重;土地改革本来是废除原有的农村村社制度,但最终形成的农村制度又与要废除的制度有诸多相似之处……历史好像给人们开了一个巨大的玩笑,形成所谓土地改革的"俄国悖论"。这其中的原因很多很多,但与俄国长期传承下来的历史制度底色——村社制及其相应的农奴制密切相关。②

拉丁美洲和南部非洲在世界上占有很大面积,也是一块"新大陆"。在这片土地上进行的土地改革,过程艰难曲折,不断反复,成果也很有限。

---

① 徐勇:《历史制度底色下世界土地改革进程与成效比较》,《社会科学研究》2016年第4期。

② 徐勇:《历史制度底色下世界土地改革进程与成效比较》,《社会科学研究》2016年第4期。

第八章　以家户制度为钥匙的田野政治学　　163

拉美与南非的土地改革尽管各有特色，但有共同特点：一是土地改革的时间漫长，有的长达数十年；二是许多国家原有的大土地集中制没有发生根本性的变化；三是土地改革进程的激进与缓慢相伴随，往往进两步退一步；四是技术改良多于制度变革；五是改革成效不甚显著，有的在改革之初还发生了经济倒退。造成以上结果的原因与各国的改革举措相关，更受到长期以来形成的大庄园制及其相应的农奴制这一历史制度底色所制约。[①]

家户制是在中国历史进程中产生，并发生变化的。只有将其置于中国农村组织制度变迁的过程中，才能深刻理解其地位和特性。我在《探索与争鸣》2016年第6期发表《公平与效率：中国农村组织制度变迁的内在机理》，以"公平与效率"作为坐标，对家户制的产生和命运进行了进一步的探讨。

　　家户制度是一种有效率的制度。主要源于两个方面：
　　一是与农业生产的特质最为吻合。效率是在利用资源进行活动中体现出来的，生产对象制约着效率。农业生产是一种高度依赖自然，并在与自然交换中进行的生产活动，其生产过程复杂、琐碎和难以掌控，地域性、季节性、周期性强，对组织管理的成本要求高。……家庭共同体相互依赖、利益相关、熟悉信任、感情相系、优势互补，非常适宜于农业生产活动，并不需要额外的组织管理成本。
　　二是受传统农业社会特质的支配。效率不仅体现在人与自然条件的交换中，而且体现在人与人的交互活动之中，与特定的社会关系环境相关。……家户制在本质上是一种责任制，即在特定的外部环境下家户成员对自己的行为与境况的自我负责。
　　家户制在创造效率的同时，产生的却是社会分化和不均等的结果。[②]

[①] 徐勇：《历史制度底色下世界土地改革进程与成效比较》，《社会科学研究》2016年第4期。

[②] 徐勇：《公平与效率：中国农村组织制度变迁的内在机理》，《探索与争鸣》2016年第6期。

农业集体化进程中建立起来的人民公社体制的重要使命是克服社会分化和不均等的结果，其特点表现为"强公平弱效率"，且只是一种狭隘的地域集体公平，由此引发了农村改革，实行"家庭承包制"，其特点是"强效率弱公平"。中国社会及其农村变迁是持续不断又不断往复的进程。家庭承包制的限度及其受到质疑，使人们不能不思考未来农村社会的基本组织单位，是传统的家户制，还是曾经有过的公社制，抑或是现代公司制？本文认为，可取的是现代家户制。

现代家户制是独立的法人团体，作为独立的生产经营主体，享有平等的权利和义务。传统的家户制是自然形成的，现代家户制则具有建构性，除与生俱来的家户以外，其他成员也可以通过注册登记成为农业经营户。农业经营户与其他工商业经营户一样，享有平等的权利与义务。

现代家户制是社会化的家户单位。在传统的家户制下，一家一户是一个封闭的、自给自足的单位，并因其封闭性而染上了"惰性"。……现代家户制可以说是"大社会，小家户"，是一种"社会化的小农"。

现代家户制是受国家保护和支持的家户单位。在传统家户制下，家户主要是责任单位，国家对于家户的存在不负责任。随着现代国家的建构，农民成为平等的公民，享有平等的国民待遇，并由于农业的先天弱势性，享有国家特殊的保护与支持。因此，现代家户制可以说是"小家户，大保护"。①

2015年启动的"深度中国调查"，分七大区域对全国农村进行传统形态调查。在调查中我们发现，在许多边疆地区并不是实行的家户制，而是保留着更为原始形态的农村组织制度。在实地调查基础上，我的两个博士生在《云南社会科学》2020年第4期发表了《关系叠加视角下

---

① 徐勇：《公平与效率：中国农村组织制度变迁的内在机理》，《探索与争鸣》2016年第6期。

的村寨制政治形态——以西南传统侗族村落社会调查为基点》和《关系叠加视角下的家支制政治形态——以传统彝族家支社会调查为基点》。同期，我发表了《关系叠加视角下的家户制政治形态——以传统汉族地区家户社会为基点》一文。论文以关系叠加为视角，对家户制作了进一步阐述。

在中国，"分家"与"立户"几乎是同时发生的，其重要特点是以家立户，即在分开的小农家庭基础上编制户口，从而形成"一家一户"。家庭是血缘关系为基础的经济社会单位，编户是地域关系为基础的政治社会单位。"'家'和'户'是同一事物的两个异称：'家'是对家庭作为一个基本亲属组织的称谓，'户'则是一个具有行政管理意义的名词。"将家和户合为一体，是传统中国制度的重要特征，反映了血缘关系与地域关系的双重叠加。

从微观政治形态看，家户制度包括两个不可分离的方面：一是社会以"家庭"为基本单位，家庭至上，家庭成员个体依附于家庭整体；二是国家以"编户"为基本单位，编户为基，作为国家的编户高度依附于国家。家户制形塑着中国特有的社会与国家的关系模式。①

家户制度在中国的国家进程中扮演着特殊的角色，并在历史变迁中发挥着特有的功能。

国家立户是为了获得税役。过重的税役会引起农民反抗。反抗的结果是王朝的更迭。更迭后的王朝仍然以家户制度为基础。王朝可变，家户不变。"历史上，大动乱所摧毁的是旧王朝的国家组织，而家庭是没有而且也不可能被动乱消灭的。"这正是中国数千年王朝不断更替而又不断再生的秘密所在。所以，家户制对于中国的意义与村社制对于印度的意义相同，都是维系古老国家长期延续的基

---

① 徐勇、叶本乾：《关系叠加视角下的家户制政治形态——以传统汉族地区家户社会为基点》，《云南社会科学》2020年第4期。

础性制度。

在近代进入以民族国家为基本单位的全球关系时代之后,家户制的内在缺陷使其已难以适应。正是基于国破家亡的危机感,20世纪中国产生了"破家为国"、"毁家"的激进主义,要求将人民从家庭制度的堡垒中解放出来,以更为广泛的方式将人们联结起来。这一激进主义浪潮具有破坏性创新的特点,发挥过积极作用。与此同时,它在无情的批判中也忽略了家户制度内在的某些超越时空的价值。如将家庭作为生产单位有利于调动农民的生产积极性;在愈来愈个体化的社会里,家庭仍然有文化教育、社会和谐等不可替代的功能;在因为利益而造成的社会与国家的分离中,家户制蕴含的社会与国家的相互渗透仍然有值得重视的价值。这就需要从历史的维度认识家户制政治形态的存续条件,从国家治理的高度认识家户制政治形态的多面价值。①

五　将家户带入国家进程研究

"家户制"的提出不仅是农村研究基础理论领域的一个重要进展,更重要的是将家户带入中国国家进程的研究,从而将田野与政治学直接联系起来。

自我在《中国社会科学》2013年第8期发表了《中国家户制传统与农村发展道路——以俄国、印度的村社传统为参照》的长文之后,"家户制"便成为一个重要的学术问题。2015年启动的"深度中国调查",我专门设计了以家户为单位的调查。之后,《政治学研究》杂志编辑部负责人得知我们长期做田野调查,请我组稿。进行了实地调查的青年老师黄振华和任路撰写,并在《政治学研究》2018年第4期发表了《"家国同构"底色下的家户产权治理与国家治理——基于"深度中国调查"材料的认识》和《"家"与"户":中国国家纵横治理结构的社会基础——基于"深度中国调查"材料的认识》的论文。

---

① 徐勇、叶本乾:《关系叠加视角下的家户制政治形态——以传统汉族地区家户社会为基点》,《云南社会科学》2020年第4期。

第八章 以家户制度为钥匙的田野政治学

《"家国同构"底色下的家户产权治理与国家治理》一文基于调查，从产权的角度，提出国家治理行为的家户逻辑：

> 从历史上看，"家国同构"是中国国家治理的基本底色与特性。这一国家治理特性之所以长期延续，重要原因在于国家治理深刻根植于家户治理之中，有着极为深厚的社会土壤。由此，家户构成国家治理的根基，也成为国家治理内生性演化的微观基础。基于"深度中国调查"的材料来看，中国的家户产权治理兼具"刚性"和"弹性"的双重治理逻辑，这既是家户治理的重要微观运行机理，也为我们认识中国的国家治理行为提供了一个解释视角。在此，尽管不能将家户治理与国家治理简单比照，但家户治理中所体现的"刚性治理"和"弹性治理"的双重治理逻辑仍可为中国的国家治理行为提供历史依据。事实上，纵观传统中国的国家治理，确也不乏"刚性治理"和"弹性治理"的诸多历史事实，体现着国家治理行为的家户逻辑。[1]

《"家"与"户"：中国国家纵横治理结构的社会基础》一文，从国家治理的横向和纵向结构的角度提出国家治理的社会基础：

> 基于传统"集家成国"的演化逻辑，中国以"家"为基点形成三层的治理结构，最基本的是"家治"，即以家庭为单位形成的治理；其次是"族治"，即扩大的家，是指宗族范围内的治理；最后是"村治"，即村落空间内依靠家庭自身力量形成的治理。

> 在中国，基于"家"之上的"户"是国家纵向治理的基础。"家"是社会单位，"户"则是国家组织民众的政治单位，具有政治社会意义。"户"源于秦汉以来国家对于小农社会的"编户齐民"政策，国家以共同居住为标准将家庭和个人划分为责任单元。与此同时，国家辅之以"以民治民"的保甲制，逐渐形成以"户"

---

[1] 黄振华：《"家国同构"底色下的家户产权治理与国家治理——基于"深度中国调查"材料的认识》，《政治学研究》2018年第4期。

为基点的国家纵向治理结构。"户"遂成为国家治理的基本单元，是国家组织、社会治安、赋税征收、壮丁分配和临时差役的单位。依托于"户"的单位，国家将其行政影响延伸到县级以下，表明国家权力对民众的控制已渗透到个体家庭这一层次。正是在这个意义上，称之为自上而下的纵向治理结构。

家户制传统之所以成为中国国家纵横治理结构的根基，不仅仅在于"家"与"户"两个单位的作用，更在于"户"是巧妙地建立在"家"之上。……户主即是家长，通过编户而实现对于家的治理，实现了国家治理的基本单元和社会组织的基本单元的重叠，即"家户一体"，"家"和"户"两者结构上的同一性，是国家纵横治理结构有机衔接、保持韧性并能够长久延续的关键原因。①

任路在以上论文的基础上又发表了一系列相关论文，如：《家户国家：中国国家纵横治理结构的传统及其内在机制》（《东南学术》2019年第1期）；《中国国家纵横治理结构的原型与转型——基于家户制的视角》（《云南社会科学》2019年第1期）；《中国国家纵横治理结构的组织基础——基于"深度中国调查"的认识与思考》［《广西大学学报》（哲学社会科学版）2019年第6期］等。

以上论文的共同特点，便是将家户制度带入中国的国家进程研究。在中国，家与国联系紧密。家国情怀；家是国的缩小，国是家的放大；"齐家治国平天下"等话语耳熟能详。但是相关的政治学理论研究却相当少。以上论文的重要贡献：一是将"家"与"户"联为一体性的家户制度；二是基于实地调查材料，从多个方面发现家户与国家的联接机制；三是将家户制作为理解中国国家进程的重要基础和视角。正是由于其独创性贡献，任路的《"家"与"户"：中国国家纵横治理结构的社会基础——基于"深度中国调查"材料的认识》一文获得首届中国政治学会"青年政治学优秀成果奖"。2020年7月8日，在田野政治学举办的论坛上，黄振华副教授作了"家户制与家户国家"的演讲，指出，

---

① 任路：《"家"与"户"：中国国家纵横治理结构的社会基础——基于"深度中国调查"材料的认识》，《政治学研究》2018年第4期。

社会基础决定国家形态，不同的基础性制度造就不同的国家形态。中国是一个以家户制为基础的国家，形成了以家庭为单位的组织方式、以家长为主导的关系模式、以家户为中心的观念意识以及以户籍为标识的国家责任。以家户制为基础，中国的国家形态表现为一种"家户国家"。这一国家形态有其自身特性，包括强大的国家能力、国家运行的自给性特征以及国家纵向关系的强化。

六 理解中国特性的一把钥匙

田野政治学的一个重要理论贡献是创建了"家户制"这一学术概念，并将其带入中国的文明和国家进程研究，进行理论表达。

马克思在谈到农民阶级的自在性和自为性时，提出了一个重要的命题："他们不能代表自己，一定要别人来代表他们。"[①] 传统中国的经济基础是自然经济，是自然形成的农民社会。其重要特征便是对事实存在缺乏理论表达。在中国，"一家一户"早已存在，更是社会和国家的基础。但是，在漫长的历史上从未有过对这一事实的理论表达，并作为一种制度加以建构。当中国步入20世纪，才开始有了对这一事实的表述，但是作为否定性的事实加以表述的，且没有展开。只是经历了严重的挫折，才开始重新认识传统，并进行理论表达。我在2015年启动的"深度中国调查"时特别指出：

  家户调查。主要是以家户为单位的调查，了解中国农村家户制度的基本特性及其变迁。中国在历史上创造了世界最为灿烂的农业文明，必然有其基本组织制度支撑。但长期以来，人们只知道世界上有成型的农村庄园制、部落制和村社制，而没有了解研究中国自己的农村基本组织制度。受20世纪以来的革命和现代化思维的影响，人们对传统一味否定，更忽视对中国农村传统制度的科学研究，以至于我们在否定自己传统的同时引进和借鉴的体制并不一定更为高明，使得中国农村变迁还得在一定程度上向传统回归。实际

[①] 《马克思恩格斯选集》第1卷，人民出版社1995年版，第678页。

上，中国有自己特有的农村基本组织制度，这就是延续上千年的家户制度。①

任何一种事物，如果没有学术发现，没有理论表达，就难以为人知晓，更难以为人传递，就只是一种自在的存在。中国历史上有过"四大发明"，如果没有后人的总结和概括，就可能沉寂在漫长的历史长河中，人们视若无睹，更难以发掘和承继。中国创造了世界最为灿烂的农业文明，与家户制这一基本组织制度密切相关。"家户制"可以说比"四大发明"的影响更为深远和广阔。它比庄园制、部落制和村社制更为先进，创造的生产力水平更高。但是，由于缺乏理论表达，未能对"一家一户"的事实进行深入的学术研究，并加以概念化，使之内在的光芒长期被埋没。人们更多的是基于现代思维强化"一家一户"的脆弱性一面，而忽略了"一家一户"的生命力和韧性所在，从而付出了极为惨痛的代价。1949年后的中国两次性质完全不同的"革命"，即"文化大革命"和"改革"，都与"一家一户"密切相关。谁能意识到，小小的"一家一户"会产生如此大的政治效应呢！？

我们没有意识到，是因为我们的基础理论研究太弱。在漫长的古代社会，大量的事实只是一种自然存在，没有理论研究。近代以来，因为"落后就要挨打"的事实逼迫人们追随外国，而忽略了对自己根基和国家特性的认识，缺乏对中国的深度理解。而国家的微观组织制度恰恰是理解一个国家特性的钥匙。马克思利用英国对印度实地调查的报告，发现了长期存在的"村社制"是理解印度的一把钥匙。"这种公社的简单的生产机体，为揭示下面这个秘密提供了一把钥匙：亚洲各国不断瓦解、不断重建和经常改朝换代，与此截然相反，亚洲的社会却没有变化。这种社会的基本经济要素的结构，不为政治领域中的风暴所触动。"②通过对俄国"村社制"的了解，马克思得出了俄国可以不重复西欧资本主义道路，而跨越卡夫丁峡谷直接进入社会主义的结论。马克

---

① 徐勇、邓大才主编：《中国农村调查》总第1卷，中国社会科学出版社2016年版，第4页。

② 《马克思恩格斯全集》第23卷，人民出版社1972年版，第397页。

思也非常关注东方的中国,并注意到中国"一家一户"的特点,只是没有足够的材料,未能进行深度的研究。正是由于理论准备的严重不足,致使中国在对待"一家一户"问题上发生了偏差,直到付出了巨大代价后才重新认识到"一家一户"的生命力。即使如此,我们对"一家一户"的理论研究还十分欠缺,更没有提升到一种基础性制度来认识。

我将"一家一户"作为一个学术问题研究,并提出"家户制"的概念,不是偶然的。首先得益于马克思主义理论训练。早在1992年出版的《非均衡的中国政治:城市与乡村比较》一书,就高度重视马克思将村社制作为理解东方社会秘密的一把钥匙。后来写《包产到户沉浮录》一书时,我注意到中国的人民公社模式深受俄国农村模式的影响。1990年代后期围绕家庭承包制产生的争论,将我的认识一步步引向深入,这就是必须对"一家一户"这一基础问题进行理论探讨,并从作为本源性传统的本体性制度加以表达,由此有了"家户制"的构建,并将其导入中国国家进程的研究。

家户制是理解中国文明和国家进程的一把钥匙,可以通过家户制发现中国特性。但是,与家户制的实际效用相比,我们对家户制的理论表达还远远不够。英国人当年仅仅依靠一个东印度公司就将一个面积与欧洲相当的印度变为自己的殖民地,重要原因是通过大量的实地考察,掌握了开启印度国门的钥匙,这就是"村社制"。我2018年去大英博物馆,专门考察了东印度公司对印度实地考察报告的陈列地,其资料之丰富翔实,让人感叹不已!俄国对"村社制"的研究成果更是丰富浩瀚。列宁的巨著《俄国资本主义的发展》便是利用俄国村社调查资料写成的。法国马克·布洛赫的名著《封建社会》的相当部分是对"庄园制"的研究。美国汤普逊的名著《中世纪经济社会史》也有大量关于"庄园制"的论述。"二战"后,随着殖民地体系的瓦解,部落制成为世界学术的热点,产生了大量研究成果。与以上三大制度研究相比,中国对"家户制"的研究才刚刚开始。

正是基于此,2015年启动的"深度中国调查"对传统家户形态进行了抢救式调查,积累了大量资料。前几年启动了世界农村调查,也试图从世界比较的角度发现中国家户制的特点。

尽管我们的研究才刚刚开始，但能将"一家一户"的事实学理化，建构"家户制"的概念，并将其引入中国文明和国家进程的研究中，我已深感欣慰！同时，我也深感，基于中国事实的原创性理论表达太重要了。古老而崭新、丰富而复杂的中国历史进程提供了无与伦比的学术资源。只是囿于思维的限制，身在宝山不识宝，导致大量重复性研究而不得自觉。更重要的是缺乏原创性理论表达，造成严重的学术不自信，从而陷入"被表达"和"代他人表达"的境地。尽管对"一家一户"的学理表达还只是初步，但提供了学术自信。这就是只有基于事实，才能获得理论源泉；只有内生于事实的理论，才具有原创性；只有原创性，才能增强学术自信；只有学术自信，才能获得独特的研究成果，从而构成学派。这正是田野政治学一直坚持并要继续努力的！

第九章 以村庄类型为切口的田野政治学

家户制是中国的本源性传统和本体性制度，是理解中国国家特性的一把钥匙。但是，正如孤立的单个人难以存在一样，孤立的一家一户也难以存在。由若干家户构成一个村庄，并形成农民完整的生活世界。只有村庄才能构成一个小社会。田野政治学研究农民、家户，势必延伸到村庄。以村庄为单位的深度调查和研究，可以像物品切片一样，透视其内在的结构和机理，进而了解整个社会的特性和变化。田野政治学的重要贡献便是以村庄类型为切口，认识中国农村社会与国家治理的变迁和根基，从田野的路径进入社会形态，伸入到学界誉为"五朵金花"的领域。

一 超级村庄的崛起与能人型治理

农村是以农业为产业特征，从事农业生产的人群居住在一起而形成的村庄。在长期历史上，村庄具有很强的同质性。中国的改革是从农村开始的。改革后的农村社会发生了重大变化，这就是出现了社会分化。这种分化与过往的分化有所不同，分化不仅仅发生在人与人之间，而且发生在村庄与村庄之间。村与村的分化主要在于产业的变化。农村改革后，一部分村庄在原有的集体经济基础上发展非农产业，实现了村庄整体经济的快速发展，造成了连执政者也没有意料到的"异军突起"。最引人注目的是出现了一批经济增长成百上千倍的"超级村庄"。当时非常流行的一句话是："千万不要将村官不当官！"

我是从政治学的角度进行农村研究的。通过农村经济社会变化和"超级村庄"这一切口，我们要发现的是，它们给村庄治理会带来什么变化，或者说村庄治理在农村经济社会变化过程中扮演什么角色？我在《华中师范大学学报》1996年第4期发表《由能人到法治：中国农村基层治理模式转换——以若干个案为例兼析能人政治现象》一文指出，由于放权式的农村改革和新兴产业的发展，农村出现了一种"能人治理现象"。所谓能人，"是指在农村社区经济发展中具有超凡能力，并卓有成就的人士。""具有超凡经营管理能力的人一旦进入公共权力运作领域，便会形成特有的能人治理模式。"这一模式主要有以下特点：一是权威强大。能人同时是"强人""名人""奇人"，能够进行广泛的社会动员，积聚巨量的社会资源，迅速实现经济增长。二是权力集中。除了基层党组织领导人以外，能人无不直接执掌着经济组织的最高领导权。三是威权治理。治理手段除了常规治理外，还具有经济控制、思想动员和传统支配等。

能人治理是在经济体制转变初期发生的一种特殊的治理模式，有助于一些村庄在非常短的时间内实现经济的跨越式发展，构成所谓的"超级村庄"。但这一模式能否持久？带着这一问题，我于1990年代中期到广东省深圳市万丰村实地调查，先后发表数篇论文。在《华中师范大学学报》1998年第2期发表的《股份合作制崛起中的村治模式转换——以广东省万丰村为个案》指出：

> 同全国绝大多数村庄一样，经济改革前的万丰村是一个极为普通的小村。1978年人均收入仅350元。许多人因难以忍受贫穷的煎熬而南逃离该村不远的香港。1980年兴起的家庭联产承包制在该村推行得十分顺利。3000亩土地在一个星期内全部承包到户。由于土地承包，农业经济迅速发展。农民的温饱生活得以满足，并破天荒有了节余。仅仅3年多时间，该村就出现了100多个专业户，300多个万元户。
>
> 经过十多年的发展，万丰村已基本实现由传统的农业社会向现代的工业社会的转型，并成为年收入达亿元的超级村庄。①

---

① 徐勇：《股份合作制崛起中的村治模式转换——以广东省万丰村为个案》，《华中师范大学学报》（人文社会科学版）1998年第2期。

第九章　以村庄类型为切口的田野政治学

我在《政治学研究》1999年第1期发表的《权力重组：能人权威的崛起与转换——广东省万丰村先行一步的放权改革及启示》一文分析了能人权威在推动经济增长中发挥的作用。

> 万丰村的巨变显然与村领导人的较强能力密切相关。一定意义上可以说，没有潘强恩的远见卓识，就不可能有万丰的巨变。因此，万丰村的变化过程，同时也是能人和能人权威的崛起过程。能人和能人权威是指，在经济转变时期那些具有较强经济才能的人作为社区领导人，推动社区经济迅速发展，并在社区治理过程中居于支配性地位，从而形成能人主导治理的能人权威。[①]

能人治理通过权力集中，推动经济发展，又因经济发展形成强有力的权威。但这一治理模式难以持续，由此启动了放权式改革，但也遭遇到一些困难。这一案例提供了启示：

1. 中国改革的趋向尽管是市场化和民主化，但改革的重点和时序会有所不同。第一步改革的重点在以市场为导向的经济。……农民为改变其生活条件，有可能暂时让渡一些权利，让能人为他们当家作主。这也可能预示着在中国的民主化进程中会经历一个能人权威治理时期。
2. 能人权威是经济社会转型中的一种特殊产物，随着经济社会变迁，必然会面临新的挑战，否则会影响社会的转变。
3. 万丰村的改革虽然只在一村范围，较容易实行，但它所折射的政治光谱远远超出农村基层。在世界历史上，民主化进程大多从边缘地带的乡村启动，由社会民主向国家民主扩展。对于乡土中国来说，乡村民主化进程的影响不可小视。
4. 由能人治理向以分权和民主为基础的法治治理转变是必然

[①] 徐勇：《权力重组：能人权威的崛起与转换——广东省万丰村先行一步的放权改革及启示》，《政治学研究》1999年第1期。

趋势。但这一转变需要相应的经济社会条件和权威人物的自身转变。万丰村的放权改革之所以能走在全国前列，最重要的原因是产权的共有制。由产权改革带来的放权改革和民主治理至少给我们提出了两个重要理论课题：一是民主和产权有着内在逻辑关联。在社会主义国家，人民当家作主的民主权利有时难以有效落实，与产权不明晰相关；二是产权明晰并不意味私有化，在产权共有，即在社会主义公有制基础上发展民主，这是对西方产权—民主理论的一个挑战。

5. 能人权威的转换是一个复杂艰巨的过程。在这一过程中有可能发生各种各样的情况，甚至会出现曲折和倒退。但是，能人权威由于能够促进经济社会发展，客观上为能人治理向现代法治治理创造了条件，因此，它可能是由传统治理向现代法治治理转变的一个重要的中间环节，至少对有着深厚小农经济传统的中国农村是如此。①

万丰村是一个非常独特的村庄。它有着深厚的宗族村庄底色，全村人都姓潘；它处于改革开放的前沿，在市场经济发展中率先一步。作为万丰村领导人的潘强恩也非常奇特，既有农民的底色，又有小知识分子的理想，被称为"现代欧文"，主张财产人人共有，保证效率与公平的协调，以实现共同富裕的"共有制"理想。1992年在北京人民大会堂举办了"万丰模式"的研讨。村庄里办有"文化大革命博物馆"。从他身上折射出多个时代叠加的色彩。两年前，我让我曾经指导，后在深圳工作的博士生吴记峰跟踪万丰村，并看望潘强恩这一传奇人物。从一个人、一个村庄去发现大时代，正是田野政治学的研究特点。

二 治理视角下的村庄分类与权威

农村改革后的村庄开始发生分化，并会影响村庄的治理形态。这意

---

① 徐勇：《权力重组：能人权威的崛起与转换——广东省万丰村先行一步的放权改革及启示》，《政治学研究》1999年第1期。

第九章　以村庄类型为切口的田野政治学

味着，对村庄治理的理解需要加以分类。用张厚安教授的话说，通过个案村调查实现"一滴血验全身"已远远不够。为此我们在全国范围选择了20多个村庄进行分类调查，并于2000年出版了《中国农村村级治理——22个村的调查与比较》一书。通过调查，我们发现：

> 中国农村村级治理的制度变迁，除了国家统一的制度安排外，愈来愈受到社区自身因素的影响。制度安排的统一性和制度运作的多样性并存，成为农村改革后村级治理的重要特点。它超越了人民公社时期村级治理体系高度同一性的模式。①

在村级治理中，领导人由于直接掌握和运用公共管理权力而居主导地位。领导人的产生过程实际上是领导权力的获取过程，并直接关系到领导权力的运用。领导权力的运用成效又取决于领导权威。因此，领导人的产生及领导权威的获取是村级治理过程中的关键环节。正是根据这一认识，我们将所调查的村庄分为以下治理模式：

（一）传统型

从村级治理看，中国乡村历来受两个方面的权力体系的影响。一是自上而下的国家行政权力体系；一是乡村农耕社会内生的村落共同体自治权力体系。在当今农村仍然存在这两个方面的权力，只是形式有所不同。……在当今的农村，事实上存在着两种传统：人民公社传统和村落共同体传统；存在着两种权威：外入的行政权威和内生的村落权威。受此影响，传统型的村治模式又可分为两类：

（1）传统—行政主导型。其特点是村级治理受自上而下的国家行政权力系统的支配，村级治理缺乏自主性和能动性，治理的内容主要是落实政府下派的各种任务，村领导人更多地扮演的是政府代理人角色。如四川省的白石村等。

（2）传统—村落权威主导型。其特点是村级治理受村落共同体

---

① 张厚安、徐勇、项继权等：《中国农村村级治理——22个村的调查与比较》，华中师范大学出版社2000年版，第29页。

内生的某一强势力量如家族、强人的影响，自上而下的行政权威由于村落强势力量的消解甚至强力抵制而难有成效，村级治理寻求内生于村落共同体中的习俗、信仰、威慑等力量维持社区秩序。如江西省的桥下村、华村等。

（二）能人型

能人型村治的重要特点是，个别或少数能人在村级治理实际过程中居支配性地位，具有相当高的权威。因为在他们身上同时集中有两种权力，一是国家正式权威的认可和支持；二是社区成员的认同和服从。由于能人同时集聚着国家意志和社区意志，因此整个村治过程中都体现着能人的作用和影响。能人是相对于一般民众而言的。在不同的村落背景下，能人与一般民众的关系及其在治理中的地位和影响有所不同。能人型村治又可分为两类：

（1）能人支配型。其特点是个别能人在村级治理中居支配性地位，不仅一般民众，就是村级领导也对其高度认可和服从。能人的社区领袖地位具有神圣性和不可动摇性。社区成员将村治权力完全自愿地让渡于能人，大众基本上没有参与。如河南省的南街村。

（2）能人主导—大众参与型。其特点是个别或少数能人在村级治理中发挥主导性作用，但这种主导地位和作用要不断通过其特殊的才能加以证明，否则就会受到挑战。社区成员高度信任能人，但没有完全让渡其村治权力，并能够通过参与影响村治过程。如广东省的万丰村。

（三）法治型

法治型是指村级治理建立在法律规范和共同同意的基础上，治村过程有一套明确的规范和程序。农村改革后，国家治理农村的一个重要特点，就是将乡村治理纳入国家法律规范的轨道。……从所调查的村来看，这一转变和内化过程还处于初步阶段，且表现很不平衡。法治型村治大致可分为两类：

（1）外在—法治型。其特点是村民委员会组织法开始进入村治过程，但这种进入更多是国家外部输入的结果，法律精神的渗透主要取决于政府力量的推动，村民自治形式上的意义高于实质，尚没有内化为村级治理行为，如村民的自治权主要体现在村民委员会选举上,即使选举,也往往是流于形式。这一类型的村庄在被调查村中占多数。

(2) 内化—法治型。其特点是村民委员会组织法不仅进入村治过程,而且开始内化为村级治理的自觉行为。这主要表现为"依法建制,依制治村",具体而言,村级治理根据国家法律精神,由村民共同制定村民自治章程等基本治村规则,村民通过村民会议和村民代表会议参与村务管理和监督,因此,国家法律成为村治的基本依据,村民共约的制度程序成为治村的直接起点,法律规范是治村的最高权威。在一些村民自治示范村,已具有这一治理类型的特点。如湖南省的白鹤村、广东省的坐岗村、四川省的张金村等。[①]

上述只是纯粹形式上的分类,实际上村治模式没有哪一种完全属于这种纯粹类型。从所调查的村来看,村级治理模式分别具有各种类型的特点。当然,不同的村级治理所体现的村治类型特点有所不同,有的村更多表现为传统型,有的村则主要表现为能人型或法治型。正因为如此,将被调查村的村治模式分为传统型、能人型和法治型仍然有实质上的意义。

应该说,从我们的调查情况看,法治类型的村并不多,即使是这一类型,至多也属于仅具有法治成分。但是,我们在1990年代便提出了法治的理想类型。这与20多年后中共十九大建立自治、法治和德治相结合的乡村治理体系的构想高度吻合。

三 农村社区建设与微观组织再造

在中国,一家一户是基本的生产、生活和政治单元。但是,人们还有许多事务是一家一户难以解决的。大量超越家户的公共事务需要更大范围的组织来解决,最重要的便是村庄。村庄构成农民完整的生活世界,成为农村社会的基本组织。1949年后,通过集体化,建立起人民

[①] 张厚安、徐勇、项继权等:《中国农村村级治理——22个村的调查与比较》,华中师范大学出版社2000年版,第82—86页。

公社体制。人民公社不仅是生产组织单位，而且承担着所有的公共事务。人民公社体制废除后，农业生产实行家庭承包，公共事务通过村民自治组织加以解决。但是，在实际生活中，村民自治组织大量承担的是政府下派的任务。特别是在1990年代，政府下派的任务愈来愈多，农民负担愈来愈沉重，农村群体性事件也日益增多。正是在此背景下，农村实行税费改革及其相应的治理体制改革。这一改革减轻了农民负担，同时过去由农村税费所支撑的农村公共事务也陷入了无人管理的困境。这是农村发展面临的新问题。记得我在2006年11月30日中共中央政治局集体学习担任讲解时，时任政治局委员的俞正声提出的问题便是，税费改革后村庄公益事务实行"一事一议"，议不起来怎么办？

实践总是会寻求解决问题的出路。湖北省秭归县杨林桥镇进行农村社区建设探索，以解决税费改革后村庄公益事务如何办理的问题。当地领导联系我，希望从理论上提供支持。我本人和学生数次到当地调查。该镇位于深山区，交通不便，我先后换了数次交通工具，后来依靠步行再到现场。在实地调查的基础上，我在《河南社会科学》2006年第5期发表《农村微观组织再造与社区自我整合——湖北省杨林桥镇农村社区建设的经验与启示》一文，指出：

> 农村税费改革的一个预想不到的后果是行政化治理进一步向村组渗透，而大量基于乡村社区内部，需要以自治的方式加以处理的公共事务却陷于无组织依托办理的困境。这实际也反映了社会主义国家改革中的一个共同性问题，即一旦外部性的行政（党政）整合机制发生变化或者链条中断后，没有内生的自组织加以替代，缺乏自我整合的机制。要解决这一"治理真空"问题，必须重新构造微观组织体系，特别是注重内生的社区民间组织的发育。湖北省杨林桥镇在农村税费改革中产生的农村社区建设经验为我们寻求解决问题的思路提供了经验性范例。

受到铁炉冲依靠村民自己办理自己最需要的公益事业的启发，2003年5月，镇党委和政府引入当时正流行于城市的"社区建设"的理念，并首先在白鹤洞村进行农村社区建设试点。试点成功后便在全镇统一推行。2003年7月1日，杨林桥镇正式开始撤销运行多

第九章　以村庄类型为切口的田野政治学

年的村民小组建制，组建农村社区。按照"地域相近、产业趋同、利益共享、规模适度、群众自愿"的原则，全镇 14 个村成立社区 306 个，互助组 1034 个。①

杨林桥镇通过农村社区建设来解决税费改革后公共事务无人管理的问题，成效显著。"社区"既是对农村社会主要依靠村庄自组织解决公共事务传统的继承，又具有根据农村发展自上而下组织和推动的特点。

> 社区的概念原本就来自乡村，其核心精神是形成具有共同的认同和归属感的生活共同体。这种共同体的基础是共同体成员的公共需求，并主要依靠社区自身的力量进行整合。但长时间以来，由于单一的行政化治理，社区的理念未能进入乡村。杨林桥镇率先将社区的理念引入乡村治理中，并以社区体制重新构造农村微观组织体系，对于构建乡村自我整合机制具有重要启示性意义。②

2006 年 10 月，中共十六届六中全会通过的《中共中央关于构建社会主义和谐社会若干重大问题的决定》提出："积极推进农村社区建设，健全新型社区管理和服务体制，把社区建设成为管理有序、服务完善、文明祥和的社会生活共同体。"社区因此成为村庄的全新要素，它既非传统的农民自组织的自然村，也非基于国家行政管理的行政村，而是一种社会生活共同体。杨林桥镇的探索无疑走在全国前列，且当地不断进行新的探索，成为全国的典范。我多次前往跟踪观察。主持杨林桥镇社区探索的镇党委书记李修武是一位非常善于思考的基层领导干部，我们在调查时他与同行的博士生进行了热烈的讨论。他之后不断提升，2019 年任湖北省民族宗教事务委员会副主任。

在中国，"一家一户"边界清晰，比较容易理解。村则是一个可以

---

① 徐勇：《农村微观组织再造与社区自我整合——湖北省杨林桥镇农村社区建设的经验与启示》，《河南社会科学》2006 年第 5 期。

② 徐勇：《农村微观组织再造与社区自我整合——湖北省杨林桥镇农村社区建设的经验与启示》，《河南社会科学》2006 年第 5 期。

从不同角度理解的名词。有从长期历史自然形成的自组织角度界定的自然村，有从国家行政管理角度界定的行政村。人民公社体制通过公社、生产大队和生产小队组织完全改变了过往的村庄组织体系。这种组织体制充分体现了自上而下的管理特性。人民公社体制废除后，在乡镇以下建立村民委员会，从性质上属于村民自治组织，但功能上又承担自上而下的行政事务。通常所称的村，主要是以建立村民委员会为标准的建制村。这一村组织规模较大，人口也较多，更多的是一种基于外部力量形成的集合体。

自建立人民公社开始，基本组织单元便成为一个突出问题。直到经过数年的探索，执政者才确立了"三级所有，队为基础"的管理体制。毛泽东还专门指出，"队"是指生产小队。生产小队规模较小，人口不多，且大多以自然村为基础，属于有认同感的"熟人社会"。以生产小队为单位，有助于组织和管理。人民公社体制废除后，全国大多数地方在原生产大队基础上建立村民委员会，在原生产小队基础上建立村民小组。但在相当长的时间里，建制村得到重视，特别是能够完成政府任务，因此被称之为"行政村"，村民小组的地位被忽视。

随着废除农业税和建设新农村，建设主体和相应的组织问题凸显出来。广东省云浮市在推动农村社会建设时，发现以村民小组或自然村为单位更有活力，也更有成效。时任广东省委书记的汪洋到云浮考察的典型村，便是一个自然村落。云浮市在启动农村社会建设时，便邀请我指导。在调查的基础上，我在《河北学刊》2011年第5期发表《"组为基础，三级联动"：村民自治运行的长效机制———广东省云浮市探索的背景与价值》一文，指出：

> 云浮市在探索自己的发展道路时发现，要实现农业现代化离不开农民，要进行新农村建设离不开农民，要在经济发展中实现对农村社会的有效管理更离不开农民。但现有体制却限制了农民主体能动作用的发挥，农民缺乏参与新农村建设和农村社会管理的制度性平台。为此，该市云安县率先在组（自然村）一级建立村民理事会。村民理事会理事由有威望、有能力的老党员、老教师、老模范、老干部以及村民代表、复员退伍军人、经济能人、外出乡贤等

第九章　以村庄类型为切口的田野政治学　◇◇　183

有影响的人员组成，采用"三议、三公开"的方式（理事会提议、理事走访商议、户代表开会决议；议案决议公开、实施过程公开、办事结果公开）进行民主议事。村民通过村民理事会这一平台进行自我管理、自我教育和自我服务。

云浮市以"组为基础"，建立村民参与基层事务管理的平台，不仅破解了自身的难题，更具有普遍性的制度价值，有助于将村民自治引向深化。这是因为：

其一，组是最紧密的经济共同体。现行的村民小组建立在原生产队基础上。农村土地等集体资产大多属于村民小组，农民的生产活动范围更多在村民小组内进行，农民的生产互助活动也大多发生于相邻的村民小组内。因此，村民小组是农民最为直接的利益单位。农民的利益和利益关系绝大多数处于村民小组之内，而农民最关心的是与自身利益直接相关的事务。

其二，组是最紧密的社会共同体。村民小组大多建立在自然村基础上。自然村是历史形成的，居民居住相近，早晚活动随时相见。在这样一个熟人社会里，人们比较容易建立信任关系，也比较容易形成共同性规范，更有利于村民共同参与管理公共事务。在实际生活中，推选组长比选举村委会主任要简单和容易得多，且权威基础更坚实。其原因就在于村民对相邻的本组人有较为充分的了解。

其三，组是最紧密的文化共同体。村民小组是由若干相邻的家庭构成的社会群体。由于历史的原因，这种社会群体具有一定血缘和族缘关系。如许多自然村落是以姓氏命名的。由共同的血脉和族缘关系构成共同的文化，并强化村民对本共同体的认同和归属，而认同和归属是村民参与公共事务、共同建设美好家园的重要基础。在现实中，村民参与村民小组范围内的公益事业的动力与愿望往往更为强烈。如广东省云浮市的外出"乡贤"很多，他们十分愿意为"家乡"建设出资出力，献计献策。而这一"家乡"更主要的是与自己有血缘和族缘关系的自然村落。云浮市在组一级设立村民理事会，正好满足了这一需求，这也是动员社会力量参与新农村建设的一个重要举措。①

湖北省秭归县杨林桥镇和广东云浮市的探索对农村微观组织再造，特别是激发农村基层和农民的积极性具有重要意义。2014年中共中央一号文件指出："探索不同情况下村民自治的有效实现形式，农村社区建设试点单位和集体土地所有权在村民小组的地方，可开展以社区、村民小组为基本单元的村民自治试点。"推动云浮市改革探索的市委书记后主政厦门、沈阳及国家建设部时，都非常注重通过制度创新激发基层和群众的积极性。这也是共产党人的高明之处，不光自己带头干，更重要的是激发基层和群众的主动性、积极性和创造性。其机制是创新制度，在农村就是村庄制度。而村庄制度涉及对村庄的分类和认识。如果整齐划一的按照行政村的标准，就难以有基层和群众自己创造的农村"社区"，也难以有"组为基础"。

四 集体经营与个体经营的区域性

人们的认识与其环境和经历有关。我生长和生活在南方的长江边。从事农村研究后的主要调查点在南方。湖北省秭归县杨林桥镇和广东云浮市的探索都发生于南方。尽管2014年中共中央一号文件鼓励以村民小组为基本单元的自治试点，但也存在不同看法。其中的重要原因便是南方和北方的村庄差异。南方的自然村较小，通常以自然村为基础建立村民小组。北方的自然村较大，通常是一个自然村基础上建立一个"建制村"。我在写作《包产到户沉浮录》时，便已注意到集体统一经营和分户个体经营的不同发源地。后来在农村调查，我发现集体统一经营的典型主要在北方，包产到户的发起者主要在南方。联系湖北省秭归县杨林桥镇和广东云浮市的探索，我将区域性引入村庄的研究之中。我在《中共党史研究》2016年第4期发表了《区域社会视角下农村集体经营与家庭经营的根基与机理》的长文。文章首先阐述了中国的"区域性"。

---

① 徐勇、周青年：《"组为基础，三级联动"：村民自治运行的长效机制——广东省云浮市探索的背景与价值》，《河北学刊》2011年第5期。

第九章　以村庄类型为切口的田野政治学

在中国，最大的区域差异是北方与南方。中国地理分布的分界线之一是淮河，淮河以北为北方区域，淮河以南为南方区域。……在世界上，也很难找到有中国这样南北差异之大，并对经济社会政治产生巨大影响的国家。中国历史上就曾数度出现过南北分化、分裂、分治时期，如南朝、南宋。南北差异也给政治决策和走向带来影响，如开辟大运河，首都东移和北进，政治过程中的南巡和北伐等。这都表明中国北方和南方有着不同的自然—社会—历史土壤，会生长出不同的结果，由此也构成集体经营与家庭经营的区域社会根基。①

我们要理解集体经营与家庭经营，首先要将其放在村庄这一空间中考察，而中国南北区域差异就最为直接地体现在村庄这一微观空间社会中。中国南、北农村居民的集居或散居形态，是在长期历史过程中形成的，受到多种因素的制约，有其深刻的历史根源，由此造就了南北区域的"村庄性格"。

第一，北方集居村庄因为人与人之间的空间距离小、与土地的空间距离大，更加注重人与人之间的关系。南方散居村庄因为人与地之间的空间距离小，与人的空间距离大，更加注意人与地的关系。

第二，北方集居村庄注重人与人之间的关系，其整体性强，强调村庄的同一性和一致性。在北方村庄，居民基本都从事农业生产，居住的房屋形态大体一致，区别在于其大小。南方散居村庄则充分考虑自然地理因素，农村居民分工分业，差异性明显，村庄随山水而形成，民居也各不相同。

第三，北方集居村庄的组织性和集体行动能力强，各农户的生产条件和能力大体相同，社会结构缺乏分化，更多的是平均式的平

---

① 徐勇：《区域社会视角下农村集体经营与家庭经营的根基与机理》，《中共党史研究》2016年第4期。

等。为防止外部力量的侵入或者改善自我生存条件,居民比较容易组织并形成集体行动能力,村庄集体本位强。就是要饭,也要"抱团"。村庄与农户的社会联结较紧,甚至离开村庄,农户便缺乏生存发展的条件。南方村庄各农户的生产条件和能力则明显不同,社会结构有所分化。村庄各家户的自我生存能力强,不太依靠集体,家户个体本位强。村庄与农户的社会联结较弱。

第四,北方村庄集中居住,行政村与自然村往往合为一体,对外有较清晰的边界,对内有较强的内聚力。……而南方村庄顺应自然地形,居住分散,行政村与自然村二分分立,对外的边界模糊,内部的内聚力较弱。

第五,北方集村的集体人格权威强,为了维系组织性和整体性,管理公共事务,村庄集体一般都有一个权威性人格担任领导,如庄主、寨主。而南方散村的差异性大,公共事务不多,缺乏权威性人格。即使有,也不具有庄主、寨主那样的地位。

第六,北方村庄为了维护村庄的同一性,集体可以干预个体,并有惩罚机制。南方村庄则更多依靠村民自我认同的亲情和习俗这一"软实力"形成村落认同。

总体上看,北方村庄具有集体社会的特性,村庄社会成员集中居住,能够集合力量满足共同需要,通过集体人格权威集中权力,集合共同意志处理共同事务,其集体性强;而南方村庄具有个体社会的特性,村庄社会成员分散居住,主要以个体家户的力量满足自我需要,家户间的联系相对松散,缺乏与生俱来的共同需要和集体意志,其个体性强。南北区域集居与散居两种村庄形态,也为以"村集体"为单位的统一经营和以家庭为单位的分户经营提供了村庄基础。①

农村集体经营与个体家庭经营是 20 世纪后半叶发生在中国的两件大事,并引起社会的深刻变革。同时,这一过程也付出沉重的代价。本

---

① 徐勇:《区域社会视角下农村集体经营与家庭经营的根基与机理》,《中共党史研究》2016 年第 4 期。

文从区域社会的角度研究集体经营与个体家庭经营的发生、发展与结果,最主要的目的就是总结经验教训,从理论上探讨在一个区域差异大的超大国家,如何寻找基层地方多样性与国家整体一致性之间的合理张力,及其相应的农村政策选择。

正是经历了数十年的艰苦探索,中国目前已经形成农村基本的经营制度,即以家庭经营为基础,统分结合,双层经营、宜统则统、宜分则分。但在实际进程中,为什么和怎么样才能做到"宜统则统、宜分则分",却还有待深入继续探讨。在实践中往往出现的是:"统得过死,分得过多",很难因地制宜作出决策。其重要原因之一就是对"地"的属性缺乏深入调查和研究,对整个国情的认识更多的是片断的、零碎的、表层的。这就需要学界对中国国情进行深入调查和深度研究,以为因地制宜的国家决策提供依据。[1]

社会科学是现代社会分工的产物。作为一种社会科学研究,重要的不是发表政策言论,而是为制定政策提供理论与实际依据,供决策者参考和选择。这是现代社会分工的要求。学者只有寻找到最适合于自己的位置,才能发挥自己独特的优势。长期历史以来,从事农村研究的学者不少,发表的成果更是浩如烟海,但是能够对决策层产生直接或间接,短期或长期影响的成果却少之甚少。作为学人,我们可以对政策发表意见,乃至评头论足,但最重要的是要反思,学者对政策的制定作出了什么具有独特价值的贡献?

五 "分与合"为标准的区域村庄

围绕集体经济和村民自治实现形式的探索与调查,由探索引发的争论,一步步将我们的视野引向深入,这就是不能停留在事物的表象,而需要深入社会历史的深处,寻求和理解社会现象的内在机理。2015 年

---

[1] 徐勇:《区域社会视角下农村集体经营与家庭经营的根基与机理》,《中共党史研究》2016 年第 4 期。

我发起了"深度中国调查",其中的主要内容便是以村庄为单位的农村社会形态调查。这一调查具有很强的规划性。为此,我进行了较为充分的理论准备,并在《山东社会科学》2016年第7期发表《"分"与"合":质性研究视角下农村区域性村庄分类》的长文,系统论述了农村村庄调查的目的和特点。

> 社会科学研究不同一般的言论发表,特别需要方法论的自觉,并选择最为适合的方法达到自己的研究目的。农村研究要准确把握"地"和"类"的属性和特质,需要研究者在学术目标指导下,进行实地调查,收集资料,通过分析来完成,因此特别适合于"质性研究"(又被称之为"质化研究"、"质的研究")方法。
>
> 农村研究关注"因地"与"分类",均涉及整体与部分的关系。"因地"通常是指在一个国家整体内,由于不同条件形成不同地方的特点;"分类"通常是指对一个事物整体内的不同要素区分为不同类型。如何界定农村研究中的整体与部分的关系呢?这就需要寻找统一的维度。这一维度就是"分"与"合"。
>
> "分"是由整体中分化或产生出部分,包括分开、分散、分化、分离等。"合"是指各个部分合为一个整体,包括合作、合成、整合、结合、联合等。"分"在于个别性、部分性,"合"在于一般性、整体性。
>
> "分"与"合"是对人类社会的存在状态,也是农村研究的基本标准。由于自然—社会—历史的条件不同,"分"与"合"在一个国家内不同农村区域的表现形式不一样,使得某些村庄在一定区域存在多一些,某些村庄在一定区域存在少些,由此构成不同的区域性村庄。①

根据"分"与"合"的维度与自然—社会—历史条件,执照典型化分类的标准,我们可以将中国农村分为以下七大区域性村庄:

---

① 徐勇:《"分"与"合":质性研究视角下农村区域性村庄分类》,《山东社会科学》2016年第7期。

第九章　以村庄类型为切口的田野政治学

1. "有分化更有整合"的华南宗族村庄。

"有分化更有整合"是宗族村庄的鲜明特征。宗族与氏族不同，它是以个体家庭为基本单位的。如果说宗族是"大家"，那么，个体家庭则是"小家"，只是"小家"是由以共同的祖宗为纽带的宗族"大家"分化出来的。"小家"尽管有相对独立性，但是与宗族"大家"有紧密的联系，宗族村庄通过共同的血缘关系、财产关系、社会关系、文化关系和治理关系将各个小家和个人结合或者整合在一起，形成以血缘关系为基础的共同体。这类村庄有"分"，但更有"合"，或者更强调"合"，并有促进"合"的机制。因此，宗族村庄以宗族整体性为最高标准，其内部存在差异性，但更有将差异性抑制在整体性框架内的机制，从而形成宗族村庄秩序。

2. "有分化缺整合"的长江家户村庄。

"有分化缺整合"是长江家户村庄的鲜明特征。如果将"聚族而居"的宗族村庄视之为大树的话，那么，"随水而居"的家户村庄则是大树的枝丫和树叶。只是与宗族村庄不同，家户村庄的个体家户与远祖缺乏内在的联系，犹如脱离了树干，散落在各地的枝叶。个体家户及其相近的亲族在日常生活中占主导地位，近亲愈近，远亲愈远，缺乏对共同祖宗崇拜、共同地域、共同财产、共同社会关系、共同价值、共同治理等机制将一个个个体家户联结起来，形成具有整体性的共同体。家户本位的私人性、差异性、竞争性强，村庄联系和合作的整体性、共同性弱。

3. "弱分化强整合"的黄河村户村庄。

"弱分化强整合"是黄河村户村庄的鲜明特征。由于自然条件、社会条件和历史境遇的同一性，黄河区域村庄内部的分化程度不高，或者分化比较简单。但是，黄河区域的农村社会成员的集聚度高，人与人之间的联系紧密，村民之间的横向联系较强，特别是由于外部自然条件恶劣（如缺水）和社会条件严酷（如经常性战乱）的强制性整合，造成村庄的集体依赖性和整体性强。如果说，在中国，少数民族进入中原地区后会"汉化"，那么，中原地区也会"胡化"。其游牧民族的部落群体对于中原尤其是黄河区域有很大影响。这也是黄河区域村庄整体性强的重要原因。总体上看,黄河区域的村庄地域整体的地位高于血缘家户个体,集体意识和行动能力强。

4. "小分化大整合"的西北部落村庄。

"小分化大整合"是西北部落村庄的鲜明特征。家庭是部落构成的微小单元,但家户寓于部落之中,部落的地位远高于家户,其内部的分化程度非常小。同时,为了应对恶劣的环境,部落之间还会形成联盟,由此形成大整合。这种整合不同于黄河区域以村庄为单位的整合,而经常会超越一个个部落单位,从而获得更为强大的整体性和集体行动能力。传统游牧部落以"十户长、百户长、千户长"作为组织建制,便反映了大整合的特点。这也是游牧民族得以经常战胜农业民族的重要组织原因。

5. "低分化自整合"的西南村寨村庄。

"低分化自整合"是西南村寨村庄的鲜明特征。由于自然、社会和历史条件的同一性,西南村寨的社会分化程度很低,人们世世代代过着相同的生活,与外部交往很少。正是在封闭的生活空间里,形成了独特的习俗,人们根据世代传承的习俗进行自我调节,其自我整合的自治性强。与此同时,由于位置偏远,中央政府对于这些地区实行"因俗而治"的政策,使得村庄自我调节得以长期存续。

6. "高分化高整合"的东南农工村庄。

"高分化高整合"是东南农工村庄的鲜明特征。农工村庄的商品经济较为发达,开放度高,与市场和城市联系紧密,社会分化程度高。这种分化不再限于农业村庄,而是跨越村庄,与城市和市场相关。如1949年前,东南区域出现许多城居地主和工商业地主,这与其他区域主要是在村的"土地主"有所不同。伴随高分化的是高整合,这种整合也不再只是局限于村庄内部,而是跨城乡,以市场为中心的整合。人们之间的横向联系不仅仅限于乡土人情,更重要的是市场理性网络。村庄只是整个市场社会之中的一个环节。

7. "强分化弱整合"的东北大农村庄。

"强分化弱整合"是东北大农村庄的鲜明特征。开荒垦殖意味着原地荒无人烟，人们依靠强力获得土地而定居，并产生社会分化。这种分化不是长期历史自然形成的，而是具有很显著的突然性、人为性和强力性。同时，国家治理的缺失也造成了社会的强力占有和争夺，"匪气"和"匪患"严重。正因为如此，尽管东北村庄以集居方式存在，但相互间的横向联系纽带缺失，村庄犹如一个"拼盘"，人虽在一起，但缺乏共同财产和共同心理认同，村庄整合度弱。①

以上划分只是基于已有调查和知识进行的一种理想类型的分类，以为实地调查提供一种指引。总体上看，"深度中国调查"的村庄调查主要是调查传统的农村社会形态，包括历史沿革、自然形态、经济形态、文化形态、社会形态和治理形态，调查提纲非常详尽。

六 历史延续性视角下的社会形态

"深度中国调查"计划以村庄为单位进行农村社会形态调查。对于为什么要调查传统农村社会形态，不是所有调查者都能理解。为了推动这一调查的顺利进行，我撰写并在澳门大学《南国学术》2017年第4期发表题为《历史延续性与中国农村社会形态的认识——一论站在新的历史高点上的中国农村研究》的论文。"历史延续性"是我从调查和研究中提出的一个历史认识论坐标。我在《中国社会科学》2013年第8期发表的题为《中国家户制传统与农村发展道路——以俄国、印度的村社传统为参照》一文，开宗明义地提出："当下中国正处于传统与现代的历史转换之中。在探索现代社会发展道路的过程中，注重传统的'延续性'与注重超越传统的'创新性'同样重要。那些能够对现代社会产生长远影响的本源型传统，构成现代社会发展的基础性制度，是现代社会的历史起点和给定条件。"② 我在《中国社会科学》2016年第7期

---

① 徐勇：《"分"与"合"：质性研究视角下农村区域性村庄分类》，《山东社会科学》2016年第7期。
② 徐勇：《中国家户制传统与农村发展道路——以俄国、印度的村社传统为参照》，《中国社会科学》2013年第8期。

发表题为《历史延续性视角下的中国道路》一文,指出"中国道路有着深厚的历史根基,其鲜明的特点是历史延续性而不是断裂性,而延续性的主要力量在于内在的动力与活力。"①

20世纪是中国处于重大历史转变的世纪。翻天覆地的革命和现代化是这一历史转变的中心议题,包括对旧的统治制度和生产方式的革命性替代。由此产生了对农村社会形态的认识和研究,并取得了丰硕成果。但受时代所限,在思维方式方面存在历史断裂倾向,对传统的否定性理解较多。这也是新中国成立后农业集体化进程过快过急的重要原因。《历史延续性与中国农村社会形态的认识——一论站在新的历史高点上的中国农村研究》的论文在总结20世纪研究进程的基础上,提出:

> 21世纪崭新的历史高点为中国农村研究提供了新历史条件,也提出了新的历史任务。而要完成这一历史任务,除了学术自觉以外,就是要建立思维方法自觉。通过引入历史延续性的视角,对中国农村社会形态进行长时段、整体性、特质性、遗传性、微观性和多样性研究。
>
> (一)历史延续性视角下对中国农村社会形态的长时段认识。
>
> 确立历史延续性的长时段视角有助于认识和发现中国农村社会内生的各种要素的价值与限度,从而给予了准确的判断。
>
> (二)历史延续性视角下对中国农村社会形态的整体性认识。
>
> 社会形态是一个由不同侧面和局部构成的整体。只有从整体上把握,才能完整地认识和发现社会形态的运行过程。
>
> (三)历史延续性视角下对中国农村社会形态的特质性认识。
>
> "社会形态"概念的提出,重要价值在于根据不同标准将人类社会分为不同的形态,关注其质的规定性和差异性。
>
> (四)历史延续性视角下对中国农村社会形态的遗传性认识。
>
> 人类社会形态尽管有本质的差异,但并不意味不同社会形态是互不相干的不同体。新社会里有旧因素,旧社会中也有新元素,由此才能构成新旧更替。

---

① 徐勇:《历史延续性视角下的中国道路》,《中国社会科学》2016年第7期。

（五）历史延续性视角下对中国农村社会形态的微观性认识。

人们很难从整体上去认识和把握一个社会与另一个社会的不同，但可以通过构成宏观社会的微观组织要素去反观宏观社会。

（六）历史延续性视角下对中国农村社会形态的多样性认识。

历史延续性的视角强调人类社会形态发展有基本规律可遵循的同时，也特别注意由于历史条件不同，人类社会形态的构成样式及其变化的多样性、丰富性和复杂性。不仅不同国家，就是一个国家内部的社会形态也可能不一样。①

"深度中国调查"以村庄为单位进行传统农村社会形态的调查，目的便是以村庄为切口，了解和理解农村社会形态的长时段、整体性、特质性、遗传性、微观性和多样性。为了推动大规模的调查，我接着在《吉林大学社会科学学报》2018 年第 3 期发表《历史延续性视角下中国农村调查回眸与走向——再论站在新的历史高点上的中国农村研究》，阐述了"深度中国调查"与过往调查的承接和开拓。

七 社会基本单元与内生政治形态

2015 年启动的"深度中国调查"，重点是以村庄为单位进行传统农村社会形态的调查。之后的数年，博士生和青年老师都参与了这一调查。我本人实地考察了 100 多个村庄。这一调查获得大量农村社会形态调查资料。

我们是从政治学的角度介入农村社会形态研究的，了解和认识农村社会形态，是希望认识中国农村治理的历史根基。这一历史根基随着新中国建立后国家对传统社会形态进行大规模改造后已发生很大变化，但它构成了改造和变革的社会底色。只是这一历史根基和社会底色未能引起学术界的重视。我们在研究村民自治过程中一步步走向历史深处，并进行传统农村社会形态调查。社会形态调查最重要的是了解社会特性。

---

① 徐勇：《历史延续性与中国农村社会形态的认识——一论站在新的历史高点上的中国农村研究》，《南国学术》2017 年第 4 期。

这种社会特性通过社会基本单元的特性表现出来。正如摩尔根所说："基本单元的性质决定了由它所组成的上层体系的性质，只有通过基本单元的性质，才能阐明整个的社会体系。"① 中国乡村治理的多样性正是由于不同的社会形态根基决定的，并通过基本单元表现出来。通过调查，我们希望发现在国家尚未对传统社会形态进行根本性改造的条件下，农村社会是如何在既有的社会形态基础上内生出政治形态的？这种内生型的政治形态与1949年之后国家对传统社会形态进行大规模现代性改造和社会形态发生重大变革后的政治形态，有着重大差别，也是过往学界很少关注的"空白"领域。

在大规模调查基础上，开始产出研究成果。我在《云南社会科学》2020年第4期主持了一个栏目，名称是"从微观政治形态发现国家政治的根基"，提出"国家是一个活动着的有机体，其特性是由基本单元的性质决定的。以社会基本单元为基础的微观政治形态是理解国家政治的一把钥匙。"② 我指导的博士生秦荣炎和张慧慧以他们调查的村庄为基础，在该栏目发表两篇论文。

秦荣炎在《关系叠加视角下的村寨制政治形态——以西南传统侗族村落社会调查为基点》一文中指出：

> 从永兴侗寨为中心的调查资料来看，1949年前的村寨具有典型的地缘共同体的特征。……地缘共同体主要有两个特征，一是共同生活；二是共同占有土地。村寨共同体是地域关系的体现，也是地缘共同体的一种具体表现形式。……村寨最初由少数几个家户发展而来，土地作为生存的最大倚仗，由全寨家户共同占领、共同维护、世代继承而来，每个家户所占有的土地，都有着其他家户共同付出的努力。同时，村寨共同体中的家户及其个体在村寨基本单元中共同生活，有着共同的利益需求。由于受特殊地理条件的制约，村寨相对封闭，共同生活、共同防御、生产合作等多重需求，形成

---

① ［美］路易斯·亨利·摩尔根：《古代社会》上册，杨东莼、马雍、马巨译，商务印书馆1977年版，第234页。

② 徐勇：《从微观政治形态发现国家政治的根基》，《云南社会科学》2020年第4期。

家户对村寨共同体的依附。此外，村寨共同体还有联合形成的共同秩序。如在应对匪患等重大公共事务方面，村寨通过款约、款盟等形式，组织家户及联盟村寨共同维持村寨单元的内部秩序和外部安全。

在西南地区，传统村寨基本单元基础上形成的村寨制，孕育了具有深厚自治传统的村寨共同体，表现出血缘关系与地域关系叠加的村寨制微型政治形态。在这一微型政治形态中，村寨基本单元是基础，寨老权主导的公共权力是核心，村寨规则主导的双层规则体系是关键，村寨主义价值观是至高原则。

在长期的村寨共同生活中，家寨一体的村寨制孕育了村寨共同体，形成西南地区内生性的自治传统。过往的村寨政治形态为之后的民族区域自治制度提供了历史基础。随着现代国家建设的推进，国家对村寨的介入越来越广泛和深入，传统的村寨制度在很大程度上被瓦解，但是作为一种政治形态，村寨制的制度因子在一定时期还在潜移默化地调节着村寨的基础秩序，村寨共同体仍然发挥着基础性作用。①

秦荣炎的论文解答了中国的村民自治为什么首先发源于西南村寨，且在西南村寨运行较为顺利的原因。这就是村寨社会形态内生的以村寨自治为特点的政治传统的自然延伸。我在家户制比较典型的长江区域进行过村民自治实验，也多次到西南村寨进行实地调查，并参加过村民委员会选举的观察，亲身体验到两个区域的自治成效的差别。因为有共同体的支持，村寨自治较易。村民自治最初发源于自然屯，就在于自然屯具有共同体的属性。而村更多是基于行政管理需要的集合体。

张慧慧在《关系叠加视角下的家支制政治形态——以传统彝族家支社会调查为基点》一文中指出：

民主改革以前，在森严的等级制度之下，为便于诺统治者对附

---

① 秦荣炎：《关系叠加视角下的村寨制政治形态——以西南传统侗族村落社会调查为基点》，《云南社会科学》2020年第4期。

属等级实施统治，产生了一套以父系血缘关系为基础的家支组织作为彝族地区所特有的社会政治结构。家支作为一种自然的血缘氏族，不仅是彝族社会的根基，也成为彝族社会的基本政治单元。但彝族社会的家支组织已不是原始形态的氏族，而是建立在奴隶制以及个体家庭基础上的再生的氏族。彝族社会在绵续的历史长河中，由诺统治者占据主导地位的家支氏族组织已非仅限于以诺等级为中心的血缘关系的世代延续，而是包含了曲诺与奴隶等级在内的再生的家支氏族。彝族社会在缺乏国家直接统治的"前国家"形态下，受生存环境的限制，其依托于血缘团体家支组织，将奴隶与奴隶主之间的经济对抗关系扩展至带有血缘亲情色彩的家支团体关系抑或拟制血缘关系，使得等级次序之上呈现出一种超越等级的生产、生活互动以及带有温情化色彩的共同体属性，从而形成家庭关系的放大，产生基于等级关系的彝族社会所特有的家支制度。

家支作为彝族社会的基本单元，在经济关系与血缘关系的双重支配下产生其特有的政治形态。在这一政治形态中，其以家支作为社会基本单元，构成以家支头人为核心的双向权力体系，并最终形成家支利益至上的稳固性等级身份秩序。

直至民主改革，彝族地区才因国家力量的逐步进入而从外部打破其以血缘支配权力的家支统治秩序，开启其"国家化"的进程。而放诸今天，在国家权力不断深入彝族社会的进程中，由于国家行政权力与地方家支体系的并存，以父系血缘关系为基础的家支制度仍对彝区的政权建设发挥着重要影响。①

张慧慧的论文解释了彝族奴隶制为何长期延续的原因。我到过她所调查的彝族村庄，还去过其他一些彝族地方。尽管这些地方发生了巨大变化，但历史的残余并没有很快消失，隐形的等级制仍然存在，并影响着人们的生活。在大凉山一个县城，我目睹了一位黑彝女性高贵优雅的风采，成为当地的一道风景线。

---

① 张慧慧：《关系叠加视角下的家支制政治形态——以传统彝族家支社会调查为基点》，《云南社会科学》2020 年第 4 期。

通过对传统社会形态内生的政治形态的考察，我们可以发现在中国政治整体格局下，基层治理的多样性，从而大大丰富了我们对中国政治的认知，也能为国家"因地制宜"决策提供依据。

八 将社会形态带入国家进程研究

田野政治学从研究村民自治着手，到对乡村治理的历史和社会根基的发掘，进而调查传统社会形态，无意中触及了历史学界久负盛名的"五朵金花"领域。

说起来，我还是个历史学的业余爱好者。上大学报志愿时我有三个专业可选，也有不同的考虑：中文，有点虚幻；政治，有点危险；毫不犹豫将历史作为第一志愿。因报考前务工，得空时便看报纸，对"批林批孔"时的"梁效"文章，印象深刻。其中许多历史内容，自己不懂，激发了兴趣，且可以远离现实政治。尽管大学录取的是自己最不喜欢的政治专业，但一直保留着对历史的兴趣，多少知道一点"五朵金花"的说法。所谓"五朵金花"是20世纪中国历史学界研究较多的五大领域问题，包括中国古代史分期问题、中国封建土地所有制形式问题、中国封建社会农民战争问题、中国资本主义萌芽问题、汉民族形成问题等。从根本上说是社会形态和社会性质问题。前些年，这五大领域问题一度沉寂，史界研究较为细碎化。近年来，又有呼吁加强对社会形态等大问题研究的趋势。

我们是以自己的路径进入历史学界"五朵金花"领域的，有自己特色。一是历史学界研究和讨论社会形态问题，是以中国整体为对象的，我们则是分区域的农村社会形态调查；二是历史学主要以历史文献为依据，我们则是实地调查，掌握了大量鲜活、具体、细致的第一手材料。这在于我们调查传统农村社会形态，是基于了解乡村治理的历史根基和社会底色，从政治学的角度将社会形态问题带入国家进程研究。

我们进行了大量的调查，积累了难以再现的资料，今后的重点是从政治学研究的角度加以开发。在开发中需要高度重视研究视角和方法，关键是从传统社会形态本身去发现和概括其特性，自我生成理论，而不是简单的理论剪裁和对既有理论的套用。历史学界"五朵金花"的社会形态研究之所以一度被漠视和冷落，缺陷之一便是对既有理论的简单套用，有贴标签的倾向。政治学研究更要加以避免。政治学是一门现代性很强的学科，其学术思想和话语体系大都是在现代社会基础上生成的。我们在运用政治学理论分析传统社会形态问题时，要高度重视已有理论的社会基础，避免将非常传统的社会形态与非常现代的政治学理论和话语作简单嫁接，将非常传统的社会形态置于非常现代的政治学理论和话语体系之下。这种生搬硬套的研究难以产生原创性成果，也有愧于辛辛苦苦的传统社会形态调查。以事实为依据，从事实中内生出理论，当是田野政治学的路径。

对传统农村社会形态的调查只是为了更充分理解当下中国治理的历史根基和社会底色。而当下中国乡村治理所依赖的社会形态已发生了巨大变化。在规划"深度中国调查"时，我就提出待传统社会形态调查结束便转入时态调查，即对传统社会形态的变化及其政治形态进行调查。这一调查是传统社会形态调查的延伸，重点发现社会形态变迁后政治形态的变化。如我在华南宗族村庄调查中提炼出"祖赋人权"的概念，这一概念显然只是依据村庄的宗族底色。如今宗族村庄发生了很大变化，形成了丰富的多层次的社会关系，并可能会构成"叠加权利"。我计划让在读的博士生从政治学的权利入手，调查随着社会形态的变迁，人们权利的获得和结构的变化。这或许是2020年田野政治学确立的新目标，即做有学术关怀的田野调查，由此将田野与政治学更为紧密地关联起来。

第十章 以国家形态为关联的田野政治学

无论农民个人，还是家户、村庄，都存在于国家共同体内，其状况和命运与国家政权和制度息息相关。田野政治学是由国家宏观层面下沉到田野基层的，从自下而上的田野角度看待国家，又从自上而下的国家形态认识田野，由此将田野与国家形态紧密关联起来。没有国家关联的田野很难称之为田野政治学。田野政治学的贡献之一便是将国家带入农村农民研究领域，发现农村农民的国家化进程，并通过建构"国家化"的概念，认识国家形态演化的关系叠加机制。

一 起点于非均衡的中国政治

国家是政治学的核心要素，也是政治学的主要研究对象。从某种意义上看，政治学就是有关国家的学问。但是，国家又是一个很不容易说清楚的问题。列宁深感：国家问题是一个"困难的问题"，是"一个最复杂最难弄清的问题"。[①] 我是在1980年代接触政治学的国家理论。当时，对国家的理解主要是两个方面：一是侧重于国家权力。这是因为革命的根本问题在于政权问题。二是将国家作为一个整体。尽管讲到国家整体与部分的关系，但主要是涉及不同的政治体制。我是从政治学的角度进入农村研究的。1986年承担了国家教委（现教育部）首批青年社会科学基金项目"我国城乡基层政治发展研究"。由此涉及城乡基层政治在国家体系中的地位和特点问题。

1980年代，中国的政治体制改革主要涉及党和国家领导制度改革，

---

① 《列宁选集》第4卷，人民出版社1995年版，第24页。

学界也主要是围绕这一宏大问题展开，基层政治发展没有引起太多关注。1980年代末的政治风波有复杂的原因，但也反映出思想界和学术界对中国政治的复杂性还缺乏深刻的认识。我正是在这一背景下开启"我国城乡基层政治发展研究"的，并于1992年出版了《非均衡的中国政治：城市与乡村比较》一书。该书的一个重要特点，便是从整体国家观中跳了出来，提出了中国政治的非均衡性特点。

以往人们经常以所谓"大一统"之类的字眼来概括中国政治社会的一致性特点。如果就国家的整体性，国家权力结构的一元性而言，这是不错的。但是，如果我们将视野投向国家整体之下的基础性政治社会之时，就会发现，中国的政治远非仅以"大一统"的字眼就能概括和涵盖。在中国这样一个地域辽阔、人口众多、历史悠久的国度里，政治社会状况异常丰富和复杂。在国家内的不同地方、不同社会组织单位、不同人群里的政治状况既有许多相似和共同之处，更有着不少的具体差别，表现出非等同性、非一致性的非均衡特点。可以说，世界上没有哪一个国家内部的政治非均衡性有中国这样突出。国家整体层次的一元性、一致性与国家统辖下的政治社会的非等同性、非一致性的结合，"大一统"与非均衡的结合，才是中国政治社会的完整状况和典型特点。

而中国政治的非均衡性特点又突出地表现为城市和乡村这两个具有鲜明特色的地域社会之间的差别。当我们全景式地扫描和追踪中国政治社会发展轨迹时，就会发现：在古代中国，虽然皇权至上的专制主义一统天下，但专制主义政治在城市和乡村这两个社会空间中的作用和表现远非一样。以皇帝为首的权贵在各个层次的城市自上而下对四方发号施令，行天子之威。与统治堡垒的城市遥遥相对的广阔乡村却与国家政治生活几乎处于隔绝状态，"天高皇帝远"，成为皇权鞭长莫及之地。而在近代，当城里人津津乐道于海外传来的"民主自由"，并为之奔走呼号时，乡下人却十二分诧异：民主自由能当饭吃吗？城市和乡村在政治方面的差异更是显而易见。即使在当代，虽然辽阔的中国大地普照着社会主义民主之光,但在城市和乡村却会折射出不同的色彩。①

将城市和乡村作为两个基本的社会地域体,具体考察其不同的政治社会状况、特点和变迁,对于认识中国,特别是中国政治社会的进程与规律具有特殊的意义。

中国既是一个历史悠久的古国,又是一个领土辽阔的大国。中国文明史一直是伴随着城市与乡村的分离、对立过程行进的,而且具有鲜明的独特性,政治社会状况的城乡差别和不平衡尤为突出。对中国社会历史有过深入考察的美国著名汉学家费正清在分析1949年前的中国社会结构的特点时指出:"自古以来就有两个中国:一方面是农村为数极多的从事农业的农民社会,那里每个树木掩映的村落和农庄始终占据原有的土地,没有什么变化;另一方面是城市和市镇的比较流动的上层,那里住着地主、文人、商人和官吏——有产者和有权势者的家庭。……社会的主要划分是城市和乡村,是固定在土地上的百分之八十以上的人口和百分之十到十五的流动上层阶级人口之间的划分。这种分野仍旧是今天中国政治舞台的基础"②。只有深入作为中国政治舞台基础的城市和乡村社会内部及其相互间的二元结构,才能科学地解析发生在中国政治舞台上的扑朔迷离的景观。③

正是基于以上考虑,该书力图将透视中国政治社会的视野投向长期为人们所忽视的基础性政治社会,从城市和乡村这两个有着明显差异的社会地域体入手,对中国政治社会表现于城市和乡村的具体状况、特点、变迁及它们对中国社会发展的影响进行较为系统的比较分析。全书分为三篇,对古代、近代和当代的城市与乡村的政治社会及其在国家进程中的角色进行了分析。2019年,该书进行了修订并以《城乡差别的

---

① 徐勇:《非均衡的中国政治:城市与乡村比较》,中国广播电视出版社1992年版,第4页。
② [美]费正清:《美国与中国》,商务印书馆1987年版,第16页。
③ 徐勇:《非均衡的中国政治:城市与乡村比较》,中国广播电视出版社1992年版,第6页。

中国政治》之名再版。修订说明如下：

> 本书原书名是《非均衡的中国政治：城市与乡村比较》。非均衡是一种状态，与差别、差异一样，是一种中性的状态。现在看来仅仅用这样一种状态，还难以深刻反映中国的城乡差异特性。修订本书时，在认识论上有两个突破。
> 一是着力于中国事实的理论表达。人类发展有共同性。但不同国家的发展路径又有自己的特性。只有从中国看中国，从世界比较看中国，才能发现中国的特性。原书写作注意了中西比较，但是还没有形成自觉意识，也就是没有充分进入中国事实本身去对中国事实加以理论表达，以深入发现和概括中国事实本来的特性。
> 二是以具体的人群作为研究的重点。城市与乡村是地域空间的概念。但政治学不是一般的研究城乡空间，而是要研究城乡空间里的人；不是研究一般的城乡关系，而是要研究城乡关系下人的状况和命运。政治学本质是研究具体的人及其政治关系的学科。城市与乡村构成了国家的两个地域部分，居住着不同的人群，他们在国家整体中处于不同的地位。原书注意到这一点，但理论自觉还不够。
> 基于以上认识，本书修订后的书名为"城乡差别的中国政治"。在这里，差别具有相当程度的"差等"性，它可以更为准确地把握中国政治框架下城市与乡村的地位与关系。从事实看，中国的城乡关系不是平行的不同的经济体之间的关系，更重要的是在不同地域空间的人群的政治关系。这种关系表示城乡在政治共同体内处于不同地位，享受不同待遇，形成不同状况并有制度支撑的差等性。差等体现差别，同时又不限差别，它要表达的是差别不仅仅是一种自然的经济社会过程，同时也是人为的干预和设定的结果。
> 政治的终极目的是让人们过上美好生活。克服了城乡差等性的中国政治，则是更美好的政治形态！[①]

《非均衡的中国政治：城市与乡村比较》一书反映了政治学的学科

[①] 徐勇：《城乡差别的中国政治》，社会科学文献出版社2019年版，第1—2页。

自觉，这就是关注农村是为了更好理解国家。我们在进入田野，关注农村时，有着宏大的国家观照。修订后出版的《城乡差别的中国政治》则体现了田野政治学的自觉，更关注城乡两个不同政治空间中的人的关系与命运。国家问题不是简单的政权更迭问题，而是为了人的美好生活，最需要改变的则是长期处于政治边缘的农民的生活和命运，其中包括农民的政治生活，由此将田野与国家形态关联起来。

二　着眼现代化中的国家主导

1980年代，中国进入大规模现代化建设时期。在中国，现代化会带来什么，特别是对国家稳定带来什么？这是当时的学人较少思考的。1980年代末的政治风波表明，现代化在带给人们全新世界的同时，也会造成政治的不稳定状态。随着现代化进程的加速，政治不稳定状态会由城市延伸到农村。1990年代初，我们承担了国家哲学社会科学"八五"规划重点项目"中国现代化进程中农村政治稳定与发展研究"，并于1995年出版了85万字的最终成果《中国农村政治稳定与发展》一书。该书主要探讨在中国现代化进程中，农村对于国家稳定的地位。我在绪论中指出：

> 政治稳定通常是就国家整体而言的。但实际上，任何一个国家，特别是大国，总是由若干社会单元所构成。其中，城市和农村是国家的两个基本单元。国家的政治稳定通过城市和农村的状况表现出来。而城市和农村的差别又决定了政治稳定在城市和农村的表现有所不同。在现代化进程中，特别是在现代化初期，农村的政治稳定在整个国家的政治稳定格局中显得尤为重要。
> 　　现代化的一个重要后果是造成了城市和农村的差距及二元社会结构。这一后果又构成现代化进程的重要制约因素。同时，城市和农村在现代化进程中居于不同地位，并扮演不同的角色。对于现代化进程中的政治稳定而言，农村扮演着双重角色。
> 　　一方面，农村是国家政治稳定和长治久安的源泉。这是因为，其一，农业是农村的基本产业，农村为社会提供基本的生活品。无

论在什么时代,衣食都是人类的第一需要。不管是"以农为本",还是"无农不稳"都反映了农业和农村在国家稳定中的基础地位。其二,千百年来人和土地的关系培育出农民的务实态度。农民的需求较为实际,且相对不高。他们不会长时间为某种抽象的理念和激情所左右,所追求的是实实在在的生活。他们的现实感和稳定性较强。周而复始,循时劳作是其人生习惯,安居乐业是其人生目标。这种社会生活的秩序化是一个国家政治稳定的基础。其三,农业生产的分散性使农村社会缺乏有机的组织,更难以通过主动的政治参与争取和实现其利益要求,他们不仅需要也希望政治权威来代表和保护他们。因此,农村人口对政治权威的认同性较强,而广大农民对政治权威的认同则为政制、政权、政策和政局的稳定提供了强大源泉。

另一方面,农村又有可能成为国家政治稳定和长治久安的威胁性力量。这是因为,从某种意义上说,现代化意味着工业化和城市化。它的一个必然后果是发达的城市和落后的农村并存的二元结构。虽然城乡差别自古有之,但在传统社会里被视为天经地义和无可奈何的事实。而在现代化进程中,随着大众传播的影响,人口流动,文化水平的提高和参与意识的增强,使农民,特别是青年一代农民对城乡差别不仅难以认同,而且愈益不满。他们要求改变既定的格局,变动感强于秩序感。其次,农民任劳任怨,有较强的承受力,但承受力总有一定限度。在现代化进程中,农民的生活水平也可能得到提高,同时也会大大刺激他们的需求。但农业的一定弱质性决定了农民需求满足的有限性,农民在现代市场竞争中处于不利地位,其利益要求难以充分满足,甚至会受到损害。工业的扩张和城市的兴盛往往是以农业的萎缩和农村的衰败为代价。农民需求扩张和满足程度较低的矛盾不可避免造成农民的相对剥夺感,为此积极要求改革现状,平等分享现代文明成果。……再次,在现代化进程中,农村的变动尤为剧烈。千百年来国家治理农村的一整套行之有效的方式将愈来愈失去有效性,国家对剧烈变动中的农村组织和控制难度增大,国家的有效治理往往赶不上农村的变动速度,从而为农民宣泄不满造成了难以控制的空间。最后,农村的现代组织性和法制化程度相对较低，制度化参与渠道较少，农民的要求和不满往往以非制度化的方式表达出来。这种方式的破坏性远远甚于建设性，从而构成对政治稳定的严重威胁。①

美国学者亨廷顿是研究发展中国家政治稳定的大师，他探讨了现代化进程中城市与乡村各自扮演的角色，指出："在现代化政治中，农村扮演着关键性的'钟摆'角色。……它不是稳定的根源，就是革命的根源。"② 他注意到了农村在中国革命中的角色，但没有探讨革命后的现代化进程中农村对于国家稳定的地位。《中国农村政治稳定与发展》的重点则在于此。与此同时，该书还认为，"与'欧美式'和'拉美式'现代化不同，中国现代化的国家主导和推进作用及对农村的关注特别突出。这是中国现代化高速发展和促进农村政治稳定与发展的重要条件和特殊优势。在现代化进程中，国家应该发挥这一优势，有效处理国家与农民的关系。"该书注意到了现代化进程中的中国国家形态特点，这就是主导性和能动性，并从多个方面论述了"通过国家的有效治理与经济、文化、社会和政治的整体发展来实现农村的政治稳定。"③ 该书使我们得以将农村农民问题置于现代化进程中的国家主导性框架之中，而不是孤立地就农村农民谈论农村农民，从而将田野与国家紧密关联起来。该书获得了中共中央宣传部"五个一工程"一本好书一等奖。

三　在自治中发现政府主动性

改革开放以来，国家推动农村稳定与发展的重要举措便是，在经济上让农民获得更多利益，在政治上让农民获得更多权利。后者的重要表现之一便是在农村实行村民自治。村民自治因此由农民群众自发的创造转换为国家行为。由国家主导和推动数亿农民直接行使管理基层事务的民主权利，这在中外历史上极其少见。1990年代，我们在农村进行了

---

① 张厚安、徐勇：《中国农村政治稳定与发展》，武汉出版社1995年版，第10—12页。
② ［美］塞缪尔·P. 亨廷顿：《变化社会中的政治秩序》，生活·读书·新知三联书店1989年版，第266—267页。
③ 张厚安、徐勇：《中国农村政治稳定与发展》，武汉出版社1995年版，第19、20页。

大量调查，特别是围绕村民自治进程进行调查。在调查中我们发现，在中国的村民自治进程中，活动的主角是农民，但处处可以见到政府的影子。这在那些村民自治示范地表现得特别突出。我通过实地调查，在《战略与管理》1997 年第 3 期发表《民主化进程中的政府主动性——对四川达川市村民自治示范活动的调查与思考》一文。

达川市位于四川省东部的大巴山区，农业经济在国民经济构成中占较大比重。全市 34.4 万人中，农村人口占绝大多数。达川市的村民自治的起步与四川省的整体发展相一致。1987 年，全国人大常委会通过《中华人民共和国村民委员会组织法（试行）》。1991 年 5 月 28 日，四川省第七届人大常委会第 23 次会议通过《四川省〈中华人民共和国村民委员会组织法（试行）〉实施办法》。四川省的村民自治进程由此在全省范围内启动。根据中共中央文件精神，村民自治的起步阶段主要是进行试点，树立典型，开展示范活动。四川省的村民自治示范县（市）最初定在省城附近的彭山县。该县的村民自治进程较快，并出现了永远村等示范典型村。达川市位于川东，距位于川西的省城成都较远。1993 年，该市成为四川省第二个村民自治示范县（市）。其村民自治进程迅速加快，取得了明显的成效，不仅居于四川省前列，而且许多方面在全国也处于领先地位。[1]

如果从长期缺乏民主传统的角度看，对该市的民主化进程无论作什么估价都不过分。在这一平静的民主化"革命"进程中，政府（这里是广义的政府，包括执政党、人大、政府等政治和政权系统）发挥了重要的历史主动性和积极性，其功能和作用主要表现为：启动、动员、引导、推进、规范等。达川市以政府组织系统推动村民自治，取得了明显的成效。它为认识中国民主化进程提供了不少启示。

---

[1] 徐勇：《民主化进程中的政府主动性——对四川达川市村民自治示范活动的调查与思考》，《战略与管理》1997 年第 3 期。

第十章　以国家形态为关联的田野政治学　207

从西方民主化进程看，民主具有相当程度的自然成长性。近现代西方国家的民主早在 12—13 世纪就在一些商业城市萌生，直到 18—19 世纪才上升为国家形态的民主，并成为社会普遍的价值观念和生活方式。而中国直到 19 世纪中叶仍是专制力量十分强大的国家，长期缺乏民主传统，民主发育程度很低。直到近代，伴随资本主义经济发展和外来文明的传播，民主萌芽才得以在中国社会自然生长，但仍十分脆弱，强大的国家政权系统一旦加以强力压制，民主化进程即告中断。这是中国民主化进程的特定背景，同时也意味着中国的民主不可能像西方那样缓慢地自然生长。但是民主化进程一旦得到国家力量的主动推动，就可能会大大加快。达川市的村民自治进程便可说明这一点。如果没有国家有关村民自治示范的政策导向，没有达川市政府组织系统的强力推动，村民自治所要求的民主选举、民主决策、民主管理和民主监督是不可能迅速落实到社会基层的。①

也许人们会说，这种民主带有强烈的人为性，它能否持久巩固，值得怀疑。如果领导不再重视，王昭林不再担任民政局长，达川市的村民自治是否会终结？我在达川市调查时也听到这样的议论和质疑。我在调查期间与当时民政局王局长有过很好的互动，他之后还专程到武汉来交谈。那年武汉冬季特别寒冷，学校门口的马路上结下厚厚的冰层，公交车无法开行，我们只能行走在冰面上。我们深度讨论过如果他不担任局长后，村民自治进程是否会受到影响的问题。对此我们有一定的共识。这就是论文中谈到的：

　　任何政府行为都带有人为性。领导人的意志和注意力的变化，领导人的更替，都会影响民主化进程。但是，只要政府行为不是脱离实际或强行移植的，它所造成的后果就不会发生重大变化。村民自治并不是政府领导人的主观偏好，它所体现的民主精神事实上深

---

① 徐勇：《民主化进程中的政府主动性——对四川达川市村民自治示范活动的调查与思考》，《战略与管理》1997 年第 3 期。

深地蕴育在民众之中。随着农村经济改革和社会发展，农民要求更多地参与公共事务。政府行为只是将这种民间诉求提升到政府工作层面，并加以制度化、规范化。由于村民自治所体现的民主精神并不会随着政府行为的改变而停息，那么，村民自治的进程亦会延续下去。特别是民主进程一旦转换为民众的生活方式和习惯，便很难被改变。如在达川，村民民主选举已被村民视为天经地义之事，如果村组领导人不经群众选举或认可，其合法性基础就会大大削弱。[1]

通过对达川市村民自治的调查，我提出了一个政治学的命题，这就是"政府主动性"。在中国，政府的力量强大，民间社会的力量弱小。成一事，要依靠政府；败一事，往往也在政府。这是中国的国家特性。"所以，在民主化进程中，不能简单地将国家力量和政府行为视为消极物，在一定条件下，它会起到不可替代的积极作用。特别是对于发达的国家组织系统在历史上长期延续下来的中国来说，民主化进程应该充分利用国家力量和政府行为。这或许会使中国的民主化进程大大加快，并走出与西方不同的道路。"[2] 通过调查和思考，我已开始注意到中国的国家力量在社会变迁中的特殊角色，从而将村民自治与国家形态相关联。

四 将现代国家带入乡村治理

1990年代后期，农业、农村、农民问题日益突出，乡村治理成为学界的热点问题，相关意见不一。国家应该高度重视"三农"问题并进行有效治理，成为共识。但对于国家为什么要这样做的理论依据还缺乏充分的论证。正是在这一背景下，我将现代国家理论带入乡村治理的研究，将国家解决"三农"问题的举措置于现代国家建构的框架下，提出"三农"问题的有效解决是现代国家建构的必然要求，而不是一

---

[1] 徐勇：《民主化进程中的政府主动性——对四川达川市村民自治示范活动的调查与思考》，《战略与管理》1997年第3期。
[2] 徐勇：《民主化进程中的政府主动性——对四川达川市村民自治示范活动的调查与思考》，《战略与管理》1997年第3期。

第十章　以国家形态为关联的田野政治学　◇◇　209

时之举。由此将乡村治理与国家形态的转变关联起来。

现代国家理论是从外国输入的一种国家理论。它的重要价值在于将传统国家与现代国家区别开来。而我国正处于传统农业社会向现代工业社会的巨大转变之中，这一理论对于我们如何从国家转型的角度研究具体问题提供了重要启示。我很早就注意到这一理论并将其置于中国的场景下加以再认识。我在《华中师范大学学报》2003 年第 5 期发表《现代国家建构中的非均衡性和自主性分析》一文。该文认为，现代国家具有一定的共同性。但在中国的现代国家建构中，非均衡性表现得尤其突出。其主要原因在于：文明的积淀、社会的构成、国家的结构。我在《东南学术》2006 年第 4 期发表的《"回归国家"与现代国家的建构》集中地反映了我对现代国家建构及其中国进程的理解。论文开头表示：

> 笔者早在 1990 年代初开始"发现社会"，提出了国家政治和社会政治的二分法，并一直从社会的角度研究农村村民自治和城市社区自治。10 年后，笔者开始"回归国家"，但着眼的则是现代国家的建构。①

论文提出：现代国家是相对传统国家而言的。界定现代国家的关键词是主权与合法性。由此引申出现代国家的双重特性，民族—国家与民主—国家。它是现代化锻造的现代性在政治生活中的反映。中国的现代化和现代国家的建构都是在外国入侵的情况下发生的，这使中国的现代国家建构表现出十分不平衡的特点，缺乏稳定性的制度将异质性的社会整合为一体。论文因此指出：

> 对于处在现代化全球化浪潮中的当今中国来说，更主要的任务仍然是建构，是建构一个民族—国家与民主—国家相对均衡的现代国家。通过民族—国家的建构为每个国民的自由发展提供组织平台；通过民主—国家建设，为每个公民的平等发展提供制度保障，

---

① 徐勇：《"回归国家"与现代国家的建构》，《东南学术》2006 年第 4 期。

由此达致每个国民对国族的高度认同和忠诚，并不断提升国家的能力。①

我研究现代国家，不是一般地研究国家理论，而是为国家有效治理乡村，解决"三农"问题提供一种理论导引，由此将田野与国家形态关联起来。在传统国家，有"三农"而没有"三农"问题"。"三农"作为"问题"发生于现代化进程之中。对于现代化进程中产生的现代国家来说，解决"三农"问题是一种必然要求，也只有解决"三农"问题，才能建构一个真正意义上的现代国家。正是基于此，我发表了一系列文章加以论证。我在《社会主义研究》2006年第1期发表《国家整合与社会主义新农村建设》一文，指出：

> 现代化在造就城乡差距的同时，又在乡村动员中传递着一种平等发展的理念，赋予每个人以平等国民的身份，并由此构造民众（包括广大农村人口）对国家的认同。因此，作为一个现代国家，必须寻求一种缩小日益扩大的城乡差距的方式，以建构统治的合法性。如何改变农村状况，是现代国家面临的重要任务。
>
> 国家与社会的一体整合，是将国家内业已分化的各个部分作为一个统一的平等主体对待，将居于国家且业已分化的居民作为平等的国民对待，由此强化国家认同，建构一个有强大内聚力的国家。社会主义新农村建设的核心则是统筹城乡发展，将分割着的城乡整合为一体，并通过各种方式促进资源向乡村配置。②

在《华南师范大学学报》2006年第2期发表的《现代国家建构与农业财政的终结》一文，指出：

> 农民负担沉重是现代国家建构中的产物，免除农业税是建构现代国家的需要，它的深刻意义在于为建构一个现代国民国家创建更

---

① 徐勇：《"回归国家"与现代国家的建构》，《东南学术》2006年第4期。
② 徐勇：《国家整合与社会主义新农村建设》，《社会主义研究》2006年第1期。

第十章 以国家形态为关联的田野政治学　211

广泛的合法性基础。①

在《学习与探索》2006年第6期发表的《现代国家的建构与村民自治的成长——对中国村民自治发生与发展的一种阐释》一文，指出：

> 从现代国家建构的角度看，中国的乡村治理体制也需要相应的转型，对各种权力资源和治理机制加以整合，实行国家治理与乡村自治的共同治理，并在这一过程中推进村民自治的发展。②

在《河北学刊》2007年第2期发表的《现代国家建构与土地制度变迁——写在〈物权法〉讨论通过之际》一文，指出：

> 近百年以来，在以工业化为主导的民族—国家建构中，农民的土地权利尚未切实得到保障。随着民主—国家的建构，需要切实保障农民的土地权利，将农民对土地的经营和收益由"责任田"向"权利田"转变，以国家赋予农民土地权利来重新建构农民的土地主人地位以及对国家的认同。③

在《华中师范大学学报》2007年第5期发表的《现代国家建构中的乡村治理》一文，指出：

> 对于现代化进程的中国来说，除了外部独立以外，还必须推进内部的一体化，将分散分化的部分整合为一个整体。这其中，对乡土社会的整合，从而建构其现代性，是最难的难题。整个20世纪，中国都处于解决这一难题的进程之中。这是我们研究中国乡村治理

---

① 徐勇：《现代国家建构与农业财政的终结》，《华南师范大学学报》（社会科学版）2006年第2期。
② 徐勇：《现代国家的建构与村民自治的成长——对中国村民自治发生与发展的一种阐释》，《学习与探索》2006年第6期。
③ 徐勇：《现代国家建构与土地制度变迁——写在〈物权法〉讨论通过之际》，《河北学刊》2007年第2期。

变迁及走向的基本背景。①

现代国家理论对于实践有很强的指导意义。记得我受邀到中共中央组织部井冈山干部学院讲课。有一名授课对象是来自劳动和社会保障部（现人力资源和社会保障部）的官员。我问他：农民是否属于劳动和社会保障的对象？他说：不属于。我问他：农民是否是中华人民共和国的国民？他说：是的。我说既然是的，为什么不属于劳动和社会保障的对象？他说过去没有思考这个问题，历史以来就是这样。历史确实如此。因为历史上的国家属于传统国家。传统国家对于民众主要是税役。而对于现代国家来说，通过普遍的国民待遇建立起广泛的国家认同是基本要求。进入21世纪以来，国家主管部门专门设立了农民工司，将农民纳入最低保障范围，都属于建构现代国家的要求。因此，将现代国家理论带入乡村治理研究，有助于推进乡村治理的改善。

叶本乾是我指导的博士生。为了进一步将改善农民状况纳入现代国家建构的框架之下，他在《东南学术》2006年第4期发表《现代国家建构中的均衡性分析：三维视角》，提出了"民生国家"的概念。他的博士学位论文《生成与重构：现代国家构建中的农村基层政权——以河南弦乡为例》便是以此展开的。

五 从"下乡"建构"国家化"

20世纪是中国的现代国家建构过程。在这一过程中，各种各样的"下乡"活动不断出现。从20世纪初，由"皇权不下县"到"政权下乡"，再到之后的"政党下乡""宣传下乡""教育下乡""医疗下乡"，一直到20世纪末的"民主下乡""法律下乡"和21世纪初的"服务下乡"等。我们在20世纪末还专门进行了"民主下乡"的实验。这一系列"下乡"活动意味着什么，如何用一个总体性的政治学概念加以概括？从各种各样的"下乡"活动中，我们都可以发现与国家形态的关

---

① 徐勇：《现代国家建构中的乡村治理》，《华中师范大学学报》（人文社会科学版）2007年第5期。

联。这就是在由传统国家向现代国家的转变中才发生了一系列的"下乡"活动。为了从总体上理解这些"下乡"活动,我建构了"国家化"的概念。

"国家化"概念最初来自于对村民自治研究产生的一个概念。2002年,我在为《现代化、城市化与农村基层民主》一书作的书评中指出:

> 将村民自治放在珠三角地区这一特定区域进行考察,研究村民自治的地区个性。在这里,可以生成国家化、地方性等一系列分析性概念和框架。
>
> 国家化是一个过程,标志着国家性日益深入地渗透于主权国家领域。国家性是人们对国家整体和代表国家主权的中央权威的认同,也即整体性和中央权威性。代表整体国家的中央统治权威集中体现着国家意志。这种国家意志反映了国家的自主性。国家通过各种自主性方式将国家意志贯彻到国家领域,进入国民生活之中,便形成国家意识。①

我在《华中师范大学学报》2003 年第 5 期发表《现代国家建构中的非均衡性和自主性分析》一文,指出:

> 现代化不仅是由传统农业社会向现代工业社会的转变过程,而且是由一个分散、互不联系的地方性社会走向现代整体国家的过程,这就是国家化,或者说国家的一体化,也即现代民族—国家的建构。②

"国家化"的概念与现代国家建构同义。只是"国家化"更强调过程性,强调传统国家到现代国家的转变及其基础。我通过这一概念解释20 世纪以来的各种各样的"下乡"活动,发表了一系列论文。包括:

---

① 徐勇:《〈现代化、城市化与农村基层民主〉评》,《中国农村研究》2002 年卷,中国社会科学出版社 2002 年版。
② 徐勇:《现代国家建构中的非均衡性和自主性分析》,《华中师范大学学报》(人文社会科学版) 2003 年第 5 期。

《"政权下乡"：现代国家对乡土社会的整合》（《贵州社会科学》2007年第11期）、《政党下乡：现代国家对乡土的整合》（《学术月刊》2007年第8期）、《行政下乡：动员、任务与命令——现代国家向乡土社会渗透的行政机制》（《华中师范大学学报》2007年第5期）、《"法律下乡"：乡土社会的双重法律制度整合》（《东南学术》2008年第3期）、《"政策下乡"及其对乡土社会的整合》（《当代世界与社会主义》2008年第1期）、《"服务下乡"：国家对乡土社会的服务性渗透——兼论乡镇体制改革的趋向》（《东南学术》2009年第1期）、《"宣传下乡"：中国共产党对乡土社会的动员与整合》（《中共党史研究》2010年第10期）等。

正是在长达10多年研究的基础上，我最终写成专著《国家化、农民性与乡村整合》，并于2019年出版。该书开宗明义地指出：

> 在中国，改天换地不仅仅是对自然的改变，更是对社会的改变。从中国的传统政治语境看，"天"意味着至高无上的国家权力。"地"意味着亿万民众及其存在的乡土社会。进入20世纪，崛起的现代国家正在取代数千年以来的传统国家：一方面是散落在社会中的权力向国家集中，国家的统一性高度集聚；另一方面是高度集聚的国家权力力图将历史上长期处于分散状态的乡村社会与国家整合为一体，力图根据其意志改造和改变传统乡村社会。那种以往"是松弛的和微弱的，是挂名的，是无为的"国家权力如今以强大的力量进入民众的日常实际生活之中。正是因为这种改造和改变，传统乡村社会的农民性迅速消逝，国家性因素渗透到广袤的乡土社会之中，乡村社会发生了历史从未有过的深刻变化。"天"改了，"地"也换了。
>
> 本书试图超越一般的政策主张和短时段经验，根据理论—历史—变迁的逻辑，将乡村治理置于20世纪以来国家对乡村社会的整合这一框架下加以理解和分析。国家整合是现代化进程中日益集中的国家权力对长期存在的分散分化的社会进行联结，从而实行横向社会的一体化和纵向国家的一体化。其核心思想包括两个方面：一是国家建构。国家权力向社会渗透，力图根据国家意志改造和构

建社会，使社会日益国家化，具有愈来愈多的国家元素。二是社会认同。社会对国家渗透并不是消极地接受，而会以各种方式作出自己的反应，顺应抑或反对，国家需要对之作出相应的调适。①

该书试图通过"国家化"的分析框架，将有关各种下乡活动及其碎片化的理解加以整全，形成一个具有内在逻辑的理论体系。

六　在深耕田野中扩展"国家化"

国家化的概念出于现代国家理论，具有鲜明的现代取向。我试图通过这一概念解释和理解20世纪以来的国家形态转变，并将"三农"问题的解决和乡村治理的转变置于这一框架之中，从而建立起田野基层与国家上层的关联。但是，随着村民自治遇到挫折及围绕农村基本问题认识的分歧，逐渐将我们的视野引向历史深处，这就是认识中国的国家转变和乡村治理的历史根基和传统底色。这是因为，现代国家理论毕竟是引进的，具有一定的价值规范性。在引进和运用这一理论时，注重的是现代性取向。在关注现代性取向的同时，忽视了传统性。而传统对于中国的国家形态和乡村治理的转变具有至关重要的作用。与此同时，我们在田野调查中，发现传统性对于现代性并非完全是消极的存在。正是基于此，自2010年之后，我便将视野由现代国家建构转向传统国家形态考察，发起和推动了"深度中国调查"。这一调查是大规模的田野调查，是对田野社会的深度耕作，重点是了解传统社会形态的构成。我本人参与了100多个村庄的实地考察。

"深度中国调查"的主要内容是以村庄为基础对农村社会形态的调查。通过这一调查，我们发现中国农村社会的多样性，这种多样性不仅表现为其内在的自然、经济、文化和社会构成，也反映了国家形态在其中的不同表现。

早在1992年出版《非均衡的中国政治：城市与乡村比较》一书时，我就注意到，国家整体层次的一元性、一致性与国家统辖下的政治社会

---

① 徐勇：《国家化、农民性与乡村整合》，江苏人民出版社2019年版，第2、5页。

的非等同性、非一致性的结合,"大一统"与非均衡的结合,才是中国政治社会的完整状况和典型特点。但直到"深度中国调查"对全国各大区域的村庄进行实地考察,我才切身体会到这一点,并发现在不同的地方,国家权力的渗透和人们对国家的认知有相当大的差异。

在华南宗族村庄调查时,听到最多的一句话是,过去这里是"宗法大于国法",宗族子弟无论在朝廷做多大的官,回到村庄时仍然得按宗族辈分排序,得遵守宗族规矩。在长江区域小农村庄调查时,村庄权力表现为多样性,国家权力延伸的保甲长只是其中的一种,且不占主导性地位。在黄河区域的河北省村庄调查时,访谈的老人首先问:给领导报告了没有?毕竟这里是"天子"脚下,人们的国家意识强。在东北村庄调查时,所到的村庄人们都会谈到"胡子"(土匪),因为1949年前缺乏国家力量所建立的秩序。在东南工商村庄调查时,村领导将我当成招商引资的老板,极力推介该村可开发的项目,其"市场意识"远远强于"市长意识"。在内蒙古调查时,行走在茫茫大草原上,我才切身感到皇权"远在天边"。但在访问夏季牧场时,见到当地乡镇服务站直接进驻牧场,我又意识到如今的国家已是"近在眼前"。而在大小凉山的崇山峻岭间,我真实感受到国家为何难以进入,从而使这里的奴隶制得以长期延续。

从田野中观察国家,使我发现传统国家在各个地方的表现有很大的差异性,有的直接受到国家权力的支配,还有相当多数的地方,国家权力只是若有若无。中国正是在这样的基础上进行现代国家建构,其路径和方式有很大差异。

将全国分为若干区域进行村庄调查,还使我切身感受到,中国的国家权力由中心向边缘渗透的特点。中国很早就有了完整的国家形态,只是这种国家形态的权力更多集中于中心地带,国家对地方的控制相当程度上取决于对该地的税收。在福建沿海的一个偏僻地方,长期历史上属于统而不治,只是因为税收才设立治所,建立县制。这一特点意味着中国的现代国家建构与西欧有很大差别:一是中国的现代国家建构之前,已存在完整的国家形态,国家权力机器发达。而西欧的现代国家建构是建立在封建社会的"空地"上,权力主要散落在封建领主庄园中。现代国家建构就是将分散的权力集中于国家之手。二是中国很早就有了地

第十章　以国家形态为关联的田野政治学　　217

域辽阔的政治统一体，国家通过中心权力对其他地域进行渗透和整合。从国家一出现，便开始了这一过程。而西欧只是随着封建社会的替代才建立起统一的国家，并有了国家权力向社会的渗透。通过比较，使我意识到，根据西欧经验形成的现代国家建构理论在中国的适用性有一定的限度，我过往基于现代国家建构理论形成的"国家化"概念也有一定的限度。

为此，我对原有的"国家化"概念加以扩展，这就是"国家化"不仅存在于现代国家建构时期，而且存在于自国家产生之后。当氏族社会为国家所替代，便开始了将不同于氏族性的国家性扩展到国家地域的进程。我在《广西大学学报》2020年第4期发表《国家化、民族性与区域治理——基于历史中国经验的分析框架》一文，对"国家化"作了新的界定：

> 国家化是人们超越血缘氏族组织，设立国家政权并利用国家政权的力量推动组成社会的人们获得国家性的过程。包括人们由一般的社会成员成为国家居民的过程和人们在国家权力体系中获得其地位的过程。这一过程体现为国家整合或者国家的一体化，即将异质化的人群整合到国家体系中，并获得国家的统一性。国家化是一个历史过程概念，有助于认识国家演化的过程性、层次性和类型性。它包括两个不可分离的过程：一是人们从社会走向国家，以国家形态存在的过程；二是国家政权将人们整合到国家体系中的过程。国家化是对国家性的过程概括。①

将与现代国家建构相提并论的"国家化"扩展到只要国家一产生便开始有了"国家化"，更具有包容性，也更能解释中国的国家进程。这是因为，产生于西欧的现代国家建构理论与"民族—国家"理论是一致的。现代国家建构是以一个民族建构一个国家为指引。这一理论基于西欧的经验。民族国家理论的重要创立者吉登斯再三申明："民族—国

---

① 徐勇、叶本乾：《国家化、民族性与区域治理——基于历史中国经验的分析框架》，《广西大学学报》（哲学社会科学版）2020年第4期。

家在其发源地,亦即'西方'的发展"……指"'欧洲民族—国家'。"① 如果简单使用这一概念,就会遮蔽世界不同国家不同时期的民族与国家的历史进程和特点。我对"国家化"的概念加以扩展,有助于解释中国的国家形态,这就是自产生了国家,中国便开始了"国家化"的进程,只是这一过程十分漫长和缓慢,直到1949年后才有了跨越式的进展。但这种跨越式的进展与传统国家提供的基础并不是毫无关联的。尽管对一些边远地方的人们,国家"远在天边",但毕竟是国家的属民,这为后来的国家"近在眼前"提供了基础。

七 国家在关系叠加中的演化

2015年启动的"深度中国调查"的重要内容是以村庄为单位的社会形态调查。社会形态体现着人与社会的关系及其特性。"关系"成为村庄调查的主要线索。我在村庄调查设计时表示:

> 村庄调查。主要是以村庄为单位的调查,了解不同类型的村庄形态及其变迁实态。农村社会是由一个个村庄构成的。与海洋文明、游牧文明相比,农业文明的社会联系更为丰富,"关系"在中国农村社会形成及演变中居于重要地位。中国在某种意义上说是一个"关系国家"。但是作为一个历史悠久、人口众多、地域辽阔、文明差异大的大国,关系格局在不同的地方有不同的表现,由此形成不同类型的村庄。国家政策要"因地制宜",必须了解各个"地"的属性和差异。村庄调查以"关系"为核心,注重分区域的类型调查。②

在深度的田野调查中,我们发现农民生活在一个"关系的世界"里。长期以来,农民被定义为"原子化",似乎他们生活在真空中。事

---

① [英]安东尼·吉登斯:《民族—国家与暴力》,胡宗泽、赵力涛译,生活·读书·新知三联书店1998年版,第6页。
② 徐勇、邓大才:《中国农村调查》总第1卷,中国社会科学出版社2016年版,第4页。

第十章　以国家形态为关联的田野政治学

实是：各种关系将孤立分散的农民联结起来，并构成农民的行为逻辑。调查中问农民最愿意与谁合作？通常的回答是，"关系"好的人，包括亲戚、朋友。当问及生活态度时，不约而同的回答是搞好"关系"。农村社会简直就是一个关系社会。正是基于此，我们及时调整了调查提纲，将关系作为调查的重点。在初步调查的基础上，我指导博士生写的数篇博士学位论文，均是研究村庄社会关系。关系因此进入研究的视野。我为此撰写了专门的理论与方法论文《关系权：关系与权力的双重视角》，提出："关系即权力，权力在关系中"的命题。

在进一步调查中，我发现农民的行为不仅为私人性关系所支配，还受制于更为丰富的关系。我们的调查分为七个区域，不同区域的村庄形态有着不同的关系构成。总的来说，村庄愈发达，关系愈丰富。在靠近中缅边境的云南的一个村庄，我们惊讶地发现，就在数十年前，那里还是刀耕火种，根本不知道"国家为何物"，更遑论政治关系。而在东南沿海发达地区，不仅有了丰富的财产关系，而且"国家就在眼前"。社会发展进程也是关系不断扩展的过程，由此有了关系扩展的概念。

而在对不同区域村庄调查的对比中，发现即使是那些发达的村庄，也保留和残存着非常古老的宗族传统，尽管受到冲击，但经常死灰复燃，绵延不绝。就在距离发达的广州市不到100公里的地方，人们还居住在以祖宗祠堂为中心的村庄里，其成员资格和行为逻辑的来源是祖宗。我因此撰写发表了《祖赋人权：源于血缘理性的本体建构原则》的论文。尽管这一论文对于长期为"天赋人权"影响的思维是极大的冲击，并遭遇争议，但它是基于历史事实现象的提炼和概括，要揭示的是残余的血缘关系仍然在支配着人们的行为。将人们联结起来的各种关系犹如垒叠的土层。由此有了关系叠加的概念。

关系、关系扩展、关系叠加的理论和方法源自田野调查。这一理论和方法对于我对国家问题的理解有很大帮助。我是在1980年代初学习并进入政治学研究的。邓小平1980年发表的《党和国家领导制度改革》一文是我们反复阅读的文献。该文深刻反思了造成"文化大革命"的体制和历史原因，指出："家长制是历史非常悠久的一种陈旧社会现象，它的影响在党的历史上产生过很大危害。陈独秀、王明、张国焘等人都是搞家长制的。"① 众所周知，陈独秀是以民主和科学为旗帜的"五四运动"的旗手之一。中国共产党是在激进的"五四运动"的影响下成立的先进政党。为什么成为中国共产党的领袖之后，陈独秀等人却沿袭了古老的家长制的政治样式，之后这类现象为何反复发生？这一直是沉淀在我脑海里的一个问题。我在《学术月刊》2010年第12期发表的《家族政治：亚洲政治的魔咒》试图解答这一问题，但没有方法论上的思考。通过对田野的深耕，发现关系、关系扩展和关系叠加对于解释困扰我长久的国家问题有方法指导意义。回头再阅读马克思主义经典文献，增强了我从关系的视角理解国家现象的信心。这就是马克思所说的："在研究国家生活现象时，很容易走入歧途，即忽视各种关系的客观本性，而用当事人的意志来解释一切。但是存在着这样一些关系，这些关系决定私人和个别政权代表者的行动，而且像呼吸一样地不以他们为转移。"② "现实的关系决不是国家政权创造出来的，相反地，它们本身就是创造国家政权的力量。"③ 陈独秀等人沿袭了古老的家长制政治样式，家族政治得以成为亚洲政治的魔咒，表明了古老的血缘关系对现代政治生活仍然有顽强的支配作用。国家不是抽象的机器，而是由活生生的人构成的，人受制于关系，国家正是在关系的变化中演化的。

正是基于以上认识，我撰写了多卷本的著作《关系中的国家》，力图将关系叠加作为国家演化的支配性因素，由此发现国家形态的多层次性、国家进程的复杂性、曲折性和多面性。

八 探求田野与国家互动机理

田野政治学以国家形态为关联，将田野与国家联结起来，体现自上而下的国家观照和自下而上的田野发现的双向互动。这一路径反映了田野政治学的特点。

在国家观照下认识田野。田野是一个领域，不同的学科都可以介入

---

① 《邓小平文选》第2卷，人民出版社1994年版，第329—330页。
② 《马克思恩格斯全集》第1卷，人民出版社1956年版，第216页。
③ 《马克思恩格斯全集》第3卷，人民出版社1960年版，第378页。

这一领域，并赋予其学科意义。而田野政治学视域下的田野，是体现国家观照的田野。自有国家以来，任何田野都是国家化的田野，是国家整体的一部分。田野政治学赋予田野以国家意义。离开了国家观照的田野，便不具有政治学的特性。特别是随着国家化程度日益提高，自然形成的田野愈来愈具有国家建构的属性。只有从国家观照的角度才能深刻理解田野的属性。在传统社会，有农业、农村、农民，并不构成"三农"问题。"三农"成为"问题"产生于现代化进程之中，并成为现代国家需要解决的问题。问题不在于"三农"而在于国家。只有解决"三农"问题才能建构起现代国家，换言之，解决"三农"问题是建构现代国家，实现国家治理体系与治理能力现代化的必然要求。只有将"三农"问题提升到国家形态转变的高度，才能为国家解决"三农"问题提供合理性和合法性。而这正是政治学关注田野的使命所在。

在田野中发现国家。自有国家以来，任何田野都具有了国家属性。但是，国家在广袤田野大地上的分布和表现不一样。在广袤田野大地上的人群眼里的国家也不一样。只有深入田野大地，才能更深入具体地发现与统一文本不一样的国家形态。田野政治学与一般的政治学所不同的地方，便在于是从田野而不只是从文本上认识国家。田野的质性调查将"一口井"打深，不仅仅在于发现这口"井"的自然、社会和文化的多层次性，更要发现这口"井"的国家的多层次性。我们在田野调查中经常会听到农民的一句话，这就是"中央是恩人，省里是亲人，市里是好人，县里是坏人，乡里是恶人，村里是仇人，街头执法的不是人"的流行语。它反映了农民眼里的国家形象是多层次性的。只有进入田野现场，从田野的角度才能理解这一流行语的背景及其对国家认知的多层次性。与此同时，国家在不同的田野场域表现形式也不一。正是在 2015 年启动的"深度中国调查"中，我们才发现国家在不同田野上的多样性表现形式，才形成对国家的关系叠加式变迁的认识。没有对田野的深度调查，便很难产生对国家的深度认识。

田野是国家的一部分，国家建立在田野基础上，由此形成田野与国家的互动。如何探求田野与国家的互动机理，是田野政治学的重要使命。田野政治学通过建构"国家化"的概念来理解和分析田野与国家的互动，有了一个基本的框架，但有待进一步开拓。2015 年启动的

"深度中国调查",对传统农村社会形态进行了大规模调查,但需要探求传统农村社会和国家之间的联结与互动机理。目前,已有了通过税收、技术等机制将田野与国家联结起来的研究,如陈军亚教授发表于《云南社会科学》2019年第4期的《因税而治:区域性国家治理的机理——以区域村庄形态调查为依据》等论文,但这还只是开端。另外,随着国家化的推进和深入,还有更多的理论与实际问题需要深度研究。例如,现代国家政权建设有一个重要的理论命题,这就是"内卷化",即国家政权愈是深入农村,农村对国家的离心力愈强。这一命题建立在1940年代农村调查事实上,与政权的特性相关。进入21世纪,国家进入农村的广度和深度都大大超过以往,是否造成了"内卷化"?如果没有,又是什么原因?特别是随着"国家化"的推进,国家不仅日益深入人们的身边,而且要求深入人们的内心,由此建构对国家的认同。这是一个世界性的命题。即使是那些建构起现代国家的地方,也存在着通过国家整合解决不断再生的社会分化问题,以重新达致全体国民对国家的认同。正因为如此,"国家化"是一个比现代国家建构更具有包容性、开放性的概念。它更强调"国家化"是一个没有终点的过程,是一个国家形态需要不断提升的过程,是一个需要不断改进国家治理从而获得全体国民内心认同的过程。

过往的田野政治学从关注现实到走向历史,在深耕田野中扩展了"国家化"的概念。那么,今后的田野政治学可以通过有国家观照的田野调查,深化田野与国家互动机理的探讨,推动"国家化"理论的建构,使之具有更强的解释力,从而为田野政治学走向未来、走向世界开拓出新的天地。

第十一章　以政治理论为拓展的田野政治学

田野政治学是一种基于田野的政治学研究路径。进入田野时，政治学者的大脑不是"白板"（洛克），而已有相应的政治学理论。只是田野政治学不是以已有的政治学理论去剪裁田野，恰恰相反，是通过田野调查回应和拓展已有的政治学理论。下得了实地田野，还需上得了理论"殿堂"。田野政治学的重要贡献之一，是在田野中获得新的问题、新的知识、新的经验、新的灵感，由此激活原有的政治学知识，进行再加工再认识，丰富了既有的政治学理论体系。

一　由村民自治建构"草根民主"

民主是现代政治理论的基本命题之一。马克思认为"民主因素应当成为在整个国家机体中创立自己的合理形式的现实因素"。[①] 中国进入现代国家的重要标志便是以民主为指引。但在中国，如何实现民主却是一个相当大的难题。我是在1980年代开始从事政治学学习和研究的。当时，民主问题是社会关注的热点，我也因此具有一些民主理论知识，但还没有进行相关的研究。

我将民主作为研究对象则是在进入田野之后，由村民自治引起的。人民公社体制废除后，在农村基层实行什么样的治理体制存在争议。一种思路是加强自上而下的行政管理；一种思路是强化村民自治。后者以当时的全国人大常委会委员长彭真为代表。在彭真看来，10亿人民如何行使民主权利，当家作主，这是一个很大的根本问题。

---

① 《马克思恩格斯全集》第1卷，人民出版社1956年版，第389—390页。

其最基本的两个方面是：一方面，10亿人民通过他们选出的代表组成全国人大和地方各级人大，行使管理国家的权力；另一方面，在基层实行群众自治，群众自己的事情由群众自己依法去办，由群众自己直接行使民主权利。① 村民自治是作为社会主义民主的基础性工程开始其进程的。在我进入村民自治领域进行调查和研究时，也是基于村民自治的民主价值。我于1997年出版的《中国农村村民自治》集中反映了当时的研究进展和成果。1998年，村民自治成为热门话题，也有不同的看法，由此引起了我进一步的思考，这就是如何看待村民自治这一民主形式，它在中国民主化进程中扮演着什么角色？我在《中国社会科学季刊》2000年夏季号发表《草根民主的崛起：价值与限度》一文。论文开头表示：

> 一直让我奇怪的是，村民自治，即所谓的草根民主在中国崛起已有十多年，在知识界却反应寥寥：一时间曾有这一说法，中国有九亿多农民，研究村民自治的学者却不到九个人。只到近二年，村民自治这一"静悄悄的革命"才引起一些知识精英的关注。村民自治这一草根民主由冷落寂寞到兴盛火爆，个中缘由，令人深思。
>
> 在中国，20世纪是对民主追求的世纪。一批仁人志士为民主奔走呼号。但民主化进程却屡屡受挫，使我们不得不把民主这一问题带向21世纪。究其原因，我以为有二点是不可忽视的。一是民主长期未深入民间大众，植根于社会经济和心理结构之中，而是上层人士动员民众获得权力的手段。民主与运动紧密结合在一起，而运动犹如风暴，有起有落，民主也往往随风而去。二是民主长期停留在理念的层面，未形成一套严密的规则和程序。在中国，民主是舶来品，是外部传递的一种价值理念，而不是内生的游戏规则和程序。人们只知道要民主，却不知道怎样运用民主。特别是当民主只是作为动员民众的手段后，人们所注重的是目的的合理性，道义的

---

① 彭真：《通过群众自治实行基层直接民主》，见《彭真文选》，人民出版社1991年版，第607—608页。

第十一章 以政治理论为拓展的田野政治学 225

正当性，容易忽视过程的规则性和程序的严密性，以至于许多对民主理念一往情深的知识精英一旦进入民主过程却一筹莫展，甚至理念是民主的，行为却是反民主的。一直至20世纪90年代，这一缺憾都没有引起知识界的足够注意，人们仍然只是期盼着某一"春天"的来临。出乎意料的是，村民自治这一草根民主的崛起，正以其实践的力量弥补着中国民主的缺憾。①

我将村民自治定义为"草根民主"，在于它有根基，是内生于中国社会土壤上的民主。

> 它植根于社会经济和心理结构之中，使民主的理念得以深入广大的农村民众。近代以来，民主一直未真正进入占中国人口大多数的农民之中，成为农民的日常生活方式。而持民主缓行论的观点的一个重要根据，就是中国农民太多，他们的经济文化落后，不具备运用民主的素质。而在中国，民主如果不进入占人口大多数的农民的日常生活中，就缺乏牢固的根基。我们也不可能专门开办学校对亿万农民进行民主培训。提高农民民主素质的最好学校只能是民主实践。农村经济改革激发了农民的民主要求，村民自治的制度安排使这一要求有可能变为现实，民主第一次大规模深入千百年作为专制统治最深厚社会土壤的农村。
>
> 村民自治既然是大众参与式民主，在实际运作过程中必然会在各种冲突和矛盾的交互作用中形成一套规则和程序。尽管这些规则和程序有许多是在无意中形成的，并没有深厚的理论作为支撑，也不是刻意的制度设计。但它毕竟为中国贡献出了一套民主操作规则和程序。②

当村民自治成为民主的一个亮点时，许多人又将过多的光环加于其上。而在我看来，村民自治的形式示范效应远远大于其实质性。村民自

---

① 徐勇：《草根民主的崛起：价值与限度》，《中国社会科学季刊》2000年夏季号。
② 徐勇：《草根民主的崛起：价值与限度》，《中国社会科学季刊》2000年夏季号。

治的限度也是显而易见的。村民自治虽然有根,但还只是一株小草。

> 将村民自治视为草根民主,一个重要理由就是它的弱小性。村民自治只是社会形态的民主,而不是国家形态的民主。这种民主的范围只是发生于村庄。它可以通过一套民主规则和程序培育现代公民意识和公民人格,选举本村领导人,决定本村公共事务,但在超越社会之上的国家权力面前却往往无能为力。
> 村民自治作为草根民主,还在于它的粗糙性。作为村民自治组织载体的村民委员会一开始是作为人民公社的替代性组织产生的,民主的价值和功能是在民间经验中逐渐凸现出来的。这种来自于民间经验的民主,缺乏足够的理论支撑和精心的制度构造,从而使它的进一步发展受到种种限制。村民自治尽管在一个村的范围,但必须有相应的国家制度环境作为依托和保障。而在现阶段,国家的权力体制与村民自治的原则存在着结构性矛盾。①

我在《开放时代》2000年第11期发表《中国民主之路:从形式到实体——对村民自治价值的再发掘》一文,进一步指出:

> 村民自治最重要的价值就是在民主化进程中,建立起一系列民主规则和程序,并通过形式化民主训练民众,使民众得以运用民主方式争取和维护自己的权益,从而不断赋予民主以真实内容。一旦仪式固化为习惯,成为日常的生活方式,民主才是真正不可逆转的。随着经济文化的发展,民主化的外部条件日趋成熟,民主化进程便可以顺利实现由形式到实体的转换。②

进入21世纪后,我本人及团队对包括村民自治在内的基层民主问题进行了大量研究,出版了《基层民主发展的途径与机制》(北京师范

---

① 徐勇:《草根民主的崛起:价值与限度》,《中国社会科学季刊》2000年夏季号。
② 徐勇:《中国民主之路:从形式到实体——对村民自治价值的再发掘》,《开放时代》2000年第11期。

大学出版社 2015 年版）、《以民主促进和谐——和谐社会建构中的基层民主政治建设研究》（经济科学出版社 2016 年版）等著作，发表了大量论文。

作为一种民主形式的村民自治生不逢时，其成长过程正是中国"三农"问题最为突出的时期，村民自治的弱小性和粗糙性暴露无遗，选举导向的草根民主遭遇挫折，甚至水土不服。民主的话语让位于治理的话语，村民自治的话语让位于乡村治理的话语。但在我看来，强调治理，但无须将民主与治理割裂开来，更不能对立起来。中国的治理最鲜明的特征之一是体现人民主体地位。人民中心不过是民主的另一种表述。离开了人民主体和人民中心的治理并不是理想的治理，甚至可能是"恶治"。我在《当代世界与社会主义》2018 年第 4 期发表《民主与治理：村民自治的伟大创造与深化探索》一文，指出：

> 村民自治进入有效治理的通道，并不意味着民主与治理是对立的，更不是只要治理不要民主。从广义说，民主意味着国家治理以人民为中心。无论是中央，还是基层党组织和政府，其治理基本依据都是为了实现广大人民的根本利益。如果离开了民主谈治理，治理有效就无法体现人民群众的利益要求。从狭义上看，治理不仅是领导者的行为，更包括广大民众的直接参与。乡村振兴的主体最终是广大人民群众，没有基层民主保障村民群众的制度化参与，乡村振兴便难以实现。从这一意义上说，邓小平在农村改革之初，将调动积极性视为最大民主的提法仍然具有十分重要的意义。[1]

在中国，市场化进程容易，民主化进程艰难，后者的制约因素更多，且不同国家有不同的实现形式。中国特色社会主义民主政治仍然是一个有待探索的课题，村民自治只是一个小小的实验，但其中内蕴的基本价值则具有穿越时空的意义。

---

[1] 徐勇：《民主与治理：村民自治的伟大创造与深化探索》，《当代世界与社会主义》2018 年第 4 期。

二 提出本质平等与事实不平等

平等是现代政治理论的一个基本命题。卢梭提出"人生而平等"。列宁指出:"民主意味着在形式上承认公民一律平等,承认大家都有决定国家制度和管理国家的平等权利。"① 社会主义的产生在一定程度上是基于对平等的追求,消灭"三大差别"是建设社会主义,实现共产主义的理想目标。但是,是否社会主义制度一建立,平等便已自然而然地实现了呢?我在1980年代承担"我国城乡基层政治发展研究"这一课题时,便注意到此。我在《求索》1990年第4期发表《本质平等与事实不平等:现阶段社会主义城乡关系分析》,指出:

> 在社会主义社会,城乡关系在本质上是平等关系,而且这种平等关系随着社会主义发展日益在实际生活中得以体现,并为促进城乡共同发展,缩小城乡差别提供了有利条件。中华人民共和国成立以来,已基本上改变了旧社会那种畸形繁荣的都市与日益衰败的乡村的两极分化现象,长期十分落后的乡村出现了历史上前所未有的重大变化。
>
> 当然,我们在肯定社会主义的城乡关系在本质是平等关系的同时,也不应忽视,由于历史的原因,中国尚处于实现工业化和生产的商品化、社会化、现代化的社会主义初级阶段,乡村传统的生产方式尚未得到很大改变。城乡之间在经济文化方面的差别还很大,构成了以先进工业为基础的城市和以落后农业为基础的乡村二元并存的格局,而且这一状况在相当长时间内都难以消除。由于历史原因而造成的城乡差别必然会使乡村因为较为落后的种种条件的限制,难以与较为先进的城市一样享有政治法律赋与的平等权利并均等发展,从而形成城市与乡村之间事实上的不平等关系。②

---

① 《列宁选集》第3卷,人民出版社1995年版,第201页。
② 徐勇:《本质平等与事实不平等:现阶段社会主义城乡关系分析》,《求索》1990年第4期。

第十一章　以政治理论为拓展的田野政治学　　229

存在未必都是合理的，当我们肯定城乡事实不平等关系具有一定历史必然性时，也必须看到，这种现象与社会主义城乡之间本质上的平等关系不尽一致。在这篇论文中，我提出了应该优先促进乡村发展的观点，并提出了相应的对策思路。

> 正确处理城乡利益关系，还必须充分考虑到乡村长期落后于城市的状况，促使城乡差距不断缩小。否则，仅靠乡村自身的自然发展，很难迅速改变贫困落后面貌和消除城乡间事实不平等关系，甚至陷于先进更先进，落后更落后的"马太效应"的窘境。
> 　　为此，在经济上必须树立以农业为基础，全社会支持农业的观念，给农业发展提供更优惠的政策和条件。在政治上应根据乡村实际状况支持农民积极参与政治生活，行使当家作主的民主权利。特别是拓宽和增加农民利益表达渠道，使农民的愿望和要求得到及时和真实的反映。1958年"大跃进"中，正是由于农民利益未能有效表达，干部层层虚报浮夸，造成决策失误，给乡村发展带来极大困难。在现阶段乡村经济有所发展而文化仍然落后的情况下，努力促进乡村文化事业发展便成为当务之急，治"愚"比治"穷"甚至更为紧迫。随着乡村发展和社会进步，在乡村建立医疗卫生和劳保福利的社会保障制度，使乡村人口同样能享受社会文明成果，提高生活质量和人口素质，也成为必须注意的事情。而在乡村的经济、文化和社会生活水平逐步提高和城乡差别日渐缩小的过程中，限制人口自然流动的严格的户籍措施也需趋于松弛。只有这样，人们才可能从马克思所说的天然的城市动物或乡村动物的局限中解放出来，使城乡之间的本质平等和事实不平等愈来愈走向本质和实际高度统一的平等关系。①

以上的认识不仅仅是基于理论，更有切身体会。我们这一代人是在

---

① 徐勇：《本质平等与事实不平等：现阶段社会主义城乡关系分析》，《求索》1990年第4期。

消除"三大差别"的理想中成长起来的,成长的过程又处在"差别"之中。人往高处走,水往低处流,是生活常识。但我们成长时的话语是"下乡"和"进城"。这之间便存在差别。我是通过考试才"进城"的,之后从事农村研究,做田野调查照样使用的是"下乡"的话语,继续体验着有差别的城乡生活。1990年代,大批农民工涌向城市,用自己的劳作改变自己的命运。但他们仍然处于严重的城乡差别之中。2003年一次突发性的公共卫生事件充分暴露出这一问题,这就是行走于城乡之间的农民工在这一事件中的遭遇。我在1990年代开始关注农民工问题,并出版了《流动中的乡村治理》一书。农民工在这一事件中的遭遇很快引起我的注意,并在《福建师范大学学报》2003年第5期发表了《农民流动、SARS与公民保障网络》一文。文章指出:

> 中国社会现正处于大规模、高频率的流动状态之中,这是中国经济充满活力的源泉和结果。在流动中的人群中,比例最大的是离开乡土社区外出务工的农民。据统计,近年来,外出务工的农民达1亿人次以上,实际的数字根本无法统计。如果将这些农民工乘坐的火车车厢连接着摆,可以围绕地球一周以上。正是这样一个庞大的社会群体,面对SARS的攻击,却显得特别的弱小和无力。在SARS的攻击下,他们一度犹如"惊弓之鸟",竞相逃散,从而引起政府的高度重视。
>
> 我们将流动中的农民喻为"惊弓之鸟",在于他们是缺乏组织性和体制性保护的群体,他们所栖息的"弓"稍有动弹就可能使其落荒而逃。他们可以自由自在地在天空中飞翔,却得不到相应的庇护,一旦遭遇狂风骤雨,便处于生命的危机状态。而这都与他们亦城亦乡、非城非乡、亦工亦农、非工非农的"农民工"身份及其形成这一身份的体制相关。[①]

2003年4月中旬,在SARS向全国蔓延之际,国务院发出了《关于动员北京等地高等学校学生、农民工就地学习务工的紧急通知》,被视

---

① 徐勇:《农民流动、SARS与公民保障网络》,《福建师范大学学报》2003年第5期。

为边缘人群的农民工第一次与作为"天之骄子"的大学生相提并论。

> 为什么在 SARS 的攻击中,农民工的命运能够得到如此空前的关注呢?除了一般原因外,还在于 SARS 这一疾病的传染性特性:一是空气传播,具有非地域限制性,难以防范;二是疾病机理和医治的不确定性,风险性强。这种特性赋予"惊弓之鸟"以无主观故意的攻击性。也就是社会不关心农民工,农民工就会关心社会,只是这种关心是对公共安全和公共卫生的危害。他们如惊弓之鸟竞相逃散,就有可能将病毒到处扩散,影响到他人的生命安全。大规模流动有可能带来疫情的大面积扩散,这是高度关注农民工命运的基本假定。

> 人生来平等,却无不在差别之中。SARS 的攻击却将所有的人重新置于或还原于同等地位——每个人都可能受到 SARS 的攻击,而不论你是富人,还是穷人;不论你是城里人,还是外来的乡下人。按照哈贝马斯的说法,"举凡对所有公众开放的场合,我们都称之为'公共的'"①)。流动中的农民已超越"三十亩地一头牛,老婆孩子热炕头"的私人性和地域性,具有公共性身份。他们的命运不再只是关涉本人,同时会关联到他人和社会。他们第一次真正地与城市人一样面临着同样的命运和环境,其政治上的公民身份第一次有了社会地位上的"公民性"作为支撑。多年呼吁给农民工以"国民待遇"竟然一时间成为现实。②

论文从现代国家建构的角度,提出了平均民权,建构覆盖全民的公共保障网络的主张。

> 现代化是从各种先在的、命定的束缚中解放出来的过程。现代国家第一次赋予其国民以主权者地位。人民建立国家是为了更好地保护和扩展自己的生命、财产和自由。资源的占有和福祉的享受,

---

① [德]哈贝马斯:《公共领域的结构转型》,学林出版社 1999 年版,第 2 页。
② 徐勇:《农民流动、SARS 与公民保障网络》,《福建师范大学学报》2003 年第 5 期。

不再是少数人的特权，而是全体公民不可剥夺的神圣权利。只有这样的国家才是稳定而又幸福的国家。我们要将 SARS 攻击下的"惊弓之鸟"变为自由飞翔而又无后顾之忧的展翅大鹏，便需要从平均民权的角度，建构覆盖全体公民的公共保障网络。①

2020 年，中国遭受了远比"SARS"更为严重的公共卫生危机，农民工的境遇比当年好了许多。我在 1990 年发表的《本质平等与事实不平等：现阶段社会主义城乡关系分析》一文中提出的缩小城乡差别的对策思路基本都成为现实。近日，我通过访谈刚回城务工的人员得知：回城上班时，平日 3 小时的车程，花了 9 小时，一路上不敢吃也不敢喝。原因是高速路上极度拥堵。回城务工人员开着自己的车从四面八方的乡村回到城市。农村家乡的标配是两层小楼和私家车。家乡人推举其父亲担任村民小组组长，但其父亲坚决不当。理由是权力不大，报酬不高，还得罪人。回想我 50 多年前在农村时，生产队长（相当于后来的村民小组组长级别）是何等的威风，被称为"管天管地管空气"。正是改革开放，农民有了支配自己劳动的自由，才有了改变命运的可能，城乡差别得以日益缩小。当然，平等是一种多层次的理想目标，总是与特权相对应存在的。只要还存在特权，平等的实现便仍然是一个需要探讨的问题。

三　田野中发掘"东方自由主义"

自由是现代政治学的一个基本命题，也是人类的理想目标。但"自由"话语传递的信息却十分复杂。我是在 1960 年代读书期间接受"自由"话语的，当时批判刘少奇、邓小平的"三自一包"，其中之一便是"自由市场"。1970 年代我下乡后为茶场卖桃子，没有去城镇而是就近卖给一家工厂的职工，很快就卖光了，茶场赚了一点小钱，领导很高兴。我切身体会到自由买卖的好处。只是没有市场行情，本来可以卖五分钱一斤的，结果我一斤只卖了三分钱。在农村读书，主要学习毛主席

---

① 徐勇：《农民流动、SARS 与公民保障网络》，《福建师范大学学报》2003 年第 5 期。

第十一章 以政治理论为拓展的田野政治学　　233

的老五篇，对其中的《反对自由主义》印象尤深。1980年代大学毕业工作后，不时掀起批判资产阶级自由化浪潮。1990年代，西方的自由主义思想进入中国，与此相随的是"东方专制主义"的思想。只是这些信息都积聚在脑海里，并没有引起深度思考。因为，当我从事学术研究后，便进入了田野。自由主义作为一种外来思潮好像与田野无关。只是到了21世纪初期，由于"三农"问题特别突出，引起了关于农村改革的争论。我带着争论的问题调查农民对分田到户的认识，许多农民回答分田到户的最大好处是"自由了"。由此引起了我对"自由"问题的思考：中国人有无自由？如果有自由，是一种什么样的自由？中国改革开放从农村开始，农村改革的核心是分田到户，而农民的最大感受为什么是"自由了"？这一连串的问题使得我对"自由"问题进行了探讨，并在《学术月刊》2012年第4期发表《东方自由主义传统的发掘——兼论西方话语中的"东方专制主义"》的长文。论文开头表示：

> 改革开放以来中国的迅速崛起，引起西方人士的惊呼，认为这是对西方世界"三百年未有之挑战"。这一挑战不仅在于中国经济社会迅速发展的事实，更在于长达三百年来西方对中国的认识范式的危机。因为，在西方学者看来，自由是发展的基础。西方的发展来自于其自由主义传统，中国则是典型的东方专制主义国家，而专制主义是压抑人性、压制经济自由发展的。有人因此将中国的改革开放归之于外来的西方自由主义的引进。但是，西方自由主义作为一种学说大规模进入中国是20世纪90年代中后期，且没有任何证据表示中国改革开放的决策依据和动力源泉是西方自由主义学说。恰恰相反，中国的改革开放是从农村开始的，是对农民生产经营自主权的认可。而农民生产经营自主性则是中国千百年来历史形成的。由此就需要我们重新认识中国的历史传统和制度底色，这就是东方自由主义。在中国文明的历史长河里，流淌着生生不息的自由泉源，并不时翻卷起层层激浪。只是这一泉源被高高矗立的上层外壳所掩盖。改革开放极大释放了潜藏在中国历史长河中的自由活力，并促成了中国崛起。从理论上发掘被长期遮蔽的东方自由主义

传统，来自崛起的中国的"文化自觉"和"文化自信"。①

无论中外，早期自由都是相对于人身依附和奴役关系而言的。在古希腊，不同于奴隶的人称之为"自由民"，其最大特点就是享有人身自由。这是自由主义的根基。随着历史的发展，自由的含义才愈益丰富。简言之，自由主义是对人的独立性和自主性的一种概括和向往。中国自告别原始社会，几乎就没有经历过奴隶制时代。一家一户的生产方式使农民成为独立的生产经营主体。自由的个体家户农民更是一种久远的理想形态。秦始皇的伟大功绩不在于修建万里长城，而在于形成了一个能够不断再生产亿万自由家户小农的制度。与农奴相比，中国的农民属于自由小农。其特点表现为：人身自由、经济自主、社会自治、思想自在、政治自力。

与中世纪西欧的"城里空气使人自由"不同，古代中国是"地里空气使人自由"。如果说西方自由主义产生于城市商业社会，那么东方中国的自由主义则产生于乡村农业社会；如果说西方自由主义是商人自由主义，那么东方中国的自由主义则是农民自由主义。所谓东方自由主义，是在东方中国自由小农经济社会基础上产生的农民的自由状态和追求。其核心要素就是自主性和积极性。自主性是前提，积极性是结果。只有自主的人才有来自人自身内部的积极性、主动性和创造性。因此，农民的自由状态和追求，在中国历史上起到了巨大的推动作用。②

那么，为什么东方自由主义长期被历史所遮蔽，不为人所重视，甚至不为人所知？在西方流传已久的是东方专制主义，即使在中国，也无人论及本土之上的自由主义呢？主要有以下原因：

---

① 徐勇：《东方自由主义传统的发掘——兼论西方话语中的"东方专制主义"》，《学术月刊》2012 年第 4 期。

② 徐勇：《东方自由主义传统的发掘——兼论西方话语中的"东方专制主义"》，《学术月刊》2012 年第 4 期。

第十一章 以政治理论为拓展的田野政治学

其一是中国特有的上下双层社会结构所影响。中国自秦始皇统一中国以后的社会结构呈上下双层结构。如果说上层政治是专制主义，那么下层社会则是自由主义。……连胡适这样的现代自由主义大家也没有注意到深藏于古代下层农民社会中的自由主义形态，从而建立传统与现代的连接。因此，以胡适为代表的现代中国自由主义始终是无根之木、无源之泉，从而只是飘浮于社会上层，未能进入下层民间社会之中。

其二是中国农民自由主义属于日常生活形态及意识。农民自由主义寓于日常生活之中，呈现为原始的粗陋的生活状态，而没有精加工，进入经典文献之中并为他人所知，为后人所学。西方学者根本不可能接触农民日常生活，他们主要依靠文献了解中国，所接触到的经典文献中并没有自由主义的点滴记录，相反，大量的是为专制主义论证的学说。而中国的知识分子长期依附于官府。他们中的许多人尽管出自农家，但严格的国家考试使他们埋头于经典文献中，并没有实际感受和体验农民的生活。而农民自由主义作为一种生活形态的自由主义，只有在实际生活中才能领悟其实质和精妙之处。

其三是中国农民自由主义具有自然法的特性。古代农业经济属于自然经济。人受制于自然并为自然所限。一家一户的自然经济，独立生产、自主经营、自由交换，因此也可以说是一种不受他人支配的自由经济。正是这种自由经济，蕴含着自由主义精神。只是在农民眼中，这种自由来自自然，是"天理"所然，而不是人为所构。农民是没有自由意识的自由主义者。而自由如同空气，只有在失去时才感受其存在和可贵。因此，农民及其他们的代表不可能建构起一套系统的学说，将其追求和向往理论性、系统化，并提升为一种理想的社会形态。

其四，中国主流意识形态是建构社会秩序。任何一种学说都是专门从事知识生产的人创造的。在西方，长期以来，自由主义能够成为一种系统的学说，主要在于有知识分子的创造。而在东方中国，自由主义是一种自然状态。但这种状态并不是自然的和谐状态。……建构以"名分"顺序为核心的秩序成为中国思想经典的主要内容。无论儒家、法家,还是道家,都是一种秩序主义思想。而这种思想恰恰是为专制主义所利用的思想资源。①

东方专制主义理论只看到了东方中国社会的专制政体一极,并将这一极无限夸大,而忽视了东方中国社会的自由主义一极,并以东方专制主义将这一极完全遮蔽,使之陷入历史和理论的"黑洞"之中。中国知识界也因此长期处于蒙蔽状态,缺乏对本土文明的自觉,并将自由这一人类最宝贵的价值奉献给他人!我的论文就是试图发掘自由主义的本土资源,论证自由的价值在中国是有根的。

发掘东方自由主义是为了恢复历史,并不是简单地颂扬。任何一种思想都有其历史的局限性。在中国,以农民为主体的自由主义有其生产方式决定的局限性,并始终未能进入国家主流意识形态。其局限主要在于它是一种缺乏选择和保障的自由、一种缺乏国家制度保护的自由、一种具有放任和极端倾向的自由、一种具有秩序之上倾向的自由。

尽管农民自由主义有其历史局限性,且未能进入国家意识形态主流,但它作为中国社会最大群体——农民的一种向往和追求始终存在并绵延不绝,深深影响着中国历史进程。毛泽东曾经说过:"中华民族不但以刻苦耐劳著称于世,同时,又是酷爱自由、富于革命传统的民族。"② 这就是说,中华民族与世界其他民族一样也是酷爱自由的民族,且在一定历史阶段是最为自由的民族之一,而不是东方专制主义理论所说的天生的"奴性民族"。中华民族的主体是农民。相对于上层统治者而言,下层农民又是最酷爱自由的。是自由引导着下层人民掀起一次次对暴政的反抗。

特别是东方自由主义深深植根于农民的日常生活之中。只要有小农经济社会存在,这种自由主义的思想就会延续。东方中国的农民自由主义作为一种"草根自由",尽管没有系统化、理论化、成

---

① 徐勇:《东方自由主义传统的发掘——兼论西方话语中的"东方专制主义"》,《学术月刊》2012 年第 4 期。

② 《毛泽东选集》第 2 卷,人民出版社 1991 年第 2 版,第 623 页。

文化，但它有赖于生存的深厚土壤，有生存之根；尽管在专制政治的压制下，它十分脆弱，但它仍然会顽强地生存，一有机会就会蓬勃生长。

中国的改革开放起源于对中国数千年以自主性和积极性为核心的农民自由主义传统的尊重，它是中国文明发展内在规律的逻辑延伸和提升，而不是源于西方自由思想的影响。中国农村改革的许多做法与历史上的农民自由主义传统是相衔接的。如家庭自主经营、劳动力流动、土地流转、农产品自由流通、村民自治、乡村工业、民间文化的活跃等都可以从农民自由主义传统中找到历史依据。①

论文提出了东方自由主义的提升，在这一提升过程中会吸收西方自由主义的优秀成果，但也不是简单地照搬。东方自由主义的提升主要表现为：提升为有选择和保障的自由、提升为有制度保护的自由、自由的随意性和极端化受到制约、自由与秩序走向平衡。正如美国著名学者傅高义所说："重新定义和管理自由的边界。也许邓小平当初面对的最棘手的问题就是设定自由的边界，既可以满足知识分子和公众的要求，同时又保证领导者能够维持公共秩序。"② 应该说，傅高义作为一个历史学家，对自由之于中国的关系的见解具有洞察力。

我的这篇论文主要是基于事实和田野调查，一方面发掘中国的自由主义传统资源，对农民分田到户的"自由了"的事实和向往作理论表达；另一方面也是对长期历史上存在的"西方自由、东方专制"定论的解构。

四　田野揭开"专制主义"遮蔽

自由与专制是政治学的核心概念。政治学产生并发达于西方国家。长时间以来，在西方政治思想中，形成了"西方自由东方专制"的话

---

① 徐勇：《东方自由主义传统的发掘——兼论西方话语中的"东方专制主义"》，《学术月刊》2012 年第 4 期。

② ［美］傅高义：《邓小平的遗产》，高汐译，《南风窗》2012 年第 1 期。

语定论。德国学者魏特夫以"东方专制主义"概括东方国家的政治，并将东方专制论的来源归之于马克思的论述，因而更具欺骗性。对于魏特夫等人的偏见已有众多批判。只是这些批判更多的是理论性，尚不能从根本上颠覆这种简单、武断且片面的论断。其重要原因在于，长期以来，学界存在两大遮蔽，一是既有理论遮蔽着丰富的事实；二是上层政治遮蔽了基层社会。我很早就读过《东方专制主义》及批判这本书的论著，但没有参与讨论。只是随着 2015 年"深度中国调查"的开启，进入中国基层社会内部，我才意识到《东方专制主义》一书事实上的局限性和片面性，由此在《政治学研究》2017 年第 4 期发表《从中国事实看"东方专制论"的限度——兼对马克思恩格斯有关东方政治论断的辨析与补充》一文。

在魏特夫看来，由中央政府主持的大规模治水，是东方专制主义的起源。但大规模治水是东方中国社会的内生需要，不宜简单贴上专制主义的政治标签。更重要的是，中国除了旱作区以外，还有大片稻作区。只是这一区域的治水特性没有得到关注，为基于大规模治水的东方专制主义理论所遮蔽。在田野调查中，我才发现南方稻作区的治水与中央政府主持的大规模治水有所不同。

> 对于江河湖泊、堰塘沟渠构成的水网体系来说，大江大河因为区域跨度大，仍然需要中央政府加以治理。但在南方，大江大河并不经常泛滥，因为雨水过多造成的灾难属于"百年不遇"或者"十年不遇"。在相当长时间，中央政府对于南方大江大河的治理少有作为。在南方，更多的治水事业属于堰塘沟渠的小型水利的治理。而这种小型水利的治理主要依靠的则是当事人的自我治理，属于当事人为了获得共同利益自愿联合的水利自治。①

论文运用了大量实地调查材料，说明稻作区治水的自治性及其政治价值：

---

① 徐勇：《从中国事实看"东方专制论"的限度——兼对马克思恩格斯有关东方政治论断的辨析与补充》，《政治学研究》2017 年第 4 期。

治水的共同特征是当事人自愿的联合，并形成了人们自我认同的习俗，不需要外在强制性力量加以监督。水利自治是"人民的事业"而不主要是"政府的事业"；是当事人自组织形成的"自治"而不是凌驾于社会之上他组织的"他治"；是权利与义务均衡的"筹资筹劳"而不是单向义务的"徭役"；是贡献与收益利责对等关系而非强制下的主—奴关系。

对于20世纪以前的西方人来讲，他们对中国的了解更多的是华北黄河区域，更多的是国家上层，对于南方丰富的基层水利治理体系缺乏了解，得出的结论难免片面和简单。事实上，中国南方是世界上最大的水稻产区，其丰富的水利治理体系是世界其他国家难以比拟的。特别是这种基于当事人自愿联合的水利自治，远远超越佛兰德和意大利之类的非稻作区，是不能以所谓"东方专制主义"话语以蔽之的。[1]

写作此文前，我刚经历了南方区域的调查，特别是夏季的长江区域，所到之处都与水有关，要么是暴雨成灾，要么是天干缺水。农民以各种各样的方式开展治水活动。治水成为他们生活的内在需要。曾经是我的博士生并与我同行的郝亚光教授生长于北方，对南方稻作区治水有着强烈对比的感受。后来我应《政治学研究》组稿时，他在该刊2018年第4期发表了《"稻田治理模式"：中国治水体系中的基层水利自治》，基于深度中国调查的事实在《云南社会科学》2020年第6期发表了《治水社会：被东方专制主义遮蔽的社会治水——基于"深度中国调查"的案例总结》等论文，进一步论述了被东方专制主义遮蔽的社会治水问题。他在2020年7月23日的"田野政治学"公众号论坛作了"治水社会与治水国家"的主题报告。

东方专制主义除了来源于大规模治水以外，还来自于村社制。马克思已注意到东方的印度与中国之间的区别。尽管同样是东方，国家制度

---

[1] 徐勇：《从中国事实看"东方专制论"的限度——兼对马克思恩格斯有关东方政治论断的辨析与补充》，《政治学研究》2017年第4期。

同样表现为专制形式，但其结果是有相当差异的，有的自甘为奴，有的不甘为奴，原因就在于经济社会基础不同。印度是典型的村社制，而中国已从村社制中脱离了出来。中国从村社制脱离出来后是一种什么农村制度呢？受材料所限，马克思没有能够像对印度和俄国村社制的研究一样，有过清晰完整的表达。我在《中国社会科学》2013年第8期发表的《中国家户制传统与农村发展道路——以俄国、印度的村社传统为参照》一文提出了家户制，之后的田野调查深化了我对这一问题的认识。在《从中国事实看"东方专制论"的限度——兼对马克思恩格斯有关东方政治论断的辨析与补充》一文中，我根据调查材料对家户制的特征作了进一步概括，这就是：财产权的家庭私有性、家庭为基本经营单位、交易交换的开放性、血缘基础上的家庭责任、勤劳节俭的家庭意识等。这一制度会带来什么政治后果呢？

　　以家户为单位的经济社会基础锤炼出中国民众的自主性、责任性和积极性，而非村社制内生的依附性、被动性和消极性，由此使农村基层社会内生和保持着活力。这是传统中国"皇帝无为天下治"，能够创造出世界最为灿烂的农业文明的根源所在。如果单从政体看，东方国家存在着类似的专制政体，但因为经济社会基础不同，专制政体的结果有所不同，一些地方是停滞，而在中国却存在内生的活力，并因为自主的利益激发出对外部强制的反抗。这也是马克思天才预测到印度与中国面对同样的英国殖民者的反映和结果却不同的重要原因所在。只是马克思的天才预测未能有足够充分的事实所证明，大量的中国事实被"东方专制主义"一类的简单论断所遮蔽。①

五　在关系社会中建构"关系权"

　　权力是政治学的核心议题。权力是一种支配力和影响力。从权力来源

---

① 徐勇：《从中国事实看"东方专制论"的限度——兼对马克思恩格斯有关东方政治论断的辨析与补充》，《政治学研究》2017年第4期。

第十一章 以政治理论为拓展的田野政治学

看，它可以分为两种类型：一是实体权，或称物质性权力，是因为占有某种特殊物质而获得的支配力和影响力。这种权力能够通过实在的东西加以度量。如对土地、资本的占有而获得的经济权力，对国家权力的占有获得的政治权力，对武装力量的占有而获得的军事权力。二是意识权，或称非物质性权力，是因为占有某种优势思想而获得的支配力和影响力。这种权力没有具体实在的东西加以度量，更多的是一种隐性的存在。如因为信仰而产生的宗教权，因为思想及其传播形成的话语权。除以上权力类型以外，是否还有其他类型？这是过往没有注意到的。我在长期的田野调查，特别是 2015 年启动的"深度中国调查"中，发现农村是一个"关系社会"。

> 通过实地调查，我们发现，在中国，单个的农民虽然以家户为基本单位，但不可能脱离社会而孤立存在。农民的生产生活都不可能完全独立地完成，由此形成对其他人的广泛的相互依赖关系。在农民的日常生产生活中，"帮忙"是十分常见的现象。无论是生产领域，还是生活领域，处处可见寻求他人"帮忙"的事例。在日常生活中，找谁帮忙，一般是找关系好的人。进一步追问，与谁的关系好？从次序看，有亲人、邻居、熟人、朋友，即日常生活交往最为密切的人。"关系好"是人们日常生活最重要的条件。这种关系是在长期互动中日积月累形成的，具有相当的情感成分，因此又称之为人情关系。有了这种关系，人们在日常生活中就可以达成默契一致，产生共同信任和共同行为。在寻求他人帮助时，人们非常自然地会想到与自己关系好的人，而不论是否亲人、邻居、熟人和朋友。为了使得日常生活延续下去，人们还必须主动与他人"搞好关系"。其中最为重要的是与那些有些影响力和支配力的人搞好关系。从我们上亿字村庄调查报告材料看，在农民日常生活中使用频率最高的词就是"关系"。包括家庭内各成员间关系、家庭外的各种各样的社会关系。可以说，离开了各种"关系"，农民的日常生活根本无法进行下去。如果"关系"不好，简直会寸步难行。①

---

① 徐勇：《"关系权"：关系与权力的双重视角——源于实证调查的政治社会学分析》，《探索与争鸣》2017 年第 7 期。

"关系社会"在中国是一种社会常态,"搞好关系"已成为人们的生活方式。我是从事政治学研究的,所要关注的是人们与那些有影响力和支配力的人搞好关系是为了什么,这种通过特殊关系获得的权力又是什么?为此,我在《探索与争鸣》2017年第7期发表《"关系权":关系与权力的双重视角》一文,提出了"关系权"的概念。

政治属于众人之事。处理众人之事,必须借助权力。权力是特殊的影响力和支配力。"关系政治"从本质上看,是通过特殊关系获得特殊权力。这种特殊关系又分两类:一是自然天成的,如父子、乡亲关系,一是人为建构的,即通过人的行为形成的特殊联系。如"拉关系"、"找关系"、"搞好关系"。那么,人们为什么要"拉"和"找"呢?实际上是为了获得一种特殊的影响力和支配力,也即权力。因此,"关系"作为人与人、人与事之间的某种性质的联系,在一定意义上可以视为一种权力,是一种因为某种特殊关系而获得的影响力和支配力,有了这种力量,便可以占有居于他人之上的地位和影响。我们可以将此类因为"关系"而获得的权力称之为"关系权"。人们通过特定关系赋予自己以权力。在这里,"关系"是作为一种权力资源使用的。它强调:"关系即权力"。

作为一种特殊权力资源的"关系权",可以依据不同的关系分为不同的类型。一是基于血缘关系而产生的"关系权"。如皇亲国戚,便是基于与皇帝的亲戚关系获得的特殊权力。母以子贵,便是基于儿子地位的母亲所获得的特殊权力。二是基于地缘关系而产生的"关系权"。如经常所见到的"三个公章抵不过一个老乡"。三是基于人际关系而产生的"关系权"。如"在家靠父母,出门靠朋友"、"熟人"、"门生"、"故旧"等都是因为个人关系紧密而产生的特殊权力。可以说,人类社会有什么关系,就可以因为某种关系获得某种权力。[1]

---

[1] 徐勇:《"关系权":关系与权力的双重视角——源于实证调查的政治社会学分析》,《探索与争鸣》2017年第7期。

中国是由农业社会直接过渡到现代社会的。虽然经过了近代以来的一系列革命，但数千年的历史传统并不是很快能够改变的，特别是传统社会土壤仍然存在，无时无刻地影响和制约着人们的日常生活，人们会自觉不自觉地将私人领域的人际关系带入公共领域的生活之中，利用特殊关系获得特殊权力。由此很容易导致公共权力私人化。如日常生活中经常可见的"拉关系、走后门""搞好关系""打官司就是打关系""特定关系人"等。2017年播放并收视率奇高的电视剧《人民的名义》，展现了大量借用各种关系获得政治资源的现象。"关系权"正是对这一类政治社会现象的概括。这一概念丰富了政治学中"权力家族"的内容，也有助于深化对中国政治多面性的认识。

六　从宗族社会发现"祖赋人权"

权利是政治学的重要命题。一般来说，权利是为道德、法律或习俗所认定为正当的身份、资格、利益、地位和权力等。权利和权力一样，也有一个来源问题。就是人们认可的"正当性"从何而来。权利与人们的日常生活密切相关，无论是否学习过政治学，都会遇到权利问题。我是在1960年代接触到相关信息的，当时曾经流行一句话："老子英雄儿好汉，老子反动儿混蛋。"当时还没有能力思考这是基于血缘关系而生成的一种权利观念。我于1980年代开始政治学学习和研究。成为老师之后，我给研究生专门讲授了西方政治思想史这门课程。"天赋人权"的观念在我的政治学知识中根深蒂固。与此同时，马克思主义关于权利归根结底是由社会经济关系所决定的论断，我也熟悉。只是这些相关的生活经验和政治学理论沉淀在脑海里，并没有专门研究。

2008年之后在广东农村的三次调查激活了我的"权利"意识。一是广东省云浮市的农村社会建设调查，发现了自然村的凝聚力。二是清远市将村民自治的重心下沉到自然村。三是2015年启动的"深度中国调查"的首站便是广东的宗族村庄。这三次调查的共同特点便是见识了一个保留着古老血缘关系的宗族社会。全村同一个姓氏，围绕祠堂聚族而居，祖宗在这里居于神圣的地位。尽管我在做农村研究时，知道中国有一个"华南学派",专门研究华南农村社会,主要是华南宗族,但只是在论著上的了解。自己在不断深入的田野调查中,才真正感受到宗族社会的特性。而将宗族社会与政治学的权利理论关联起来,则是访谈农民时的一句话。我在调查中追问农民为什么要经常调地?当地农民脱口而出:"都是同一个祖宗的子孙,大家都要吃饭。增加了人口自然要增加土地。"这句话实际反映了在一个以血缘关系作为纽带的宗族社会里,人们的身份、资格、利益、地位和权力的来源问题。这种权利来源显然不同于我们头脑中已有的"天赋人权"。如何对这一权利来源问题加以解释,经过充分的思考,我在《中国社会科学》2018年第1期发表《祖赋人权:源于血缘理性的本体建构原则》一文。论文谈道:

> 仅仅就表象看,中国与西方比,有许多不同之处。在西方,随处可见的是教堂,教堂在社会生活中居于中心地位,由此有"教区"之说。西方创设"天赋人权"理论是借用了宗教至高无上的神圣性。而在中国,特别是当下的华南农村,随处可见的是祠堂,祠堂在社会生活中居于中心地位,由此有"宗族"之说。教堂和祠堂均是敬奉神灵的地方,也是人们追溯自己来源的地方。但教堂和祠堂供奉的神灵却不同,教堂是上帝,祠堂是祖宗。在我们调查的中国农业文明核心区域,至今到处仍可见到农村家户供奉着祖宗先人的牌位,并有各种祭祀活动。这些活动已成为人们日常生活最为重要的部分。……华南一些地方因为偏远,血缘关系及其信仰受到的冲击较小,还保留着大量的历史遗迹。在那里,每个村庄都有祠堂。祠堂在人们心中具有神圣性地位。所谓"聚族而居",实际上是围绕祠堂而居。祠堂是供奉祖宗的场所。族人从出生到死亡的生命活动都要在祠堂举办仪式,以表示"认祖归宗"。即使是死后也要通过祠堂为灵魂寻找一片安息之地。涉及宗族共同体的大事、对族人奖励等都要在祠堂,即在祖宗面前进行。祖宗如"上帝",在每时每刻关注着族人的存在和延续。[1]

---

[1] 徐勇:《祖赋人权:源于血缘理性的本体建构原则》,《中国社会科学》2018年第1期。

第十一章 以政治理论为拓展的田野政治学

在这些地方，人们为什么特别重视祖宗呢？其行为的内在依据是什么？为什么在"聚族而居"的地方，能够形成以祖宗为中心的权威和秩序？其支配性的依据便是血缘关系。

> 从血缘关系看，作为血缘起始者的祖先就具有本源性、本体性和终极性。"万物本乎天，人本乎祖。""血缘决定了成员资格、身份、责任、权利和活动。"祖先是血缘关系的人格化。而由祖先赋予其生命的"人"，是处于血缘继替关系中的后人。祖先赋予后人以存在资格和地位是不言自明的，由此所产生的祖先"权威"也是不言而喻、自然天成的，无须，也不可能由后人与祖先签订契约，经由"同意"而获得权威。因此，"祖赋人权"是基于人类最古老最原初的血缘理性而生成的，也是血缘理性的最高本体原则。①

"祖赋人权"所要表达的是比"天赋人权"更为古老的一种权利来源观。这种权利观建立在以血缘关系为纽带的宗族社会基础上，体现着宗族共同体的权威与秩序并维系着宗族共同体的存在和延续，是一种历史的产物。

> 在"祖赋人权"血缘理性本体原则下，同等、差等和对等是一个相互衔接的整体。同等是指起点公平，即同为血缘共同体成员应该一视同仁对待；差等是指过程差异，血缘共同体成员是在血缘关系中一个个具体的人，并根据血缘关系享受不同的待遇；对等是指结果公平，即尽管不同的人居于不同的位置，享有不同的权力，但都是以其承担与其位置和权力相对等的责任为前置条件的。"祖赋人权"赋予人的存在以正当性，且这一正当性与人的责任是一体的。如果说"天赋人权"侧重于个人权利，那么，"祖赋人权"则强调权责一体。同等、差等和对等三者缺一不可，共同支撑着血缘

---

① 徐勇：《祖赋人权：源于血缘理性的本体建构原则》，《中国社会科学》2018 年第 1 期。

共同体的存在和延续。从血缘共同体的角度看,它具有内在的自洽性,反映血缘共同体自身的要求,具有历史的合理性。

当然,历史的合理性与局限性是并存的。血缘理性产生并维系着血缘共同体。这一理性以单一的血缘关系为基础,发挥着血缘内聚力的作用,但同时具有排他性,所谓"非我族类,其心必异"。共同体意味着其成员不可离开、不能离开、不愿离开,共同体为成员提供着遮风避雨场所的同时,也将成员限制在场所之内。……血缘理性尽管支撑着血缘共同体,但这一共同体毕竟具有狭隘性和限制性。如调查中的一位老人所说的祠堂,"风能进,雨能进,异姓不能进,甚至同姓不同宗也不能进。"其逻辑是"血统正宗,非种必锄"。由于生产条件和利益扩展,血缘理性也难以阻挡人们脱离血缘母体,寻求个体的独立性,尽管这种独立性需要个体独自承担责任,缺乏共同体遮风避雨的保护。①

"祖赋人权"概念的提出,具有相当的争议性。毕竟"天赋人权"的观念早已深入人心。为此,我在《探索与争鸣》2018年第9期发表了《实证思维通道下对"祖赋人权"命题的扩展认识》一文。胡键先生在《探索与争鸣》2020年第6期发表《"祖赋人权"辨析——兼与徐勇教授商榷》一文。"祖赋人权"能够引起广泛关注本身就说明,这一提法在政治学的"权利"问题研究方面有新的贡献。"天赋人权"是建立在个体社会的基础上,解决的是个体权利的正当性问题。但在近代个体社会之前,人类却经历了一个漫长的团体社会时期,包括宗族团体。"祖赋人权"正是产生于这一时期。只是在中国,古老的宗族团体长期延续下来,其中内在的权利意识还在影响着人们的思维。更重要的是,社会形态决定着政治国家。历史上长期存在的血缘意识深刻地渗透到政治生活之中,并长期延续。包括前面所说的"老子英雄儿好汉,老子反动儿浑蛋"的"血统论"。过往我们只是将其视为封建观念一批了之,没有看到这一观念的深刻社会根源。这正是本文的重点所在。提出"祖

---

① 徐勇:《祖赋人权:源于血缘理性的本体建构原则》,《中国社会科学》2018年第1期。

赋人权"并不是主张"祖赋人权",即使我个人也经历过"血统论"的负面影响。但科学研究主要是发现事实并解释事实。从现在看来,"祖赋人权"这一古老的权利观念还可以实现现代转换,它对于维持一个共同体的存续仍然有其特殊的价值。论文最后指出：

> "祖赋人权"内生的是血缘社会与地域国家的共生共荣,基于利益又超越利益的情感塑造着命运共同体意识。因此,基于血缘关系的中国理性在经过历史性的扬弃后,可以展现其特有的理性之光,成为中华民族为世界文明贡献的一种可以共享的理念和思想,并为中国推进国家治理体系与治理能力现代化提供历史着力点。①

论文发表后的相关讨论和研究愈来愈多。我相信"祖赋人权"概念的提出可以开拓人们对权利问题的认识。

七　中国场景中发现"积极政府"

政府是政治的核心元素,也是政治学研究的基本问题。但政府也有不同类型。我们在学习和接受西方社会科学理论时,最为流行的是"守夜人"的消极政府和"小政府"理论。但进入田野研究之后,事实给我们展示的政府与西方理论并不一致。在实地调查基础上,我于《战略与管理》1997年第3期发表《民主化进程中的政府主动性——对四川达川市村民自治示范活动调查与思考》一文,从事实本身提出了中国的"政府主动性"观点,但之后并没有对政府问题进行专门研究。只是在田野调查中发现不仅农民有"农忙",而且承担公务的各级干部都很"忙"。有时为见一个领导,需要等很长时间。一次在为参加有关中国场景的公共管理研讨会作准备时,我头脑里马上浮现出的是官员的"忙"。这正是中国政府的形象,而且源远流长。我在《党政研究》2019年第1期发表《基于中国场景的积极政府》一文,指出：

---

① 徐勇：《祖赋人权：源于血缘理性的本体建构原则》,《中国社会科学》2018年第1期。

积极政府可以说是中国自有公共治理以来的角色定位,并有着自身的逻辑。从整体上看,有一个有作为的积极政府是中国的政治优势。只是这一优势曾经为近代西方主流价值,也为历史上伴随积极政府产生的负效应所遮蔽,甚至被扭曲,未能得到恰如其分的评价和理解。只有将积极政府这一角色置于中国政治与社会的事实场景之下,才能还原历史事实,深刻认识中国政府的存在和运行依据。

一是积极政府的社会需要逻辑。在马克思主义看来,经济基础决定上层基础。作为公共管理机构的政府及其职能是因为社会的需要而产生的。中国是伴随农业文明而生长的。中国很早就有大禹治水的传说,说明治水在国家形成中的巨大作用和公共管理机构在治水中的重要作用。……中国是一个幅员辽阔的国家,自然条件十分不平衡。如果没有中央政府积极作为,组织修建公共工程,农业生产不仅难以延续,更不可能创造出世界最为灿烂的农业文明。

二是积极政府的家国治理逻辑。政府作为公共管理机构,其行为受制于国家的特性。依照血缘关系组成的家庭,是人类社会共同的出发点,也是国家形成的组织前提。但由于历史条件不同,各个国家的形成和组建路径有所不同。……与古希腊西方世界不同,中国的社会进程一直"在家",其特点是以家组国。……家庭具有"种的蕃衍"和为维护这种"蕃衍"而必需的物质生产和再生产的特性。以勤劳来维持生计,发家致富、光宗耀祖成为人生的使命和荣光。韦伯尽管对传统中国持有偏见,但也不得不承认中国人的勤奋是世界上其他民族无与伦比的。这种勤劳为生、勤劳为荣的理念会自然延伸到国家治理中,使得国家统治者具有一种使命感。尽管他们享有天下无限的权力,但也承担着让天下苍生得以生存延续的责任。开疆拓土、保护百姓、兴办工程等成为政府确立自己权威并获得认同的重要来源。守卫疆土、大河治理、道路修建成为政府的重要职能和天命所在。这种使命感驱使着政府以"勤政"为荣。百姓也以政府官员是否勤勉为认同依据,对于不作为的"懒政"持否定态度。如"当官不为民作主，不如回家卖红薯。"①

"积极政府"是中国发展的需要，但为什么受到诸多负面评价呢？除了价值观的偏见外，很重要的原因在于"积极政府"的行动经常会超越必要的边界，产生消极后果，甚至造成对社会的极大伤害。这种消极效应遮蔽了积极政府的正面效应。首先是沉重负担；其次是官员腐败；最后是消极民众。

从中国经济社会发展和改革开放的实践看，一个积极有作为的政府是必要的。中国自大禹治水传说开始，就表现出对积极政府的需要。这是中国发展的优势。但如何将历史延续下来的优势得到继续发挥，则必须在充分汲取历史经验教训的基础上，大力推进国家治理现代化。

其一，适应经济社会发展合理定位政府角色。从历史上看，政府的积极作为主要是在经济领域之外的公共工程领域，如道路、水利等。这一外部性的公共问题是社会自身的力量无法解决，而必须由政府解决的。而在经济领域，完全是经济主体——家户加以支配的。国家除了收税以外，对于微观经济运行，完全是由经济主体自主决定。由此使社会经济保持着活力，即使是王朝更迭也能通过家户使经济得到迅速恢复。改革开放以来，中国的经济之所以得到快速发展，重要经验就是，确立经济主体的自主地位，激发社会的经济活力。

其二，通过国家治理现代化重新塑造积极政府的形象。积极政府曾经在中国历史上产生诸多负效应，且在改革开放中有所延续。这是国家治理现代化进程必须加以解决的，并需要超越历史，重新塑造积极政府的形象。首先，中国需要积极政府，但需要的是能够有所节制并有合理边界的积极政府。政府能够集中和调配资源，具有巨大能量，但这一能量需要有所节制，有合理的边界。……其次，中国需要积极政府，但需要的是高效廉洁的积极政府。……再次，中国需要积极政府，需要的是能够为社会保留自主空间并塑

---

① 徐勇：《基于中国场景的积极政府》，《党政研究》2019 年第 1 期。

造出积极公民的积极政府。①

《基于中国场景的积极政府》一文的主要贡献是将中国政府置于中国场景下理解,而不是以先在的观念去理解和评判。这正是田野政治学思维特征的体现。

八 往来于理论殿堂与田野调查间

田野政治学是基于田野路径的政治学研究,要产出高质量理论成果,需要处理好田野与政治学理论之间的关系,往来于理论殿堂与田野调查之间。

田野政治学必须进入田野,以事实为依据,这是前提。但田野政治学视野下的田野是有理论关怀的田野,是要提出理论和回答理论问题的田野。这是由田野政治学的政治学者身份所决定的。

田野政治学要讲故事,但仅仅是讲故事讲不过小说作家。田野政治学要讲事实,但仅仅是讲事实,讲不过媒体记者。田野政治学要关注时事,但仅仅是关注时事,不如时事评论员。学者之所以为学者,在于讲道理。大学者之所以为大学者,在于讲具有普遍性的大道理。政治学作为一门理论学科,本质上是讲"大道理"的学科。田野政治学要关注故事,在于故事中有道理,甚至有大道理。只有发现道理,将道理讲出来,才算是政治学。那么,如何从田野中讲出大道理?

其一,居庙堂之高,才能行江湖之远。

田野政治学的研究对象包括两个方面:一是对田野政治具体问题的研究;二是在田野中获得新发现、新知识、新灵感而对政治学基本问题的研究,提出具有普遍性的观点。一门学问要能够立得住,最终要看回答了多少具有普遍性的理论问题。美国学者斯科特的《弱者的武器》一书便反映了田野研究的普遍性:只要有弱者的地方,便会有弱者特有的"武器"。"弱者的武器"便是一个具有普遍性的理论,是从小田野上产生的大理论。

---

① 徐勇:《基于中国场景的积极政府》,《党政研究》2019 年第 1 期。

第十一章 以政治理论为拓展的田野政治学

从具体问题的研究到普遍性理论的提出，依次所需要的政治学理论准备愈来愈广博。田野政治学起步于对村民自治这一具体政治问题的研究，所需要的理论储备不多，相关的理论贡献也主要在于村民自治领域。但随着研究的深入，具有普遍性的理论问题愈来愈多。要回答具有普遍性的理论问题，必须具备广博的理论知识。只有具备广博的理论知识，居庙堂之高，获得广阔的理论视野，才能行江湖之远，而不是仅仅局限于田野一隅；只有具备广博的理论知识，才能练就一双理论的慧眼，并借助慧眼去发现田野，发现田野中内在的"大道理"。如果没有有关自由理论的储备，就难以在田野发掘"东方自由主义"；如果没有对专制主义理论的了解，就难以在田野上发现被专制主义所遮蔽的事实；如果没有与权力相关的知识，就很难将田野上的"找关系"提升为一种"关系权"；如果没有对"天赋人权"的了解，就难以在田野上发现"祖赋人权"；如果没有对"守夜人"政府理论的了解，就是整天见到繁忙的政府，也难以提炼出"积极政府"。

其二，挖田野之深，才能有庙堂之位。

田野政治学要回答政治学理论的大问题，但它与其他路径不一样，它是通过田野的路径来回答问题。这就是宏大理论关怀，田野的路径。条条大路通罗马。早在1992年我在《非均衡的中国政治：城市与乡村比较》一书中便提出："真理总是裹在重重面纱之中。只有从不同角度、不同层次去撩开面纱，才能显露其真面目。"政治学作为一门学科是一座无数学者为之贡献思想和理论的庙堂。人们从不同的角度、不同的路径为这一庙堂添砖加瓦。田野政治学便是从田野的路径。之所以要从田野的路径，在于仅仅是文本的路径远远不够。

通过田野进行政治学研究已逐步成为共识。但是，田野研究所产生的成果质量与对田野的深度发掘相关。政治学要通过现象发现其背后的内在机理。这种内在机理掩藏在表象的深层。只有进入深层才能发现其事物的内在特性。美国学者斯科特是经过长期的田野观察才发现处于弱势地位的农民对付强权的种种方式，从而为政治学的冲突理论贡献出"弱者的武器"这一独到的见解。

田野政治学起步于对村民自治问题研究，主要是对制度表象的调查，主要理论贡献也在于村民自治理论本身，包括建构"草根民主"。

随着对村民自治研究的深入，包括实地实验，之后的田野调查日益深入，注重发现事实现象背后的机理。2015年启动的"深度中国调查"计划便有了深度调查的自觉。正是因为这一自觉，使我们能够将深度调查中获得的新问题、新知识、新经验、新灵感与既有的理论相映照，从田野的角度回答政治学的基本理论问题。没有对农民自由意识持续不断地追问，便难以发掘出"东方自由主义"；没有对南方稻作区的调查，就难以揭示为"东方专制主义"遮蔽的水利自治；没有对农民关系社会的了解，便难以建构起"关系权"；没有对农民不断调整土地的追问，就无法想象出"祖赋人权"。这些理论尽管出自田野，但丰富了政治学理论体系，能够在政治学庙堂中获得一席之地。通过将田野发现建构为理论，我深刻感受到大理论的重要。改革开放以来，中国做了很多事情，取得了举世瞩目的成就，但一直存在有理说不清，说了不为人信的被动状态。重要原因是理论表达欠缺。虽然有理论表达但不足以撼动原有的理论。基于田野调查，从事实发现原有理论的局限性，或许是一种进路。

其三，田野和庙堂的转换与往来。

田野政治学要进入田野。但田野上不能自动生成理论。如果能够自动生成理论，田野上的老农应该是最好的学者。我在"文化大革命"时期当过农民。当时流行农民学哲学、用哲学，还出过"哲学姑娘"的农民典型。但是，理论毕竟是专门的学问。田野政治学进入田野，要用理论的眼睛发现田野，将田野的发现理论化。这是一个巨大的飞跃，没有这个飞跃便难以在理论庙堂居一席之地。斯科特研究东南亚的农民行为，如果限于农民行为，其理论意义有限。他将"农民"转换为"弱者"，赋予农民以"弱者"的身份，其理论意义便大大超越农民本身，只要有弱者的地方就会有弱者的武器。我在写作《包产到户沉浮录》时，对毛泽东说过的"瞒产私分"是农民"和平的反抗"一话印象很深，后来杜润生先生归纳为"无权者的抵制。"这都是比斯科特有关"弱者的武器"更具有理论性的命题，但由于没有转换为学术命题而未能学理化。后来，我有了将田野调查转换为学术命题的意识，才有可能在关系社会中建构"关系权"，在宗族社会中总结"祖赋人权"。这些命题已超越一般的田野调查了。

第十一章 以政治理论为拓展的田野政治学

当然,要从田野上建构理论,需要有田野的深度发掘能力和将田野发现理论化的提升能力。这种能力不是一日之功,需要长时间的积累,也需要借鉴已有的理论成果。我之所以反复推荐斯科特的"弱者的武器",便在于其深度的田野发掘和将田野提升为理论的超凡能力。当然,这种超凡能力不是一日形成的,关键要有能力培养自觉。我们从事政治学研究时,正是政治学恢复重建之际,其研究主要依靠自我摸索。只是经历很长时间才有了一些自觉,所以我将微信号取名为"顿悟"。其他人可以在前人基础上有更多的自觉,其能力提升可以更快一些。

要从田野上建构理论,除了善于将田野发现提升为理论以外,还要经常往来于田野与庙堂之间。毕竟人们的认识都是有限的。田野是永远开挖不尽的矿藏。我 1990 年代便读过美国裴宜理教授的《上海罢工》,20 多年前她寻访安源罢工,多次来我校访问并交谈。这种沿着一个线索不断开掘的学术进路,是中国学者所要学习的。田野政治学以田野为路径,这一路径是一种持续不断的行为。参与过 2015 年"深度中国调查"的师生们非常怀念那一段艰苦而愉快的岁月。我说,要将当年的村庄作为长期跟踪观察的根据地,不断进入田野汲取理论的源泉。这才是田野政治学所要追求的研究路径!

第十二章　以著书立说为目标的田野政治学

学问有不同的表达形式，如报告、论文和著作。田野政治学以田野调查为基础，关注田野上的现象和不断发生的变化，主要的成果形式是调查研究报告和论文。容量更大的著作也是重要形式之一。田野政治学是从田野的路径进入政治学研究的，在著书中强调立说，能够通过田野建立自己的独到见解、观点和主张，从而形成与文本路径研究有所不同的风格和特色。著书是基础，立说是目标，由此形成田野政治学的一家之言。

一　著书中形成立说自觉

中国的政治学是在1980年恢复重建的。一门学科的恢复重建，起点和基础性工作便是编写教材和工具书，使人能够获得这门学科的基础性知识。在1980年代，中国的政治学者们都不约而同地做同样的事，即编写教材和工具书，并以此为起点，以文本为基础进行专门的研究。

湖北省的政治学起步较早，湖北省政治学学会成立时间早于中国政治学会。我所在的华中师范大学科学社会主义研究所很早便开始政治学研究。当时的科学社会主义专业与政治学是一体的，学科带头人高原教授既是湖北省科学社会主义学会会长，也是政治学学会会长。高原教授主编了《科学社会主义》教材，后又主编了《通俗政治学》。我进入专业研究领域的起步，便是参与这两部教材的编写。由此开启了著书的历程，知道了著书要有体系，要有主线，这个体系要通过章、节、目的方式分层，各个部分都要贯穿着主线。

政治学的恢复重建是在整个社会科学发展进程中开启的，国家重视

第十二章 以著书立说为目标的田野政治学　255

和通过设立项目支持社会科学发展。1986年我独立承担了湖北省社会科学研究项目"社会主义生活方式的研究",并于1987年出版了我个人的第一部著作《走向现代文明——大变革中的中国社会生活方式》。其主要内容是:

> 通过大量的调查材料,展示出在社会主义现代化建设、全方位改革和开放的大变革当代,我国社会生活方式从温饱走向小康,从贫困落后走向现代文明的历史变革进程。从劳动、消费、政治、精神、社区、交往、闲暇、家庭等各个生活领域,对工人、农民、知识分子、青年、妇女生活方式的特点、当代的变革发展及存在问题进行了全面系统的分析和论述。在此基础上,本书认为:追求生活质量,走向现代文明正在成为我国当代社会生活方式的发展趋势;其发展模式将是渐进型、不平衡型和民族开放型;在其发展中将面临五大冲突,并据此提出了相应的对策。
>
> 本书的特点是,立足于变革的现实,注重全景式的勾画,并把我国当代社会生活方式变革置于社会文明进程的广阔背景下进行历史的鸟瞰,具有强烈的时代气息和一定的深度。①

该书主要还是一种描述,属于编著。但在承担项目和写作该书时,除了文本资料外,还到全国许多地方和单位进行广泛的调查,使我得以走向社会,为之后的田野调查打下了基础。

1980年代是激情燃烧的岁月,社会和理论热点不断出现。我与当时绝大多数学者一样,追逐热点进行研究,先后写过以领袖类型和政治典型人物为主题的著作。但这些书的学理性还不强,且因为政治气候的变化未能进入出版进程。

随着政治学的恢复重建,政治学研究开始出现分工,专业性的特点开始显现。一部分学者关注基础理论研究,一部分学者关注政治制度研究,还有一部分学者关注具体问题研究。华中师范大学的张厚安教授等

---

① 徐勇:《走向现代文明——大变革中的中国社会生活方式》,华夏出版社1987年版,内容提要。

人承担了国家"七五"规划社会科学研究项目"中国农村基层政权建设",出版了《中国农村基层政权》、《中国农村基层建制的历史演变》、《中国乡镇政权建设》、《中国县以下层次区划模式》等著作。1990年代,张厚安教授等人承担了国家"八五"规划社会科学研究重点项目"中国现代化进程中的农村政治稳定与发展研究",出版了最终成果《中国农村政治稳定与发展》。1997年的"村治书系"有多部著作出版,其中包括《中国农村村级治理——22个村的调查与比较》等。

以上著作的出版,标志着华中师范大学的政治学者走向田野,以农村政治和基层治理为研究对象,并进行持续不断的研究,形成了一个稳定的学术团体。

随着研究领域的确立和持续不断的研究,特别是随着教育部人文社会科学重点基地的成立,研究人员的增多,与田野相关的著作愈来愈多。在这一背景下,张厚安教授明确提出,农村研究不仅要著书,更要立说,有自己独到的观点和见解。这可以说是田野政治学明确获得的学术自觉。

二 中国政治的非均衡性

1980年代中后期,张厚安教授承担国家"七五"规划社会科学研究项目"中国农村基层政权建设"时,我于1986年承担了国家教委(现教育部)青年社会科学项目"我国城乡基层政治发展研究"。我当时没有参与张厚安教授的"中国农村基层政权建设"项目,而是从事我自己的研究项目。经过数年的研究,1992年出版了我的第一部学术性专著《非均衡的中国政治发展:城市与乡村比较》。这部书由导论、上中下三编计12章构成,共38万字。

这部书有明确的问题意识:

> 通观中国政治和社会的发展进程,人们很容易为这样一个历史之谜所困惑:在中国,围绕上层国家政权所进行的斗争惊心动魄,反复无常。不仅古代中国的王朝更替、宫廷政变令人目不暇接,眼花缭乱,一幕幕反抗王朝的农民起义更是壮观无比,叫人惊叹万

分，就是近代中国历史也是以不断地夺取国家政权的血与火铸就的。然而，中国社会的发展却步履艰难，其变化与上层国家权力的更迭无法对应，形成正比，国家上层的变动并不都意味着社会的进步和更新，有时反倒造成了停滞或倒退。

专注于国家上层的政治学视野既难以对中国政治社会发展之谜予以令人信服的解析，也大大限制了对异常丰富、复杂和多样性的中国政治社会状况的透视和把握。这就需要我们寻求和开拓新的政治理论视野。①

这部书有自己的分析框架：

首先，对社会历史发展奥秘的揭示，不能为一般的历史表象所迷惑，而需深入社会深层，解剖社会内在的结构，揭示隐藏在现象背后的深刻原因。特别是在对政治社会发展的考察中，不能为极具诱惑力的国家上层权力更迭现象所纠缠，而应深入分析国家上层所立足的那个社会基础。其次，需以广阔的多层次视野透视和剖析政治社会。自从国家产生以来，政治体系就一分为二：一是来自社会，又凌驾社会之上，以其强制性的权力控制全社会的国家权力体系；一是在国家权力的统辖之下，与社会紧密联系在一起并深深渗透在日常社会生活之中的基础性政治社会。毫无疑问，上层的国家权力是政治体系的本质和核心部分。但任何国家权力的存在及作用都是以基础性政治社会为前提的。……只有在注意国家上层变化的同时，对其立足的政治社会的状况、特点和变迁给予特别的重视，才能全面准确地认识和把握中国政治发展的进程、规律和特点。②

这部书有系统的学术体系：

---

① 徐勇：《非均衡的中国政治：城市与乡村比较》，中国广播电视出版社1992年版，第1—2页。
② 徐勇：《非均衡的中国政治：城市与乡村比较》，中国广播电视出版社1992年版，第3—4页。

本书从城乡差别的历史演进出发，以社会分层与政治关系、社会结构与权力体系、社会秩序与政治控制、社会意识与政治文化和社会矛盾与政治活动为主要内容，对古代、近代和当代中国城市与乡村政治社会的状况、特点、变迁及历史影响进行了系统的比较分析。

该书不仅将理论视野投向过去很少论及的国家之下的基层政治社会，开拓了透视中国政治问题的新领域，而且注意运用政治社会学和历史比较分析等新方法，为深化中国政治研究作出了富有创见的探索。①

这部书有自己的独到见解：

> 以往人们经常以所谓"大一统"之类的字眼来概括中国政治社会的一致性特点。如果就国家的整体性，国家权力结构的一元性而言，这是不错的。但是，如果我们将视野投向国家整体之下的基础性政治社会之时，就会发现，中国的政治远非仅以"大一统"的字眼就能概括和涵盖。在中国这样一个地域辽阔、人口众多、历史悠久的国度里，政治社会状况异常丰富和复杂。在国家内的不同地方、不同社会组织单位、不同人群里的政治状况既有许多相似和共同之处，更有着不少的具体差别，表现出非等同性、非一致性的非均衡特点。可以说，世界上没有哪一个国家内部的政治非均衡性有中国这样突出。国家整体层次的一元性、一致性与国家统辖下的政治社会的非等同性、非一致性的结合，"大一统"与非均衡的结合，才是中国政治社会的完整状况和典型特点。②

该书的独特贡献是提出了"非均衡的中国政治"论题。当时，围绕这一论题计划写作三部系列著作，分别是：非均衡的中国政治：城市与

---

① 徐勇：《非均衡的中国政治：城市与乡村比较》，中国广播电视出版社1992年版，内容提要。

② 徐勇：《非均衡的中国政治：城市与乡村比较》，中国广播电视出版社1992年版，第4页。

乡村比较；非均衡的中国政治：区域比较；非均衡的中国政治：民族比较。只是人到中年的我，后来一脚陷入了农村问题研究，未能完成原有计划。1993年，该书获得教育部霍英东教育基金科研奖。2019年，该书以《城乡差别的中国政治》为名再版。同年被"政治学人"公众号评选为"2019年最受政治学人欢迎的专业著作"。2019年入选国家社会科学基金"中华学术外译项目"日文翻译；2020年入选英文翻译。

三 从中国理解村民自治

进入1990年代，我的研究重心转移到农村村民自治。当时关注村民自治这一领域的学者很少，政治学者仅仅数人。一则村民自治在田野中发生，而当时的政治学注重的是宏大理论问题。二是村民自治很少出现在报刊媒体，被称为"静悄悄的革命"。既然被视为"革命"，意味着是对过往体制的突破，并会伴随一系列理论和实践问题。1992年我承担了国家教委（现教育部）社会科学"八五"规划项目"现阶段中国农村基层民主政治建设研究"。经过数年的研究，于1997年出版《中国农村村民自治》一书。全书分导论和上下两篇。上篇为制度分析，共8章；下篇为实地调查，选取了11个个案。

这部书有明确的问题意识：

> 人们对村民自治认识不足或产生认识偏差，主要在于村民自治的实践时间尚不长，还有许多问题需要进一步加以探讨。主要问题有：
>
> 第一，理论研究不足。中国现代化和民主化建设带有很强的探索性，没有现成的理论模式可供选择，只能依靠实践中的探索，即所谓"摸着石头过河"。中国的村民自治是在农村改革中兴起的，随后即在农村广泛实行。村民自治兴起前缺乏足够的理论准备，兴起后缺乏足够的理论支持，由此造成村民自治的理论与实践严重脱节和滞后的状况。
>
> 理论研究严重不足的后果便是有关村民自治的基本理论不明确，甚至出现歧义。例如，1995年7月，在由国家民政部主持召

开的"中国农村村民自治法律制度国际研讨会"上,由于村民自治(The Villagers' Self-government)与村自治(The Village Self-government)在英语表达上差异极小,英文翻译时,人们对其差异性未多加注意。然而,村民自治与村自治虽只一字之差,涵义却迥然不同。前者是农村基层人民群众自治,自治的主体是村民;后者是村民居住的单位,自治的主体是地方。而当笔者在该会上提出这一问题后,英文翻译却无法对这两个词严格加以区别,以至于许多外国学者仍将村民自治等同于村自治,进而无法理解在实行村民自治的过程中为什么还需要党的领导,在实行自治的村为什么基层组织的核心是中国共产党的支部。村民自治与村自治的概念差别还关系到实行村民自治过程中的一系列重大问题,如国家的高度集中统一领导与人民群众的自治权、乡镇政权与村民自治、村党支部与村民委员会、村的政务与村务之间的关系等问题。如果这一系列重大理论问题弄不清,村民自治的实践就会受到严重影响和制约,甚至会因为多种原因而扭曲变形,发挥不出应有的功效。如农村个别地方,以为实行村民自治,就可以不接受党和国家的统一领导,以致成为国家法律和政令难以贯彻落实下去的"土围子"。

第二,制度亟待完善。民主政治的重要特点就是制度化和程序化,不因为某个个人的意志而影响社会按既定的轨道运行。村民自治作为基层民主形式,必然要在一套完整、科学的制度规范和程序下运作。村民自治的兴起本身是国家制度安排并依照有关法律制度发展的。但是,村民自治是前所未有的民主实践活动,不可能一开始就设计出一套完整的制度体系,国家最初只有一个原则性构想。特别是村民自治兴起的背景,是农村经济体制改革造成政社合一的人民公社体制的迅速废除,国家亟待以一种新的形式将农民组织起来。因此,国家首先考虑的是村民自治组织,而不是村民自治本身。……制度的不完善必然影响村民自治的进一步发展,甚至使村民自治扭曲变形或失控。如村民自治可能因缺乏必要的制度程序规范而受到宗族传统影响变为失控的社区权势人物的统治。这正是不少人担心乃至怀疑村民自治在中国现阶段农村是否可行的重要原因之一。

第三，实际运作注意不够。民主不是抽象和孤立的。它要在一定条件下运作，并受其制约。理论和制度形态的民主与实际运作的民主并不完全一致，甚至大相径庭。村民自治由理论和制度形态向实践形态转换，受多种因素影响，也需要诸多中介环节。在相当长的时间里，由于理论研究不足，且理论研究大多停留在形式、制度层面上，对村民自治的实际运作过程注意不够，缺乏对村民自治运作的经济、政治、社会和文化等一系列环境、条件因素的深入、具体分析。其结果是就村民自治谈村民自治，难以把握其实际运作状况、所需条件、存在矛盾和发展趋向，影响了村民自治的顺利发展和实际成效。另外，中国农村地域广，人口多，各地发展不平衡且正在发生急剧的变革，因此，村民自治赖以存在、发展的条件千差万别，且在迅速发生变化，村民自治的形式在不同地方也有不同的表现。有人对村民自治的实际成效和合理性产生怀疑，重要原因就是对村民自治实际运作过程缺乏深入了解和具体分析。①

这部书有自己的分析视角：

社会科学研究本来以社会实践为其研究对象，其正确认识也只能来自社会实践，但在相当长的时间里，人们习惯于从书本到书本，远远地脱离社会实践。这正是人们往往陷入抽象地讨论民主，或用某一既定理论剪裁现实而于现实无补的误区的重要原因之一。村民自治是一项亿万农民参与的生动、具体的社会实践活动。要真正了解、认识这一前所未有的民主实践，只有深入其中，去直接观察和切身体验，才能把握其内在的运动规律。同时，村民自治的10多年实践活动，取得了丰富的经验。通过深入的实际调查，有利于将生动具体的实际经验提升到理论层面，创立中国自己的民主政治理论。基于这一认识，本书在对村民自治进行制度分析的同时，十分注重实地调查，由此构成本书上、下两篇。②

---

① 徐勇：《中国农村村民自治》，华中师范大学出版社1997年版，第15—18页。
② 徐勇：《中国农村村民自治》，华中师范大学出版社1997年版，第18页。

这部书有自己的独到见解：

民主化进程在农村先行一步，与经济体制改革在农村先行一步是一致的。以家庭联产承包责任制为主的农村经济体制改革，促使"政社合一"的人民公社体制废除而形成新的"乡政村治"格局，村民自治由此兴起，民主化进程在农村取得了实质性进展。这一进程不仅使占中国人口绝大多数的农村人口品尝到现代民主的果实，而且给中国民主化进程提供了许多有益的启示：

其一，民主化必须与法律化、制度化相匹配。随着农村经济体制改革和政治体制的变动，国家及时将出现不久的村民自治纳入国家民主和法制轨道，以宪法和专门法律的形式将村民自治的原则精神确立下来，并作出了明确的规定。根据有关法律，地方和自治单位制定了相应的规则和章程，形成了一个比较完整的制度体系。由此使村民自治一开始就表现出制度化运作的特点，从而为广大农民开拓出制度化的政治参与渠道。

在急剧变革的现代化进程中，将较为落后的广大农村人口的政治参与纳入国家法制轨道，加以积极引导和有效调控，这对于民主化进程尤为艰难。以研究发展中国家政治而著名的美国学者亨廷顿认为，政治参与与政治制度化的比例是产生政治不稳定的最直接、最关键的因素。政治参与急剧扩张与政治制度化的滞后，必然导致社会动乱，并破坏民主化进程。将民主化与法制化融为一体的中国农村村民自治进程，则在实现民主和稳定的均衡发展方面取得了引人注目的成就，为中国的民主化进程提供了十分有益的经验。

其二，民主化必须有领导、有步骤、有秩序，循序渐进地进行。对于中国这个缺乏民主传统的国家来说，民主化进程容易出现急躁情绪，即希图在短期内取得惊人的成效，不注重细致扎实的工作；追求轰动性形式，不重视严格、规范的制度程序，结果往往是欲速而不达。村民自治产生后，党和国家一开始就在村民自治运作中取得主动地位，努力在民主和法制的轨道上有领导、有步骤、有秩序地稳步推进村民自治。

其三，民主化必须与经济发展和社会进步紧密联系。民主不是仅供观赏的花朵。民主化进程只有在推动经济发展和社会进步中才能获得坚实的基础。中国农民是最讲实际的。他们不欣赏形式上的华丽而重实际成效。村民自治之所以能为广大农民所接受，并在广阔的田野扎下根，关键在于它有利于农村的经济发展和社会进步。

同任何民主形式一样，村民自治也有一个不断发展、完善的历史过程。它将随着经济社会发展而变化，进而升华为另一种形式。但村民自治发展进程内含的经验和启示，却值得人们努力探寻，并为中国民主化进程提供有益的范例。①

《中国农村村民自治》一书最突出的贡献，便是力图将村民自治置于中国实践中去理解，并就实践中的理论与实际问题进行探讨。这些问题不加以解决，就会影响人们对村民自治的认识。1990年代中后期，村民自治引起世界的关注。但外国人很难理解村民自治，很容易将村民自治与外国的地方自治相提并论。因此他们很难理解农村基层组织为什么是党领导？为什么村民委员会还要协助政府工作？村民自治的这种独特性只能从中国村民自治的实践本身去理解。因为村民自治的实践主体是广大村民，村民缺乏对这一制度的深刻认识，实践中也容易出现偏差。出版此书9年后的2006年，我担任中共中央政治局集体学习讲解时，北京市委书记提问表示，该市郊区农村在自己的土地上盖房子，农民说是村民自治，政府管不了。这说明村民自治在实践中存在诸多问题。

《中国农村村民自治》一书回答了村民自治理论与实践中的一些问题，是全国第一部系统研究村民自治的学术专著。该书出版后，学界在中国人民大学专门组织了研讨会，该书获得了湖北省社会科学优秀成果一等奖。2018年经过修订，入选"中国社会学经典文库"，由生活·读书·新知三联书店出版，并长期位于当当网的学术畅销书榜，2020年再次印刷。

---

① 徐勇：《中国农村村民自治》，华中师范大学出版社1997年版，第235—239页。

四　农民流动的乡村治理

　　农村人口众多且未经前现代化时期农业商品化的改造和消化而被直接卷入现代化浪潮中，是中国的基本国情。1990年代，中国出现了大规模的农民流动，被视为"民工潮"。这一前所未有的现象成为社会科学研究的重要课题。1996年我申报和承担了国家社会科学基金项目"现阶段农村流动人口问题与政治稳定研究"，经过数年的调查和研究，与我指导的硕士生徐增阳合作，并于2003年出版了《流动中的乡村治理——对农民流动的政治社会学分析》一书。

　　农民流动问题主要为经济学、人口学、社会学等学科所关注，着重于农民流动的动因、组织方式、就业状况及劳动力市场和农民在流动中的改变等。但这些研究对于农民流动的政治效应关注不多。

　　传统乡村治理建立在不流动基础上，其研究也是如此。费孝通先生所著的《乡土中国》展示的是一个不流动的乡土中国，才有了"熟人社会""差序格局"等一系列概念。他曾经以英文出版了一本名为《被土地束缚的中国》一书，认为中国发展的根本出路是将亿万农民从土地束缚中解放出来。但对于农民从土地束缚中解放出来之后的乡村治理却没有研究。

　　正是在以上基础上，《流动中的乡村治理——对农民流动的政治社会学分析》确立了自己的研究取向：

> 以上的研究无疑是非常有价值的，但也是远远不够的。因为，在现阶段的中国，农民流动是在现代化进程中产生的，而现代化带来的一个至关重要的政治后果便是城乡差距，这一差距并不是短时间能消除的。在传统农业社会向现代工业社会的转变中，农民流动的动因和影响十分广泛和复杂，它不仅深刻地改变着传统"安土重迁"的农民自身，而且深刻地改变着传统乡村的社会生态。持续不断的大规模的农民流动已成为乡村治理中一个不可忽视和十分重要的变量因素。为此，本书将从乡村治理的视角，运用政治社会学的方法研究农民流动问题，分析农民流动的政治社会动因、农民流动

的政治社会后果、不同的乡村治理格局对农民流动的影响等,以此把握农民流动与乡村治理的关联性,并为在农民流动的条件下改善乡村治理提出公共政策性设想。①

该书的最大特点是在田野调查基础上,将对农民流动的研究引入乡村治理内部,从多个角度研究其对农民流出地和流入地的乡村治理的影响。

从村治资源看,农民流动减少了过量人口对土地的压力。同样是人多地少的地区,劳动力外出较多的村庄,相对比较稳定,乡村治理的压力较轻;劳动力外出较少的地方,稳定性较差,乡村治理的压力较大。农民流动改变了农民的收入结构,使农民的收入可以通过非农的方式得到不断增加,分享到现代文明的成果。但在一些地方,农民流动不仅未能促进农村经济发展,反而进一步造成农业的萎缩,甚至农村的衰败,治理难度加大。农民流动对沿海地区农村率先现代化作出了重要贡献。

从村治秩序看,脱离本乡本土而流出本地的农民不仅改变流入地的治理生态,而且冲击着流出地的村治秩序,使既有的治理秩序处于激烈的震荡之中。首先,农民流动改变着乡村的"熟人社会"特性。其次,农民流动对于既定的乡土权威构成怀疑和挑战。最后,乡土性规则在流动中受到强烈冲击。而在流入地,则造成了地缘社会的形成和农民工难以融入当地社会的问题。

从村治权力看,农民流动带来了能力性权力的生长,那些有能力的人能够获得较大的影响力,从而改变身份性权力的支配地位。农民流动促进了开放性权力的构成,改变着村治权力只能在本村传递的封闭结构。村治权力的变化给乡村治理带来双重效应。

从村治参与看,农民流动带来社会分化,对农民参与形成多面影响。村外流动造成的是村内参与不足。流动农民对本村事务的参与动力不足,政治效能感弱。在流入地则表现为社会开放性与村治参与封闭性的矛盾。

---

① 徐勇、徐增阳:《流动中的乡村治理——对农民流动的政治社会学分析》,中国社会科学出版社 2003 年版,第 5 页。

从村治文化看，农民流动促进了思想的开化和见识的开阔，但由于农民工身份使他们的政治文化表现出多重性。一方面是权利意识的增强；另一方面由于其特殊身份往往以传统底层反抗的形式表达自己的意愿。

该书的主要贡献便是将农民流动作为重要变量，分析在农民流动条件下乡村治理面对的变化、特点和挑战。农民流动将会重新塑造整个乡村治理格局。中国的乡村治理将从根本上走出被土地束缚的格局，处于开放、动态和变化的格局中。即使是农民工这一特殊群体会消失，乡村治理的开放性和变动性格局也不会改变。因为农民流动表明了社会要素在城乡之间的流动。这种要素流动不仅仅是农民流动，还会有更多的表现形式。只是在这一历史变迁过程中会产生许多前所未有的问题和挑战。该书下篇的6个个案村和一个市的问卷调查更深入具体地展示了这一状况。

五　国家化与农民性互动

如果说1990年代农村研究的重点在村，在村民自治，那么，进入21世纪之后，农村研究的重点在乡镇，在国家政权。围绕这一问题，相应的争论和主张很多。人们或从不同立场，或根据特有经验，提出自己的思路和看法。有的主张对现有体制框架不作大的变动；有的主张"乡派镇治"；有的主张将村民自治加以延伸，实行乡镇自治。而在不同乡镇体制改革主张的背后是两个基本问题：国家与农民。有的因农民负担沉重而主张弱化国家权力，给乡土社会以更多的自治空间；有的则因为农民分散而主张进一步强化国家权力，不仅不能撤销乡镇政府，而且要加强其能力。这些不同的主张和争论基本上都出自于经验层面和政策主张，而缺乏进一步的学理分析，特别是在基本的立论依据方面缺乏基本的一致性。乡村治理的核心是国家与农民的关系。但国家与农民本身正在发生深刻的变化。要回答乡村治理中的国家与农民问题，就必须追问：是什么国家，什么农民？国家权力与乡土社会是二元分离，还是相互渗透？如果这一基本依据无法统一，人们就只能根据自己有限的经验和认识提出主张，很难达成学术共识，也很难获得知识的增长。为此，需要超越经验层面，发掘事实经验背后的学理逻辑。

正是在这一背景下，我试图超越一般的经验和政策主张，从基本理论上加以解释。由此引入现代国家建构理论，并结合中国的现代国家进程对乡村治理问题进行研究。这些研究最终形成《国家化、农民性与乡村整合》的专著，并于2019年出版。

该书有明确的问题意识和分析框架：

本书试图超越一般的政策主张和短时段经验，根据理论—历史—变迁的逻辑，将乡村治理置于20世纪以来国家对乡村社会的整合这一框架下加以理解和分析。国家整合是现代化进程中日益集中的国家权力对长期存在的分散分化的社会进行联结，从而实行横向社会的一体化和纵向国家的一体化。其核心思想包括两个方面，一是国家建构，国家权力向社会渗透，力图根据国家意志改造和构建社会，使社会日益国家化，具有愈来愈多的国家元素；二是社会认同，社会对国家渗透并不是消极地接受，而会以各种方式作出自己的反应，顺应抑或反对，国家需要作出相应的调适。

本书的关键性概念：

国家化：指具有现代特性的国家将国家意志输入包括传统社会在内的各个部分，使社会为国家所渗透。国家化是一个政治—社会概念，它是那些具有现代意识的政治主体及其赖以存在的条件共同推进的国家对社会的变革过程。

农民性：指与传统农业生产方式和社会交往方式相联系所赋予农民的社会特性。它既包括构成传统乡村成员的农民，更包括决定传统乡村社会成员意识和行为的社会历史条件。受传统社会历史条件支配的农民分散在广袤的田野上，与国家有着若有若无的关系。农民性是一个社会—历史概念，与传统农民依存的乡土性相一致。

乡村整合：指现代国家的政治主体通过一系列行为改造和改变传统乡村，将分散的、城乡分割的乡村社会与现代国家联结为一体，使农民与国家呈现出不可分离的关系。乡村整合既是国家意志的产物，也包括农民的反应，是国家与农民的互动过程。①

该书有一个完整的体系。除了绪论以外，分为十章。通过十章的内容可以反映出20世纪以来国家政权通过各个方面如水银泻地一般地向乡村社会的全面渗透，进而改造和建构乡村社会，使国家政权不再只是悬浮式的，而是渗透于乡村社会之中。

该书有独到的研究视角。绪论强调对农村研究不仅要有自下而上的视角，也要有自上而下的视角。根据这一视角，将现代国家理论置于中国的国家进程中，从各个方面研究国家进入乡村的过程。除了一般的国家建构涉及的领域以外，该书以中国事实为基础，通过政权、政党、政策、法律、土地、产品、劳动、运动、计划、市场、服务、汲取、分配、投入、宣传、教育、文艺、阶级、集体、社区、消费、生育、健康、话语、交通与信息等各个方面在农村建构国家。尤其是通过土地、产品、劳动、生育、健康等日常生产和生活领域的国家化，将国家意志深深地渗透到人们的日常生产和生活之中，并植根于人的内心。这是在其他国家的现代国家建构中少有的情况。中国得以在1949年之后，迅速将国家意志渗透到农村，与这一方式密切相关。

该书有自己的研究贡献。过往的国家建构更多强调国家进入农村，对农民如何反应缺乏足够的研究。本书将"农民性"引入国家对农村的建构过程之中，且"农民性"不只是一种消极的存在，在国家改变农村农民的过程中，农村农民也改变着国家。正是在国家与农民的互动过程中，国家的乡村整合表现为简单整合与有机整合。

> 经历了诸多曲折之后，随着条件的变化，国家对乡村的整合方式发生了重大变化，从主要依靠行政力量、运动力量的整合到强化利益引导、服务整合和法律整合等方式，将国家自上而下的整合与农民自下而上的认同结合起来，从简单整合到有机整合转变。②

---

① 徐勇：《国家化、农民性与乡村整合》，江苏人民出版社2019年版，第5页。
② 徐勇：《国家化、农民性与乡村整合》，江苏人民出版社2019年版，第404页。

该书写作经历了 10 多年，出版后便位于当当网排行榜前列，两个月内再次加印。出版当年为"政治学人"公众号评选为"2019 年最受政治学人欢迎的专业著作"。

六 关系叠加的国家演化

人的学术思路随着学术发展而不断有所改变。我是 1980 年代开始从事政治学研究，之后进入农村研究领域。当时，人的学术思想坐标是现代性，表现出单一的现代取向。之后，从事村民自治研究，并将现代国家引入乡村治理研究，都是这一取向。直到 2008 年之后，学术思想有了新的认识，学术取向表现出多层次性。背景之一是随着村民自治遭遇挫折，将我们的眼光引向历史深处，去寻找乡村治理和农村发展的根基。背景之二是在 2008 年世界金融危机中凸现出中国的崛起，而中国是在一个有着古老的传统基础上开启现代化进程的。以上背景加深了我对历史传统的认识。这种认识表现为三个方面：一是事物表象背后受历史传统根基和底色的影响。人们是在既有的历史条件下创造历史的，不能不受到历史条件的制约。二是历史传统并都不是消极的存在，传统因素在一定条件下可以发生积极作用。我在《中国社会科学》2010 年第 1 期发表的《农民理性的扩张："中国奇迹"的创造主体分析——对既有理论的挑战及新的分析进路的提出》便是标志。三是学术研究要从历史演变的逻辑，根据历史事物本身去了解其发展的线索、走向、特点和规律，而不是片断式的理解。我在《中国社会科学》2013 年第 8 期发表的《中国家户制传统与农村发展道路——以俄国、印度的村社传统为参照》等一系列论文都反映了这一走向。以上学术取向的变化促使我申报并承担了国家社会科学重点项目"关系变迁视角下中国国家治理体系发展、改进和演化研究"，并撰写出版了《关系中的国家》多卷本著作。

《关系中的国家》一书有强烈的问题意识：

2015 年，我主持和推进了"深度中国调查"，包括对全国七大区域的传统农村形态的调查。已是六旬的我，参与了所有区域的田野调查，在调查中我的思维受到了极大冲击。就在距高度现代化的广州市不远的粤北山区，竟然保留了大量完整的宗族村落。宗族是一种十分古老的社会现象。19世纪著名人类学家摩尔根曾经说这些现象在西方国家早已不复存在，并为中国还保留着这一古老现象而惊叹！进入20世纪以后，宗族被作为封建因素受到强力摧毁，但进入21世纪，宗族的力量仍然存在。宗族村落不仅在广东，而且在江西、福建、湖南、浙江、湖北、广西广泛存在。而在西部云南农村的调查，竟然发现大量还保留原始形态的农村。这一现象对为现代化浸淫已久的思维造成极大冲击，也产生出问题：为什么古老的宗族社会形态保留如此长久，反复打击仍然存续？

以上问题又自然延伸到政治领域。20世纪80年代的政治改革兴起于邓小平的《关于党和国家领导制度改革》一文。该文深刻反思了造成"文化大革命"的体制和历史原因，指出："家长制是历史非常悠久的一种陈旧社会现象，它的影响在党的历史上产生过很大危害。陈独秀、王明、张国焘等人都是搞家长制的。"[1]众所周知，陈独秀是以民主和科学为旗帜的"五四运动"的旗手之一。中国共产党是在"五四运动"的影响下成立的先进政党。为什么成为中共党的领袖之后，陈独秀等人却沿袭了古老的政治样式，之后这类现象反复发生？这不能不令人深思。80年代之后的政治体制改革取得了相当大的进展，但也出现了预想不到的问题。这都表明，中国的政治有着深厚的历史根基，不可轻易视之。中国的国家演进是在内外交互作用下长期自我蜕变的过程。其背后受一种内在的结构性因素所支配。只有进入历史深处才能寻找问题的答案。[2]

为寻找问题的答案，该书建立起自己的分析框架：

进入世界体系以后，任何国家的进程都处于世界历史之中，必然面临着道路选择和对自己历史的认知问题。由于西方国家的近代领先地位，人们很容易以西方为政治范本。同时，对本国文明与政

---

[1]《邓小平文选》第2卷，人民出版社1994年版，第329—330页。
[2] 徐勇：《关系中的国家》第一卷，社会科学文献出版社2019年版，第4—5页。

第十二章 以著书立说为目标的田野政治学　271

治历程抱有偏爱的人也不少。这两种看法都没有意识到，国家的演进不只是观念的产物，更是历史条件的产物，受历史条件形成的各种关系的制约。

马克思以深邃的眼光，透过复杂的现象发现内在的根据。他认为："人们在研究国家状况时很容易走入歧途，即忽视各种关系的客观本性，而用当事人的意志来解释一切。但是存在着这样一些关系，这些关系既决定私人的行动，也决定个别行政当局的行动，而且就像呼吸的方式一样地不以他们为转移。"①"现实的关系决不是国家政权创造出来的，相反地，它们本身就是创造国家政权的力量。"② 处于各种关系所制约中的国家，如何处理各种关系，便是国家治理的基本问题。

本书将从人类社会关系的视角研究国家，运用历史比较方法，研究中国的国家和国家治理是如何生成、演进和改变的。③

该书是将"关系"作为国家演化的支配性因素看待的。关系的支配性来自马克思的论述，但不是对马克思有关生产关系思想的简单理解。本书特别注重的是马克思关于社会是"各种联结和关系的总和"的思想。人最初是通过血缘关系与他人联结起来的，之后才有了地域性联结并形成地域关系，有了民族间联结形成民族关系，有了世界性联结形成世界关系，由此构成关系的不断扩展。只是这种扩展不是简单的替代。国家是由人组成的。国家正是在这种因人的联结而形成的各种关系中运行的。关系是一种客观存在的支配性力量。而人及其由人组成的国家不是关系的简单复制品，它会再生产出新的关系。

本书的核心观点是：

随着人类社会关系的不断扩展丰富，型塑和改变着国家和国家治理；在中国的文明进程中，依次出现的社会关系不是简单的断裂

---

① 《马克思恩格斯全集》第 1 卷，人民出版社 1995 年版，第 363 页。
② 《马克思恩格斯全集》第 3 卷，人民出版社 1960 年版，第 377—378 页。
③ 徐勇：《关系中的国家》第一卷，社会科学文献出版社 2019 年版，第 1—2 页。

和重建，而是长期延续、不断扩展和相互叠加，由此造成制度的重迭式变迁和政治现象的反复性出现，并通过国家治理体系的改进而不断再生产出新的关系模式。

简而言之：关系构造国家，国家再造关系。[①]

根据以上视角，该书展开了对中国国家演化进程的研究。该书第一卷的主题是"血缘—地域关系中的王制国家"。国家与氏族社会不同的第一个特征便是按地区划分它的国民。但是，在中国，当国家产生之后，血缘关系并没有被简单地替代，不仅保留下来，且成为国家构成的主导性力量，从而形成"王制国家"。第二卷的主题是"地域—血缘关系中的帝制国家"。经过漫长的历史演化，地域关系居于主导地位，血缘关系并没有完全被替代，由此形成"帝制国家"。帝制国家具有较强的能动性，创造出国家与官吏、士人、农民、商人、军人之间的新关系。第三卷的主题是"地域—民族关系中的帝制国家"。在相近的地域上生活着多个民族，在共同的地域上形成统一的国家政权，并与国家形成不同的互动关系。第四卷的主题是"世界—历史关系中的国家转型"。在世界关系下，中国不再是地域性国家，而是世界体系中的国家，并要求国家转型。历史关系不会因为进入"世界历史"而消失，反而会发生特有的作用，国家转型过程十分复杂和艰难。第五卷的主题是"世界—历史关系中的现代国家"。现代中国受世界关系支配，但历史关系仍然发挥着重要作用，赋予现代国家以中国特性。现代中国具有前所未有的能动性，再生产出多样化的关系。

该书自成一体，也是一家之言。过往对国家形态的研究主要有以下几点：一是从社会形态定义国家，如奴隶制国家、封建主义国家、资本主义国家、社会主义国家；二是从时间顺序定义，如早期国家、古代国家、近代国家、现当代国家等；三是从现代性定义，如传统国家、现代国家等。该书不同于上述定义，而是从关系特性的角度定义国家形态。这种关系特性不是单一的而是不断扩展的关系，由此为国家的演化提供了依据；不是简单的替代而是叠加关系，由此为解释中国的国家演化中

[①] 徐勇：《关系中的国家》第一卷，社会科学文献出版社2019年版，第2页。

新旧现象共存提供了依据。这一分析最有助于回答前述的国家进程中新旧现象共存的问题。

该书前两卷出版后很快引起学界的注意。第二卷被"政治学人"公众号评选为"2020年最受政治学人欢迎的专业著作",且排名第一。同年以"古代中国的国家演化与国家治理"之名,入选国家社会科学基金"中华学术外译项目"英文翻译。

七 著书比立说更重要

著书立说是学人的目标。但近些年来,著书好像不多了。从近两年"政治学人"公众号评选"最受政治学人欢迎的专业著作"看,所列的候选书目不多。这可能与近些年的学术考核指标有关。在不少学术机构,考核指标主要是项目和论文。如今的学术考核直接关系到学人的升职和待遇,其导向性太强。

但是,对于学者来说,著书必要。放在书架上的主要是书。书的容量大,可以安排较多的内容,能够将学术思想体系化。对于田野政治学来讲,专著意识更为重要。这是因为,田野政治学面对的田野千差万别,如今更是处在千变万化之中。大量的新现象、新问题扑面而来。这些新问题和新现象很容易出文章。只要肯进入田野,新问题俯拾皆是;只要肯用功动笔,文章顺手拈来。相对而言,田野研究容易出成果,产量比较高。但是,由此也可能被千变万化的田野所牵制。我1992年出版第一部成体系的学术专著;1997年出版的第二部学术专著是对博士学位论文加工而成的;2003年出版的学术专著是两个人合著。之后追随项目和热点问题,虽然发表了不少论文,合作出版了一些著作,但直到2018年才又进入个人专著的轨道。

著书比立说更重要。著书是因为容量大,更能将自己提出来的学说体系化,而不是因为书的堆头大。著书的目的是立说,在前人基础上有所前进,有所创新。田野政治学之所以要通过田野进入政治学,是为了取得一般文本研究所难以取得的原创性成果。如果田野政治学取得的成果能够通过文本取得,田野的路径就没有独特价值了。当然,田野的路径是广义的,主要是通过田野获得新问题、新知识、新经验、新灵感,再进行加工提炼出自己独到的见解，成一家之言。马克思关于人是社会关系总和的论断，我早已熟记在心。但是，只有进入田野之后，我才真正体会到关系总和的意蕴，并将这一论断转换为"关系叠加"的分析框架，形成以"关系叠加"分析国家形态和演化的学说。这一学说与过往的国家形态定义有所不同，得以成一家之言。当然，对于"立说"也不必过于苛求。"立说"的"说"可大可小，揭示一条规律，提出一种学说，阐明一个道理，创造一种解决问题的办法，都是"立说"。总体上要在前人基础上有所前进。我撰著的《中国农村村民自治》，在于其领先性。20年后，曾经是我博士生的任路讲师撰写了《国家化、地方性与村民自治》一书，将"国家化"和"地方性"两个变量引入村民自治，便在我的基础上前进了一大步。

"立说"不仅是提出自己独到的学说，更重要的是这一学说能够"立得住"，经得起时间的检验。这对于从事田野研究的人来说特别重要。面对千差万别和千变万化的田野，到处是故事和材料，只要勤劳，出书容易，提出自己的看法也容易。田野问题长期以来成为公共话题，每个人都可以发表一番议论，或者表达一种说法。但这些说法是否能够"立得住"，能否经得起时间的考验，则要另当别论了。在田野研究领域，提出说法的"词典"不少，新词多，能够长时间"立得住"的"经典"学说和话语不多。近几年我不断提倡"一本书主义"，强调著书不在多，关键是"立说"。提出能够长期"立得住"的学说，是田野政治学要进一步努力的目标！

第十三章　以概念建构为标识的田野政治学

一门学问要通过概念加以表达。概念是使用抽象化的方式从一群事物中提取出来的反映其共同特性的思维单位，通常由词组或短语构成。概念是学术思想的精粹、学人的身份符号。学术的长河可以说是由一个个概念命题所构成的。田野政治学是基于田野调查而形成的政治学研究路径，并在长期研究中获得政治学田野学派自觉，其重要标志之一便是若干具有原创性核心概念的建构以及形成的概念建构步骤。

一　概念自觉与标识性

人类的认识是一个永无止境的过程，并在这一过程中，通过概念的建构，形成一套能够传播的知识体系。

人类的认识与其他领域一样，遵循着"先占原则"，即某些人由于对事物的认识在先，通过概念对事物加以定义，并能够广泛传播，从而形成"先入为主"的认识，获得话语权。后人在接受这些概念时，自觉不自觉地就会进入其相应的思维通道，形成格式化、规范化的思维。这就是思想意识的力量。

中国很早就有对人类社会的认识，但受农耕文明的经验思维影响，缺乏一门由清晰的概念和知识体系构成的社会科学，许多论断只可意会，不可言传。社会科学率先由西方兴起。在社会科学发展过程中，西方人创造了大量的概念，并形成了系统的知识体系，体现了知识生产的"先占"法则。梁启超认为："大抵西人之著述，必先就其主题立一界说，下一定义，然后循定义以纵说之，横说之"。① 这是中国社会科学不得不向西方社会科学学习，也是深受其影响的重要原因。这些概念已经成为人类知识体系的一部分，今后还需要学习。离开了这些概念，社会科学就没有了立足的根基。在社会科学领域，概念除了词组外，还通过短语表达出来。这种短语是对学术思想最为精练的表达，成为学人的标识性身份。人们一接触到某一短语，便可以知道是某一人或某一学派的思想和主张。如政治学领域，从亚里士多德的"人是天生的政治动物"，到卢梭的"人生而平等"，再到亨廷顿的"人可以无自由而有秩序，但不能无秩序而有自由"，一直到福山的"历史的终结"等。

作为一门学科，政治学至20世纪才在中国起步，1980年代才恢复重建。政治学是一门外来学科。尽管进入中国后，其内容有新的变化，但大量的概念是外来的。我们在学习政治学时，自然而然地学习和接受外来的政治学概念，并运用这些概念思考问题。这种概念学习、接受和运用完全是在知识体系的传递过程中自然发生的，是一种思维的自在状态。

我是1980年代开始学习政治学的。在学习的过程中，自然而然地接受了政治学的知识，并加以运用。我参与撰写的第一部教科书是《通俗政治学》，撰写的是西方"文官制度"。当时就是依据已有的知识，运用现成的概念进行再生产。在再生产过程中，没有自我创造概念的自觉。即使是后来我自己撰写和出版了学术著作，提出了自己的学术观点和主张，但大多仍然是运用已有的概念，还没有自我创造概念的自觉。

文本是由概念构成的。如果研究限于文本，就会限于原有的概念。长期从事社会科学研究的张厚安教授体会尤深：

> 我本人从事社会科学研究已近半个世纪，但是在改革开放前的25年，尽管也出了一些研究成果，可是从研究内容与方法上看，总跳不出一个"怪圈"，那就是从理论到理论，从概念到概念，从书本到书本，基本上是一种注释式、经院式、教条式的研究。我想，这不仅是我个人的遭遇，应该说，这是当时整个社会科学界占

---

① 梁启超：《中国学术思想变迁之大势》第三章第五节，上海古籍出版社2006年版。

第十三章 以概念建构为标识的田野政治学

统治地位的学风。①

我们得以超越既有的文本，走出既有的规范限制，得益于进入田野。这是因为，田野上的丰富事实是既有文本难以概括的。特别是1980年代以来的田野正在发生深刻的变化，远远超越既有的文本。人民公社体制废除后，国家在农村基层的管理体制实行的是在乡镇一级设立政府，在乡镇以下设立村民委员会。对于这样一种新的制度安排下的事实，如何从理论上概括其特征呢？张厚安教授将其概括为"乡政村治"：

> 我在学术界首先概括并提出了在人民公社制度解体后，在我国农村已经形成了"乡政村治"的新的政治模式，即乡（指乡镇政权）是国家依法设在农村最基层的一级政权组织，村（指村民委员会）是农村最基层的群众性自治组织，村治乃是乡政的基石。乡政和村治的结合使我国农村政治有了全新的内容，今天我国广大农村就是通过5万多个乡镇政权和90余万个村民委员会来进行治理的。②

"政社合一"是对人民公社体制的概括。"乡政村治"是对人民公社体制废除后乡村治理体制的概括。这一概括是一种新的概念。通过这一概念便能理解人民公社体制废除后中国的乡村治理体系，因此是田野政治学建构概念的重要开端。只是当时我们还没有理解建构概念对于学术研究和学派建设的重要性。

1990年代，"三农"问题成为研究热点，新见解、新观点、新主张很多。其中，中共中央编译局的荣敬本先生主持撰写的著作《从压力型体制向民主合作体制的转变——县乡两级政治体制改革》（中央编译出版社1998年版）格外引人注目。这本书通过田野调查，提出了"压力

---

① 张厚安：《三个面向，理论务农：社会科学研究的反思性转换——华中师范大学中国农村问题研究中心20年回顾》，《华中师范大学学报》（人文社会科学版）2001年第1期。
② 张厚安：《三个面向，理论务农：社会科学研究的反思性转换——华中师范大学中国农村问题研究中心20年回顾》，《华中师范大学学报》（人文社会科学版）2001年第1期。

型体制"的概念。所谓"压力型体制",是指下级政府主要迫于压力而完成上级政府布置的任务和各项指标,上下级政府间处于压力状态之下。这一概念不仅反映了个案的状况,而且可以反映农村基层治理的普遍性状况,因此得以普遍接受和反复引用。通过这一概念,我对于学术研究建构概念有了较深的印象,并注意在学术研究中生成概念。如我在2002年为《现代化、城市化与农村基层民主》写的书评中表示:

> 整体化与个体化是相互依存的。依此逻辑,在政治生活领域,国家化和地方性也是相互依存的,并成为理解政治制度生成和实施的重要分析概念。①

但是,在相当长的时间里,我们对于如何在田野调查和研究中建构概念,还缺乏自觉意识。只是随着田野调查的深入,随着不同观点的碰撞,我们才有了建构概念的自为活动。这就是2006年对"社会化小农"概念的建构。

> 当今的小农户已越来越深地进入或者卷入一个开放的、流动的、分工的社会化体系中,与传统的封闭的小农经济形态渐行渐远。如果我们仍然将当下的农户称之为小农的话,那么他们已成为迅速社会化进程中的小农。②

持续不断的田野调查和研究,使我们有了建构概念的直觉。因为只有建构概念,才能用精练的话语概括所了解的事实,表达自己的学术主张。这种直觉使我们有了一系列建构概念的自为活动。正是由于一系列的概念建构,使田野政治学获得了身份性标识。人们通过这些概念,很快便会想到它来自于田野政治学,而不是政治学的其他研究路径和学术共同体。

---

① 徐勇:《〈现代化、城市化与农村基层民主〉评》,《中国农村研究》2002年卷,中国社会科学出版社2002年版。

② 徐勇:《"再识农户"与社会化小农的建构》,《华中师范大学学报》(人文社会科学版)2006年第3期。

二 概念来源与原创性

政治学研究有不同的路径，并可以通过不同路径建构概念。在中国，田野政治学得以在建构概念方面领先一步，得以创造一系列概念，重要原因是从田野上获得概念的来源。

概念建构是知识生产活动，是一种抽象的思维。通过对事物的普遍性和本质性的了解，便可以建构概念。这种概念建构建立在知识传递的基础上。在西方，从古希腊开始便建立起政治学的知识体系，并一直传承下来。从一门学科来看，政治学的源头在西方，并形成了较为完整的知识体系。中国的政治学从 20 世纪才建立，主要是学习和引进，概念来源于既有的文本。既有的文本为政治学人掌握政治学知识提供了基础，也将政治学人的思维和概念限定在既定的文本之中。特别是中国的政治学恢复重建不久，要在充分吸收源远流长的政治学知识体系的基础上自主地建构概念，颇为不易。

田野政治学得以有建构概念的自为活动，不是比他人更聪明，而是田野赋予其自为的天职。我们是从文本进入田野的，但进入田野后不能用文本来剪裁田野事实，而是要以事实为依据，一切从事实出发。正如毛泽东所说："我们讨论问题，应当从实际出发，不是从定义出发。"[①] 1997 年在出版"村治书系"时，我们就明确了"三实"的原则：

  追求实际，即强调实际先于理论。我们不轻视理论，但反对从先验性的理论出发剪裁实际生活，特别强调实际调查。任何理论观点都必须建立在充分扎实的社会调查基础之上。理论上的发言权也只能出自实际调查。
  追求实证，即强调事实先于价值。我们不否定价值取向，但在实际调查中坚决摒弃先入为主、以个人价值偏好取代客观事实的做法。我们不排斥"应该如何"，但首先要弄清"是什么"，突出动

[①]《毛泽东选集》第 3 卷，人民出版社 1991 年版，第 853 页。

态的过程研究。[①]

出自于实际调查的"是什么"是理论观点的源头，也是建构概念表达理论观点的起点。田野是源头活水。田野调查提供了与原有概念不一样或者原有概念难以概括的事实，使我们能够从新发现的事实中提炼出新的概念。这种概念的首要特征便是具有原创性。原创性的第一层意思是来自田野或受田野启发，第二层意思是提出者基于田野和对知识的再加工首先提出来，具有原始创造性。

学术史上有关农民的定义很多，最为常见的是一家一户，自给自足。我在农村生活的经验基本如此。除了盐等极少数物品以外，不与外界发生什么交换。我从事学术研究后，刚开始进行田野调查时，看见一群农村小孩子拿着冰棒吃，十分惊奇。这在我过往的农村生活经历中是不可能有的。后来经常去农村，发现农民不再是像我下乡时那样用牛耕田，而是用机械；农民基本上不穿土布衣服了，而是在外购买；农民不再是长年累月束缚在土地上，而是往来于城乡之间。这一切都与过往的传统小农概念相去甚远。随着"三农"问题的日益严重，人们对家户经营持怀疑态度，其重要依据出自于传统小农。而田野调查提供我们的事实是：从土地和人口规模看，当今的农民确实是小农，但他们已不再是传统的自给自足的小农，他们的生产、生活和交往与广大的社会有着十分紧密的联系。为此，我们提出了"社会化小农"的概念。

随着农村商品经济发展，经济学界提出"理性小农"的概念。这一观点仅仅限于农业领域。当农民离开农业，从事工业时，其行为依据如何呢？我们在对"农民工"进行长时间的跟踪观察发现，他们每天工作16小时，而且主动要求加班。这是我们按常理不可理解的，但又是活生生的事实。农民工这样做有他们自己的行为依据，一是务工比务农收入高，加班则可以获得更多的收入。而从农民的逻辑来看，务农本身从来没有过"加班"一说。由此可见，农民也是会算计的"理性人"，而不是盲目的行为者。他们的理性来源于生活其中的传统农村社会与现代工业社会叠加的历史境遇，是这种历史境遇赋予了他们特殊的"理

[①] 徐勇：《中国农村村民自治》，华中师范大学出版社1997年版，第4—5页。

性"。由此产生了"农民理性的扩张"这一概念。

进入现代化进程后,"一家一户"为组织单位的小农一直是被抛弃的对象,其重要依据是小农的脆弱性。其经典描述是,小农"就像一个人长久地站在齐脖深的河水中,只要涌来一阵细浪,就会陷入灭顶之灾"。[①] 但我们在田野调查中发现,中国小农虽然脆弱,但能够在与外部环境的交互中,特别是在各种压力下表现出"脆而不折""弱而不息"的特性,具有强大的生命力,由此建构起"韧性小农"的概念。

只要从事政治学研究,无不知晓"天赋人权"。但华南村庄调查给我们展示了宗族的底色及由这一底色形成的人们对其资格、身份、地位、权利、责任的认识。这种认识是"天赋人权"的概念难以概括的,由此提出了"祖赋人权"的概念。

三 概念反思与唯一性

概念的原创性具有相对性,是因过往已有的概念难以解释和回答现存现象而建构的新的概念。如果既有的概念能够概括和解释,新的概念便不具有原创性。从这个意义上说,概念的相对性又表现出排他性和唯一性。为此,在建构具有原创性的概念之前,存在一个概念反思环节。反思是对既有事物和知识的再认识,是比直接认识更高一层的自我认识。田野工作使我们会接触许多事实现象。这些事实现象并非都可以产生原创性概念。这是因为许多事实用已有的概念便可以概括。如果我们再产生类似的概念便不具有原创性和唯一性了。概念反思是指当我们认识到新的事物和现象并形成新的想法之后,要思考已有的概念能否概括新的认识。只有当原有概念无法概括,或者无法更好地概括新的事物和新的认识,才建构新的概念,且这样的概念才具有原创性,是一种排他性和唯一性的概念。

概念反思需要相应的反思能力。这种能力由反思主体所具备的知识、反思意识和深度思考所构成。概念建构者在建构概念时应该具备相

[①] [美] 詹姆斯·C. 斯科特:《农民的道义经济学:东南亚的反叛与生存》,程立显等译,译林出版社 2011 年版,第 1 页。

应的知识，知道在概念建构的领域里已存在的概念状况。如果不具有相应的知识，建构的概念可能是重复的。知道之后还要有反思意识，看原有概念是否存在缺陷和不足。在这个基础上进一步思考本人所建构的概念的优长性，以克服原有概念的缺陷和不足。因此，概念建构不是一时兴起的感性认识，而是一种理性思考的过程。

"家户制"是我建构起来的概念。在建构这一概念之前，我已有中国数千年"一家一户"生产的相关知识，还专门写过《包产到户沉浮录》一书。但学界没有将"一家一户"这一长期反复存在和延续的规范概念化。学界所流行的是"部落制""村社制"和"庄园制"等概念。根据田野调查和概念反思，我们提出了"家户制"，即以家户为基本组织单位的制度。这一概念具有相对性，是相对于"部落制""村社制"和"庄园制"等制度而言的。通过"家户制"的概念可以更好地理解和解释中国农村社会的本体制度和本源传统。如果既有的"部落制""村社制"和"庄园制"的概念能够解释中国农村社会特性，"家户制"的概念便没有提出的必要了。换言之，只有通过"家户制"这一概念才能更好地描述和解释中国传统农村社会的特性。这一概念因此具有了唯一性。

"东方自由主义"是我建构的概念。在建构这一概念之前，我已有一些"自由"的知识。早在1980年代，魏特夫的《东方专制主义》的书还没有正式出版，我便有所了解，1990年代出版后我更是读过多遍。在进入田野调查和研究后，了解到农民对于农村改革的最大感受是"自由了"。这一了解促使我进一步思考，对"西方自由东方专制"的学术定论产生质疑，在魏特夫的《东方专制主义》难以完全概括中国政治和社会并存在重大缺陷的情况下，我提出了"东方自由主义"的概念。

"祖赋人权"的概念建构之前，我脑海里印象很深的是"天赋人权"概念。南方宗族村庄调查中展示的社会成员长幼有序、男女有别的血缘差等现象及其背后的依据，是"天赋人权"概念难以概括的。我从调查事实出发建构"祖赋人权"的概念。这一概念相对于但又不同于"天赋人权"。我们的田野调查也证明了这一点。在近代，西方宗教传入中国农村，为一部分宗族共同体的边缘人群，如青年和女性所接受，但受到宗族共同体主体人群，如老人和男性的抵制。这在于宗族是具有差等性的共同体。"天赋人权"蕴含的个体平等权利意识会瓦解宗族共同体。用"祖赋人权"的概念可以更好地解释血缘宗族社会的特性。

四 概念形成与学理性

概念反思是概念建构前的一个环节。通过反思发现既有的概念不够和不足之后,便进入了概念形成过程。概念形成是指概念提出者将事实和知识概念化的过程。概念形成包括两个方面:一是概念提出,即当反思原有概念不够和不足之后,自己提出新的概念;二是概念论证,即对自己提出的概念进行论证。田野政治学的概念虽然来源于田野,但不是田野生活的简单照搬,而是经过学术加工,进行理论论证,具有学理支撑。只有具有学理论证的概念,才具有学科理论的属性。

"社会化小农"是基于一家一户自给自足的传统小农而建构起来的概念。这一概念包括两个方面:一是从土地经营规模和人口规模看,当下的农民仍然属于小农;二是从生产方式、生活方式和交往方式看,农民已超越一家一户自给自足,进入社会化的过程。

> 社会化小农的建构,有利于我们从历史的变迁过程去理解和考察当下的农村和农民。将社会化的视角引入农村研究,更主要的是开发出新的"问题域",提供一个新的研究范式。[1]

"农民理性的扩张"是基于农民理性在传统与现代社会交替时期和空间里表现的一种概括。当农民脱离农业从事工业活动时,他们原有的思维、观念和习惯并没有随之改变。特别是"农民工"这一特定的农工双重身份使农民的思维、观念和习惯保持原有的属性,并在工业化进程中发挥特有的功能,形成所谓的"理性的扩张"。这种扩张是在两种文明叠加的特殊时期的产物,也会随着特殊时期的转换而发生变化。

---

[1] 徐勇:《"再识农户"与社会化小农的建构》,《华中师范大学学报》(人文社会科学版) 2006 年第 3 期。

"农民理性的扩张"因此获得学理支撑。

"韧性小农"是从田野调查中建构的概念。一般认为，家户小农表现为脆弱性。田野调查发现农民还有"韧性"的一面。其韧性来自于家户小农的自主责任机理。包括小农作为命运共同体的责任对等机制、作为生活共同体的责任分担机制，作为生产共同体的责任内化机制、作为政治共同体的责任连带机制等。只有通过这一自主责任机理，"韧性小农"的概念才具有了学理性，即回答为什么小农具有韧性的问题。

"家户制"是从"一家一户"这种习以为常的日常生活中提炼出来的制度性概念。人们经常使用"一家一户"的概念描述传统农民的组织单位。"家户制"从生活中来，将其提升为一种农村本体性制度，形成一个学术性概念。从学理上看，"家户制"是一种以家户为单位的社会组织制度，是包含家户经济、社会、文化和权利关系在内的一系列行为规范的制度体系，主要特征包括：以家庭为单位的组织方式、以家长为主导的关系模式、以家户为中心的观念意识和以户籍为标志的国家责任等。[①]

"祖赋人权"是从宗族社会生活中提炼出来的权利观。这一观念来自久远的血缘关系，是基于血缘关系而产生的权利意识，包括因同为祖宗后代的同等性、因生命先后和继替的差等性、因权利与责任构成的对等性，三者合为一体共同维系宗族共同体。这一概念回答了人们在宗族共同体中获得相应资格、身份、地位、权利、责任问题，它们成为宗族共同体成员的行为依据，由此将人们日常生活的依据学理化，形成为一个具有普遍性的概念。

五 概念转换与扩展性

田野政治学的概念来源于田野，但不仅仅是田野。有的概念不一定源自于田野，但在田野中获得了新的认识，并结合田野，进行转换，赋予以新的内容，对原有的概念进行了扩展。与此同时，任何一个概念都

[①] 黄振华：《家户制与家户国家：中国国家形态的一种解释》（未刊稿）。2020年7月8日在田野政治学论坛上的报告。

第十三章 以概念建构为标识的田野政治学　285

是对一类现象或一种思想的概括，都具有有限性和特殊性。但是，如果一个概念仅仅是能够解释一类现象，限于一种思想的表达，其价值就有限了。一个有价值的概念，在于其扩展性，即概念源于但不限于某类现象和主张，具有更为普遍性的意义。

田野政治学是政治学者进入田野后，通过田野发现，提出概念或者对既有概念的扩展。这种概念不仅仅可以解释田野调查中的现象，而且能够扩展到政治学领域。

"韧性小农"是源于田野调查提出的概念。这一概念不仅仅适用于农民，而且可以建构国家的特性。这是因为人是国家的基本构成要素。中国在长期历史上是一个农民国家，农民占国家人口的大多数。农民的特性在一定意义上决定着国家的特性。中国在历史上经历了无数艰难曲折，但在同一个空间里一直延续下来，成为世界独一无二的国家共同体。田野政治学从"韧性小农"的角度试图解释这一秘密，并从人是国家主体要素的角度提出了"韧性国家"。[①]

"家户制"是源于田野调查提出的概念。这一概念不仅仅可以概括"一家一户"的事实，更重要的是可以成为理解一个国家特性的钥匙。马克思将村社制作为理解印度国家上层更迭而社会停滞不前的钥匙。而"家户制"则可以成为理解中国上层专制下层自由的传统国家特性的钥匙。国家的基本要素是人，人是通过组织进入国家的。家户不仅是农民自我组织的基本单位，也是国家组织农民的基本单位。在中国，家户制之于国家具有双重意义：一是国家组织的基础；二是国家制度的来源。历史中国具有家国同构性和家国同体性，是一种家户国家。[②]

"祖赋人权"是源于调查提出的概念。这一概念不仅仅可以概括宗

[①] 陈军亚：《家户小农：韧性国家的历史社会根基》（未刊稿）。作者在 2020 年 7 月 2 日田野政治学论坛上报告了主要内容。

[②] 陈军亚：《由家到国，家国共责："老有所养"的中国治理进程》，《政治学研究》2018 年第 4 期；黄振华：《"家国同构"底色下的家户产权治理与国家治理——基于"深度中国调查"材料的认识》，《政治学研究》2018 年第 4 期；任路：《"家"与"户"：中国国家纵横治理结构的社会基础——基于"深度中国调查"材料的认识》，《政治学研究》2018 年第 4 期；《中国国家纵横治理结构的原型与转型——基于家户制的视角》，《云南社会科学》（社会科学版）2019 年第 1 期；《家户国家：中国国家纵横治理结构的传统及其内在机制》，《东南学术》（社会科学版）2019 年第 1 期。

族共同体成员的权利来源,而且可以扩展为更大的共同体。这是因为,只要是共同体,都有一个作为共同体成员的资格、身份、地位、权利和责任问题。国家是政治共同体。"天赋人权"解决政治共同体的整体权力归属问题。而人们在取得政治共同体的资格、身份、地位时,仍然包含有血缘祖宗的成分。"祖国"一词就意味着是祖先居住之国。作为祖先的子孙拥有成为"祖国"成员的自然权利,非祖先的子孙则必须经过人为的申请。即使在现代国家,也存在着古老的出身决定命运的"身份政治"问题。

"国家化"是来自于现代国家建构的理论。但从产生这一概念时,便更加强调国家建构的过程性和国家与社会的互动性。之后,受深度田野调查启发,即使在现代国家建构之前,事实也存在着国家化的问题。国家权力在不同地方的权力分布和渗透处于不同样式,国家力图通过国家权力进行社会整合。为此,"国家化"的概念得以扩展。只要当国家一产生,便存在着国家化,存在着国家权力将不同人群整合为一体的过程。"国家化"因此获得了更为普遍的意义。

"关系叠加"是田野调查和已有知识互动形成的一个概念。人是社会关系总和这是已有的知识。进入田野调查后发现人们的社会关系是不断扩展和相互叠加的。通过"关系叠加"概念可以解释农村中原始的血缘关系长期存续而更高一级的关系不断扩展并形成叠加的现象。这一概念不仅适用于农村,也可以扩展到国家。国家的主体是人。人受社会关系的支配。国家的生成和演化因此受社会关系支配。在中国的文明进程中,依次出现的社会关系不是简单的断裂和重建,而是长期延续、不断扩展和相互叠加,由此造成制度的重叠式变迁和政治现象的反复出现,并通过国家治理体系的改进而不断再生产出新的关系模式。①

"长周期"是通过田野调查和对既有知识的反思提出的概念。中国的家户制、宗族共同体为何得以长期延续,历史上不断被打击,又不断再生和重建?"祖赋人权"在取得共同体成员资格、身份和地位问题上为何仍然有其特殊意义?关系扩展中叠加的旧关系为什么会周期性产

---

① 徐勇:《关系中的国家》第一卷,社会科学文献出版社2019年版,第2页;《关系中的国家》第二卷,社会科学文献出版社2020年版,第2页。

生，是否都是消极性存在？这些现象和问题只有放在一个长时段中去考察，才能作出合理的解释。

六 概念完善与竞争性

一个概念的形成是一个不断完善的过程。首先，概念提出后有了新的认识，需要进一步对已有的概念进行完善。其次，当一个概念提出来后，必然要接受学界的检验，包括概念是否成立，存在哪些不足和缺陷。特别是有的概念会对原有的认识形成较大的冲击，人们会提出不同的看法和意见。面对不同的看法和意见，概念提出者要看这些看法和意见是否合理，自己提出的概念是否立得住，是否还需要进一步完善。一个概念要能够立得住，一定要经过社会的检验，包括不同观点和争鸣。只有在此基础上，概念才具有竞争性。只有经过思想竞争的概念才能立得住。

田野政治学提出的概念，最具有争议性的是"祖赋人权"。一则在于这一概念是在深度田野调查中产生的。没有深度田野调查经历的人很难理解。二则在于这一概念对于人们早已根深蒂固的"天赋人权"概念具有强大的冲击性。三则在于这一概念与长期视为"封建"产物的宗族联系太紧。四则在于人们对于"祖宗"的理解不同。因此，这篇论文从发表到发表后都存在很大的争议。不同的意见，主要是基于一种先在的立场，而不是基于事实，是一种思维上的差异。为此，我专门写作并在《探索与争鸣》2018年第9期发表了《实证思维通道下对"祖赋人权"命题的扩展认识》。该文从思维方法的角度对"祖赋人权"的概念作了进一步的说明。之后胡键在《探索与争鸣》2020年第6期发表《"祖赋人权"辨析——兼与徐勇教授商榷》，提出了他的看法和意见。该文对于完善"祖赋人权"的概念提供了启示。尽管面对不同意见，"祖赋人权"还是一个具有竞争性的概念。这在于它是对事实的描述。只要概念描述的事实存在，概念便立得住。与此同时，它还具有扩展到对一般共同体解释的功效，因此是一个能够在竞争中获得立足之地的概念。

"家户制"是田野政治学提出的一个具有广泛影响力的概念。这一概念涉及对中国传统社会根基的认识。它是在与"部落制""村社制"和"庄园制"等制度相比较的过程中产生的,是一个与这些概念形成竞争性的概念。如果这一概念能够被"部落制""村社制"和"庄园制"的概念所代替,它就立不住了。而要使这一概念能够立得住,则需要通过不断地研究,加以完善。我最初在与"村社制"比较中提出了"家户制",也进行了论证,但未能对其内涵作出明确的定义。黄振华、任路等人的接续研究,丰富了"家户制"的内涵,进一步完善了这一研究。当然,这一研究还有广阔的空间。外国学者对"部落制""村社制"和"庄园制"的研究早已是汗牛充栋,并提出了有重要影响的学说。

"国家化"是田野政治学提出的一个具有很强的政治学科性的概念。这一概念最初只是"现代国家建构"的另一种表达,但是其表达也有自己的认识。2002年,我在为《现代化、城市化与农村基层民主》一书作的书评中指出:

> 将村民自治放在珠三角地区这一特定区域进行考察,研究村民自治的地区个性。在这里,可以生成国家化、地方性等一系列分析性概念和框架。
> 国家化是一个过程,标志着国家性日益深入地渗透于主权国家领域。国家性是人们对国家整体和代表国家主权的中央权威的认同,也即整体性和中央权威性。[①]

在这里我使用了"国家性"的概念,"国家化"只是"国家性"的深入过程。随着田野调查发现和概念扩展,我将"国家化"的概念扩展到国家一产生,便会发生国家化,发生国家权力对异质性社会的整合。这一概念来源于"现代国家建构"理论,又超越于这一理论。它得以在与现代国家建构概念竞争中立得住,关键在于可以解释现代国家建构之前的国家整合问题。只要传统国家也存在国家整合,那么,"国

---

① 徐勇:《〈现代化、城市化与农村基层民主〉评》,《中国农村研究》2002年卷,中国社会科学出版社2002年版。

家化"的概念就立得住。

"长周期"的概念是一种认识传统中国的历史观。在这之前，有诸多历史观，如"长时段""超稳定""大历史"等。但这些历史观难以对诸如"家户""祖赋人权""关系叠加"现象给予合理的解释或者更多的是否定性的理解。正是在此基础上，我提出了"长周期"的概念，并与"长时段""超稳定""大历史"等历史观构成竞争关系。我在《华中师范大学学报》2021年第1期发表《中国政治统一体长期延续的三重共同体基础——以长周期为视角》一文，是运用"长周期"历史观的尝试。当然，人们对于"长周期"概念的认识和接受有一个过程，要取得与"长时段""超稳定""大历史"等概念的竞争性地位，更有一个不断完善的过程。

七 概念分类与通约性

概念是学科的基本单元。一门学科是由一个个概念构成的，依据学科进行学术性研究会产生概念。概念生产者在生产概念时，必然会面对已有的概念，并会创造新的概念。由此便需要进行概念分类，即根据一定标准将概念分为不同的类型。根据主客观关系，概念可以分为以下几类：

第一种概念是中性的。就是能够为不同文化背景的人所共同认可、接受和运用，是政治学作为一个学科的基本构成要素。我们把政治学的教科书翻开一看，就能发现，政治学教科书就是由一个个核心概念构成的，如国家、国体、政体、政府、权力、权利、权威、秩序等。这些概念有明确的定义，并为政治学者所共同认可，具有可通约性、可共享性和可重复性，是通用并约定的概念。这些概念为政治学的学术共同体所共同使用，因此称之为中性的概念。离开了这些概念，政治学作为一门学科便难以成立。

第二类概念具有价值性，包含有主观价值成分，是具有导向性的概念。比如说平等、自由、民主、专制等。这些概念具有引导功能。因为政治学建立之初便希望有一个善政、有一个有理想的国家。由现实到理想一定要有意识地引导，它体现一种政治主张。这种价值性概念又可以分为两类，一种是高阶位的概念，比如我们现在用的"民主"术语便属于高阶位的概念，"专制"便属于低阶位的概念，因为有意识引导作用。政治学是伴随现代化产生的一门学科，许多概念不只是中性的，同时也还有一些意识形态导向的特性。

第三类概念是经验性的，从一类事实经验中提炼的概念，具有一定的历史性和地域性。这些概念背后有特定的某一个地区、某一个国家、某一段历史的经验，对这些概念使用的时候要注意到它背后特定的文化背景。这类概念是基于事实产生的，因此又可以称为描述性概念。

第四类概念是解释性的，即用于解释一定事物而产生的概念，具有一定的方法论意义。

田野政治学是通过田野的路径进入政治学研究的。田野政治学的第一要求是事实优先，以事实为依据。因此，田野政治学所创造的概念大量属于经验性的、描述性的概念。如"社会化小农""农民理性的扩张""韧性小农""家户制""祖赋人权""关系叠加"等。这类概念主要基于一定时间和空间的事实，其通约性不强。即离开了一定的时间和空间，这一概念便缺乏概括力。如在传统中国，"家户制"主要发生于汉族农耕地区，而广阔的边疆民族地区实行的则是"部落制"和"村社制"。"祖赋人权"主要来自于宗族村庄，而在宗族底色不浓厚的地方，这一概念便不鲜明。

当然，田野政治学创造的概念并不仅仅是一种描述，它还可以获得其他类型概念的属性，从而具有更强的通约性。"东方自由主义"只是一种对事实的描述，但因为与作为政治学价值性概念的"自由"相联系，因此具有超越一般事实的学术价值，促使人们重新认识"西方自由东方专制"的定论。"祖赋人权"是对宗族社会事实的描述，但从共同体看，这一概念可以得到更广泛的运用。即使是现代民族国家，也有一个基于血缘关系的传承认定国民资格的问题。"关系叠加"是对事实的描述，但也可以作为一个解释性的概念使用。我们在《探索与争鸣》2020年第10期发表的《"未有之大变局"：世界中国与历史中国的叠加及应对》一文便是运用的"关系叠加"概念作为分析视角的。

八 概念生产与流程性

学者是知识生产者。概念是知识的精粹。但概念不是孤零零的话语，在概念背后有丰富的知识信息，并有学理的支撑。学者在生产概念时，本身要有丰富的知识，并要深思熟虑，才能形成一个能够立得住的概念。因此，概念的生产是一个由不同环节构成的过程。并表现出流程性。

田野政治学是通过田野路径进行政治学研究的。田野政治学在生产概念时，具有自身的流程。

第一步是进入田野。这是田野政治学与其他政治学路径从事概念生产所不同的前提。其他政治学研究可以通过文本生产概念。对于田野政治学来说，田野是概念生产的来源。进入田野是相当于找矿。田野政治学生产的概念要求有原创性，就在于它来自于生产者所掌握的第一手资料。

田野政治学从起步开始，便将田野调查作为研究的基础。起步并没有生产概念的自觉。但是田野调查为生产概念提供了直觉，就是只有通过概念才能更好地概括所了解的事实。即使是对已有概念的解构与质疑，也是因为进入田野后掌握了大量事实才形成相应的意识，并力图生产新的概念，如"东方自由主义"概念的生产。

第二步是田野发现。进入田野是概念生产的前提，但并不意味着只要进入田野便一定可以生产概念。田野是无边无际的，能够作为概念源泉的田野并不多。就如找矿一样，漫山遍野寻找可能一无所获。在一定程度上，能够发现作为概念源泉的田野具有偶然性。"祖赋人权"这一概念源的田野发现具有相当的偶然性。我在广东具有宗族底色的村庄调查多次，起初只是发现这里人的观念与内地有很大不同，如围绕祠堂聚族而居等。后来问及这里的土地为什么经常调整时，当地的农民说都是祖宗的子孙，增加人口就要增加土地。这句话成为"祖赋人权"的概念源头。

第三步是田野挖掘。田野发现是发现了能够作为概念源的田野，并不意味着一定能够进入生产过程。就如矿藏会与其他物质材料混合在一起。当在田野中有所发现时,还要进一步挖掘,发现概念源的价值。"祖赋人权"概念源自农民有关土地调整的一句话。只有加以挖掘,才能发现这句话作为概念源的意义。否则与农民说的别的话一样,并不能将其作为概念源。

田野挖掘概念可以分为两种:

一是广泛挖掘。所谓广泛挖掘,就是在较大范围的田野调查。概念是对一类事物的概括。由此需要普遍性调查。"社会化小农"的概念提出,不是根据一个地方,而是在广泛的田野发现中挖掘其普遍性,才生产出的概念。

二是深度挖掘。所谓深度挖掘,就是对有可能成为概念源的田野作出进一步的深层发掘,从而生产出新的概念。这种发掘往往要与大脑中原有的概念相比较。如"西方自由东方专制"是一个学术定论,但我们在田野中发现农民认为分田到户的最大好处是"自由了",说明农民也有自由的状态和向往,尽管这种自由与西方理论所说的政治自由不一样,但也属于自由的范畴。深度发掘要善于沿着一定的线索追溯。"都是祖宗的子孙,增加人口就要增加土地"这句话构成概念源,但如果不加深度挖掘,就可能就作为一句非常平常的话听听而已。之所以能够将这句话作为概念源头,并继续追问,便在于我们头脑中有了"增人不增地,减人不减地"的政策知识。这句话明明与政策不合,为什么农民脱口而出,自然而然地表达。这说明有宗族底色下的农民有自己的行为依据。

第四步是田野提炼。田野提炼是指对从田野中获得的概念源进行加工提炼出具有学术性的概念。在田野中我们可以发现大量概念源。田野上还自我生成了一些概念。比如将人民公社体制概括为"政社合一"。但田野政治学所要生产的概念具有原创性和学术性,是对生活事实概括和解释的学理性概念,而不是简单地照搬。"一家一户"是习之为常的生活事实,"包产到户"是经常使用的政策概念。它们构成了概念来源,但还不够。只有以此为基础,提炼出"家户制"并加以论证,才具有田野政治学所要求的原创性和学理性。

田野提炼需要提炼能力。在田野中会经常有发现,也会进一步挖掘,但要将发现和挖掘提炼出一个有质量的概念,则需要相应的能力。

这种能力是长期的知识积累和概念自觉形成的。我很早就写过《包产到户沉浮录》一书。田野调查专门涉及农民对包产到户的看法。但是只是随着知识的积累，对于俄国和印度的"村社制"有所了解后，我才意识到中国的"一家一户"和"包产到户"的特殊性，并由此提炼出"家户制"这一概念。

第五步是田野加工。田野加工是指对田野提炼获得的"初级产品"进行加工，使之具有新的元素和新的质量。田野提炼只是提炼出概念。这种提炼如同炼铁一样，主要是将铁矿石炼出铁。通过田野提炼概念，不是太难。只要具有一定的提炼能力便可以做到。在田野研究中，我们可以经常发现许多新概念。这些新概念主要是"一事一议"，即一种事实有一个概念加以概括，其价值影响有限。田野加工则是对初级性概念进行加工使之具有更高的质量。这一加工如炼钢一样，其来源是生铁，但因为加工而成为比生铁具有更高质量的钢。"国家化"起初主要用于现代国家对农村农民的整合。后来对这一概念进行加工，使之成为自有国家以来便存在"国家化"。这一概念因此获得更为广泛的意义。

田野加工需要加工能力。这种能力要求加工者具有相应的知识和思维。就如将"铁"炼成钢，需要新的设备，增加新的元素，具备新的工艺。"国家化"这一概念得以具有更为普遍的意义，在于深度田野调查中对传统农民和国家的认识，在于将历史的视野带入国家研究。

第六步是田野延展。田野延展是指经历了概念生产的环节之后，将由最初的田野发现延展到更为宽阔的领域。经过田野延展的概念与田野源头距离很远了，但它是最初源头的延伸。通过这种延伸，可以获得对更多问题的理解。这种概念具有方法论意义。如人们在钢水中增加某些金属元素便可以炼成合金钢一样。

"关系叠加"最初来源于田野发现，是对农村关系社会的概括。后来进行加工，成为理解中国国家演化的一个概念，然后加以延展可以作为一种方法理解更多的现象。"长周期"只是一种历史观。但其源头在于"家户制""祖赋人权""关系叠加"这类田野发现、提炼和加工。只有将"家户制""祖赋人权""韧性小农""关系叠加"置于"长周期"的视角下才能理解这些概念的历史性价值。

田野延展所要求的能力更高，就如炼成合金钢必须增加更珍贵的元素且比例要适当，工艺更精到一样。因为田野延展不是一种想象，而是符合逻辑的延展。延展这个概念而不是那个概念，需要具备相应的知识和深思熟虑。如在延展"长周期"的概念时，需要了解与此相应的"长时段""超稳定"和"大历史"等历史观。只有当"长周期"这一概念更体现"家户制""祖赋人权""韧性小农""关系叠加"等概念的历史价值时，它才能够立得住。

第七步是田野检验。田野检验是指所生产的概念要回到田野加以检验，以掌握概念的有效性和有限性。生产概念是大脑活动的产物。这种经过大脑活动所产生的概念是否立得住，还需要通过田野加以检验。田野上有许多自己闻所未闻的人和事，是概念的源头活水，但也容易出现主观随意性问题，一拍脑袋便出现一个新概念。至于这个概念能否立得住，则另当别论。所以概念生产者要高度重视田野检验，即将来自田野的概念置于田野中检验。

田野检验首先是检验其有效性。进入田野后会有许多新的发现，也很容易生产概念。但这些概念不一定有效，可能其他人早已提出类似的概念，或者其他人提出的概念比自己的更好，如果如此，我们再提出便是无效的。

田野检验其次是检验其有限性。这是最为重要的。任何概念都具有有限性，都有适用的范围和时间。"家户制"是田野政治学的一个重要概念。但后来的田野发现，在中国的民族边疆地区大量存在的是"部落制"和"村社制"。随着社会变迁，"家户制"发生变化，个体化程度愈来愈高。

只有当我们经过田野检验发现原有概念的不够和不足时，我们才会进一步进入田野，去生产新的概念，从而推动知识的增长。这也是田野政治学一直需要将田野调查作为基础的根本原因所在。

九　概念建构与体系性

概念建构是一个思维活动过程。这种建构有内在的逻辑，并因为逻辑的发展而构成一个体系。

概念是通过形而上的思维活动所建构的。这种思维活动根据知识自

第十三章 以概念建构为标识的田野政治学 295

身内在运动的逻辑，建构起一系列的概念来概括事实，并形成相互联系的体系。这种基于知识内在逻辑建构的概念体系，一般有理论预设和前提，然后以此为起点一步步推论，并产生相应的概念，从而构成一个系统的概念体系。

田野政治学是基于田野的路径进入政治学研究的。在进入田野之前，并没有一个先在的理论预设和前提。恰恰相反，它强调"三实"，要求实际先于理论，任何理论观点都必须建立在充分扎实的社会调查基础之上。理论上的发言权也只能来自实际调查和社会实验。而当我们进入田野时，是不受先在概念规制的，是没有概念化的"原野"。我们是在进入田野之后，通过发现、挖掘，才有了概念的建构。这种概念建构是基于事实，而我们接触到的田野事实呈碎片化状态，它不会像思维自身的逻辑那样条理清晰，层次分明，相互衔接，体系完整。所以，田野政治学所建构的概念看起来很零散，似乎杂乱无章，不成体系。但任何事物都是有规律可循的。田野政治学进入田野后，会遵循田野事实自身运行的规律，从而在此基础上建构概念。这种根据田野事实本身运动的逻辑建构的概念表现上似乎杂乱无章，但实际上是有内在逻辑联系的，并因为其内在逻辑联系构成了一个比较完整的体系。

田野政治学研究的学者是伴随 1980 年代农村改革进入田野的。农村改革的起点和最突出的成果是实行家庭承包制。"一家一户"是中国农村和中国社会的基点。当我们进入中国田野，并通过田野发现建构概念时，势必以此为基点一步步地展开我们的思维活动。"社会化小农"概念的基点是家户小农，只是因为家户农进入了社会化过程而建构起不同于传统小农的概念。"农民理性的扩张"概念的基点是传统家户小农，正是在家户基础上构成了"农民理性"，只是因为农民进入工业化生产领域，其理性在两种文明交替时处于扩张状态。"韧性小农"的来源是家户，正是家户赋予小农以自主责任，并形成家户农民的"韧性"。"祖赋人权"的概念来自于宗族社会，这一宗族社会的核心单元则是家户，只不过是通过宗族将同一血缘关系的家户紧密联接起来。"国家化"概念的原初来源是现代国家建构理论，但当进入中国田野之后，发现现代国家建构的对象是农村，目的是改变离散于国家的家户农民，将其改变为国家化的农民。"关系叠加"是用于分析中国国家演化的概念。但其源头仍然是家户制。家庭是以血缘关系为纽带的生育、生活单位，世界均是如此。但在中国，家很早就因为编户齐民而成为国家的基本责任单位。血缘关系的家与地域关系的户反映了家户制是两种关系叠加的产物。人们因家而产生横向联结，因户而产生与国家的纵向联结。关系叠加的国家演化根基在于家户。"长周期"的概念是一种历史观。这一历史观的建构正是基于对家户的理解。在中国，王朝建立之初，极力恢复家户。随着一家一户的破产，王朝走向衰败并进入下一个循环，形成周期性变化。

家户是理解整个传统中国的基点和枢纽，也是依据田野事实建构概念的基点和枢纽。田野政治学建构"家户制"的概念，并通过这一概念将相关概念联结起来，形成为有内在逻辑的概念体系。

当田野政治学以"家户制"为基点和枢纽，通过多个概念，形成一个有内在逻辑联系的概念体系时，就初步将没有概念化的"原野"变为概念化的"田野"。这种田野是有规律可遵循的。由此可以为学术发展提供认识的便利。人们可以借助这些概念认识田野，当然也可以通过这些概念进入田野获得新的发现后再建构概念，由此推动学术的进步。

十　概念贡献与学科性

政治学是一个包含有众多知识的体系。概念是知识中最为精华的部分。人们正是通过一个个概念命题进入政治学殿堂的。概念建构体现的是知识生产力和定义权。政治学得以发端于西方，在于先贤们很早便提供了有关"政体"的诸多概念，其中的很多至今还在使用。现代政治学起始于西方，大师们提供了自由、平等、民主、主权等诸多概念，并提供了有广泛影响力的概念命题。

中国的政治学作为一门学科，起步晚，直到1980年代恢复重建。政治学研究更多的是沿用过往的概念并赋予新的内容。通过自我创造提供具有标识性的原创性概念还不多。而概念的丰富，特别是具有原创性概念的提供，是政治学繁荣发达的标识。由此便需要政治学人从多个进路去建构概念，从而丰富中国政治学的概念大厦。

田野政治学是从田野路径进行政治学研究的，并通过田野发现建构

第十三章 以概念建构为标识的田野政治学

了一系列概念。这些概念是基于田野事实，具有很强的"乡土性"。但由于田野政治学者与一般学者不同，是从政治学的角度进入田野的，在田野发现和挖掘中具有相应的政治学知识，并将田野发现和挖掘与政治学联系起来，从而使"乡土性"概念具有政治学的学科特性，能够为政治学研究作出特有的贡献。这种概念不是基于政治学知识的自我推理，而是从田野外部开拓人们的政治学研究视野，为政治学研究开启一扇新的窗口。

其一是将具体的人带入国家研究。

人是社会科学的出发点。社会科学都是围绕人展开的。政治学也是如此。政治学说史上的重要概念命题都与人有关。如亚里士多德的"人是天生的政治动物"，卢梭的"人生而平等"，亨廷顿的"人可以无自由而有秩序，但不能无秩序而有自由"等等。但是，这里所说的人都是整体的抽象的人。在相当长的时间里，中国政治学研究涉及人时，主要是"以人民的名义"，人民是整体概念，对于具体的人的行动关注较少。田野政治学进入田野现场，接触到的是一个个具体的人，这些人的行为是在历史与社会关系中发生的。正是这些处于一定历史和社会关系中的人构成国家的基本要素，也铸造出一个国家的品性。如从"农民理性的扩张"了解到中国奇迹的发生，从"韧性小农"延伸到"韧性国家"。

其二是将家户带入国家研究。

由于社会分化产生不同阶级，由于阶级冲突产生国家。阶级是国家研究的基本单位。但是，中国是一个农业文明特别漫长和发达的社会。家户构成社会的基本单元，并深刻影响着中国的国家进程。"家"是社会学概念。田野政治学将"家"与"户"联结起来，使之成为一个政治学概念。因为"户"是国家建构的。"家户"由此进入国家研究的视野，并成为研究中国国家演化和治理的重要基点。

其三是将关系带入国家研究。

阶级是利益分化的结果。阶级关系是利益关系的产物。利益关系成为政治学研究的基点。田野政治学通过田野调查发现，人是通过各种关系联结起来的。利益关系尽管是核心关系，但并不是唯一关系。从组织的角度看，人是通过各种社会关系联结起来的，并构成一个国家。国家的生成和演化为多种社会关系所支配,这种关系既有扩展性又有叠加性。这一关系特性对于中国的国家演化和国家治理具有特殊的解释力。尽管从制度看,中国早已进入现代国家进程,但是在实际生活中还会存在着与古老的血缘地缘关系相联系的政治现象。

其四是将历史带入国家研究。

政治学是伴随现代化产生的。而在现代化发生前的中国是一个历史特别悠久的国家,中国的政治与历史有着特别紧密地联系。历史赋予特有的"中国性"。但在相当长的时间里,对历史传统主要是否定,未能进入政治学研究的视野。田野政治学的研究对象是具有强烈传统性的农民,并在研究中发现"家户制"仍然具有强大的生命力,由此重新评估传统,强调"历史的延续性"而不是断裂性,并力图从历史政治学的角度理解和解释中国的国家演化。① 之后进一步开发出"长周期政治"的研究视角,用于解释中国的国家治乱兴衰的规律和机制。

其五是将实证方法带入政治学研究。

在现代化进程中产生的政治学是一门价值规范性很强的学科,"现代性"根深蒂固。田野政治学走向田野,从实际和事实出发理解农民,理解农民行为,并从价值中立的角度进行研究,建构概念,从而将实证方法带入中国的政治学研究。田野政治学建构的概念引起一些争议,在相当程度上是因为研究方法而发生的。面对争鸣,田野政治学对其研究方法作出了进一步的说明。这就是:事实先于价值,从事实出发;理解先于评价,以解释为重;他我先于自我,历史是过程。②

田野政治学的概念建构是作为一个学术共同体的标识性概念,这些概念的建构使之具有政治学田野学派的雏形。③ 这些概念还有待进一步开发和完善,今后的研究还会创造出更多的概念。田野政治学在概念建构方面还需要作出以下努力:

---

① 徐勇、杨海龙:《历史政治学视角下的血缘道德王国——以周王朝的政治理想与悖论为例》,《云南社会科学》2019 年第 4 期。

② 徐勇:《实证思维通道下对"祖赋人权"命题的扩展认识》,《探索与争鸣》2018 年第 9 期。

③ 徐勇:《政治学"田野学派"的崛起》,《政治科学研究》2018 年卷上,中国社会科学出版社 2018 年版。

第十三章 以概念建构为标识的田野政治学　299

一是田野调查中开发的概念与政治学理论的有机联结。田野政治学的概念是基于田野调查产生的。这些具有田野性的概念不一定能够自动与政治学科联结起来，或者能直接提升为政治学概念，其中还有许多中间环节和内在机制。例如，由家户到家户国家，由治水到治水国家尚需要从理论上加以论证。[1]

二是概念的经验性与普遍性的有机结合。田野政治学的概念出自于田野，是对田野发现的一类事实的概括，具有经验性、特殊性和有限性。如何将这类概念进一步拉伸和扩展，使之具有普遍性，还有待进一步论证。如"祖赋人权"在现代社会是否还具有理论价值？"家户制"在个体化愈来愈强的现代社会是否还能成立？

三是概念的深度开发与扩展研究。田野政治学的概念是基于田野调查提炼的，具有一事一议的特性。如果仅仅限于一事一议，这些概念的价值就不大。由此便需要作出进一步开发和扩展性研究。如将"关系叠加"延伸到国家演化领域，将"国家化"延伸到国家与社会的关系领域，将"长周期"运用于对中国政治现象的系统性考察。

四是概念体系的完善。田野政治学的概念建构不是事先设定好的，而是在调查中引起的灵感并加以论证形成的。这些概念有待形成一个具有内在逻辑的知识体系。这与早期的研究缺乏概念建构自觉相关。随着概念建构自觉的萌生，田野政治学可以有意识有目的地进行针对性田野调查，并从中发现事实，建构概念，以完善概念体系。

---

[1] 2020 年 7 月 2 日田野政治学论坛"小农韧性与韧性国家"；2020 年 7 月 10 日田野政治学论坛"家户制与家户国家"；2020 年 7 月 23 日田野政治学论坛"治水社会与治水国家"。参加论坛的专家提出了相关建议。

第十四章　以内生方法为提升的田野政治学

田野政治学是因为农村问题而进入田野的。为了回答和解决问题必须借助于方法。研究方法内生于回答和解决问题之中，而不是之外。正是在问题导向下，不断寻求回答和解决问题的方法，提升了回答和解决问题的能力，取得了相应的成果。通过问题导向下的内生方法提升研究能力，是田野政治学的重要特点之一。

一　问题导向下的内生方法

问题是科学研究的起点。"理论创新只能从问题开始。从某种意义上说，理论创新的过程就是发现问题、筛选问题、研究问题、解决问题的过程。"[1] 马克思深刻指出："主要的困难不是答案，而是问题。""问题就是时代的口号，是它表现自己精神状态的最实际的呼声。"[2] 不同的问题，产生不同的解决问题的方法，形成不同的学术研究路径。

田野政治学是通过田野的路径进行政治学研究的。政治学人之所以要进入田野，便在于田野存在大量需要研究的问题，是问题将我们导向于田野。尽管这种导向最初是因为承担研究项目。但申报和承担项目已表明其研究意向。因为承担项目，华中师范大学的政治学人成立了"农村基层政权研究中心"。1990年代，随着"三农"问题日益突出，问题导向愈益明晰。"农村基层政权研究中心"更名为"农村问题研究中心"，1999年因为申报教育部人文社会科学重点研究基地，又更名为

---

[1] 《习近平谈治国理政》第二卷，外文出版社2017年版，第342页。
[2] 《马克思恩格斯全集》第40卷，人民出版社1982年版，第289—290页。

第十四章 以内生方法为提升的田野政治学

"中国农村问题研究中心"。这一更名反映了我们对所要研究问题的认识。

张厚安教授在谈到为什么要"理论务农"时说：

> 我国是一个农业大国，80%的人口生活在农村。这种国情决定了农村、农业和农民问题是我国现代化建设的根本问题。而且，"三农"问题将伴随整个现代化的全过程。实际上，我们的改革正是从农村开始的。这也可以说是我们如此关注农村问题的时代背景。
>
> 20世纪80年代初，恢复不久的政治学研究主要侧重于意识形态的导向和国家政治制度的宏观构造方面，这被视为政治学研究的主流。然而，政治实践常常以其自身的执着超越政治学研究的视野。作为中国改革始点的农村改革的实践将政治学的目光由国家上层引向农村基层。延续20多年的人民公社制度的解体，不仅是经济体制的变革，同时也意味着政治体制的变动。经济体制的变革要求有新的政治体制来与之相适应。而新的政治体制的形成显然有待时日，并因此向政治学研究提出了需要关注的课题。①

我是1980年代从事政治学研究的，并发表了一系列论文。如《人民参与决策的首要前提：政治公开化》（《社会主义研究》1986年第5期）、《政治权利分析与民主政治建设》（《广州研究》1988年第10期）、《政治行为分析与民主政治建设》（《求索》1988年第4期）、《政治现代化：世界与中国》（《社会主义研究》1988年第4期）、《政治社会化与民主政治建设》（《福建论坛》1988年第4期）、《论政治社会学的建立和发展》（《求索》1989年第5期）、《转型期的中国政治发展：困境与出路》（《政治学研究》1989年第1期）等。这些论文更多的是理论研究。只是随着农民问题日益突出和进入田野，我才将农民问题作为研究对象，并在1990年代发表了多篇相关论文。如《社会主义现代

---

① 张厚安：《三个面向，理论务农：社会科学研究的反思性转换——华中师范大学中国农村问题研究中心20年回顾》，《华中师范大学学报》（人文社会科学版）2001年第1期。

化建设时期的农民问题初探》(《社会主义研究》1992年第3期)、《创造性的继承和发展——毛泽东与邓小平解决农村和农民问题思路比较》(《中南民族学院学报》1995年第3期)、《现代化中的乡土重建——毛泽东、梁漱溟、费孝通的探索及比较》(《天津社会科学》1996年第5期)等。

农村农民问题是一个多学科问题。我们是从政治学的角度研究这一问题的，最初主要研究农村基层政治问题。正是在研究这一问题的过程中，将我们引向田野。因为这些问题没有现成的答案，也不能从文本到文本的演绎。而随着进入田野，问题愈来愈多，有制度性问题，有政策性问题，也有学理性问题。只有不断回答和解决所面临的问题，学术才有进步。而要回答和解决面临的问题，需要运用多种方法。

方法是达到目的的手段。对于田野政治学来说，方法内生于问题之中。首先是有问题；然后才有回答和解决问题的方法。这种方法内生于回答和解决问题之中，而不是之外。采用什么方法和怎样使用方法，都服从和服务于问题的解决。再好的方法，如果不能回答和解决问题，也属于无用方法。为了回答和解决问题，方法愈多愈好，就如工具箱内所备用的工具愈多愈好一样。但是，工具箱的工具再多，也只是工具。如果没有问题，这些工具也无用武之地。因此，田野政治学始终将问题置于首位，方法内生于问题导向之下。而发现问题、筛选问题、凝练问题本身就是方法，而且是最重要的方法。

二 多类型多层次的调查法

田野政治学与其他政治学研究路径最突出的区别便在于进入田野，进行实地调查。如果没有这一基础，便不是田野政治学而是其他路径的政治学了。我们一开始与其他学者一样，从事政治学理论研究，使用的方法也一样，主要是规范的方法，依据的是文本。只是在从事农村农民问题研究之后，才开始进入田野，进行调查。因为要回答和解决农村农民问题，必须认识农村农民问题。认识的最好方法是调查。

田野政治学以田野调查为基础并长期坚持。调查有一个不断深化的过程，并形成多类型多层次的调查方法。

其一，一般调查。一般调查是一种普遍性的调查。这种调查主要是对面上农村情况的了解，以获得整体性认识。中国地域辽阔，各地差异性大，只有通过一般调查才能了解普遍性和差异性问题。

一般调查又可分为随机性调查和抽样性调查。随机调查是指没有经过严格明确的选择所进行的调查。我们刚开始进入田野时，主要是随机性调查。张厚安教授在谈到调查时说道：

> 第一步是，走出校门，走向社会，进行了广泛的社会调查。中心成员走出校园，到县以下最基层的农村进行调查，足迹遍及全国各地。不仅到过东南沿海发达地区，而且深入贫困的沂蒙山区、太行山区、王屋山区、大别山区、西北黄土高原和大戈壁、湘桂黔少数民族地区和五指山黎族苗族地区。撰写了100余份调查报告，从而对中国农村变革有了一个宏观上的把握。①

我在进入田野之初也是一般性调查。在全国各地走了许多地方，属于走马观花。但是这种走马观花的调查并不是毫无意义的。在这之前，我到过的地方很少。一般调查至少让我知道了中国地方之大，各地的差异性大。我计划以"非均衡的中国政治"的题目撰写三部著作，与一般调查获得的知识密切相关。

抽样性调查也是一般性调查，但其调查对象经过了严格的选择，以保障对一般性情况了解的更全面和准确。2006年启动的"百村十年观察计划"中的"百村"便是经过严格抽样选定的。

> 经过科学抽样和对历史名村的选取，确定了258个村作为跟踪观察村，并于2009年7—8月全面展开调查。②

其二，典型调查。典型调查是根据一定标准选择若干村庄进行分类

---

① 张厚安：《三个面向，理论务农：社会科学研究的反思性转换——华中师范大学中国农村问题研究中心20年回顾》，《华中师范大学学报》（人文社会科学版）2001年第1期。

② 徐勇主编：《中国农村调查：百村十年观察》2009年卷（下），西北大学出版社2009年版，序言。

调查。这类调查的时间一般比较长,需要对一个点的情况进行全面了解。这种调查更深入,所获得的知识信息和了解的问题更多一些。典型调查分为学术性典型调查和经验性典型调查。学术性典型调查是基于学术的目的,独立性较强。张厚安教授在谈到这一调查时说道:

> 第二步是,由面到点,在广泛调查的基础上进一步深化,在全国东、中、西部三个地区选择了 6 个重点村和 18 个对照村进行个案研究。中心成员在个案村不是简单地听听汇报,看看材料,而是安营扎寨,与农民群众同吃、同住、同劳动。既听干部的,又听群众的;既要看材料、听汇报,又要看实际工作的运转情况,对个案村进行"解剖麻雀"式的调查。比如,我和项继权博士到山东章丘市向高村调查,正赶上农忙,项博士就一边和农民一起打麦子,一边和群众谈心,这样的调查很受农民的欢迎。由于能和群众打成一片,我们掌握了许多不易了解到的情况。通过对个案村的深入调查和对比研究,我们已经发现了中国农村村级治理从传统型、能人型走向法治型的某些共同规律,初步探索出世纪之交的"治村之道"。①

正是在典型调查的基础上,我们出版了《中国农村村级治理——22个村的调查与比较》一书。

改革开放以来,中国改革往往是以典型引路,首先进行示范,通过示范总结经验之后,其他地方再跟进。我们参与地方经验的总结和论证,并进行相关的调查。这便是经验性典型调查。

> 第三步,从点上的研究到参与许多重大改革决策的论证。比如,1987 年山东省莱芜市"简政放权"的经验,1989 年莱西市农村"村级组织三配套"的经验,1990 年章丘市创造的"农村基层管理工作规范化"的经验,1992 年邹城市乡镇"依法行政"的经

---

① 张厚安:《三个面向,理论务农:社会科学研究的反思性转换——华中师范大学中国农村问题研究中心 20 年回顾》,《华中师范大学学报》(人文社会科学版) 2001 年第 1 期。

验和 1998 年河南辉县关于村务公开、民主管理的经验等，在全国推广前中央有关部门都请我和徐勇教授等参与了考察论证。1995年，全国评选"模范村民自治县"，我又受民政部的邀请作为专家学者先后到广东、福建、新疆、甘肃、宁夏等五省区参加了农村村民自治示范县"达标"的考察和评选工作。①

2000 年后，随着新农村建设和乡村振兴，地方经验更为丰富，我们也参与了更多地方的经验总结和论证，并开展经验性典型调查。

经验性典型调查主要是总结经验，但在总结经验时，也会发现问题。因为许多经验正是因为解决了问题产生的。经验调查势必接触这些问题，从而将我们的认识带入到一个新的层次。我们后来进行深度调查，便是因为在经验性典型调查中发现影响和制约乡村治理中的深层次因素。

其三，参与式调查。参与式调查是指调查者不是旁观者，而是参与到调查村庄的事务之中，了解调查对象的具体运行过程。由于作为当事人，可以切实感到问题的存在，切身体会事物的运转过程，并发现问题，特别是一些根本性的问题。我们进行的"村治实验"便是参与式调查。实验过程便是全程参与调查的过程。张厚安教授在谈到实验时说：

> 第四步，从理论回归实践，进行村治实验。实践是检验真理的唯一标准。过去，社会科学研究的最终成果往往只是出一本书或写一些文章就完了。可是这些成果正不正确，对实践有没有指导意义，还没有得到检验。于是，我们决心突破以往的做法，要亲自把研究得出的结论，运用到一个村去进行实验、比较，通过实践检验、修正结论，再指导实践，并更好地为实践服务。在湖北省省委书记贾志杰同志的亲自关心和支持下，我们的设想得以付诸实践。从 1997 年 3 月起，中心理论工作者先后有两位教授、两位副教授、

---

① 张厚安：《三个面向，理论务农：社会科学研究的反思性转换——华中师范大学中国农村问题研究中心 20 年回顾》，《华中师范大学学报》（人文社会科学版）2001 年第 1 期。

两位博士、四位硕士参加了湖北省黄梅县水月庵村进行的"依法建制,以制治村,实现农村基层管理工作规范化"的实验。[①]

实验过程中的调查可以发现许多其他调查发现不了的问题。如我们在实验之初做过问卷调查,村民都表示会参与选举,但真正到选举时却少有人来。进一步调查才发现村民不参与选举的真实原因。如果我们仅仅满足于原来的问卷,所了解的情况就非常一般,也不一定准确。这也是近些年外国选举中许多预测失灵的重要原因。参与式调查使我们对村民自治的艰难性有了较为深刻的认识。我在《华中师范大学学报》1999年第2期发表《利益与体制:民主选举背后的变数分析——以湖北省月村村治实验为例》一文,对民主选举背后的变数进行了分析。这些变数只有通过参与式调查才可能掌握。

其四,跟踪调查。跟踪调查是指对已调查的点进行长期跟踪观察,以了解其变化过程,并不断发现新的问题和寻找回答问题的思路。

跟踪调查包括两种类型。一是个人跟踪调查。1990年代我们在一个村进行实验,之后我和张厚安教授多次去该村。2000年我和我的硕士生徐增阳寻找村民自治发源地,之后到村民自治第一村去过十次之多。我经常讲,做田野调查的一定要有自己的"根据地",进行长期跟踪调查。费孝通先生先后到江村访问达20多次,不断有新的发现,是田野学人的榜样。二是团队跟踪调查。2006年我发起"百村十年观察计划",在全国选择200多个村庄进行持续不断的观察,积累了大量资料数据,撰写出多份调查研究报告,对于决策部门有较大的参与价值。

其五,深度调查。深度调查是指调查者根据调查目的对一个点进行深入的了解。这种调查要求调查者在调查点进行较长时间的调查,调查方式更加多样化,目的是将一个村的情况了解透彻,从而获得更多更深的认识。这种调查通常被称之为"把一口井打深",只有打深,才能发现不同的土石层次。

深度调查又可以分为两类。一是个人深度调查。这种调查通常与调

[①] 张厚安:《三个面向,理论务农:社会科学研究的反思性转换——华中师范大学中国农村问题研究中心20年回顾》,《华中师范大学学报》(人文社会科学版)2001年第1期。

查者的博士学位论文联系在一起。从1990年代后期我开始指导博士生时，便鼓励和要求博士生进行深度调查，并在此基础上撰写学位论文。我指导数篇获得全国优秀博士学位论文奖的论文都是出自深度调查。二是团队深度调查。2015年我发起和推动了"深度中国调查"，有明确的调查目的和调查计划。不仅是博士生，包括老师也参与其中，每个点的调查时间在数月以上。这一调查对于深度了解中国农村的历史根基具有重要作用。

多类型多层次的调查使我们的调查和研究从现实走向历史，从表象走向深层，不断提升我们对农村农民问题的认识。我们得以提出一些具有原创性的概念，产生一些有影响的成果，得益于调查方法的提升。这种提升一是学习他人的方法；二是根据我们对问题的研究和认识的提高而创造性的运用。其原始动力仍然是问题的牵引。如我认为，改革以来的农村有两大特点：一是千差万别；二是千变万化。正是基于这一评估，我们只有通过多种方法并不断改进，才能更为准确的认识农村。

三　政治与社会互动研究法

政治学是围绕政权展开的，主要研究对象是国家高层。但从1980年代后期，华中师范大学的政治学人先后承担了基层政权与政治的研究项目。基层政权与政治同社会民众结合更紧，运用研究国家宏观和高层政治的文本规范方法有所不够。为此，我们开始有了一些方法自觉。我与黄百炼在《求索》1989年第5期发表《论政治社会学的建立与发展》一文。论文认为：

> 政治社会学是一门新兴的政治理论学科，属于政治学和社会学的边缘学科和交叉学科。它是以社会和政治过程的相互作用及其机制为研究对象，用社会学的方法研究社会的政治问题、结构、功能及心理发展过程。政治社会学主要探讨政治制度巩固的社会基础，政治行为产生及变化的社会依据，政治权力在社会结构中存在的条件及合理性，实现人的政治社会化、现代化的进程，以及政治与社会经济、文化、民族、宗教、地缘、国际关系的互动关系及其机制

等。……政治社会学的研究方法是多样化的。从它的取材范围来说，它不局限于以文献资料为依据，而是更注重于经验、现实及动态材料的收集。从研究角度来说，它不限于仅从法律、制度、历史的方面来选取和整理材料，而是进行多视角研究。①

这篇论文提到了政治社会学的方法与传统政治学研究有所不同。在1990年代进行基层政治和农民问题研究时，自觉不自觉地采用了政治社会学的方法，对基层政治进行社会分析。包括进行经验、现实及动态材料收集的田野调查，从社会的角度研究村民自治的运行等。政治与社会互动的研究方法可以说一直贯穿于田野政治学的研究之中。因为从领域看，田野意味着农村农民，意味着基层，属于国家权力的末梢。农村农民和基层本身的政治因素并不突出。正是如此，这一领域为众多的学科所关注和研究。但我们从一开始便是以政治学的背景和角度研究农村农民和基层问题，并赋予这一领域以政治学的学科意义。这就是我在1992年出版的《非均衡的中国政治：城市与乡村比较》一书中说的：

> 自从国家产生以来，政治体系就一分为二：一是来自社会，又凌驾社会之上，以其强制性的权力控制全社会的国家权力体系；一是在国家权力的统辖之下，与社会紧密联系在一起并深深渗透在日常社会生活之中的基础性政治社会。毫无疑问，上层的国家权力是政治体系的本质和核心部分。但任何国家权力的存在及作用都是以基础性政治社会为前提的。……只有在注意国家上层变化的同时，对其立足的政治社会的状况、特点和变迁给予特别的重视，才能全面准确地认识和把握中国政治发展的进程、规律和特点。②

从政治学的角度研究农村农民和基层问题，要体现其学科的属性，比较好的方法便是政治与社会互动的研究方法。一是注意从政治的高度

---

① 徐勇、黄百炼：《论政治社会学的建立和发展》，《求索》1989年第5期。
② 徐勇：《非均衡的中国政治：城市与乡村比较》，中国广播电视出版社1992年版，第3—4页。

第十四章 以内生方法为提升的田野政治学　309

研究农村农民和基层问题，将农村农民和基层问题置于国家的宏大视野之下，发现这些问题与国家宏观政治的关联性，通过研究解释这些问题对国家政治的影响及提出自己独到的观点。这正是田野政治学以国家为关联的特点。二是注意从社会的角度，运用社会学的方法进行研究。这在于农村农民和基层毕竟更接近于社会层面，尽管这种社会层面有国家化的要素，但毕竟不是国家权力及其相应的制度。田野政治学的研究路径与其他路径的不同之处，便是从农村农民和基层的社会层面来理解国家。如果不是从这个层面来理解，也就无所谓田野政治学。而要理解农村农民和基层，社会学的方法更为适用。我在1997年出版的"村治书系"特别提道：

> 本书系的出版不仅是政治学研究领域的拓展和深化，更是政治学研究视角和方法的转换。
>
> 书系承继20世纪以来中国知识界走向乡村，走向基层，走向民众，进行社会改造和社会实验的传统，但更注重从现代化建设的广阔视野，关注和推进乡村政治社会发展，致力寻求有效的乡村治理形式。
>
> 书系注意了解、借鉴外国的经验和理论，但特别注重将学术研究深深植根于中国的乡村大地，从丰富生动的政治实践经验中提升出富有创造性的理论，以此促进乡村的有效治理。
>
> 为达到这一目的，书系在研究方法上追求"三实"，即实际、实证和实验。[①]

自觉运用社会分析法进行田野研究的则是我和徐增阳合著，并于2003年出版的《流动中的乡村治理——对农民流动的政治社会学分析》一书。该书是我于1996年承担的国家基金项目"现阶段农村流动人口问题与政治稳定研究"的最终成果。在这之前，我参与承担了国家规划项目"中国现代化进程中农村政治稳定与发展研究"，并于1996年出版了《中国农村政治稳定与发展》的专著。这本书主要是以文本为依

---

① 徐勇：《中国农村村民自治》，华中师范大学出版社1997年版，第4页。

据，并做了一些调查。第四编便是"个案调查与分析"。而农村流动人口问题是一个新的社会问题，与政治密切相关。有关这一问题研究的论著不多，更重要的是仅仅依靠常规政治学的文本研究方法，难以深入准确地把握农村流动人口与政治稳定的关系。由此，我们在研究方法上运用政治社会学的研究方法。该书的后记写道：

> 项目启动之时，正值中国农村人口流动进入高峰状态。经济学、社会学、人口学等学科开始对流动人口进行研究。本项目是率先从政治学的角度对农民流动这一社会现象进行研究的。考虑本项研究需要进行大量的实地调查，为了突出创新，使研究问题更具体更集中更有特色，对项目的内容进行了适当调整，从政治社会学的角度着重研究农民流动对乡村治理的影响。[①]

农村人口流动主要是一种经济、社会和人口问题，但这一问题会对乡村治理产生影响，从而成为政治问题。我们是从政治学的角度研究农村人口流动问题的，关注的是农村流动人口的政治后果，同时也重视国家治理的变化对于农村人口流动的影响。大规模的农村人口流动正是在国家政策放松的情况下发生的。农村人口流动的结果又为国家的治理提出了新的问题，从而需要进行政治学的研究。这一研究内生出政治与社会互动研究法。

四　基于历史过程的研究法

我从就读大学本科，到之后就读研究生，马克思主义的历史唯物主义一直是基础理论。之后，从事研究，自觉不自觉地会运用历史唯物主义的方法，将历史的视角与方法带入学术研究。我在《华中师范大学学报》1991年第2期发表《历史主动性与社会主义进程》。该文将社会主义置于历史过程进行分析，提出了"历史主动性"的概念，认为：

[①] 徐勇、徐增阳：《流动中的乡村治理——对农民流动的政治社会学分析》后记，中国社会科学出版社2003年版。

第十四章　以内生方法为提升的田野政治学　311

本文认为,考察社会主义进程不仅要注重客观条件决定的历史必然性,而且要注重社会主体以其能动活动将客观条件提供的可能变为现实的历史主动性。社会主义之所以在客观经济条件不充分的落后国家首先变为现实,重要原因在于这些国家的革命主体对历史主动性的积极争取。①

历史研究方法的一个重要特点是,能够对事物的来龙去脉有更为明确的认识,避免对问题作片断式理解。1987年我承担了国家教委(现教育部)首批青年社会科学基金项目"我国城乡基层政治发展研究"。原项目设计主要是一种现实性研究,在启动研究时,我发现城乡基层政治有很大的差异性,且这种差异性由来已久,不从历史的角度,将城乡基层政治置于历史过程中进行研究,就很难了解城乡基层政治的来龙去脉,将问题讲透彻。所以,后来我对项目的内容延伸到历史长河里,分古代、近代和当代三个部分对中国城乡基层政治的变迁、特点和影响进行研究,于1992年出版《非均衡的中国政治:城市与乡村比较》一书。1990年代初期,我们承担了国家"八五"规划重点项目"中国现代化进程中中国农村政治稳定与发展研究"。在项目启动后,我们将农村政治稳定与发展置于历史进程中理解,在四个部分的研究中专门设计了一个历史部分,即"农村政治稳定与发展的历史考察"。其目的是要理解中国农村政治稳定问题在现代化之前便存在,并成为中国治乱循环的重要原因。进入现代化进程之后,这一问题更为紧迫。而在现代化进程中的农村不只是政治稳定,还要寻求政治发展。这是现阶段农村政治稳定与前现代时期农村政治稳定所不同之处,也是困难之处。运用历史研究的方法可以更好地解释"中国农村政治稳定与发展"问题。

历史研究方法的另一个重要特点是,有助于理性地认识问题,在关注存在问题的同时,可以理解问题的变化。1990年代后期,随着现代化进程加快,"三农"问题特别突出,并产生不同意见,甚至存在着根本否定家庭承包制改革的倾向。这一倾向不可避免会影响到我们这个研

---

① 徐勇:《历史主动性与社会主义进程》,《华中师范大学学报》(哲社版)2001年第1期。

究农村农民问题的机构,并存在分歧。就我而言,有过农村改革前的农村生活经历。从事农村研究后,专门写过《包产到户沉浮录》一书,知道家庭承包制是经历了数十年的探索,付出了沉重代价的成果。这一成果不可轻易否定。当然,我们是从事学术研究的,必须直面问题进行研究。正是在这一背景下,从历史变迁的角度,我提出了"社会化小农"的概念,将家户小农置于社会化进程中考察,发现小农的生命力和新风险。我在《华中师范大学学报》2006年第3期发表的《"再识农户"与社会化小农的建构》一文表示:

> 本文基于家庭经营体制长期不变的条件,提出"重识农户",即将农户放在历史变迁的过程中加以考察,认为,尽管当今的农户经营规模小,但他们已越来越深地进入或者被卷入到一个开放的、流动的、分工的社会化体系中来,与传统的封闭的小农经济形态渐行渐远,进入到社会化小农的阶段。"小农"的"社会化",大大提升了农户适应现代社会的能力,但同时也蕴含着三大内在矛盾,使农民进入到一个更不确定和风险性更大的社会。由此需要根据社会化小农的基本状况建构完善的社会化服务体系,并提供相应的国家保护和支持。①

历史研究方法还有一个重要特点是,有助于追根溯源,透过社会表象发现其内在的历史根基和底色。2000年前后围绕家户农民的争论并没有终结,对中国农村的基本组织单位的认识也存在着相当程度的差异。由于农村农民问题是一个多学科关注的领域,人们使用的概念和话语有很大不同。如农村基层组织究竟是传统理论所说的"村社",还是"一家一户"。这些问题不从历史的角度进行追根溯源,就难以厘清,更难以达成共识。正是在这一基础上,我在《中国社会科学》2013年第8期发表《中国家户制传统与农村发展道路——以俄国、印度的村社传统为参照》。论文开首便是方法论的讨论。论文提出:

---

① 徐勇:《"再识农户"与社会化小农的建构》,《华中师范大学学报》(人文社会科学版)2006年第3期。

第十四章 以内生方法为提升的田野政治学 ◇◇ 313

> 当下中国正处于传统与现代的历史转换之中。在探索现代社会发展道路的过程中,注重传统的"延续性"与注重超越传统的"创新性"同样重要。那些能够对现代社会产生长远影响的本源型传统,构成现代社会发展的基础性制度,是现代社会的历史起点和给定条件。①

在这篇论文中我还就历史研究方法提出了自己的看法。这就是:

> 从方法上提出了理解历史变迁的三个基本命题:第一,起点决定路径;第二,原型规制转型;第三,以微观机理理解宏大问题。②

正是在运用历史研究方法的过程中,我在《中国社会科学》2016年第7期发表《历史延续性视角下的中国道路》一文,提出了"历史延续性"的方法论概念,指出:

> 历史比较作为分析社会发展的一种方法,注重以下方面:一是社会发展的方式,是延续性,还是停滞性或跳跃性;二是社会发展的动力及其来源,是内在的,还是外部的;三是社会发展的持续性,是制度性的,还是人为偶然的;四是社会发展的线索,是单线,还是复线或者多线。③

提出历史延续性的方法论,是针对近代以来传统与现代二元分离的历史断裂性思维方法而言的。我们通过田野调查与研究,发现社会表象的历史根基和社会底色,并要充分加以发掘。我提出并于2015年启动的"深度中国调查"便是基于此。之后我又发表相关的论文,

---

① 徐勇:《中国家户制传统与农村发展道路——以俄国、印度的村社传统为参照》,《中国社会科学》2013年第8期。
② 徐勇:《中国家户制传统与农村发展道路——以俄国、印度的村社传统为参照》,《中国社会科学》2013年第8期。
③ 徐勇:《历史延续性视角下的中国道路》,《中国社会科学》2016年第7期。

如在澳门大学《南国学术》2017 年第 4 期发表的《历史延续性与中国农村社会形态的认识——一论站在新的历史高点上的中国农村研究》；在《吉林大学社会科学学报》2018 年第 3 期发表的《历史延续性视角下中国农村调查回眸与走向——再论站在新的历史高点上的中国农村研究》。

我们是从政治学的角度研究农村农民问题的。历史研究的视角和方法自然会延伸到政治学领域。我在《云南社会科学》2019 年第 4 期主持了一个历史政治学的栏目，并发表《历史政治学视角下的血缘道德王国——以周王朝的政治理想与悖论为例》一文。我在主持人语中说：

> 历史没有过去，而活在当下。人类文明起点相同，路径不一。西方文明路径的重要特点，是空间的位移，文明和国家形态不断在炸毁的"废墟"和开拓的"空地"上建立。中国文明进程的重要特点，是长时间的延续。文明和国家形态不是在"废墟"和"空地"上建立，而是在同一空间里自我演进。……历史对于理解当今中国政治具有特别重要的意义。

将历史的视角引入政治学领域，成为众多学者关注的学术热点。而在我看来，历史政治学的本体是政治学，而不是历史学，是从历史的角度研究政治，或者从政治学理论的角度研究历史现象，探索政治变迁的特点和规律。基于此，我提出了"长周期"的方法论概念。我在《华中师范大学学报》2021 年第 1 期发表《中国政治统一体长期延续的三重共同体基础——以长周期政治为视角》一文，指出：

> 周期是指事物在一定条件和时间内的起伏变化、某些特征多次重复出现的状况。这种变化具有内在的规律性。运用周期理论，有助于认识、把握事物发展的状态、特点和规律，从而提升人们对事物的解释能力，更好地遵循客观规律，正确发挥人的主观能动性。因此，周期理论是观察、认识、分析事物发展变化及其规律的一种方法和工具。

长周期理论是了解人类社会和国家演进规律的重要视角。长周期指事物在一定条件下长期运行并由于内在规律发生周期性变化的状态。①

当然，历史研究的方法具有普遍性。在运用这一方法时也要根据自己的研究对象进行合理的使用，同时在这一过程中有自己的理解。

五　注重异同的比较研究法

基于历史过程的研究法是一种以时间为维度的纵向研究方法。但在同一时间内可能存在不同的事物。要理解一种事物的特性，需要将两种或者多种事物放在一起进行比较，发现其异同。

1980年代后期，我承担"我国城乡基层政治发展研究"的项目。城市与乡村本身便是两个不同的地域，有不同的特点。当进入研究过程时，便会将这两个地域进行比较。

> 本书认为，中国幅员辽阔，历史悠久，统一整体内城市与乡村的差别性是中国政治社会的重要特征之一。据此，本书从城乡差别的历史演进出发，以社会分层与政治关系、社会结构与权力体系、社会秩序与政治控制、社会意识与政治文化和社会矛盾与政治活动为主要内容，对古代、近代和当代中国城市与乡村政治社会的状况、特点、变迁及历史影响进行了系统的比较分析。②

在进一步研究时，发现城乡差别在中国和西方又有不同。通过对中国与西方的比较，可以更好地把握中国城乡基层政治发展的特点和规律。如在古代，中国以农业文明为基础，乡村是经济社会的基础，"天高皇帝远"；城市是政治统治堡垒，"城市空气使人窒息"。而在西方，

---

① 徐勇：《中国政治统一体长期延续的三重共同体基础——以长周期政治为视角》，《华中师范大学学报》（人文社会科学版）2021年第1期。
② 徐勇：《非均衡的中国政治：城市与乡村比较》，中国广播电视出版社1992年版，内容提要。

工商业城市具有自治性,"城市空气使人自由",从而在城市率先生长出经济和政治新要素。

1990年代后期,我们开始进入田野调查,起初主要是普遍性调查,具有随机性,调查点之间缺乏内在的逻辑联系,缺乏明确的方法论指导。之后,我们在广泛调查的过程中,发现中国农村状况千差万别,特别是改革开放以后,差异性更大。要更为准确地了解农村,需要在方法论上有所改变。这就是在调查中运用比较分析的方法。

随着"三农"问题日益突出,有关家庭小农的不同看法愈来愈多。在这一背景下,我提出了"社会化小农"的概念,后在《中国社会科学》2013年第8期发表《中国家户制传统与农村发展道路——以俄国、印度的村社传统为参照》。论文指出:

> 中国是有着悠久农业文明传统的东方大国,由此型构了当代中国的一个基本国情——"大国小农",即由数亿个农户构成的农民大国;并在长期历史进程中形成了特有的"中国特性",其中包括特有的中国家户传统。这一传统既不同于以西欧为代表的"西方"庄园制传统,也不同于以俄罗斯和印度为代表的"东方"村社制传统。在某些方面,东方传统中的差异甚至大于东西方之间的差异。因此,只有通过深入细致的比较,才能准确把握具有"中国特性"的本体制度,进而从传统中寻求当今中国农村发展道路的历史脉络和未来走向,建立传统与现代的关联性。[①]

只有通过比较分析的方法,才能充分认识中国的本源性传统和本体性制度,从而从中国实际出发,选择中国道路。这一方法论进一步提升为自觉意识。我在《中国社会科学》2016年第7期发表的《历史延续性视角下的中国道路》一文提出了"在比较中发现中国"的命题。论文指出:

---

① 徐勇:《中国家户制传统与农村发展道路——以俄国、印度的村社传统为参照》,《中国社会科学》2013年第8期。

第十四章　以内生方法为提升的田野政治学　317

比较是一种认识工具，它将不同的对象置于同一时空下进行比较，发现各自的特性。比较更加注重还原历史，而不是以今天度量历史，即一切以时间、地点和条件为转移。这种比较既没有文明叠加的傲慢，也没有国力反转的历史悲情，而是将不同国家作为同等的对象置于同样的历史条件下进行比较分析，是一种平等的对话。

在"比较中发现中国"是一种历史比较方法，即将中国置于长时段的"世界历史"进程中进行对比，从中发现中国发展和中国道路的历史底色和进程。发现中国决不能割断历史，割断历史就无法认识中国的由来；同时，发现中国也决不能没有比较，没有比较就无法发现中国的长短。①

中国地域辽阔，发展十分不平衡。国家的农村政策原则是"因地制宜"，但学界提供的依据不够。比较的方法因此成为田野政治学的方法自觉。我在《中共党史研究》2016年第4期发表《区域社会视角下农村集体经营与家庭经营的根基与机理》，提出只有从方法论的角度才能深刻理解集体统一经营和分户经营为何分别率先发生发展于北方和南方的问题。

区域研究至少有两个基本特征：一是同质性，即同一区域具有大体相同的特质，正因为这一特质而造成该区域相类似的现象较多，具有区域普遍性。当然这种同质性并不是区域现象的绝对同一性，主要在于其规定的现象多于其他区域；二是异质性，即不同区域具有比较明显的差异性特征，正因为这一特质造成该区域同类现象不同于其他区域的同类现象。无论是同质性，还是异质性，都需要经过比较才能体现。②

---

① 徐勇：《历史延续性视角下的中国道路》，《中国社会科学》2016年第7期。
② 徐勇：《区域社会视角下农村集体经营与家庭经营的根基与机理》，《中共党史研究》2016年第4期。

比较分析方法的重要条件是要确立比较的标准，寻找事物为何这样而不是那样的机理。我在《社会科学研究》2016年第4期发表《历史制度底色下世界土地改革进程与成效比较》一文指出，世界大多数国家进入现代化门槛时都进行了政府主导下的土地改革，但其进程与成效却有所不同。

本文则从历史制度主义的视角，将土地改革置于大历史和长时段的背景下，分析世界不同国家土地改革进程与成效的历史制度底色，以期回答为什么有的国家土地制度改革取得巨大成功，有的国家则不然，甚至经历巨大曲折，土地改革又为后来的农村发展带来了什么影响？①

比较分析除了同一时间范围的横向比较以外，还有不同时间的纵向比较。我在《探索与争鸣》2016年第6期发表《公平与效率：中国农村组织制度变迁与内生机理》一文，以"家户制"为轴心，指出了不同历史时期的农村组织制度，即"有效率缺公平"的家户制、"强公平弱效率"的公社制、"强效率弱公平"的家庭承包制、"提效率增公平"的现代家户制。②

六　不同特性的类型研究法

分类是科学研究的重要方法。通过分类将纷繁复杂的社会现象条理化、类型性，从而把握不同事物的特性。

我们是作为政治学者进入田野的。政治学过往的思维方法是以国家整体为对象。进入田野后，我们在调查中发现，农村社会的差异性极强。只有将不同特性的农村社会进行分类，才能准确理解中国农村。2000年出版的《中国农村村级治理——22个村的调查与比较》一书，

---

① 徐勇：《历史制度底色下世界土地改革进程与成效比较》，《社会科学研究》2016年第4期。

② 徐勇、张茜：《公平与效率：中国农村组织制度变迁与内生机理》，《探索与争鸣》2016年第6期。

第十四章 以内生方法为提升的田野政治学

在大量调查基础上,从不同的标准,对于中国农村村级治理进行了多样化的分类。

从村治权力结构看,可以分为:"两委主政型""两委主导共同参与型""党组织主导型""党、村、企一体型"。

从村党组织领导人产生方式看,可以分为:"上级提名—选举型""推荐—选举型""自我推荐—选举型""任命型""自然沿袭型"等。

从村民委员会领导人产生方式看,可以分为:"领导提名—选举型""混合提名—选举型""混合提名—选举—乡镇认可型""竞争—选举型"。

从村级领导人的权威来源看,主要有:"体制—自致型""自致—体制型"。

从体制赋予村治的功能看,可分为以完成政府任务为主要目标的被动型和以村级自主管理为主要目标的主动型。

从村级治理理想和绩效看,可分为维持型和发展型。

从村级治理规则看,可以分为规范性、半规范性和非规范性。

从村务决策看,可以分为:"领导主导—村民参与型"和"领导者决定型"。

从村务参与看,可以分为:"制度化参与"和"非制度化参与"。

从村治模式看,可以为分三类:一是传统型,其中又分为"传统—行政主导型"和"传统—村落权威主导型";二是能人型,其中又分为"能人支配型"和"能人主导—大众参与型";三是法治型,其中又分为"外在—法治型"和"内化法治型"。①

正是基于分类,我们研究了造成不同村治类型的机理及其未来走向。

分类研究一直贯穿于田野政治学的研究过程之中,并形成方法论自觉。2015 年启动的"深度中国调查"的村庄调查充分体现了分类研究方法。我在《山东社会科学》2016 年第 7 期发表《"分"与"合":质性研究视角下农村区域性村庄分类》一文,提出了为什么要进行分类调

---

① 张厚安、徐勇、项继权等:《中国农村村级治理——22 个村的调查与比较》,华中师范大学出版社 2000 年版,第 19—94 页。

查和研究的理由：

在我国，经历了数十年的艰苦探索，且付出了沉重代价，才得以形成农村基本的经营制度及相应的基本政策和基本方法，即以家庭经营为基础，统分结合，双层经营，宜统则统，宜分则分，因地制宜，分类指导。但在实际进程中，为什么和怎么样才能做到"宜统则统、宜分则分"，"因地制宜"，进行"分类指导"，却还有待深入继续探讨。在实践中往往出现："统得过死，分得过多"，或者"一刀切"，很难因地制宜，分类指导作出决策。其重要原因之一就是对"地"的属性和"类"的区分缺乏深入调查和研究，对整个农村实际情况的认识更多的是片断的、零碎的、表层的。这就需要学界对中国农村进行深入调查和深度研究，以为因地制宜、分类指导的国家决策提供依据。而区域性村庄，则是农村研究的重要内容。自2015年，华中师范大学中国农村研究院开启大规模的"2015年版中国农村调查"工程，其中包括对中国七大区域的村庄进行调查。①

社会科学研究不同于一般的言论发表，特别需要方法论的自觉，并选择最为适合的方法达到自己的研究目的。农村研究要准确把握"地"和"类"的属性和特质，需要研究者在学术目标指导下，进行实地调查，收集资料，通过分析来完成，因此特别适合于"质性研究"（又被称之为"质化研究""质的研究"）方法。而质性研究必须确定研究的维度，并根据一定的维度进行分类。

农村研究关注"因地"与"分类"，均涉及整体与部分的关系。"因地"通常是指在一个国家整体内，由于不同条件形成不同地方的特点；"分类"通常是指对一个事物整体内的不同要素区分为不同类型。如何界定农村研究中的整体与部分的关系呢？这就需

---

① 徐勇：《"分"与"合"：质性研究视角下农村区域性村庄分类》，《山东社会科学》2016年第7期。

要寻找统一的维度。这一维度就是"分"与"合"。

"分"是由整体中分化或产生出部分,包括分开、分散、分化、分离等。"合"是指各个部分合为一个整体,包括合作、合成、整合、结合、联合等。"分"在于个别性、部分性,"合"在于一般性、整体性。①

正是根据"分"与"合"的维度与自然—社会—历史条件,按照典型化分类的标准,我们将中国农村分为以下七大区域性村庄:一是"有分化更有整合"的华南宗族村庄;二是"有分化缺整合"的长江家户村庄;三是"弱分化强整合"的黄河村户村庄;四是"小分化大整合"的西北部落村庄;五是"低分化自整合"的西南村寨村庄;六是"高分化高整合"的东南农工村庄;七是"强分化弱整合"的东北大农村庄。这一类型化的大型调查对于我们发现传统农村社会形态的多样性很有益处。过往我们的认识主要限于农业和家户制。通过分类调查,我们发现中国不仅有"乡土中国",而且有"游牧中国",不仅有家户制,还有村社制、部落制和庄园制等。这种多样性的农村社会形态构成了中国政治的丰富底色。

七 深挖式基本单元研究法

基本单元是决定事物性质和功能的最基本的组织形式。通过基本单元可以发现更大和更高级组织的基本特性。

我们是作为政治学者进入田野的。政治学的主要研究对象是国家整体。我们最初的研究方法也是一种整体研究法。但随着进入田野后,我们进入社会层面,开始意识到社会组织基本单元的重要性。我在写作《包产到户沉浮录》时,阅读了大量文献,了解到人民公社的基本组织单位是"生产队"。生产队属于集体经济组织。人民公社体制建立后,农民和基层要求实行包产到户,但受到压制。其重要原因便是包产到户

---

① 徐勇:《"分"与"合":质性研究视角下农村区域性村庄分类》,《山东社会科学》2016年第7期。

被认为是对集体经济的倒退。我们进入田野后最初主要是进行村民自治研究。1987年通过的《村民委员会组织法（试行）》明确规定村民委员会设在自然村。但是，后来的村民委员会大多建立在行政村。以"自然村"或者"行政村"为村民自治基本组织单元，其实际功能有所不同。

我们最初研究村民自治，是以村民委员会作为研究对象，并没有意识到村民自治基本单元是一个方法论问题。随着村民自治的发展，以行政村为基础的村民委员会在实践中遇到诸多问题，主要是规模较大、人数较多、利益关联性不强、文化认同度不高，因此不便于自治。而在我们的调查中发现，广东一些地方以自然村和村民小组为单元，自治成效较好。"基本单元"作为一种认识社会的方法进入我们的研究之中。我们经过调查，在《河北月刊》2011年第5期发表《"组为基础、三级联动"：村民自治运行的长效机制——广东省云浮市探索的背景与价值》一文，指出：

> 云浮市以"组为基础"，建立村民参与基层事务管理的平台，不仅破解了自身的难题，更具有普遍性的制度价值，有助于将村民自治引向深化。这是因为：
>
> 其一，组是最紧密的经济共同体。现行的村民小组建立在原生产队基础上。农村土地等集体资产大多属于村民小组，农民的生产活动范围更多在村民小组内进行，农民的生产互助活动也大多发生于相邻的村民小组内。因此，村民小组是农民最为直接的利益单位。农民的利益和利益关系绝大多数处于村民小组之内，而农民最关心的是与自身利益直接相关的事务。通过在组一级建立村民理事会，农民参与公共事务管理的利益驱动力更足。相对组而言，村级事务与农民个人利益相对远和相对间接一些，故农民参与村级事务管理的动力也相对弱一些。
>
> 其二，组是最紧密的社会共同体。村民小组大多建立在自然村基础上。自然村是历史形成的，居民居住相近，早晚活动随时相见。在这样一个熟人社会里，人们比较容易建立信任关系，也比较容易形成共同性规范，更有利于村民共同参与管理公共事务。在实际生活中，推选组长比选举村委会主任要简单和容易得多，且权威

基础更坚实。其原因就在于村民对相邻的本组人有较为充分的了解。

其三，组是最紧密的文化共同体。村民小组是由若干相邻的家庭构成的社会群体。由于历史的原因，这种社会群体具有一定血缘和族缘关系。如许多自然村落是以姓氏命名的。由共同的血脉和族缘关系构成共同的文化，并强化村民对本共同体的认同和归属，而认同和归属是村民参与公共事务、共同建设美好家园的重要基础。在现实中，村民参与村民小组范围内的公益事业的动力与愿望往往更为强烈。

由此可见，如果说以村为基础设立村民委员会，村民通过村民委员会参与村级事务管理，更多的是基于国家法律规定，那么，以组为基础设立村民理事会，更多的是基于农村社会内部的现实需求。这种内在现实需求是村民作为社会主体参与公共事务管理，共同建设美好家园可持续的动力。①

2014年和2015年中央一号文件都提出了积极探索不同情况下村民自治的有效实现形式，鼓励扩大以村民小组为基本单元的村民自治试点。但对为什么要重视寻找村级以下的自治形式，探索以村民小组为基本单元的自治，缺乏充分的理论探讨，特别是对于划分基本组织单元的标准缺乏系统的研究。这就限制了地方经验的推广和中央精神的接受。为此，我在《探索与争鸣》2015年第9期发表《让自治落地：厘清农村基层组织单元的划分标准》一文，将"基本单元"作为一个方法论问题提了出来。基于不同的标准，划分不同的基层组织单位。②

基本单元作为一个方法论，有助于深入挖掘社会形态的特性。我在《东南学术》2019年第5期发表《新中国70年农村复合制基本单元的创立与变迁》一文，指出：

以微观看宏观：社会变迁的基本单元视角

---

① 徐勇、周青年：《"组为基础、三级联动"：村民自治运行的长效机制——广东省云浮市探索的背景与价值》，《河北月刊》2011年第5期。

② 徐勇、郝亚光：《让自治落地：厘清农村基层组织单元的划分标准》，《探索与争鸣》2015年第9期。

社会是由人与人之间的相互联结而构成的整体。这一整体由各个单元构成。社会的基本单元是指社会整体中自为一体或自成系统的独立成分，"单元组成的社会结构必然也带有这种单元的特色，因为单元如此，其组合物也会如此"。单元不可再分，否则事物的性质就会产生改变。

人们对社会的认识可以从多个角度展开。社会整体的认识视角通常被认为是宏观的视角，有助于从整体上把握。但这一认识视角较为宽泛，难以深入社会组织内部进行深入的透析。人们常常只能通过一些整体数据来描述社会整体的变化，这种认识大多局限于社会表层。为了深入认识社会变迁的性质和特点，有必要引入基本单元的视角。基本单元是社会构造的基本组织形式，可以说是社会的细胞组织。它是社会有机体的基本组织要素。从社会整体来看，基本单元属于微观组织。但通过微观可以反观宏观。一是宏观组织是由微观组织构成的，微观组织的特性决定了宏观组织的构造；二是宏观社会整体的特性和变迁体现和反映于微观组织之中。从微观的基本单元视角出发进行研究，可以深入探析和发现宏观社会的特性、变迁和走向。[①]

为了发现影响和制约中国农村社会发展和治理的底色和根基，我们开展了大规模的传统农村社会形态调查。通过基本单元可以深入挖掘不同地方的社会形态的特性。我在《云南社会科学》2020年第4期主持了一个栏目，标题是"从微观政治形态发现国家政治的根基"，提出"国家是一个活动着的有机体，其特性是由基本单元的性质决定的。以社会基本单元为基础的微观政治形态是理解国家政治的一把钥匙。"我和我指导的博士生在该栏目发表三篇论文，即：《关系叠加视角下的家户制政治形态——以传统汉族地区家户社会为基点》《关系叠加视角下的村寨制政治形态——以西南传统侗族村落社会调查为基

---

① 徐勇、罗丹：《新中国70年农村复合制基本单元的创立与变迁》，《东南学术》2019年第5期。

点》《关系叠加视角下的家支制政治形态——以传统彝族家支社会调查为基点》。

八 寻求因果机理的研究法

田野政治学以田野调查为基础。田野调查强调"是什么",但仅仅如此还不够。作为一门学问,还必须研究"为什么"的问题。大量的社会现象必然有其内在的机理,才会出现为什么是这样而不是那样的社会现象。当我们进入田野,进行调查,掌握材料之后,便进入了寻找其因果机理的过程。这一过程体现了一种研究方法。

田野政治学最初的田野研究主要是村民自治。作为学者对村民自治的研究,除了一般性的描述外,更重要的是对现象进行因果分析。我在1997年出版的《中国农村村民自治》一书中用了专门的章节探究村民自治的内在支配机制。

> 村民自治是国家法律安排的普遍性制度。但村民自治从一致性的制度条文的输入(发布),经过运作(贯彻)过程,其输出结果却是多种多样的,从而形成不同类型和多种模式。这是因为,村民自治从制度条文到实际状况的运作过程,受其内在机制支配和多种因素影响。[1]

我从村民自治运作的经济机制和因素、村民自治运作的政治机制与因素、村民自治运作的社会机制和因素、村民自治运作的文化机制和因素等方面进行了因果探讨。

2000年出版的《中国农村村级治理——22个村的调查与比较》一书,在大量调查基础上,从不同的标准,对于中国农村村级治理进行了多样化的分类。那么这些类型是怎样形成的呢?我们注意以下因素:

一是经济变迁速率。农村改革后的重大变化就是乡村经济发展的不均衡性,各村的经济变迁速率存在相当大的差别。

---

[1] 徐勇:《中国农村村民自治》,华中师范大学出版社2000年版,第149页。

二是经济社会结构。农村改革是以市场为导向，在社区集体经济背景下发生的。不同的经济社会结构特别是社区成员所能控制的资源情况成为影响村治模式的重要因素。

三是政府外力作用。现代化实际上是政府外力不断向乡村渗透的过程。但政府外力影响的方式会塑造出不同的村治模式。

四是村落传统影响。村级治理模式的形成不仅取决于外力作用，而且受乡村内在的传统影响。[①]

随着村民自治的推进，基层民主的内容愈来愈丰富，与此同时，基层民主发展的过程也非常艰难。2007年我承担了国家社会科学基金项目"基层民主发展的途径和机制：权利保障与社区建设"，并于2015年出版了最终成果《基层民主发展的途径与机制》一书。该书从国家建构和社会土壤两个角度探讨了基层民主发展的支配性要素，被列入国家哲学社会科学成果文库。

2008年后，随着村民自治和基层民主在实践中出现了许多新问题，我的研究重心从事实性研究转向因果机制研究，发表了一系列相关论文。如：《"组为基础、三级联动"：村民自治运行的长效机制——广东省云浮市探索的背景与价值》（《河北月刊》2011年第5期）、《新农村建设的合力与互动机制——以广东省社会主义新农村建设实验区为例》（《河北学刊》2014年第5期）、《区域社会视角下农村集体经营与家庭经营的根基与机理》（《中共党史研究》2016年第4期）、《种豆得瓜：农村集体经济的不同产业绩效及动因》（《社会科学家》2016年第6期）、《公平与效率：中国农村组织制度变迁与内生机理》（《探索与争鸣》2016年第6期）等。

将因果机理作为一种方法论自觉，集中体现于《关系中的国家》一书。我是1980年代从事政治学学习和研究的。1980年邓小平发表的《关于党和国家领导制度改革》一文。该文深刻反思了造成"文化大革命"的体制和历史原因。指出："家长制是历史非常悠久的一种陈旧社会现象，它的影响在党的历史上产生过很大危害。陈独秀、王明、张国

---

① 张厚安、徐勇、项继权等：《中国农村村级治理——22个村的调查与比较》，华中师范大学出版社2000年版，第87—88页。

恿等人都是搞家长制的。"① 众所周知，陈独秀是以民主和科学为旗帜的"五四运动"的旗手之一。中国共产党是在激进的"五四运动"的影响下成立的先进政党。为什么成为中共党的领袖之后，陈独秀等人却沿袭了古老的政治样式，之后这类现象反复发生？这不能不令人深思。只是当时还没有自觉意识和能力去回答这一问题。之后进入田野，在调查中发现进入 20 世纪以后，宗族被作为封建因素受到强力摧毁，但进入 21 世纪，宗族的力量仍然存在。宗族村落不仅在广东，且在江西、福建、湖南、浙江、湖北、广西广泛存在。而在西部云南农村的调查，竟然发现大量还保留着原始形态的农村。这一现象对为现代化浸淫已久的思维形成极大冲击，也产生出问题：为什么古老的宗族社会形态保留如此长久，反复打击仍然存续？政治殿堂和乡村田野中的两大问题汇聚在一起，促使我运用因果机理的方法回答面临的问题：

> 1980 年代之后的政治体制改革取得了相当大的进展，但也出现了预想不到的问题。这都表明，中国的政治有着深厚的历史根基，不可轻易视之。中国的国家演进是在内外交互作用下长期自蜕变的过程。其背后受一种内在的结构性因素所支配。②

多卷本著作《关系中的国家》，试图从关系、关系扩展和关系叠加的角度探讨中国的国家演化和国家治理的变化性、复杂性和反复性的特点。

九 基于数据的量化研究法

中国的政治学自 1980 年恢复重建，主要是规范的方法，基本是定性研究，定量研究极其少见。我们从政治学进入田野后，开始有了一些量化研究意识。这种研究更多的是运用来自政府和报刊的统计数据。随着田野调查的展开，特别是进行问卷调查，量化研究的方法进

---

① 《邓小平文选》第 2 卷，人民出版社 1994 年版，第 329—330 页。
② 徐勇：《关系中的国家》第一卷，社会科学文献出版社 2019 年版，第 5 页。

入我们的研究之中。但是,这种研究主要是项目式,即因为完成项目而收集数据,并对数据进行统计分析,完成项目后,所收集的数据就搁置了,不能反复使用。这也是当时包括政治学在内的社会科学研究的基本状况。

2006年,我推动启动了"百村十年观察计划",抽样选择了200多个村、5000个农户进行为期十年、二十年以至更长时间的跟踪观察。这一调查有固定的观察对象,有相对固定的调查内容,由此有了大量的第一手数据。除此之外,我们还进行了专题性调查,即围绕一个专题进行广泛调查,收集资料。

随着"百村十年观察计划"的推进,要求对资料进行储备、整理和加工,由此启动了数据库建设。当时,"大数据"的概念尚闻所未闻。在学校社会科学处石挺处长的协助下,我们联系学校计算机和信息管理领域的老师,协助我们建设数据库。可以说,我们是在全国高校社会科学领域最早从事数据库建设的机构之一。经过十多年努力,现在已建成"中国农村数据库",包括"农村调查""农村文献""农村案例""农村多媒体""政治学文献"等若干子库。这一数据库已收入大量数据,为今后的量化研究提供了基本条件。

为了对进行量化研究,我们还设立了若干以数据作为支撑的平台系统,包括:中国农村社会动态跟踪系统、农村村情观测系统、农村政策仿真系统等。

在通过调查收集数据的同时,我们也开展了相应的量化研究,主要产出是政策咨询报告。有代表性的成果是《中国农村咨政报告》、《中国农民状况发展报告》(2012、2013、2014、2015年卷)。

正是在此基础上,当国家启动智库建设时,我所在的机构被教育部视为具有智库雏形的机构,后来列入教育部智库签约单位。

十 方法的多样性与相容性

我们作为政治学者进入田野时,所掌握的方法并不多。只是随着进入田野或者深入田野,所掌握和使用的方法愈来愈多。田野政治学得以作为政治学研究的一个独特路径,相当程度上在于运用了多样化的研究方法。从方法的角度看，田野政治学也有自己的特点。

一是方法内生于问题之中。我们在进入田野时，政治学所使用的方法并不多。但随着对外开放，外来的方法愈来愈多。这为我们的研究提供了更多的方法选择。为了推进田野调查和研究，我们还专门请专家讲授方法论课程。但是，在田野政治学发展过程中，我们一直是将问题置于首位，方法是跟着问题走的。为了更好解决某一问题，我们才使用最为合适的方法。例如在相当长的时间里，我们主要是采用定性的方法。只是当我们意识到当今的农村不仅仅是千差万别，而且是千变万化时，我们才重视跟踪和量化的方法。当我们随着对问题认识的深化，我们才不断寻找最为合适的方法去解决。如在相当长的时间里，我们对村民自治的研究主要是描述和分类，只是随着村民自治遭遇挫折，我们对这一问题有了反思性认识，才重视因果分析方法。在问题与方法之间，问题永远是第一位的。提出、凝练好的问题，本身就是一种最重要的方法。在这方面，田野政治学还有待努力。如高度重视将政策性、事实性问题转化为学理性问题，进行学理性探讨。只有转换为学理性问题，所研究的成果才更具有普遍性。斯科特的《弱者的武器》一书，将农民定义为权力结构中的弱者，便成功地将一个事实性问题转换为学理性问题。农民是一个具体的存在，而"弱者"则是普遍性存在，"弱者"在权力结构中的武器具有了普遍性。

二是检验方法的有效性在于对问题的解决，而不是为了方法。科学研究是为了解决问题，方法只是解决问题的工具。方法没有好坏之分，只有是否有效解决问题之别。采用什么方法服从和服务于对问题的有效解决，且要在实践中不断完善。我们进入田野时，一是方法并不多；二是缺乏方法自觉。为此我们努力学习，还专门请从事调查的专家讲解，开设了专门的调查方法课程。后来我们发现，课堂上的讲授是远远不够的。田野现场调查面临的情况十分复杂，需要调查者灵活处理。在田野调查中，我们不断发现新的问题，不断深化对问题的认识，使用的方法也越来越多，并有了方法论自觉。这种方法论自觉对于学术的原创性和持续发展具有重要意义。如我们通过田野调查提炼出"关系叠加"的方法。这一方法不仅可以用以田野研究，而且可以用以其他领域的研究。田野政治学得以作为有特色的研究路径，重要贡献之一便是在问题研究中内生出自己的方法。这些方法尽管有学习和借鉴，但都经过了消化和吸收，转换成自己独特的研究方法。

三是研究方法的开放性和兼容性。科学研究是个体性行为。不同个体有其禀赋和偏好，使用的方法会不一样。千个师傅万个法。我个人没有受到系统的基础学校教育，高考的数学成绩只有10多分，我的量化研究能力不强。但是这并不排斥我对量化研究的关注。我很早就提出了数据库建设，推动量化研究。事实上，任何人都不可能穷尽所有方法。方法的开放性和兼容性可以从不同角度解答问题，互相启发。如果只有一种或者只能有一种方法，就难以创新和提升。在学术研究方法方面，力求百花齐放，力戒强制干预。能够解决问题的方法自然会成长，解决不了问题的方法自然会枯萎。思想市场的竞争只能够通过思想市场本身来解决！

第十五章 以主体原创为准绳的田野政治学

学术研究的主体是学者，并要与外部世界建立联系。田野政治学作为政治学的一种研究路径和学术共同体，其重要特点之一便是在田野中生成和不断强化主体意识，广泛吸收各种学术资源，但以我为主；通过深入的田野调查并汲取各种学术资源，产生具有原创性的理论成果。主体性和原创性是田野政治学的生命活力所在，也是其特色所在。

一 广泛学习借鉴中的反思

政治学作为一门学科是从外引进的。1980年，中国的政治学恢复重建。如何对待既有理论，并在既有理论，特别是外来理论基础上建设中国特色政治学，是中国政治学者面临的重要课题。回答这一课题，形成学术自觉，产生具有主体性和原创性的成果，则经历了一个过程。田野政治学因为基于中国田野大地，比较早地获得了这一自觉。

在1980年代政治学恢复重建之初，华中师范大学的政治学人与全国其他地方的政治学人一样，主要是广泛学习借鉴。这种学习，首先是对马克思主义政治学理论的学习。中华人民共和国成立初期，尽管政治学作为一门学科被中断了，但是，政治学的相关内容，特别是国家、政党等相关内容体现在马克思主义基础理论之中。华中师范大学的老一辈政治学人受到了系统的马克思主义基础理论训练。特别是高原、张厚安等教授专门接受了马克思主义基本理论训练。1978年，在高原教授倡导和推动下，华中师范大学率先建立科学社会主义学科，集聚了一批从事这一学科专业研究的学者，之后建立起专门的独立建制的科学社会主义研究所。华中师范大学的政治学起步于科学社会主义专业，两者紧密相联，有区别也有联系。科学社会主义就是社会主义的政治学。当时，高原教授既是科学社会主义学会会长，也是政治学学会会长，既主编科学社会主义专业教材，也主编了政治学专业教材。因此，华中师范大学的政治学有良好的马克思主义理论基础和科学社会主义的背景，这是与其他学校的政治学有所不同的地方。

我在上大学前便开始接触到马克思主义著作，但处于似懂非懂状态，主要还是背诵语录，属于被动式政治学习。上大学时，受到马克思主义理论教育。但当时还处于历史转折时期，老师的课堂讲授更多的是机械照搬。我不满足于课堂讲授，自己找来《资本论》等大部头来啃，但不得要领。好处是知道了这些大部头讲了什么。大学毕业后在科学社会主义研究所从事资料员等杂务工作，使我有了接触更多知识的时间和机会。除了马克思主义、科学社会主义等知识以外，还系统阅读了中国思想史、西方政治思想方面的著作。1980年代开启对外开放，外来思想的涌入打开了一扇新的窗口。与当时的学人一样，对外来的新思想新理论特别有兴趣。印象最深的就是四川人民出版社出版的"走向未来"丛书和华夏出版社出版的"二十世纪文库"。

大量外来思想和理论的涌入及流行，与相当长时间内马克思主义理论被封闭化和教条化有关。这种封闭和教条，势必会窒息社会主义的生命活力。正如邓小平在《解放思想，实事求是，团结一致向前看》一文所说的："一个党，一个国家，一个民族，如果一切从本本出发，思想僵化，迷信盛行，那它就不能前进，它的生机就停止了，就要亡党亡国。"[①]1980年代的思想解放也推动着学术研究，促使政治学人开始有了反思，并在这种反思中确立主体意识，走向实际生活。张厚安教授在回顾为何走向田野大地时说道：

> 对社会科学研究的深刻反思乃是我和中心的学者们能将学术目光聚焦在农村问题上的前提。我本人从事社会科学研究已近半个世纪，但是在改革开放前的25年，尽管也出了一些研究成果，可是从研究内容与方法上看，总跳不出一个"怪圈"，那就是从理论到

[①] 《邓小平文选》第2卷，人民出版社1994年版，第143页。

第十五章 以主体原创为准绳的田野政治学　　333

理论，从概念到概念，从书本到书本，基本上是一种注释式、经院式、教条式的研究。我想，这不仅是我个人的遭遇，应该说，这是当时整个社会科学界占统治地位的学风。当然，造成这种局面的原因是多方面的，除了学风方面的问题外，还有社会环境方面的诸多因素。改革开放以后，我国乡村和城市各个领域都发生了很大变化，社会科学界也被注入一股清新的空气，同时也对社会科学研究提出了挑战：社会科学研究应该遵循什么方向？社会科学研究的内容和方法要不要变？在反思中，我们逐渐认识到社会科学研究再也不能像以前那样"唯书、唯上、不唯实"了，不变是没有出路的。社会科学必须随着社会的变革而转换其研究内容和方法，变革的方向是为社会改革服务。也只有这样，才能出现社会发展与社会科学研究的良性互动。①

我是1980年代步入政治学研究的，没有张厚安教授那样的经历，也不曾有过反思。当时主要是广泛地学习吸收。但随着我国对外开放的推进，大量新思想和新理论的进入，也存在如何吸收和运用这些理论的问题。我们没有老一代人将马克思主义理论教条化的经历，但也面临着对外来新理论的教条化问题。记得1980年代我们所邀请了美国著名的政治学者阿尔蒙德来我校讲学。这在当时是一件非常轰动的事情。我担任杂务工作。讲授的地方在我校数学系楼里的大教室。阿尔蒙德先生是美国行为主义政治学的代表人之一，尤其擅长政治系统理论。只见老先生在黑板上板书输入输出的公式、定理，我非常新奇，原来政治学可以这样表述！当然也根本没有听懂。只是在新奇之余也反思：这种图示与我当工人时学过的电路图一般。大量公式、数字与数学一般。难道政治学一定要与自然科学一样才科学吗？我从个人经历看，不是如此。政治学与其他学科所不同的地方，在于它研究的对象太不精确和不可预测。我在农村劳作时听到传达关于林彪事件的文件，但当时没有人相信这一事件是真的。这正是政治的奇妙之处。简单地用自然科学的方法研究政

---

① 张厚安：《三个面向，理论务农：社会科学研究的反思性转换——华中师范大学中国农村问题研究中心20年回顾》，《华中师范大学学报》（人文社会科学版）2001年第1期。

治，并不一定科学。当然，这时只是一种基于个人经历的直觉。但这种直觉的反思，使我有了初步的政治学主体意识，这就是对任何思想都不能只是消极被动地学习和接受，都不能迷信。

二 村民自治之国家与社会

1980年代后期我们开启了田野政治学研究。这一研究的前提便是进入田野，从田野事实出发。从中国实际出发、从田野事实出发，使田野政治学率先从书本中走了出来，赋予了天然的主体性，并在确立主体性的过程中获得原创性成果。

我们作为政治学者进入田野，最初主要是研究村民自治。村民自治是伴随家庭承包制改革兴起的一种治理体制。这一体制自产生之后，便一直伴随着不同看法和争论。当时，国家主管部门多次召开国际学术研讨会。外国学者对于中国的村民自治总体上持积极看法，但也有不少疑惑。主要集中于两个方面，一是作为村民自治单位的村民委员会为什么要接受党组织领导；二是村民委员会为什么要接受乡镇政府指导。在他们眼里是将村民自治与"村自治"相等同的。而以上两点恰恰是中国村民自治作为基层群众自治制度的重要特点。我们只能从中国村民自治制度的性质和特点出发，而不能从外在的理论和制度出发研究村民自治，由此确立中国政治和中国学者的主体性。我于1997年出版的《中国农村村民自治》一书的重要研究背景便在于此。

1995年7月，在由国家民政部主持召开的"中国农村村民自治法律制度国际研讨会"上，由于村民自治（The Villagers'Self-government）与村自治（The Village Self-government）在英语表达上差异极小，英文翻译时，人们对其差异性未多加注意。然而，村民自治与村自治虽只一字之差，涵义却迥然不同。前者是农村基层人民群众自治，自治的主体是村民；后者是村民居住的单位，自治的主体是地方。而当笔者在该会上提出这一问题后，英文翻译却无法对这两个词严格加以区别，以至于许多外国学者仍将村民自治等同于村自治，进而无法理解在实行村民自治的过程中为什么还需要党的

第十五章 以主体原创为准绳的田野政治学

领导，在实行自治的村为什么基层组织的核心是中国共产党的支部。村民自治与村自治的概念差别还关系到实行村民自治过程中的一系列重大问题，如国家的高度集中统一领导与人民群众的自治权、乡镇政权与村民自治、村党支部与村民委员会、村的政务与村务之间的关系等问题。①

村民自治原生于中国田野大地。研究村民自治必然要求从村民自治制度本身出发，而不是从既有的理论与制度出发。这一从事实本身出发产生的研究成果具有原创性。当然，在村民自治研究中也要学习、借鉴和吸收相关理论成果。1990年代后期，随着中国全面进入世界，外来的学术理论愈来愈多地进入中国。其中，在政治学界影响较大的是与"市民社会"相关的"国家与社会"理论及其分析框架。这一理论和分析框架很有新意。但是，对这一理论也不能生搬硬套。

1997年出版《中国农村村民自治》一书后，率先将"国家与社会"理论介绍到中国来的邓正来、张小劲、景跃进等学者为该书专门召开了研讨会，从"国家与社会"的视角研讨该书。研讨会对于推进村民自治的理论研究很有价值，特别是从国家与社会关系的角度看待村民自治，将村民自治问题提升到一个崭新的理论高度。就研讨会上的不同看法，我发表了《村民自治：国家与社会的关系重构和互动——对〈中国农村村民自治〉评论的回应》一文，一一回应了相关问题，并在文章结尾指出：

> 村民自治是一个小问题，却能够折射出国家与社会的重大关系，能够透视国家与社会的互动过程。这或许是村民自治能够引起更多学者关注的重要原因。②

国家与社会的分析框架是外来的，但在运用这一分析框架分析村民

---

① 徐勇：《中国农村村民自治》，华中师范大学出版社1997年版，第15—16页。
② 徐勇：《村民自治：国家与社会的关系重构和互动——对〈中国农村村民自治〉评论的回应》，《徐勇自选集》，华中理工大学出版社1999年版，第189页。

自治时，是基于和围绕村民自治本身展开的。在这一研究中，我们充分吸收了国家与社会分析框架的有益之处，试图从国家与社会两个层面研究村民自治进程，发表了一系列相关研究成果。如《村民自治的深化：权利保障与社区重建——新世纪以来中国村民自治发展的走向》（《学习与探索》2005年第4期）、《村民自治的成长：行政放权与社会发育——1990年代以来中国村民自治发展困境的反思》（《华中师范大学学报》2005年第2期）、《现代国家的建构与村民自治的成长——对中国村民自治发生与发展的一种阐释》（《学习与探索》2006年第6期）等。我指导的博士生也发表了不少类似的论著。只是在这一研究中始终是围绕中国农村村民自治本身进行研究，村民自治问题处于本体地位，国家与社会只是一个分析视角。这一分析视角提供了研究的思路而不是简单地套用。正因为如此，之后我们的村民自治向两头扩展：一头是现代国家建构，一头是村民自治赖以依存的社会根基。

三　治理的转换与乡村治理

在中国，治理一词的运用源远流长。但在相当长的时间里只是一种政治话语，如治理整顿。1980年代政治学恢复重建，政治体制改革是主流话语。我们是在村民自治研究中接触到"治理"话语的。1990年代初，在国家主管部门推动下召开多次有关村民自治的国际学术研讨会，"村民自治"中的"治"的翻译便带有"治理"的含义。只是当时并没有引起足够的重视。1990年代中期，随着对外开放的扩大，"治理"一词由外国进入，并很快成为学界关注的词语。但对这一词语的学习和使用存在不同看法。我应邀在《政治学研究》1997年第1期发表《GOVERNANCE：治理的阐释》一文，指出：

> 本世纪90年代以来，随着公共权力在经济和社会发展中扮演的角色愈益重要，Governance已经成为国际上政治学和经济学领域中一个较为流行的名词。但是在我国学术界，对Governance的阐释尚有待深入。
>
> Governance的中文意思主要是统治、管理或统治方式、管理方

法，即统治者或管理者通过公共权力的配置和运作，管理公共事务，以支配、影响和调控社会。在这里，重要的是公共权力的运用形式、方法或手段，而不是统治或管理的内在依据、原则或规律。因此，有的学者将 Governance 译为"治道"，我以为有可商榷之处。因为根据中国文化传统，"道"一般是指事物运动的内在依据和规律，而 Governance 主要是指"在管理一国的经济和社会资源中运用公共权力的方式"，因此，我认为 Governance 还是译为"治理"较好。①

自 1990 年代后期，"治理"一词开始流行于学界，并从不同的角度加以阐释和运用。我的观点被视为早期治理思想的代表性观点之一。李泉在《治理思想的中国表达——政策、结构与话语演变》一书中用较大篇幅介绍了我的观点并作了评述，将我的观点视之为马克思主义的视角：

> 第三位贡献于早期治理思想传播的学者是徐勇。作为一名具有马克思主义背景的政治学者，徐勇对治理的关注不晚于刘军宁和毛寿龙，但他的精力主要放在了新概念与既有学术传统特别是马克思主义的建设性对话上。这一理论关怀使得徐勇对治理的解读与先前两位学者的自由主义视角颇为不同。他的第一篇讨论治理问题的文章于 1997 年发表在国内政治学研究的核心期刊上。在这篇分析性论文中，徐勇集中探讨了治理的概念要素如何在马克思主义的话语体系中可以成立。他接受了世界银行强调公共权力工具性的治理概念，但很快抛弃了政府—市场的二元体系，因为在这一体系中公共权力仍然与政府行为是等同的。在他看来，公共权力与国家权力之间应该有一个清楚的划分，后者只是一种主导性的特殊的公共权力。而另一个关键性因素——社会的自我治理——应该备置于公共权力的概念体系之中。徐勇认为这一洞见长期以来为马克思主义经典作品特别是恩格斯的《家庭、私有制和国家的起源》一书的中国

---

① 徐勇：《GOVERNANCE：治理的阐释》，《政治学研究》1997 年第 1 期。

读者们所忽略。……得益于徐勇对上述概念的创造性诠释,治理理论在马克思主义经典著作中发现了自己的理论依据,马克思主义的政治研究者们更得以在治理观念中开发出崭新的事业。①

我不是做纯理论研究的。我的研究重心是田野,是田野上的村民自治。但"治理"一词的引入可以大大开阔我们的研究视野。事实上,在"治理"一词尚未进入和流行于学界时,我们就开始使用了"乡村治理"的话语。在1997年出版的"村治书系"总序中,我提出:

> 当今的中国正在发生历史上前所未有的大变革。现代化为乡土中国注入了强大的生机和活力,沉寂凝重的黄土地正在变为生机勃勃的金土地。但乡土中国的创造性变革绝非易事,更不可能一蹴而就。通过理论彼岸的重要条件之一就是乡村的有效治理。
>
> 乡村治理属于基层政治社会领域。
>
> 如果说我们于80年代中期开始的乡村政治研究尚带有一些不自觉色彩的话;那么,进入90年代后,我们的研究便步入到自觉状态。这是因为,随着现代化建设的深入,中国乡村政治社会正在发生结构性的历史变迁。市场化、民主化进程在乡村田野首先取得重大进展。特别是以大众参与为主要特征的村民自治,为中国的乡村治理注入了前所未有的现代民主因素。这一政治实践经验显然与以城市和市民为先导的西方现代民主化进程有很大不同。更为重要的是,它昭示着中国的政治学研究不能只是简单借用在西方经验基础上生成的理论来阐释中国政治,而应该从中国政治实践出发,在富有创造性的实践经验中寻找理论的源泉。10多年的田野调查,使我们对这一点体会得尤为深刻。②

李泉显然注意到我运用"治理"一词的学术背景和现实关怀。他

---

① 李泉:《治理思想的中国表达:政策、结构与话语演变》,中央编译出版社2014年版,第84—85页。

② 徐勇:《中国农村村民自治》,华中师范大学出版社1997年版,第1—3页。

第十五章　以主体原创为准绳的田野政治学　339

《治理思想的中国表达——政策、结构与话语演变》一书评论说：

> 徐勇雄心并不止于概念上的创新。他还尝试发展出一套以公共权力理念为中心的历史叙事。他在解释这一努力的动机时这样说道："迄今为止，学界对这一语汇还缺乏深入的理论分析，特别是缺乏以中国为主位的探讨，以致我们在运用这一语汇对村民自治、社区自治、民间组织及其国家与社会关系的分析时，没有强有力的理论支持和解释力。"（徐勇，2001：27）为了填补这一空白，徐勇并不满意现有的只停在概念层面的对公共权力的描述。他试图透过治理的视角来揭示中国历史及其当代发展的规律。
>
> 与此前的自由主义学者相比，徐勇的研究更加系统和丰富。它涉及了两个层面的处境化尝试。首先，徐勇重构了现有的马克思主义概念系统，使得从治理引入的新奇观念看起来是合理的。……其次，除了概念层面，徐勇的处境化工作还体现在其对实证依据的历史处理方法上。在这一方面，他在中国历史方面的丰富知识有效地帮助他将观察历史事件的视角从阶级斗争转移到国家权力的使用方式上来。因此，他得以在具体的研究中展示出治理作为一个分析性概念的优势。在徐勇及其学生随后的研究中，治理的概念被应用在对中国地方政府和农村政治的分析中。通过利用这些典型的案例，自由主义的政治模型在其敌对阵营中成功地置换了马克思主义的学说。学者们逐渐从学科内的既有话语中解脱出来。然后便可以毫不犹豫地去接受新的治理理论。[①]

将"治理"引入中国农村研究，无论从理论和实践的层面都大大扩展了研究的视野，"乡村治理"成为我们学术研究中的自觉性概念。1997 年左右我们在湖北省黄梅县进行村治实验之后，深刻意识到仅仅是村民自治难以充分把握中国农村基层政治，乡村治理包含的内容更为丰富。村民自治属于乡村治理的范畴，但乡村治理包容性更强，并成为

[①] 李泉：《治理思想的中国表达：政策、结构与话语演变》，中央编译出版社 2014 年版，第 85—87 页。

我们研究的重要领域。我 2003 年与徐增阳合著并出版了《流动中的乡村治理——对农民流动的政治社会学分析》，2004 年出版了《乡村治理与中国政治》。

从村民自治到"治理"理论的引入，再到"乡村治理"的拓展，反映了我们在研究中注意汲取各种学术资源。这种汲取大大扩展了研究的视野，避免了过去就事论事的局限。但是，在汲取"治理"这一外来学术资源的过程中，我们进行了马克思主义的创造性转换，并始终以中国实际为基础。换言之，引入"治理"的概念是为了更好地解释中国基层政治，其中体现了中国和中国学者的主体性。也正是在此基础上，我们在乡村治理领域开发出一系列具有原创性的研究成果。

四　现代国家建构与国家化

自 1980 年代，中国进入大规模现代化进程之中。现代化在政治领域的反映，便是现代国家的建构。西方在现代化进程中处于率先地位，并形成了比较系统的现代国家理论。随着对外开放，现代国家理论也传入中国学界。这一理论对于理解现代化进程中的中国政治具有启发意义。我很早便接触和学习这一理论，但注意根据自己的研究加以表述。我在《华中师范大学学报》2003 年第 5 期发表《现代国家建构中的非均衡性和自主性分析》一文，系统提出了"国家化"的概念，指出：

> 在现代政治共同体中，国家无疑居于中心地位。这是由现代化造成的。以往，我们理解现代化仅仅是从时间上度量，很少关注空间因素。其实，现代化不仅是由传统农业社会向现代工业社会的转变过程，而且是由一个分散、互不联系的地方性社会走向现代整体国家的过程，这就是国家化，或者说国家的一体化。
>
> 国家化作为一个过程，标志着国家整体和代表国家主权的中央权威日益深入地渗透于主权国家领域，并支配整体社会。[①]

---

① 徐勇：《现代国家建构中的非均衡性和自主性分析》，《华中师范大学学报》（人文社会科学版）2003 年第 5 期。

论文在吸收西方现代国家建构理论的同时，提出了为什么要使用"国家化"概念的理由：

> 与全球化不代表全球所有成员用一个模式生活一样，国家化也不意味着国家的所有地方和民众都以一种样式存在。特别是在现代化、国家化程度较低的超大国家，政治社会的多样化、差异性更为明显，政治发展的非均衡性特点愈突出。这种非均衡性主要来自于：文明的积淀、社会的构成、国家的结构等。①

我使用"国家化"的概念，更强调现代国家建构是一个过程，是一个非均衡的过程，更是一个国家与社会互动的过程。由此将我关注的农村农民问题带入现代国家建构理论之中，并以此解释国家与农民之间互动的复杂进程。在中国，现代国家建构是在一个农民人口占多数的社会基础上开启的，这决定了中国的现代国家建构具有自身的特点，如何处理与农民的关系成为最突出的任务之一，并构成了复杂的政治过程。这一思想集中体现于《国家化、农民性与乡村整合》一书中。该书开篇提出：

> 中国的基本国情决定了，国家的统一性、城乡的一体化，成为20世纪中国的重大任务。20世纪以来，传统乡村社会发生着重大变化。人们经常用"改天换地"一词形容乡村巨变。
>
> 在中国，改天换地不仅仅是对自然的改变，更是对社会的改变。从中国的传统政治语境看，"天"意味着至高无上的国家权力。"地"意味着亿万民众及其存在的乡土社会。进入20世纪，崛起的现代国家正在取代数千年以来的传统国家，一方面是散落在社会中的权力向国家集中，国家的统一性高度集聚；另一方面是高度集聚的国家权力力图将长期历史上处于分散的乡村社会与国家整合

---

① 徐勇：《现代国家建构中的非均衡性和自主性分析》，《华中师范大学学报》（人文社会科学版）2003年第5期。

为一体，力图根据其意志改造和改变传统乡村社会。那种以往"是松弛的和微弱的，是挂名的，是无为的"国家权力如今以强大的力量进入民众的日常实际生活之中。① 正是因为这种改造和改变，传统乡村社会的农民性迅速消逝，国家性因素渗透到广袤的乡土社会之中，乡村社会发生了历史从未有过的深刻变化。"天"改了，"地"也换了。

改天换地是一种主观的、人为的活动，是工业文明对农业文明的替代，是现代国家对传统国家的替代，是国家化的乡村对距皇权遥远的乡村社会的替代。②

该书将现代国家建构理论运用于对中国农村社会改造和改变的分析，有助于从理论上解释20世纪以来国家的各种各样的"下乡"活动，赋予了各种"下乡"活动以理论意蕴。它体现和反映了政治学对于农村农民研究的特有视角。现代国家建构理论不是原生的，是引进的，但在引进的过程中是基于对中国的分析，并在分析过程中实现了创造性的转换。这就是特别突出现代国家建构不是国家单向的渗透，而是在渗透过程中会与渗透对象发生互动。正是在互动中，渗透者与渗透对象都发生了变化。该书的重要特点便是建构了"农民性"的概念，将"农民性"引入现代国家建构过程之中。这是从外引进的现代国家建构理论所没有提供的，反映了我们基于中国事实的原创性。

"国家化"如今已经成为田野政治学的一种理论与方法。我们通过这一理论与方法从政治学的学理上回应现代化与农村农民关系的课题，研究处于自然状态下的传统农村农民，如何转变为国家形态下的现代农村农民，其间有哪些机制和方式，会产生什么反应。由此可以进一步开拓和丰富现代国家建构理论。毕竟丰富的中国事实和经验是原有的理论所没有和难以概括的。我们基于中国事实和经验，可以对原有理论进行原创性开拓。

---

① 费孝通先生在《乡土中国》一书将传统国家权力对于乡土社会视为"是松弛的和微弱的，是挂名的，是无为的"。参见费孝通《乡土中国 生育制度》，北京大学出版社1998年版，第63页。

② 徐勇：《国家化、农民性与乡村整合》，江苏人民出版社2019年版，第2—3页。

五　作为积极行动者的农民

田野政治学是以田野，以田野上的农民为研究对象的。在研究中势必面临如何认识和对待农民的问题。农民问题发生于现代化进程之中。在西方经典理论看来，推动传统社会向现代社会转变的主要是市民，更为确切地说是资产阶级。农民不过是"历史的弃儿"。即使是马克思和恩格斯对农民在历史变革中的作用也认识不足。恩格斯认为："我们的小农，同过了时的生产方式的任何残余一样，在不可挽回地走向灭亡。"[①] 然而，中国是一个农村农民大国。在现代化进程中，如果占人口大多数的农民只是历史的消极存在，那么是如何实现历史变革的呢？因此，要准确认识农民，必须从中国实际出发，而不是从既有理论出发。我在《中南民族学院学报》1995 年第 3 期发表《创造性的继承和发展——毛泽东与邓小平解决农村和农民问题思路比较》和在《天津社会科学》1996 年第 5 期发表《现代化中的乡土重建——毛泽东、梁漱溟、费孝通的探索及其比较》等文，梳理了中国人对农民问题的认识。发现中国共产党人的重要特点，便是将农民作为积极的行动者而不是历史的消极存在加以认识和对待。在毛泽东看来，新民主主义革命的主体是农民，革命只有依靠农民才能成功，农民只有通过革命才能走向新生。在邓小平看来，只有解决农民问题，中国的现代化才有巩固的基础。而解决农民问题的重要方式便是通过改革调动广大农民的主动性、积极性和创造性。尽管梁漱溟等知识精英也重视农村农民，但更多的是道义上的同情。

我于 1998 年出版《包产到户沉浮录》一书，对广大农民和基层干部从 1950 年代到 1980 年代以自己不屈不挠的行为冲破体制的束缚，改变自己命运的行为印象甚深。1990 年代后期，随着工业化、城市化加速发展，农业农村农民问题日益突出，家户小农在这一历史变革进程中的脆弱性进一步呈现出来，对家户小农的认识也发生了分歧。我在《华中师范大学学报》2006 年第 3 期发表了《"再识农户"与社会化小农的

[①] 《马克思恩格斯选集》第 4 卷，人民出版社 1995 年版，第 487 页。

建构》一文。该文认为，当今的农民已不是传统小农，而是被深刻地卷入社会化进程之中的小农。社会化为家户农民注入了活力，同时也带来了压力，这种压力也可以转换为积极行动的动力。

在现代化进程中，农民的政治行为模式是重要议题，人们进行了大量研究。西方学者根据西方经验一般将农民视之为保守的力量。随着中国革命的兴起，西方学者对农民的积极作用有了进一步的认识，其经典范式是"压迫—反抗"。这一范式是对长期历史上农民起义的延续，也影响到当下农民政治行为模式的认识，如"农民抗争"。我在《学术月刊》2009 年第 5 期发表《农民改变中国：基层社会与创造性政治》一文，提出了自己的看法：

> 当我们用经典模式来观察 1949 年之后即当代中国农民的政治行为时，却面临着困惑和困难：一是当代中国农民与国家的关系模式既不是根本的对立，也不是简单的顺从。他们并不是要以革命性的激烈对抗方式改变国家基本制度和政治统治，也不是对国家意志和行为的盲目依从，而是以其一系列的自主行为，促使国家改变政策和行为模式。二是农民在接受体制安排时，当发现这一体制安排并不能满足其要求后，他们便以自己的行为不断冲击和突破体制性障碍，创造出新的体制和行为模式，由此表现出了"伟大的作为和历史的首创精神"。农民是积极行动者，更是历史创造者。这一农民政治行为超越了农民政治行为的经典模式，形成一种新型的农民政治。①

在中国，农民作为积极行动者，而不是命运的屈服者，有着深刻的历史根源，并形成一种特有的，能够反复出现的文化模式。我在《中国社会科学》2010 年第 1 期发表《农民理性的扩张：中国奇迹的创造性主体分析——对既有理论提出的挑战及新的分析进路的提出》一文，指出：

---

① 徐勇：《农民改变中国：基层社会与创造性政治——对农民政治行为经典模式的超越》，《学术月刊》2009 年第 5 期。

第十五章 以主体原创为准绳的田野政治学 ◇◇ 345

有关"中国奇迹"及其"中国模式"、"中国经验"、"中国道路"等"中国性"的观点，与其说是展示了一个不可思议的社会经济现象，不如说是提出了一个未曾预料的重大问题："中国奇迹"是中国人创造的，而中国人的主体是农民，那么，为什么在一个充满传统主义的农民国度里，能够在短时间创造出一个"中国奇迹"？我们不能离开中国人讲"中国奇迹"，也不可离开"农民性"谈"中国性"。①

该文从"农民性"的角度对由于长期生产方式造成的"农民理性"进行了阐述，认为正是长期延续下来的农民理性在农业社会与工业社会过渡时期形成"理性扩张"，并成就了中国奇迹。

那么，为什么中国农民能够在长期历史上形成自己特有的理性，并推动社会进步呢？我在《中国社会科学》2013 年第 8 期发表的《中国家户制传统与农村发展道路——以俄国、印度的村社传统为参照》一文，从农村本体制度的角度揭示了这一秘密。

在印度，"作为劳动组织，种姓是在农村中造成耕作不良的一个原因"。② 因此，如果说俄国村社制属于集体主义，印度村社制强化了种姓主义，那么，中国历史上长期存在的是家户主义，家户单位是中国长期延续的传统。

中国的家户经营有利于调动农业生产积极性。其一，土地为家户所有或者家户经营，这就使家户能够自由支配自己的产品。地主可以通过土地获得地租，佃农在合理的地租条件之下可以获得尽可能多的生产产品，而自耕农更是可以通过自己努力生产获得更多的产品。在生产和报酬紧密联系的条件下，家户有可能改善自己的生存状况。尽管成为"地主"只是少数人才能实现，但获得土地从而

---

① 徐勇：《农民理性的扩张：中国奇迹的创造性主体分析——对既有理论的挑战及新的分析进路的提出》，《中国社会科学》2010 年第 1 期。

② [美] 巴林顿·摩尔：《民主和专制的社会起源》，拓夫、张东东等译，华夏出版社 1987 年版，第 275 页。

"发家致富"始终是推动中国农业生产的基本动力,而这只有在家户制的基础上才有可能。由此,也锤炼出中国农民特有的"勤劳"品质:"敬时爱日,非老不休,非疾不息,非死不舍。"……而村社制若干年平分土地,抑制了农民对土地的更多渴求,也限制了其积极性。其二,土地为家户所有或者家户经营,使得家户可独立完成生产全过程,不需要外部性监督,因此可最大限度减少外部监督形成的成本。①

随着将家户制作为中国农村本体制度和本源性传统,我们自2015年开展了有关传统农村社会形态的深度调查。深度的实地调查为我们进一步认识农民特性提供了启示。陈军亚教授在深度实地调查的基础上,撰写并在《中国社会科学》2019年第12期发表《韧性小农:历史延续与现代转换——中国小农户的生命力及自主责任机制》一文,指出:

> 以往观点强调小农的"脆弱性",主张其最终要被其他经营主体所取代。这种主张有一定的合理性,却无法解释,正是传统小农创造了世界历史上最为灿烂的农业文明;正是以家庭联产承包责任制为基础的小农户成为我国农业现代化的主体,推动了现代农业的发展。重新审视小农的历史地位与生命活力可以发现,中国小农虽然脆弱,但能够在与外部环境的交互中,特别是在各种压力下表现出"脆而不折、弱而不息"的特性,具有强大的生命力。历史上,这种韧性内生于长期以来中国小农的自主责任机制,表现为小农作为命运共同体的责任对等机制、作为生活共同体的责任分担机制、作为生产共同体的责任内化机制、作为政治共同体的责任连带机制。②

---

① 徐勇:《中国家户制传统与农村发展道路——以俄国、印度的村社传统为参照》,《中国社会科学》2013年第8期。
② 陈军亚:《韧性小农:历史延续与现代转换——中国小农户的生命力及自主责任机制》,《中国社会科学》2019年第12期。

陈军亚教授的论文在过往研究的基础上又进了一步，揭示了家户小农的韧性，这种韧性构成了农民作为积极行动者的基础。家户小农的韧性来自两个方面：一是压力与动力。家户小农面临着强大的外部压力，使他们不得依靠自身的力量寻求生存，改变命运；二是自主与责任。家户小农具有自主性，能够自主安排自己的生产经营活动，并内生出对自我命运负责的责任机制。中国为什么经历了数十年时间的人民公社体制，还是接续家庭承包制，重要原因便是激活了家庭内生的责任机制。家庭承包制最初便称之为"家庭联产承包责任制"。这种蕴含在中国历史深处的自我责任机制及其韧性品质成为中国发展，包括政治发展的深厚根基。2020年7月，陈军亚教授专门作了"小农韧性与韧性国家"的讲座，提出中国的国家韧性由其历史社会基础决定。①

六　将家户制带入国家研究

我是1980年代随着政治学恢复重建从事政治学学习和研究的。当时学习政治学原理这一课程，主要是马克思主义政治理论与当代中国政治。后来学习中国政治思想史和西方政治思想史，主要是政治思想。有关中国的国家起源、演变及特点在政治学科中很少论及。后来，西方的政治学教材大量引进，主要是现代政治学，没有也不可能论及中国的国家来由及其特性。尽管人们在日常生活中，经常讲到家国情怀、齐家治国平天下等，但究竟家庭与国家有什么关联，在学术理论上很少论及。我从事政治学研究后，邓小平的《党和国家领导制度的改革》一文是必读文献。其中讲到陈独秀等中共领袖的家长制印象很深，但没有作为一个课题进行专门研究。

1980年代后期，我进入田野研究，主要是将田野作为研究对象。1998年我出版了《包产到户沉浮录》一书，开始意识到农村基层的包产到户与国家决策和命运密切相关，但仅仅是从一种政策争论的角度进行的研究。当然，我是从政治学的角度进入田野，具有政治的宏大关怀。在这方面，张厚安教授是楷模。虽然研究田野，但不限于田野，视

---

① 2020年7月2日"田野政治学"公众号："小农韧性与韧性国家"。

野开阔,信息量巨大。这是政治学者所具有的禀赋。我在《学术月刊》2010年第12期发表《家族政治:亚洲政治的魔咒》一文,注意到亚洲政治的家族性。论文指出:

> 近年来,亚洲地区出现了一种"政治返祖"现象,即古老的家族政治在现代政治体系下复活并大行其道,直至愈演愈烈,大有时空倒流之感。家族政治并不是亚洲所特有,欧洲、美洲也曾存在,但亚洲更为集中。而且无论使用的是什么国号,都有"家族政治"的影子;无论是实行什么体制,家族政治的影子都难以挥去,依然左右着政治运行的格局,如同一种难以摆脱的"魔咒"一般。①

论文通过对亚洲家族政治现象的研究,认为:

> 家族政治是家族组织长期控制或者影响政治体系的一种政治形态。它表现为家族力量在一个政治体系里居有支配性地位和特殊影响。在亚洲地区,家族政治成为一种政治常态,左右或主宰着一个国家的政治格局。亚洲家族政治渊源于久远的家族社会,而近代以来又没有发生内生的民主革命,从而使家族政治延续下来。家族政治在特定的历史时期有其特定价值,对于保持政权稳定性、政治连续性、推动政治转型都有一定作用。但其局限性也非常明显。如接班人的正统性、家族政治的认同性、权力经济、政党分裂、家族政治的延续性等。对现代政治体系下出现的家族政治这一"政治返祖"现象需要认真分析。②

这篇论文注意到家族政治是一种久远的历史现象,但尚未与我们的田野研究结合起来。我在《中国社会科学》2013年第8期发表《中国家户制传统与农村发展道路——以俄国、印度的村社传统为参照》,提

---

① 徐勇:《家族政治:亚洲政治的魔咒》,《学术月刊》2010年第12期。
② 徐勇:《家族政治:亚洲政治的魔咒》,《学术月刊》2010年第12期。

出了"家户制"的概念，并将其作为中国农村的本体性制度和本源性传统。之后，我倡导和推动了"家户制"传统的深度调查，并开始注意从家户制传统来解释国家宏观政治。但将家户制传统与国家研究结合起来，始自于2017年的《政治学研究》的约稿。当时，我们正在做包括家户制在内的农村社会形态调查。当《政治学研究》约稿时，我们本能地将正在从事的农村家户制调查与国家政治关联起来，发表了一组相关论文。如黄振华的《"家国同构"底色下的家户产权治理与国家治理基于"深度中国调查"材料的认识》；任路的《"家"与"户"：中国国家纵横治理结构的社会基础——基于"深度中国调查"材料的认识》。之后，将家与国关联起来研究的成果更多了，如任路的《家户国家：中国国家纵横治理结构的传统及其内在机制》（《东南学术》2019年第1期）、《中国国家纵横治理结构的原型与转型——基于家户制的视角》（《云南社会科学》2019年第1期）、《中国国家纵横治理结构的组织基础——基于"深度中国调查"的认识与思考》（《广西大学学报（哲学社会科学版）》2019年第6期）等。

随着对家户与国家的关联研究的深化，我们从理论与方法的角度提出要"在中国发现国家"的命题。这就是根据中国历史本身去理解中国国家演化的路径和特点。在马克思主义看来，社会分工是文明和国家产生的重要原因。西方国家经历了人类第三次大分工，产生了个体化社会，有了阶级和阶级冲突，产生了阶级国家。在中国，社会大分工到了第二次就停止了，农业家庭成为社会基本单位，并在此基础上建立起国家。从国家组织上看，集家为国，国家是由无数个家庭构成；从国家权力看，国模仿家，实行家天下和家长制；从国家治理看，家户成为国家治理的基本单元，作为血缘单元的家与作为政治单元的户联为一体；从国家演化看，家户是生产和税收单位，家户稳国家稳，家户衰国家败。近代以来，遭遇工业文明，个体化成为大趋势，但家户制在现代化进程中仍然有其恰当的位置。[①]

[①] 徐勇：《家与国：在中国发现政治——兼及政治学的中国学派自觉》，"田野政治学"公众号，2020年12月21日。

七 关系理论的建构与国家

政治学是以国家为主要研究对象的。我从事政治学研究之初，马列主义经典著作，特别是马列主义的国家理论是基础课。记得列宁曾经为国家问题所苦恼，深感国家问题是一个"困难的问题"，是"一个最复杂最难弄清的问题"。①在1992年出版的《非均衡的中国政治：城市与乡村比较》一书中，我将政治体系一分为二：一是来自社会，又凌驾社会之上，以其强制性的权力控制全社会的国家权力体系；二是在国家权力的统辖之下，与社会紧密联系在一起并深深渗透在日常社会生活之中的基础性政治社会。之后，我重点关注的是基础性政治社会。但在研究基础性政治社会时，我发现基础性政治社会与国家权力体系不可分离。特别是在现代化进程中，处于自然状态的农村农民日益国家化，国家化的乡村日益替代距皇权遥远的乡村社会。但在这一研究过程中，必然涉及到：什么国家，什么农村的问题。为什么国家推行的人民公社体制会受到农民的抵制，为什么国家推行的家庭承包制改革会受到农民的欢迎，视之为"第二次解放"？尽管家户制有其局限性，但为什么仍然有生命活力，它在中国的国家演化中处于什么地位？这一系列问题使我不能不从历史演化的角度研究国家问题。2018年我申报并承担了国家社会科学基金重点项目"关系变迁视角下中国国家治理体系发展、改进和演化研究"，开启了国家问题的研究。

国家问题是政治学研究最多，也是最为复杂和最难弄清的问题。我要在这一问题的研究方面取得进展，需要有新的视角和新的方法。田野调查提供了基础。这就是我们在田野调查中发现，中国的农村社会并不是由一个原子化的农民构成的，而是一个由各种关系结成的社会。关系是理解中国农村社会的重要视角，也是理解中国国家演化的重要视角。

当然，"关系"作为理论与方法，前人有诸多论述。马克思有著名的论断，即"人的本质是社会关系的总和"，但马克思主要关心的是生产关系。西方和中国的社会学者也都有关系方面的论述。我在田野调查

---

① 《列宁选集》第4卷，人民出版社1995年版，第24页。

的基础上，充分吸收已有的学术资源，对关系理论进行了自我构建。我对关系的理解更多的是基于人与人之间的社会联结。个人只有在与他人的联结中才能形成关系。随着联结的扩大，关系日益丰富。人类最初，甚至是唯一的社会关系是血缘关系，产生的是以血缘关系为纽带的氏族组织。这是人类社会的出发点。之后，因为地域相近而产生的交往，将不同的血缘关系的人联结起来，并形成地域关系。利益的分化一方面造成氏族组织的解体；另一方面产生人们之间的利益冲突，从而形成用于调节社会冲突的国家。在共同的相近的地域内生活着不同的民族人群，并会形成民族关系。在相当长时间，人们生活在互不联系的地方，国家只是地域性国家。只有到了近代，人类进入互相联系的"世界历史"进程中，从而产生了世界关系。国家存在于世界整体之中。但是，在长期历史中形成的人与历史的关系仍然影响着一个国家的存在和延续。

正是基于不同的关系产生不同的国家形态，我提出了"关系决定国家"的命题。国家正是在不同的关系变迁中演化的。只是这种演化不是线性的，也不是单一的。在国家演化中存在着大量的新旧重叠、循环反复的现象。造成这种现象的重要原因便是"关系叠加"。即在关系扩展的过程中，社会关系不是一种新关系替代一种旧关系，而是新的关系与旧的关系相互叠加，此消彼长。

由社会联结构成的关系、因为社会联结的扩展造成的关系扩展、在关系扩展中出现的关系叠加，这是我构造的一种关系理论，并运用这一理论解释国家的演化。我以为这一理论可以更好地解释中国的国家演进的变迁性、复杂性和反复性。通过关系理论的建构，我着手撰写多卷本的《关系中的国家》一书。第一卷是"血缘—地域关系中的王制国家"；第二卷是"地域—血缘关系中的帝制国家"；第三卷是"地域—民族关系中的帝制国家"；第四卷是"世界—历史关系中的国家转型"；第五卷是"世界—历史关系中的现代国家"等。

多卷本的《关系中的国家》是一部从政治学的角度解释中国国家演化的著作，有自己的独到视角，这就是关系理论。这一理论汲取了马克思主义关于人的本质是社会关系的总和及客观的现实关系决定国家政权的思想，但又在此基础上进行了发展，形成了由关系、关系扩展和关系叠加等核心元素构成的一个关系理论体系。该书充分汲取了历史学的成果，但它不是历史叙事，而是一部试图探讨国家演化因果关系的理论著作。

八 既有理论的清理与辨析

政治学作为一门学科是引进的。1980年代中国政治学恢复重建。政治学的恢复重建不简单的是对过往政治的接续，更重要的是处于一个新的历史起点上，这就是以马克思主义为指导。但是，由于政治学恢复重建时间不长，在政治学的恢复重建过程中，我们对于外来的政治学思想主要还是处于被动的学习吸收状态。1980年代主要是"请进来"，包括翻译西方著作，邀请西方学者来中国讲学等。1990年代得以"走出去"，我先后到美国南加州大学和斯坦福大学做访问学者。尽管进入田野研究，但仍然注意吸收各种学术资源。包括治理、现代国家建构理论等。

当然，我们这一代人经历过"文化大革命"，曾经迷信过权威，但后来不再迷信了。"本本"要学，但不迷信，具有批判意识。1980年代，美国大学者阿尔蒙德来我校讲学，我便有所反思。但是，在相当长的时间里，我们有反思的勇气，但缺乏对话和批评的底气。只是随着田野调查的深入，我们以事实为依据，发现既有的理论存在诸多不足，需要加以清理和辨析。这一工作自2010年后开始，发表了一系列相关论文。

东方专制主义是西方学者对传统中国政治的定义。这一定义遮蔽了东方中国政治与社会的另一方面，形成"西方自由东方专制"的固定模式。改革开放以来的中国经验正在证明这一固有模式的限度。我在《学术月刊》2012年第4期发表《东方自由主义传统的发掘——兼论西方话语中的"东方专制主义"》一文，指出：

> 改革开放以来中国的迅速崛起，引起了西方人士的惊呼，认为这是西方世界"三百年未有之挑战"。这一挑战不仅在于中国经济社会迅速发展的事实，更在于长达三百年西方对中国的认识范式的危机。因为，在西方学者看来，自由是发展的基础，西方的发展来自其自由主义传统，中国则是典型的东方专制主义国家，而专制主义是压抑人性、压制经济自由发展的。因此，一些学者将中国的改

第十五章　以主体原创为准绳的田野政治学

革开放归之于外来的西方自由主义的引进。但是，西方自由主义作为一种学说大规模进入中国是20世纪90年代中后期，且没有任何证据表明中国改革开放的决策依据和动力源泉是西方自由主义学说。恰恰相反，中国的改革开放是从农村开始的，是对农民生产经营自主权的认可。而农民生产经营自主性则是中国千百年来历史形成的。由此就需要我们重新认识中国的历史传统和制度底色，这就是东方自由主义。①

在西方，东方专制主义理论的集大成者是魏特夫。他在《东方专制主义》的大部头著作中引述了许多马克思和恩格斯的话，因此有特殊影响。我在《政治学研究》2017年第4期发表《从中国事实看"东方专制论"的限度——兼对马克思恩格斯有关东方政治论断的辨析与补充》一文，指出：

> 自由与专制是政治学的核心概念之一。政治学产生并发展于西方国家。长时间以来，在西方政治思想中，形成了"西方自由，东方专制"的话语定论。德国学者魏特夫以"东方专制主义"概括东方国家的政治，并将东方专制论的来源归之于马克思的论述，更具欺骗性。对于魏特夫等人的偏见已有众多批判。只是这些批判更多的是理论性，尚不能从根本上颠覆这种简单、武断且片面的论断。其重要原因在于，长期以来，学界存在两大遮蔽，一是既有理论遮蔽着丰富的事实；二是上层政治遮蔽了基层社会。就是马克思恩格斯也存在因为对事实了解不够作出的判断被他人利用的问题。事实胜于雄辩。只有从中国事实出发，才能从根本上改变政治话语的被动状态，纠正多年形成的学术偏见。本文以华中师范大学中国农村研究院的"深度中国调查"的事实为基础，对"东方专制论"的历史与理论限度作出阐述。②

---

① 徐勇：《东方自由主义传统的发掘——兼论西方话语中的"东方专制主义"》，《学术月刊》2012年第4期。

② 徐勇：《从中国事实看"东方专制论"的限度——兼对马克思恩格斯有关东方政治论断的辨析与补充》，《政治学研究》2017年第4期。

延续东方专制主义的线索，西方对中国政治的定义还扩展为全能主义和威权主义等。这种对中国政治的定义影响甚深。我在《河南社会科学》2018年第3期发表《用中国事实定义中国政治——基于"横向竞争与纵向整合"的分析框架》一文，指出：

> 用专制主义、威权主义、全能主义定义中国政治，无疑反映了某些事实，但不能把一种理论观点和学术成果当成"唯一准则"，更不能以此定义将人们的思维格式化。特别是这一定义具有相对性，即相对自由民主价值而言，在价值规范上具有天然的低下性。专制与自由相对，威权与民主相对，全能与有限相对。从政权组织与人民的关系看，专制主义反映的是主—奴关系，拥有国家统治权的人是高高在上的主人，民众是受奴役的奴隶；威权主义反映的是权威—服从关系，统治者具有父亲一样的权威，民众只是服从而不可替代；全能主义反映的是全能—无能关系，统治者无所不能，民众无所作为。
>
> 从理论上看，以上三种政治形态是没有活力的，是难以促进经济社会持续发展的。
>
> 然而，西方的定义与中国的事实却是相悖的。中国创造了世界最为灿烂的农业文明，从而使得中国文明长期延续下来，这是不争的事实。改革开放以来，中国经济持续高速增长，并保持政治社会稳定，创造了"中国奇迹"。改革开放也不是突然从天而降，是人民公社体制下包产到户要求和探索的逻辑延伸。
>
> "出格"的中国事实难以用被西方学界定义的中国政治来解释。但西方学者（也包括中国学者）仍然囿于原有的定义。如对中国改革开放进程以"威权韧性"加以定义。[①]

将中国文明和国家定义为"早熟"的理论影响甚深。人们对这一话

---

① 徐勇：《用中国事实定义中国政治——基于"横向竞争与纵向整合"的分析框架》，《河南社会科学》2018年第3期。

语蕴含的价值却有所忽视。我在《政治学研究》2020 年第 1 期发表《中国的国家成长"早熟论"辨析——以关系叠加为视角》一文对这一定义进行了清理，指出：

> 定义是学术话语的核心，可作多种理解和运用。从话语原创及其影响看，"早熟"可作两种理解：一是与"早迟"对应，即文明进程的早晚时间。这一理解没有价值取向；二是可与"早衰"，即有的文明和国家进程因为过早的出现而导致后来的停滞和落后。这一理解有一定的价值取向。相当多的学者都是从这一意义上运用"早熟"定义的。
>
> 从"早熟"定义的第二层涵义便可以发现，这一概念蕴含着价值成分。价值体现着事物的应当性和正当性。任何概念都具有价值的高低阶位的属性。"早熟"相对于"正常"是个低阶位概念。其应当性和正当性不够。"早熟"意味着应当出现的而没有出现，其正当性自然就不强。正是"早熟"导致了"早衰"，由"早衰"则可推导出"早熟"的非正当性。由此可见，在理解和使用一个学术概念时，一定要辨析其涵义、影响，特别是蕴含的内在价值。①

我为什么不断去清理既有理论，并加以辨析，从根本上说，是中国改革开放以来的事实和经验，使我们得以以平等的视角对待外来的理论。我在《中国社会科学》2016 年第 7 期发表《历史延续性视角下的中国道路》一文，指出：

> 中国正在迅速由农业文明转向工业文明，而且形成"两种文明的叠加优势"，以致创造了经济高速增长的"中国奇迹"；1949 年以后中国进入了长达六十多年的发展、特别是改革开放以来的经济高速发展时期。与此相对应的是，西方正处于"发展乏力"时期。这一事实大大改变了近代以来中西方的"极度倾斜"格局，促使中

---

① 徐勇：《中国的国家成长"早熟论"辨析——以关系叠加为视角》，《政治学研究》2020 年第 1 期。

国人以平常心态重新审视自己，由此建构新的认识范式。这一范式就是"在比较中发现中国"。

比较是一种认识工具，它将不同的对象置于同一时空下进行比较，发现各自的特性。比较更加注重还原历史，而不是以今天度量历史，即一切以时间、地点和条件为转移。这种比较既没有文明叠加的傲慢，也没有国力反转的历史悲情，而是将不同国家作为同等的对象置于同样的历史条件下进行比较分析，是一种平等的对话。①

正是因为平等的对话，使我们能够发现既有理论的优长，也注意到其不足和缺陷。因为任何理论都不可能穷尽真理。特别是社会科学的发源地在西方。率先处于现代文明高点的西方学者势必以其所处位置，通过建构概念定义事物，从而取得定义权，规范人们的思维，将人们的思维模式化。学术上要有所创新必须清理过往的概念并建构新的概念。我在《文史哲》2019年第1期发表《学术创新的基点：概念的解构与建构》一文，指出：

> 人类的认识与其他领域一样，都遵循着"先占原则"，即某些人由于对事物的认识在先，通过概念对事物加以定义，并能够广泛传播，就会形成"先入为主"的认识，获得话语权。后人在接受这些概念时，自觉不自觉地会进入其相应的思维通道，形成格式化、规范化的思维。这就是思想意识的力量。
> 中国很早就形成对人类社会的认识，但受农耕文明的经验思维影响，缺乏一个由清晰的概念和知识体系构成的社会科学，许多论断只可意会，不可言传。社会科学率先由西方兴起。在社会科学发展过程中，西方人创造了大量的概念，并形成了系统的知识体系，体现了知识生产的"先占"法则。……这是中国社会科学不得不向西方社会科学学习，也是深受其影响的重要原因。这些概念已经成为人类知识体系的一部分。离开了这些概念，社会科学就没有了立足的根基。从这个意义上说，中国人需要永远保持学习的心态。

---

① 徐勇：《历史延续性视角下的中国道路》，《中国社会科学》2016年第7期。

但是，任何概念都有其局限性。人类的认识没有穷尽。没有永恒的概念，只有永远的讨论。

改革开放以来，我国的哲学社会科学处于全方位开放格局下，引进了大量新知识、新概念和新理论，极大地促进了社会科学的发展。但是，由于"先占原则"的作用，使我们对外来的理论更多的是学习，而少有批判；对外来的概念更多的是接受，而少有解构，由此出现将一种理论观点和学术成果当成"唯一准则"的现象。这种新的教条主义自然会束缚中国学者的原创力。[1]

只有从新的教条主义中解放出来，才能激活人们的主动性和创造性，产出具有原创性的成果。这体现了一种学术的自觉。

九 主体和原创为学术准绳

田野政治学经历了数十年的发展，因为进入田野，以事实和经验为依据，比较早地获得了学术的主体性，并产生出一系列具有原创性的成果。在这一过程中，我有如下体会：

一是学术研究必须持开放态度，充分汲取一切学术资源。学术研究的大厦不能凭空而起，只有充分汲取前人的研究成果才能有所进步。田野政治学进入田野，主要研究基层问题，所需要的学术资源似乎不多，甚至没有受到专业训练的地方干部也可以发表论著，且有真知灼见。但要将田野问题提升到更高的理论层面，使之具有学科性并建构起学术理论大厦，就必须充分汲取一切学术资源。我们学习接受"治理"理论才得以开发出"乡村治理"的理论；学习接受现代国家建构理论，才得以开发出"国家化"的概念；没有对东方专制主义的了解，我们就难以开发东方自由主义概念；没有对"村社制"的了解，就难以建构"家户制"理论；"关系中的国家"更是学习和借鉴了众多过往的研究成果。

二是在汲取各种学术资源的过程中，马克思主义及其中国化的成果无疑是最重要的。我们在中国大地上从事政治学研究。马克思主义及其

---

[1] 徐勇：《学术创新的基点：概念的解构与建构》，《文史哲》2019年第1期。

中国化的成果无疑是最重要的学术资源。马克思主义提供了基本理论与方法。马克思主义与中国实际相结合产生了中国化的马克思主义。我们从事田野政治学研究，进入和深入田野，一是要了解国家宏观政治和政策，具有政治高度；二是要以中国的田野大地为基础，在马克思主义及其中国化成果的指导下进行原创性研究。我们将"治理"赋予马克思主义的理解，并转换为"乡村治理"，运用到中国田野调查和研究。我们受马克思主义关于"村社制"思想的启发，将家户制作为一种社会基础性制度加以定义。我们将田野调查中获得的"关系"现象与马克思主义关于"人的本质是社会关系的总和"的论断结合，建构"关系中的国家"的理论。

三是汲取各种学术资源的目的是我所使用。我们是政治学者，是研究主体。从事政治学研究，首先必须学习，而且要永远学习，汲取各种学术资源。但学习的目的是使用，是为了更好的解释田野问题，产生新的研究成果。一切要以我们所研究的问题为主。在村民自治研究中，我们吸收"治理"理论，是因为"治理"的概念包容量更大，可以将其转换为"乡村治理"的概念，更好地理解中国的乡村政治。我们汲取现代国家建构理论，是因为通过这一理论可以更好地解释现代化进程中的各种"下乡"活动。而在汲取各种学术资源的过程中，所汲取的资源已发生了创造性的转换。如我们将现代国家建构理论转换为"国家化"，特别强调国家化是一个过程，是一个互动过程。重要原因在于中国的国家化的对象是广大农民，而农民是积极的行动者而不是消极的存在。国家化必然遭遇与作为积极行动者的农民的互动。

四是在汲取学术资源时要有所选择，以我为主。必须承认，中国的政治学恢复重建不久，要大量学习和汲取外来的学术资源，即使中国政治学有了长足发展也要继续学习和汲取各种学术资源。但是这种学习和汲取，一定是有选择性的，要以我们所从事的研究为主。需要什么学习什么。学术发展是一条历史长河，不同的阶段有不同的成果。最新的不一定是我们最需要的。我在美国学习进修过。美国对中国的研究有很大的成就。但他们的研究也有不同的表现。我2000年在美国斯坦福大学的著名社会学家华尔德家吃过饭。华尔德先生著有《共产党社会的"新传统主义"》一书，对中国的"单位制"有很深入的研究，可以说是"单位制"研究的率先之作。该书对我们研究中国的基层社会很有启发。后来华尔德先生的研究发生了转向,尽管不断产生出最新成果,但这些成果与我们的研究距离远了,并不适用于我们的田野研究。

五是汲取各种学术资源的目的是为了更好地产生原创性成果。学术发展是一条历史长河。在这条历史长河里,前人和他人作出了贡献。但这些贡献毕竟是前人和他人的。我们学习和汲取各种学术资源,不是简单地接收,而是要在前人的基础上有所创新。当初我们之所以进入田野和之后深入田野,重要原因是书本不能提供现成的或者满意的答案,由此希望经过我们的努力超越前人。田野调查不是为已有的理论提供一个注脚,而是获得超越前人的基础。在研究中,我们要借助已有的理论和方法,但仅仅是借用,而不是模仿。我们借用了"国家与社会"的分析框架,但没有陷入国家与社会二元对立的框架之中,由此提出了"基层社会和创造性政治"。尽管"天赋人权"早已成为一种规制人们思维的"规范",但基于现实,我们仍然提出了"祖赋人权"的思想。

六是在汲取各种学术资源过程中不断提升原创能力。中国的政治学恢复重建时间不长,在政治学的学理化方面还有所不够,原创能力还不强。这也是西方学术成果能够有较大影响的重要原因。我们进入田野,获得大量第一手资料,这为学术原创提供了基础。但进入田野不等于就能产出原创性成果。其中还有大量的中间环节,特别是学理化的要求。我们在解构西方学术概念的同时,也不得不承认由于长时间的训练,西方人在学术概念建构方面确有其过人之处。政治学者海伍德指出:"要形成关于政治世界的知识,不能只靠观察,还要开发和提炼可以帮助我们理解它的概念。"[1] 美国政治人类学家斯科特做了深入的田野调查,其主要贡献在于建构了一系列标识性概念,如"弱者的武器"、"逃避统治的艺术"等。将农民替换为政治权力体系中的"弱者",便大大增强了影响力。当然,原创能力的提升是一个长时间的积累和摸索过程。但首先要有原创意识,而不是简单的接轨和机械的照搬。其次,要鼓励原创,只要在前人基础上哪怕前进一小步,都比"跟着说"和"照着

---

[1] [美]安德鲁·海伍德:《政治学核心概念》,吴勇译,中国人民大学出版社2017年版,第2页。

说"要强。

　　田野为政治学提供源头活水，只有不断增强研究者的主体性和原创性，这一源头活水才能汇聚为学术长河，奔腾向前！

　　当在漫长的学术长河里有田野政治学的一席之地，应是对于探索者的莫大慰藉！

附　录

一　田野与政治：实证方法的引入与研究范式的创新
——徐勇教授访谈
徐　勇　慕良泽

徐老师，您好！据我所知，您是政治学出身，又是国内较早涉入"三农"问题研究的专家。在"三农"问题越来越受到社会各界的重视、"三农"研究渐成"显学"的今天，我想借此机会首先听听您当时是怎样进入"三农"问题研究领域的。

如果要说我是政治学出身的话，更确切地说可能是马克思主义政治学出身。当时国内的政治学经典著作就是马列经典，没有像你们现在那么多的政治学著作可阅读。阅读马列主义经典著作的学术训练，可以说奠定了我以后独立思考并从事政治学研究特别是中国政治研究的学术基础。

我经历了五年"下乡"，当了三年工人后，于1978年考上大学，1982年留校工作，开始从事社会科学研究。如果说我们这代人经历了"文革"的不幸的话，我们开始学术研究则刚好乘上了"改革"的东风。同当时的大多数学人一样，我也曾为改革开放后理论的活跃和思想的奔放而兴奋不已。但是，随着学习和研究的深入，我的心中逐渐生出些许遗憾。一是人们较多地沉浸于外来文化的吸收和借用，而对我们自己脚下的大地关注较少；二是在层出不穷的新观点、新提法中夹杂着浓厚的浮躁之气，理论研究缺乏深入的事实依据。

特别是就政治学而言，中国长期处于有政治而无政治学的状态。新中国的政治学的真正建立是改革开放以后的事情。即使这样，20世纪80年代末的政治风波对于中国政治学却也带来了巨大冲击。在政治学陷入低谷之时，也促使着一些政治学者开始反思以往的"殿堂"政治和注解性的政治学研究，并试图寻求政治学研究的新进路。在1991年，我发表一篇文章，题目是《重心下沉：90年代学术新趋向》，认为80年代的政治学研究主要集中于国家上层，而对于社会基层问题缺乏应有的关注。其中的一个重要原因是，80年代正处于传统与未来的交汇处，对历史的轻率否定和对未来的超前追求常常将人们的思维定位于"应该怎样"的价值判断层面。这种"应该怎样"的理想主义倾向能激发起人们的热情，却也容易滑向大而不当、脱离客观实际的思维误区。进入90年代之后，学术研究应该更多地由国家自上而下延伸，从简单地定论"应该怎样"转向重视"是怎样"，强调思维的具体、精致和客观性。我1992年出版的著作，《非均衡的中国政治：城市与乡村比较》就试图提出并解答这样一个问题：为什么中国上层政治不断地变动，而社会并没有发生结构上的变革？为解决此问题，在书中我提出新的分析框架，即将政治分为两个层面：一是以国家权力为中心的上层政治；一是与基层社会相关的基层政治，并认为后者更具有基础性和决定性意义。由此也将自己的研究视角调整到基层社会，特别是长期以来与城市发展有巨大差距的农村社会。而20世纪90年代开始在农村出现的村民自治就为我的"三农"问题研究提供了直接契机。

良好的开端是成功的一半，另一半可能是选准了学术研究方向之后能持续不断地做下去。从您进入"三农"问题研究的逻辑中，我已经隐约体会到了您对中国政治学研究的主要贡献：以村民自治为窗口，将实证研究方法引入中国政治学研究；以"三农"问题研究达到对"基础性政治社会"变迁的认识和研究，拓展了政治学的研究领域。如果是这样的话，您能不能详细谈一谈您的政治学研究的学术历程？

坦率地讲，我的政治学研究在研究方法和研究对象方面经历了一个由不自觉到自觉探讨的过程，并不是一开始就有一个现成的思路。

1992年之后，我与同事们共同从事农村基层调查和研究，注意到实证经验在政治学研究中的重要性，并围绕村民自治进行了数年的田野调查。随着村民自治研究，实证调查作为一门方法不自觉地被应用到政治学研究领域。对于村民自治的研究集中体现在我所在的学术团队所策划的"村治书系"中，共计十部著作。1998年，承蒙湖北省相关部门的支持，我出版了一部自选集，自选集收录了90年代以来的主要论文，其中相当一部分是个案性经验研究。包括在我的博士论文基础上成书的《中国农村村民自治：制度与运作》的第二部分也属于此类研究。该书是在上述研究的基础上进一步延续和伸展，专题性和实证性更强。这一时段的研究主要是为了深度挖掘、认识个案，探讨村民自治的产生、适应、实际运转与调适等方面。因为全国村民自治的发展进程不一，运行效果也有很大差别，所以，个案研究还是比较适合的。

在村民自治的研究中，我们逐渐认识到，以村民自治为先导的农村改革其实标志着基层政治社会领域的重大变革，也标志着中国乡村治理体制的更替。所以，随着村民自治研究的深入，由村民自治引入的乡村治理研究开始兴起，这一方面说明村民自治研究的拓展和提升，也说明了基层政治研究的政治学研究对象的回归和深化。这一阶段的成果主要体现为我所在的学术团队策划出版的"乡村治理书系"。我的第二本论文集《乡村治理与中国政治》、我与徐增阳合著的《流动中的乡村治理——对农民流动的政治社会学分析》就是这个书系中的两本，均可以概括为对乡村治理的研究。如果说我们于80年代中期开始的乡村政治研究尚带有一些不自觉色彩的话，那么，"乡村治理书系"的出版标志着我们的研究步入自觉状态。这是因为，我们逐渐地认识到，随着现代化建设的深入，中国乡村政治社会正在发生结构性的历史变迁。市场化、民主化进程在乡村田野首先取得重大进展，乡村政治、经济、文化等各方面均发生重大变化。特别是以大众参与为主要特征的村民自治，为中国的乡村社会以及基层政权注入了前所未有的现代民主因素。这一政治实践经验显然与以城市和市民为先导的西方现代民主化进程有很大不同。更为重要的是，它昭示着中国的政治学研究不能只是简单借用在西方经验基础上生成的理论来阐释中国政治，而应该从中国政治实践出发，在富有创造性的实践经验中寻找理论的源泉。二十多年的田野调查，使我对这一点体会得尤为深刻。我认为，这一研究思路应该上升为政治学研究的重要方法。

我知道，您的博士学位论文《中国农村村民自治：制度与运作》后来获得了首批全国百篇优秀博士学位论文奖。我感兴趣的是，当时您为什么会以"村民自治"作为博士论文选题？

"村民自治"刚开始是作为一项政府工作出现的，而不是出现在学术研究中。但是这项工作通过相关法律时有两次大的争论，一次是1987年《村民委员会组织法（试行）》出台时的争论，这次是局限于制定法律的争论。第二次争论是1989年政治风波之后。村民自治是体现民主价值的，民主自治会不会引起动荡呢？谁也吃不准。这时候，政府部门发现，如果理论问题不解决，实际工作则很难推进，所以希望学者更多地去研究，因而吸收学者参与村民自治实践工作。由于我们华中师范大学较早进入了农村调查，这时便参与了有关村民自治的农村调查。在当时，村民自治的研究，一是研究人员少，有人说中国有九亿农民，但只有不到九个学者在研究他们的政治实践；二是真正系统的、完整的研究少，更多的是一种零碎的政策解说。从1992年出版《非均衡的中国政治：城市与乡村比较》一书到1997年的五年时间里，我主要是研究村民自治。在做博士论文之前，我就开始参与民政部的一些工作，一些资料也是民政部提供的，同时也参加一些学术会议和实际调查。在此基础上，便选择了"村民自治"作为博士论文选题。可以说，《中国农村村民自治：制度与运作》就是有关村民自治的一个相对完整的学术思考。现在看来，这本书更重要的是体现了一种方法：没有做什么价值判断或者是论证村民自治应该怎么样运作，而是把村民自治这项制度的要素、结构关系呈现出来，把它的运作过程、运作环节展示出来，着重于实际过程和实践活动。

我在与其他师友的聊天中了解到，您及您所带领的学术团队在以"三农"问题为导向的政治学研究中取得了丰硕的研究成果。如果对已有的研究作一反思和批判的话，您认为我们目前的研究中还存在哪些问题？

回过头来看，华中师范大学中国农村问题研究中心成立已经有二十六个年头了。但是对于需要传承、积淀、积累的团队建设、学科发展、研究风格来看，二十六年的实践只是一个起步，对于存在的问题的检讨和反思是我们进一步发展的动力。可以说，实证研究方法进入中国政治学研究领域后，大大提升了政治学研究的科学性。政治学要真正成为一门科学，也有待于实证研究的更好运用。

首先是实证研究的理论预设问题。应该说，实证研究在中国长期未得到重视。即使是运用实证研究最多的社会学，因为社会学恢复不久，也在实证研究方面较为欠缺。因此，实证研究在中国政治学的运用就如我前面谈到的，是在不自觉的状态中运用的。研究者只是知道应该做实地调查，而不知道为什么做，更不知道怎样做。在做调查之前，普遍缺乏应有的理论预设，即对调查的主题是什么、应该达到什么目的等问题缺乏足够明晰的认识。在某种程度上陷入为了调查而调查，学术增量不够。我们这里要强调的是，做实证研究，不是"理论先行"，先入为主，但是要有理论预设。经过实证研究之后可能证实预设，也可能证明当初的判断不对。有了理论预设之后，可以使研究更具有针对性，调查更加集中，不至于造成漫无边际的陈述。

其次是科学规范问题。实证研究作为一种科学方法，有着严格的逻辑、准则和程序。但是中国的实证研究者们普遍缺乏严格的科学规范训练、缺乏实证研究的基本知识，更不知实证研究的基本准则，不少人对实证研究一知半解、似是而非，以为只要下乡就是进入田野，以为实地调查就是实证研究，误认为田野日记与调查报告就是实证研究成果。这种理解、这种方式大大降低了实证研究的质量：一是实证研究变为证实研究。有人做调查并不是从事实中出结论，而是为自己的观点找根据。最典型的是南街村调查，同样一个村可以得出全然不同的结论。这实际上是"乌托邦"研究的变种。二是狭隘的经验主义。到一个地方看了看，马上就可以得出一个结论，即"走马观花又一村，一村一个新理论""只见树木，不见森林"。三是价值中立原则被抛弃。我不反对学者应该有社会责任感、有人文关怀，但是科学研究中应该避免价值问题干扰,学术研究应该做到价值中立。现在不少"三农"研究者怀有强烈的道德感和使命感,要为农民代言,为乡村请命,而且将自己的这种道德关怀注入实证研究中,得出来的结论与现实大相径庭。有些人开玩笑说,现在"三农"问题变成了"四农"问题,即"三农"研究也成了问题。科学规范的不够大大损害了研究的科学性,更不能保证结论的科学性。

再次是调查的历时性和共时性问题。实证研究在中国主要与一些课题联系在一起,大多为某些应用性的政策研究。所以,课题一结束,调查也结束了,原有的调查点也放弃了。而一项研究往往需要很长时间的调查才能获得准确真实的事实或者掌握其变化情况,一劳永逸式的实证难以有真正的发现。科学研究的展开有两个层面:一是横向层面的共性考察,即通过几个个案、几千个样本进行横向归纳,发现样本之间的共性。这种研究的特点就是能较快得到研究对象的一般特征。二是纵向层面的历时考察,即通过长时间的历史考察,发现变量之间的因果性或者相关性。这种研究的最大特点就是时段长,对个案的变化可有一个深度的挖掘。在政治学中,从事实证研究的学者对横向层面的调查做得比较多,但是纵向的调查做得比较少。其实,一个具有普适性的结论一方面需要放在长时段的实践中去观察才能够得到;另一方面需要从尽可能多的案例中去寻找。

最后一点是理论提升问题。"三农"问题作为"问题"导向的研究,我们要不断回归学术本位。也许"三农"问题在不远的将来就不存在了,但是作为学术研究要常新长青。在调查研究的基础上,不断有理论的提升和总结,这样才有可能形成中国自己的政治学理论。其实,中国解决了许多世界性的难题,但是目前的概括、总结和提升还远远不够充分。实证研究不仅重视"是什么",还要解释"为什么"。因为任何事实背后都有一定的逻辑根源。"发现事实"的根本目的还在于弄清楚"事实为何如此",并建立起相应的解释模型。由于缺乏严格的科学训练和不注重学术积累,整体而言,实证研究目前还处于最原始的阶段,即采集"矿石"的阶段。实地调查取得了大量的第一手材料,但由于调查前缺乏必要的理论预设,调查后缺乏应有的学术分析,以至于实证研究的学理知识含量较低,出现所谓的"只见描述,不见解释"

的状况。更有甚者，出现了不少"出口转内销"现象，即外国学者借用在中国所取得的调查资料进行"精加工"，产生理论观点，转而影响中国学者。如"过密化""有增长无发展""经纪人""内卷化""蜂窝状""依法抗争""共同体"理论等。所以，尽管中国的实证研究在政治学的运用已有十多年时间，但我们还没有产生有广泛影响力的理论观点和研究范式。

　　如您所说，"三农"问题研究还存在很多问题。但是，为什么您近几年的研究好像又转入了理论研究，不再直接讨论"三农"现实问题了？

　　一方面，从我个人来讲，作为教育部人文社科重点研究基地——中国农村问题研究中心主任，要为打造整体性的学术平台做一些非学术性工作，这一点限制了我做进一步的田野调查；另一方面，做了一段时间田野调查后，也需要从理论上加以总结和反思；更重要的是，如前面所谈到的，实证研究也有自身的"限度"，需要与理论研究相耦合。于是，进入新世纪以来，我的研究方法有所转变，注重理论概括和提升。这一思路的转变还是与"三农"研究有关。主要是从前些年开始，"三农"问题成为社会普遍关注的热点，由此引出的"三农"问题研究也成为一门学术"显学"。但这一"显学"的地位不是建立在扎实深厚的学术研究根基上的，相当多数的是发发议论，没有多少学术含量，甚至夹杂着许多学术泡沫。正是在"三农"问题研究热得发烫之时，我提出了要将"三农"研究由问题导向提升到学理导向，将"三农"研究建立在扎实的学术根基上。基于这一学术自觉，近五年，我的学术研究主要集中在两个方面：一是运用现代国家理论，研究随着现代国家的建构，现代国家是如何通过"政权下乡""政党下乡""行政下乡""法律下乡""政策下乡""服务下乡"等方式进入并整合、塑造乡土社会的；二是提出"社会化小农"的观点，试图运用这一理论从生产、生活、交往等方面把握和解释当今的农民和农村。其实，这两个分析视角的提出，也试图说明一点：政治学研究在实现了由"殿堂"到"田野"的同时，也需要从"田野"

走向"殿堂",将实践经验上升为理论。

在将近三十年的"追求实际"、"追求实证"、"追求实验"的研究活动中,您努力挖掘中国经验,提出了"现代国家建构"、"社会化小农"等学术理论。与经典的"三农"问题研究视角和"底层社会"研究的理论相比较,您的创新性研究能不能概括为一种新的研究范式?

中国实践正在不断产生中国经验,中国经验也将不断丰富中国理论。要贡献出中国自己的学术理论,必须根据中国实践和中国经验,突破固有的思维模式、研究范式和话语体系,进行政治学研究范式的创新。这是我近几年不断思考并已开始探索构建的一大学术课题。我最近写就的一篇长文《农民改变中国:基层社会与创造性政治——对农民政治行为经典模式的超越》(发表在《学术月刊》2009年5月号上),就是试图建构一个新的分析模式和话语体系。由于相关观点已在文章中阐述,这里我就不再展开谈了。

我写这篇文章的目的,是想说明,任何一种分析框架都有其内在的前提条件。无论是解释农民政治行为的经典模式,即"压迫——反抗""顺从——叛乱"的分析框架,还是与"压迫——反抗"这一经典解释相联系的"底层社会与抗争性政治"这一分析框架,都是以农民与国家的两极对立关系为前提的,都是把农民看作是历史的被动者——即使是激烈的反抗,也是迫不得已,一旦命运稍有改善,他们很快又成为传统体制的依附者;他们犹如钟摆,只是来回晃荡,简单重复。但是,当前提条件发生变化以后,理论解释就会受到挑战。因为当代中国农民与国家的关系模式既不是根本的对立,也不是简单的顺从;农民并不是要以革命性的激烈对抗方式改变国家基本制度和政治统治,也不是对国家意志和行为的盲目依从,而是以其一系列的自主行为,促使国家改变政策和行为模式。而这一现实,用现有的理论分析框架是难以充分解释的。所以,我试图以中国事实、中国经验为依据,将自己酝酿已久、也是琢磨已久的观点提了出来。"基层社会与创造性政治"是建设、执政、治理性话语,其理论是互动和整合理论,它强调基层社会的创造性，特别是原始创造力，但不排斥领导者或者统治者的创造作用。如果说"抗争性政治"是上层与下层冲突性政治，那么，"创造性政治"更多的是上层与下层的互构性政治，它强调历史推动的"合力"。因此，"基层社会与创造性政治"的提出，正是根据事实变化后的一种分析范式和话语体系的转换。

为了充分挖掘中国的经验事实，尽可能达到理论创新，在反思已有研究方法和理论困境的基础上，继续拓展"三农"问题研究，您有怎样的研究设想和计划？

真正的学术创新不是一件易事，需要有原创性，减少重复性。正如上面所谈到的，在中国的现代化进程中，"三农"问题显得十分突出。与"三农"问题的突出性相比，对"三农"问题的研究却十分不足。现有研究与中国农村的伟大变革实践还有相当距离。中国农村研究领域长期流行的是：中国农村在中国，中国农村调查在日本；中国农村在中国，中国农村研究在美国。意思是在中国农村调查领域，就精致化、连续性而言，中国自己的农村调查还不如20世纪二三十年代日本人在中国进行的"满铁调查"；在中国农村的理论研究方面，我们还没有像美国学者那样运用"满铁调查"资料进行理论概括，作出自己的理论贡献。这也是我经常说到的中国"三农"研究存在"虚火"的重要原因。而在"中国崛起"的今天，以上状况亟须改变，但又不可操之过急，还得从基础做起。为此，我们中国农村问题研究中心从2006年开始启动了"百村十年观察"项目和"中国农村数据库"建设项目。该两个项目是我们中心未来要长期坚持的基础性工程，计划在全国范围内选择160个左右具有代表性的村庄，进行长期的调查和跟踪观察。至目前为止，已在全国100多个村庄进行了观察和调研。我们的目标是如建立气象观测点一样，能够及时有效长期观测农村的基本状况及变化走向，形成"中国农村调查和信息反馈系统"，实现"百村观农"，达到甚至超越日本的"满铁调查"。"中国农村数据库"项目则是要将现代信息技术手段运用于农村研究，建立一个大型的农村数据库。这一数据库不仅能够集中数据，而且能够建立分析模型，实现"一库知农"。目前这两大工程正在迅速推进，将为我们的研究提供基础性条件。

记得您在给我们作学术报告时说，政治学者要不断进行理论创新，去指导政治问题的创新性解决。从您多年对"三农"问题的政治学研究中，您认为我们国家要解决"三农"问题，有哪些基本的认识、判断、经验可资参考？

理论创新是社会科学工作者的社会责任。紧扣我们今天访谈主题的话，我这里首先要强调的是中国的现代化问题复杂，现代化的道路曲折。在现代化的征程中，任何问题的解决都应该建立在充分调查研究的基础上，以事实为基础，强调实践理性，避免理想主义、教条主义。就是毛泽东所说的：没有调查就没有发言权。根据多年的乡村调查、实验和研究，我认为：在中国，只有理解农民，才能真正理解中国；只有真正理解农民行为，才能真正理解农民。所以，根据我们的研究，在解决"三农"问题的现代化进程中，一定要尊重农民的自主行为和首创精神，这是历史的经验，也是历史的教训，更是基本原则。

在结束访谈之际，您能不能对自己研究政治学的思路做一小结？同时，也请您对我们这些刚刚步入学术研究的青年学子在做学问和做人方面给点指导或者建议？

如果要对我历经的和正在从事的政治学研究作一总结的话，这一路线图大致为：在中国政治学陷入低谷的困境时，提出了"政治体系"一分为二的研究框架；在这一分析框架的基础上，深入田野调查，将实证分析方法带入了政治学研究；在"三农"问题纷杂的争论中，自己"脱身而出"，提出了"现代国家建构"和"社会化小农"两个理论分析视角，解释"田野"与"殿堂"的互动；在理论与方法的统合中，试图实现政治学研究的范式转换；通过"百村十年观察"和"中国农村数据库"两大工程的建设实现学术资源的整合，为学术研究的历史跨越奠定基础。

至于对青年学子的建议，在做学问方面，我希望要有问题意识，要有学术想象力——我经常启发学生要能发现并提出一个有价值、有意义、开放性的问题，并且这个问题是一个具有普遍性的问题，然后要脚踏实地、充分掌握事实材料，根据事实逻辑展开严谨的陈述和论证，最后试图得出一个具有一定说服力的结论；在做人方面，也同样要有"问题意识"，要不断自我反省。总之，做人和做学问的原理是相通的，一定要达到统一。特别是我们人文社会科学领域，学者本身就是社会价值的宣传者和塑造者。所以，我赠言你们：伸出你们的双手，拥抱世界；跨出你们的双腿，脚踏实地。

（原载《学术月刊》2009年第5期）

二 从田间地头讲到中南海

【人物简介】

徐勇，1955年出生，宜昌人。中共党员。现为华中师范大学政治学研究院教授、博士生导师，教育部人文社会科学重点研究基地华中师范大学中国农村研究院院长。享受国务院颁发的政府特殊津贴。国务院学位委员会政治学学科评议组召集人、全国博士后流动站评审专家、国家社会科学基金评审组成员、教育部首批文科"长江学者"特聘教授、教育部社会科学委员会委员、民政部专家咨询委员会委员、湖北省人民政府咨询委员会委员。

主要从事基层政治与乡村治理研究，是国内最早将实证研究方法引入政治学研究领域的学者之一，并从社会的角度研究政治发展过程，也是我国农村村民自治和城市社区自治研究领域的带头人之一。2006年11月30日，走进中南海，在中共中央政治局进行第36次集体学习会上，作了关于中国社会主义基层民主政治建设研究的讲解。

卷起裤腿，上山下乡，坚守数十载。草根学者徐勇，从田间地头，一路讲到中南海。

6月26日，在华中师范大学校园内，本报记者专访了徐勇教授。

上山下乡明白"天高地厚"

"我是在'文革'中成长起来的一代,'文革'中有一句口号'读书无用',在'读书无用论'中成长起来的一代人,格外珍惜读书的机会,因为我们深刻体会到'不读书更无用'。"今年58岁的徐勇,儒雅、健谈,他介绍,小学毕业后,1970年到1975年间他曾在宜都上山下乡5年。

徐勇教授说,他们这一代有一个致命的弱点,在最好的读书年代没有读书,没有受到系统的教育,尤其是外语,对他们来说是一个盲点、难点,但那个悲剧的年代,还是给他们留下了其他年代不可能有的经历。现在回过头来看,在上山下乡过程中,让他不会再将麦苗当韭菜,更让他知道了什么是"天高地厚"、什么是"实际"、什么是"基层",什么是"实事求是"、什么是"民以食为天"。

此时,徐勇明白了一个道理:社会决定国家,基层决定上层。作为研究政治学的人,要关注上层社会,更要关注基层社会,关注那些不被重视的农民。

上山下乡结束后,徐勇考上了华中师范大学政治系,1982年毕业后,留校从事政治理论研究。

研究视野投向农村基层

改革开放之初,中国农村推行一项重要改革:实行家庭联产承包责任制。

徐勇教授认为,家庭联产承包责任制只解决了经济问题,1982年我国修订颁布的《宪法》始提"村民自治"。村民自治属政治学研究的范畴,当时全国有9亿农民,而研究村民自治的不到9人,且村民自治能否在中国实行争议很大。"从本本出发,本本上没有,甚至有人认为这是个怪胎。"徐勇意识到,急需做大量的实地调研。村民自治到底是怎么回事?"自觉不自觉地把我们引向了田野。"他说。

改革开放之初,市场经济开始繁荣,一个新的自由空间正在出现。政府机关人员、企事业单位工作人员等放弃在传统体制内的位置,转而到这一新的空间里创业经商、谋求发展。

1990年，身边不少同事"弃文从商"，一度也动过"下海"念头的徐勇，最终卷起裤腿，再度"上山下乡"，成为我国第一批从事农村问题研究的学者之一。"社会科学的科学性要得到社会实践的检验，"徐勇说，很多人以为，文科学者就是讲一讲写一写，其实不然，解决"三农"问题要"田野知农"而不是"纸上谈农"，"这就需要我们走进农村，真正地了解农民。因此我们决定从书本经典走向生活经验，走向农村实地调查。"

社会科学也要种"试验田"

20多年来，徐勇和他的团队长年深入基层农村，在田间地头做研究，用脚步丈量学问。

徐勇回忆，1970年至1975年第一次上山下乡，因为年轻还因为充满激情，虽然苦但还能受得了。但在城里住过以后，再去上山下乡，就吃不了苦了。

有一次借住在一个农民家里，那户人家把最好的房间腾给他们住，晚上每当要睡着的时候，就被牛叫声吵醒，徐勇为此作了一副对联：风声雨声牛叫声声声入耳，农情村情农民情情情在心。横批为：今夜无眠。

这些对一些人来讲觉得无所谓，但吃饭、睡觉、照明等基本条件都比较差的农村，对于徐勇而言，田野提供了书本提供不了的广阔天地。

他们发现，随着时代的发展，电视的普及，村民的视野由村庄迈向世界，当然这是可喜的一面。令人担忧的一面则是，村民通过电视了解到外面世界的精彩，纷纷"背井离乡"。"这些鲜活的故事，不可能来自书本。"徐勇说。

泡在农村的那些年，和农民朋友打交道，徐勇觉得精神受到了熏陶，也从村民身上学到质朴、平和。更重要的是，徐勇研究出了一系列有影响力的论文，引起社会对"三农"问题的关注。

他把大学送到田间地头去

2008年5月12日，由徐勇担任院长的华中师范大学新农学院举行迁址揭牌仪式。

新农学院是为贯彻落实湖北省委、省政府开展的社会主义新农村"一村一名大学生"计划应运而生的培训基地；契合了培养造就"有文化、懂技术、会经营"的新型农村建设带头人、建设社会主义新农村的迫切需要。

徐勇说，与"大学生村官"自上而下、从学生到村官不同，新农学院是直接将大学送到田间地头，他和他的团队进村开课讲学，培养新农民、新农民工、新农干，让他们通过自考就地上大学。这样培养出来的人，特点鲜明：进得来，读得进，用得上，留得下。

徐勇以自行车为例打了个比方：大学生村官是飞鸽牌的；村官大学生是永久牌的。

上月26日，徐勇教授在受访时说，从2008年他在村头作首场报告至今，新农学院已在我省秭归、五峰等贫困地区，培养了近千名新农村建设带头人。

从2006年开始，徐勇和他的团队实施了"百村观察计划"，在全国选取258个村庄进行为期10年、20年、30年甚至更长时间的定点研究。

徐勇说，他们希望通过努力，超越著名的"满铁调查"。

作为智囊在中南海讲课

徐勇喜欢称自己是"草根学者"，并提出做学问要"顶天立地"。"所谓顶天，就是要顶层设计，志存高远，我们做社会科学的要把国家目标放在第一位；立地，就是要求我们脚踏实地，深入基层，向下看，走进农村进行田野调查。"正是基于此，徐勇教授授课的地点，不仅在象牙塔，还在田间地头，并有幸走进中南海。

2006年11月30日，中共中央政治局进行第三十六次集体学习。这次集体学习安排的内容是我国社会主义基层民主政治建设研究。徐勇教授和国务院发展研究中心赵树凯研究员一道，就这个问题进行讲解，并畅谈对发展我国社会主义基层民主政治的看法。徐勇主讲我国发展社会主义基层民主政治的历史与现状，主要观点是："农村是实现基层民主的重点。在现代化进程中，农村民主不应在政治生活中被边缘化。"

徐勇及其团队田野调查的一些精华、成果，也被中央一号文件采用。对此，徐勇认为，能取得这些成就，拜赐于"田野调查"，是农村和农民成就了"草根学者"。

他受邀在中南民族大学"南湖大讲堂"讲演时，总结了"田野调查"的五大妙处：开阔视野、发现问题、获得真知、促进创新和内心修炼。"根据我的人生经历，我总结出，一个人无论做什么事情，都要有自己的'绝活'，'有为才有位'。"徐勇教授说，也正是因此，他所带的几十名博士都是读4年，其中第一年必须下基层进田头、村头、坑头，而他自己，也身体力行，平时除了授课、讲学外，几乎都待在乡村，在田间地头给弟子们现场授课。

（原载《楚天金报》2013年7月2日。作者：周寿江）

三　政治学：从殿堂到田野

【编者按】时值改革开放40周年，"探索与争鸣"微信公众号于2018年初，开辟"一个人的40年"专栏，揭示改革开放40年来一代学人筚路蓝缕、以启山林的心路历程，描绘气象万千的当代中国，对过去中国以总结、对当下中国以启示、对未来中国以期冀。专栏推出以来取得良好反响，不少学界人士应征投稿，本专栏将陆续推出以飨读者。本期推出徐勇教授回忆改革开放40年来"从殿堂走向田野"的政治学问题研究。

40年，基本上就是人的一生最精华的部分了，不能说盖棺论定，也可以说基本如此了。我的40年间，说起来也就是两件事：一是本人成了一名长江边上的学者；二是将所在机构带成一个有影响的学术机构。而这两者都得益于田野，是从殿堂走向田野后的造就！

田野转换视角

金色十月对于一般人来说，可能只是对大自然的赞美。而对我们这一代人来讲，则具有特殊的社会意义，意味着人生的转折。1976年的10月，是国家命运的转折点，也意味着每个人的命运有了转变的可能。1978年10月，仅有不完整的小学学历，在农村和工厂干活8年的我，终于盼来了一纸高考录取书。

我们进入大学之后，正处于一个激情澎湃的年代。各种新知识新理论新视野扑面而来，思想的活跃、解放和奔放不亚于1919年的"五四"期间。一套"走向未来"的丛书热销神州大地便可表现出当时的人们是何等的兴奋和激情。经历了巨大历史顿挫的人们希望美好的世界能尽快到来。也正是在巨大的激情之中，人们忽略了中国的历史根基及其对前进步伐的制约。

1982年，凭借大学生期间发表的学术论文而留校，进入刚组建的科学社会主义研究所做助理。除了各种繁杂的日常事务以外，最大的好处是可以安静读书。只是当时的读书和写作都难免受激情岁月的影响，不断追逐着时代潮流的变化。虽然步入学术之门，但缺乏学术自觉。1986年，获得国家教委首批青年社会科学基金项目"我国城乡基层政治发展研究"，在北京进行项目答辩时，费孝通先生等学问大家专门做辅导报告。只是当时对费先生的学术研究，特别是田野调查方法还缺乏深刻的领悟。因为我当时从事的科学社会主义与政治学都是以宏大的国家为对象，以文献规范作为基本方法的，属于殿堂中的学问。

学术独创来自于学术自觉。人们的自觉往往来自于某一重大事件的刺激。1991年，我在《社会科学报》发表了一篇文章，题目是《重心下沉：90年代学术新趋向》。文章反思了1980年代的学术不足，提出了学术方法问题。文章指出，"80年代正处于传统与未来的交汇处，对历史的轻率否定和对未来的超前追求常常将人们的思维定位于'应该怎样'的价值判断层面。这种'应该怎样'的理想主义倾向能激起人们的热情，却也容易滑向大而不当、脱离客观实际的思维误区。随着社会思维从亢奋趋于冷静，思维方式开始从简单地定论'应该怎样'转向重视'是怎样'"。"进入90年代，随着对外来文化的从容分析吸收，人们力图运用新的文化思维观照、透视本国的实际情况，特别是制约社会发展的基层社会，以求得对社会的深刻理解。"我的这篇文章是有针对性的。因为1980年代学术界的注意力主要集中于国家上层，关注的是上层变革，注重的是上层变革的走向与路径，如新权威主义的大行其道，而正在发生深刻变化的基层，特别是农村田野却是学界的盲区。

上层的变动进一步促进我的学术反思。1992年我出版了《非均衡的中国政治：城市与乡村比较》一书。在书的开头，我在引述马克思关于东方社会的论断之后，明确提出了一个问题，这就是包括中国在内的东方社会，为什么上层政治经常发生更迭，但整个社会并没有发生根本性变化；学界关注较多的是国家上层的变化和更迭，而基层社会却被忽视，事实上恰恰是基层社会的不动，造成了上层变动的复杂结果。为此，我提出了要将政治体系一分为二：一是上层国家权力；二是基础性政治社会，并提出加强基础性政治社会的研究。《非均衡的中国政治：城市与乡村比较》一书的出版便是这一努力。只是当时这本书的发行有限，未能产生太大影响，但它从根本上转换了我的研究视角，这就是自己的研究重心和视角转向基层，特别是为政治学界所冷落和忽略的农村田野。

田野重塑主体

从社会科学来看，田野不是大自然，而是在田野上生活的农民。关注田野，是关注田野上的农民。当我们将研究的视角从上层转换到基层时，必然要以田野上的农民作为研究对象。

1980年代，中国的田野上发生了两件大事，一是通过家庭承包，农民获得了经济上的自主权；二是通过村民自治，农民获得了政治上的自治权。第二件大事更不容易。因为对于农民来说，历史以来都是自我生产，家庭经营轻车熟路，国家也乐观家庭经营带来的经济效益。而历史以来，农民在政治上从来都是被代表者。记得当时读马克思的《路易·波拿巴的雾月十八日》一文关于小农的论述，拍案叫绝，感受甚深。他强调，"他们不能代表自己，一定要别人来代表他们。他们的代表一定要同时是他们的主宰，是高高站在他们上面的权威，是不受限制的政府权力，这种权力保护他们不受其他阶级侵犯，并从上面赐给雨水和阳光。"

中国长期历史上存在的专制政治，其深刻的社会基础是小农社会，是作为政治客体的农民。他们在政治上要么一直跪着，要么自己站了起来而让他人继续跪着。如著名史学家斯塔夫里亚诺斯所说，中国农民"有造反而无革命"。中国之所以上层政治不断更迭，但政治形态没有质的改变，从根本上说是最广大的社会民众不是政治活动的主体，不能通过有序的政治参与改变政治土壤，由此使得皇权政治长期延续下来。中国的政治形态要从根本上得到改善，不仅仅在于少数精英的先知先觉，更在于广大民众通过政治实践获得政治自觉和自主。

1980年代，农村实行村民自治，由自己投票选举村委会主任，实行自我管理。这意味着他们从政治上的客体转换为主体。其历史性的革命意义比家庭经营更大，但其存在的风险和担忧也更大。长期历史上，农民都是被人管的，让他们自己管理自己，能行吗？这是当时相当多数人的担忧。正因为如此，适用于村民自治的《村民委员会组织法》讨论了数年，分歧甚大，只是在中央领导人强力推行下才通过，且在通过时还加以一个限定词——"试行"，这意味着随时也有可能不再推行。

对于变化中的田野正在重塑新的政治主体，政治学界是缺乏足够认识的。我所在的机构是全国最早建立科学社会主义学科的单位，也是最早恢复建立政治学科的单位。张厚安教授等学者比较早地将研究视野投向农村，特别是关注农村基层政权问题的研究，1988年专门成立了农村基层政权研究中心。随着我将研究视角转换到基层，也加入了农村基层政治的研究。而当时农村基层政治变化、争议最多，而又被学界所忽视的就是村民自治问题。有人表示，全国有9亿农民在实践村民自治，却只有不到9个学者在研究。而在这9个人当中，我们学校就占了好几位。

村民自治是实践先行，研究滞后，成果更少。1997年，我撰写出版了《中国农村村民自治》一书，该书被称之为最早系统研究村民自治的著作。作为该书基础的博士学位论文被评为全国首届优秀博士学位论文。

1998年，由于国际和国内环境变化，村民自治突然火爆起来。时任总书记将村民自治与包产到户和乡镇企业一并称为党领导亿万农民的伟大创造。村民自治还被人视为观察中国民主的一个窗口，并寄予更多的政治想象。特别是进入新世纪，村民自治提升为中国特色社会主义政治制度的组成部分，作为一种普遍性的政治制度自上而下全面推行。2006年，十七届中共中央政治局第36次集体学习的专题，就是包括村民自治在内的社会主义基层民主政治，本人有幸担任了讲解。

村民自治由一种农民自发的行为，上升到国家民主制度，由政府自上而下推行，反映了中国的村民自治具有很强的国家建构性。遵循村民自治进程的逻辑，我开始将村民自治置于现代国家建构的视角下考察，不是将其作为一时的激情决策，而是视为整个国家建构的基础性部分。这与《非均衡的中国政治：城市与乡村比较》一书的基本思想是一致的。

但是，随着村民自治由国家制度"落地"之后，也出现了许多意料之外的问题，如贿选、帮派、家族影响等，民主的价值在实践中被扭曲，村民自治进程受到挫折。记得有一次召开村民自治研讨会，有人称村民自治已死，应该召开的是"追悼会"。我以为，不能轻易下结论，还有待实践观察。

而实践确实给出了回答。在新农村建设中，一些地方为了调动农民的参与积极性，探索了多种自治单位和自治形式，取得良好效果。作为长期研究的学者对此给予了积极的回应，我于2014年专门撰写发表了论文《找回自治：对村民自治有效实现形式的探索》。至此，村民自治再次引起学界的关注，特别是我所在的团队对村民自治在研究范式上进行了转换，即从过往的价值—制度范式转向条件—形式，以此深化村民自治的研究。

如今，我本人自觉在村民自治领域的研究已达饱和，该领域正在以接力的方式由新生代学人接续。村民自治作为一个研究领域远远不如当年那样"火爆"，研究村民自治的学者也大大减少了。但在变动的田野上生长出来的村民自治，给了我们永远的启示：当广大人民不能作为政治主体自主、自立和自治时，政治文明的进程就会永远在路上！

田野开拓方法

田野让我们转换了视角，发现了研究对象，也开拓了研究方法，这就是将实证调查方法引入政治学科。

改革开放之初，中国的社会科学方法基本上是基于书本文献的研究。仅有的农村调查主要是为当时的中央农村政策提供依据。特别是我从事的科学社会主义和政治学，更是将"本本"视为唯一权威和研究资源的学科。而当我们将研究视角转入田野，研究对象投入到田野上的村民自治时，原有的方法已远远不够。因为，村民自治自兴起之后，便伴随着争论。村民自治愈是火爆，争论愈尖锐。理论上争论最有代表性的是，据说是化名沈延生的作者在很有影响的《战略与管理》杂志发表的 5 万多字长文，对村民自治持否定态度，其依据便是马克思、恩格斯、列宁、毛泽东和邓小平都没有说过。正是因为凡事都要从本本上找依据的方法，限制了学界对村民自治的研究。

而当我们进入村民自治领域时，就必须寻找新的研究方法，不能再限于理论文本研究。张厚安教授由此提出了"三个面向，理论务农"的口号，即强调走出校园书斋，面向社会，面向基层，面向农村，以理论服务农村改革。当时的张先生已年近七旬，还带头并与我们一同到全国各地调查。到 1990 年代中期，田野调查提升为方法自觉。在 1997 年出版的"村治书系"的总序中，我强调在研究方法上追求"三实"，即实际、实证和实验。其中，"追求实际，即强调实际先于理论。我们不轻视理论，但反对从先验性的理论出发剪裁实际生活，特别强调实际调查。任何理论观点都必须建立在充分扎实的社会调查基础之上。理论上的发言权也只能出自实际调查。""追求实证，即强调事实先于价值。我们不否定价值取向，但在实际调查中坚决摒弃先入为主、以个人价值偏好取代客观事实的做法。我们不排斥'应该如何'，但首先要弄清'是什么'，突出动态的过程研究。"

当时的农村研究大多还是"纸上谈农"，我们田野调查的方法可以说独树一帜，这对于教育部将农村研究的重点基地放在我们这所师范大学而不是农业大学奠定了基础。

尽管有了田野调查的自觉，但这种自觉是在实践中不断深化和扩展的。起初的调查主要是一种基于项目的调查，即根据科研项目进行的调查。项目结束，调查也结束，直到另一个项目的开始。这种调查不仅是调查成果碎片化，也容易造成研究人员的碎片化——各个研究者各守一摊，乃至因意见不同而自立门户。基于此，2006 年，作为重点基地负责人的我，提出了"百村观察计划"，在试点基础上于 2009 年正式实施。这一计划积聚力量，在全国抽样选择了 300 多个村 5000 家农户进行每年定点跟踪观察。这一大型跟踪观察式的调查获得了大量第一手村情民意资料，使得基地能够在决策咨询服务方面领先一步，并助力于重点研究基地在第三次评估中获得全国总分第一，同时也集聚了研究核心力量。

  20世纪的中国是由一个农业国家向工业国家深刻转变的世纪，农村农民问题特别突出，农村调查曾经辉煌一时。但是，新中国建立以后，农村调查一度中断，直到改革开放才有所恢复。但无论是广度和深度，中国农村调查都很有限。特别是了解1949年前传统中国农村形态的农民正临近生命的终点。基于抢救历史的使命感，我们于2015年启动了"深度中国调查"工程。这一工程包括七大区域村庄、大中小农户、60年变迁个人口述等，全面深入挖掘中国农村传统底色。这项有数千人参与的大型调查工程，为传承中国农业文明，了解传统农村形态积累了大量第一手资料，规模之大，国内仅见。

  资料是理论创造的源泉。早在新世纪之初，农村研究成为热点时，学界便流行着一句话："中国农村在中国，中国农村调查在日本；中国农村在中国，中国农村研究在美国。"意思是20世纪日本人对中国农村调查作了十分精细独到的调查，美国学者利用这些调查资料写成理论著作，我们中国学者学生通过读美国学者研究中国农村。中国学界要超越原有研究，借鉴他人，必须了解第一手资料。为此，在启动"百村观察计划"之时，我们就有了将日本满铁农村调查资料翻译成中文的计划。在进一步的研究中，我们发现一些大国的崛起，都伴随着大型深度调查，积累大量调查文献。由此有了"18世纪调查看英国，19世纪调查看俄国，20世纪调查看日本"的说法。在开展日本满铁调查资料和翻译取得了一定进展之后，我们又启动了俄国和英国的农村调查资料的翻译。这一大型翻译同样可以称之为世纪工程，预计达到1亿字以上。

  以往中国的农村调查主要在国内。随着中国走向世界，需要了解更多的域外农村。从我们翻译外国农村调查资料看，当年这些国家在走向世界时，做了足够的功课，包括田野调查。而我们这方面几乎还是空白，与走向世界的大国极不相称。为此，在以抢救为目的的中国农村调查告一段段落时，我们又启动了世界农村调查。现代化的衡量标准是农村状况。100多年前，我们睁开看世界，看的是船坚炮利；40年前，我们睁眼看世界，看的是高楼大厦；如今，这些都有了，我们还得睁眼看世界，要看美丽乡村，看乡村在现代化进程中扮演的角色，在世界比较中发现中国特色，在人类发展规律中找到中国轨道。

田野提供源泉

社会科学在中国起步较晚，甚至一度中断。改革开放后恢复，首先是引进、学习，当学生。只是当学生太久，一直未能与外国学者平等对话与交流，表现为缺乏原创性成果。近年来愈来愈多的人意识到这一问题。但为什么缺乏原创性呢？重要原因是从书本到书本的学习。这就需要走出书本，寻找理论的源泉。持续不断的田野调查给我们带来的重要好处就是引导我们将视野投向大地，投向活生生的实践。没有第一手资料，就难有原创性成果。人们常说"中国农村研究在美国"，就是因为美国学者利用了日本人对中国农村调查的原始资料。后来，我们下决心翻译日本满铁农村调查资料，并开展"深度中国调查"，就是为了改变理论研究的被动局面。田野转换视角，重塑主体，开拓方法，有助于立足于中国大地，从田野上汲取理论智慧，从中国本体和底色出发，与既有理论对话，进行原创性研究。

伴随中国崛起，中国性成为学术研究热点。如何解释却众说纷纭。人们在解释中国奇迹时都忽略了一个重大问题，这就是：谁是创造奇迹的主体？在创造奇迹之时，农民占人口多数，特别是他们走出了土地，成为"世界工厂"的主体。可是学界对此事实处于漠视状态。这在于长期以来中西方理论都视农民为一种现代化的消极力量，甚至是"历史的弃儿"。而田野锤炼的实证思维，告知我们首先必须从事实出发而不是既有理论出发。为此，我在2010年第一期的《中国社会科学》发表长文《农民理性的扩张："中国奇迹"的创造主体分析——对既有理论的挑战及新的分析进路的提出》。论文认为，"不能离开中国人讲'中国奇迹'，也不可离开'农民性'谈'中国性'"。论文提出了"双重文明的叠加优势"成就了"中国奇迹"，但随着优势的失去，中国的发展也会步入常态。8年过去了，中国事实证明这一论点的合理性。

改革开放从农村开始，农村改革的对象是60年前形成的人民公社体制。这一体制使得农民支付了沉重的代价。早在1998年，我写作出版了《包产到户沉浮录》一书，深知农村家庭承包改革之不易。但伴随改革深化，特别是农村农民问题的严重性仍然存在，对于家庭承包也有许多质疑。这些争议说明我们对中国农村的基本理论问题还缺乏深刻的认识。田野调查思维要求我们从事实出发，不断追问问题的原由。农村改革被称之为"辛辛苦苦三十年，一夜回到解放前！"为什么要回到家庭经营？这不能不引起深思。

集体化进程中实行了人民公社体制，目的是否定以家庭为单位的小农经济。但如果进一步追问，中国曾经在世界上创造了最为灿烂的农业文明，其经营制度恰恰是家庭经营。这说明家庭经营有其生命力。只是在相当长时间，我们对传统持彻底否定态度，没有全面认识历史存续已久的家庭经营，更没有将这种经营作为一种基本组织制度来认识。世界上流行的农村本体制度是部落制、村社制和庄园制，中国创造了世界最为灿烂的农业文明，却没有属于自己的本体制度，岂不是咄咄怪事，也难怪中国农村发展走了一大段弯路，又不得不回到自己的轨道上来。正是基于此，我在2013年第8期的《中国社会科学》发表了《中国家户制传统与农村发展道路——以俄国、印度的村社传统为参照》一文，提出了"家户制"这一概念，并将其作为中国农村发展道路的历史基因。我们开展的"深度中国调查"的重要内容之一，就是对家户制的广泛深入调查。

政治学是一门外来化程度很高的学科，基本概念和命题均是外来的，且被视之为不可挑战的。中国是个政治大国，有着丰富的政治历史，但缺乏自己的概念，更缺乏能够与世界学界对话的概念。在政治学恢复时期，政治学还可以根据中国政治实践自我表达，有一定的自主性，只是没有能够创造出独有的学术概念。但随着政治学的科学化，学界受外来概念的约束愈来愈明显，学术的自主性愈来愈弱。如何走出这一困境，通过建构自己的概念和命题，推进中国的原创性研究？田野调查，特别是2015年开展的"深度中国调查"为我们提供了源泉。"深度中国调查"的内容之一是将全国农村划分为七大区域，进行分门别类的深度调查。

第一站就是华南宗族农村调查。因为那里还保留着大量中国农村宗族社会的传统。正是通过大量事实调查，我们发现了宗族农民的行为逻辑，他们以祠堂为生活中心，以祠堂里的祖宗为敬奉对象，以同一祖宗的血缘关系为纽带。这一行为的背后的依据便是祖宗赋予了后人以生命、资格、财产、地位、权利与责任。原来，这个世界上并不是如"天赋人权"这一"唯一原则"所概括得那么简单,还有很多事实是这一概念和命题无法概括的。正是基于宗族调查事实,我于2018年第1期的《中国社会科学》发表了《祖赋人权:源于血缘理性的本体建构原则》的长文,提出了"祖赋人权"的概念。

缺乏原创时,都在呼吁原创,但要有点原创却不容易。论文写好后要发表颇为艰难。重要原因是长久以来人们已将"天赋人权"视为"唯一原则",更多的是从价值而不是事实层面对原创性的概念提出质疑。为此,本人不得不从方法上对此加以补充,专门撰写和发表了《实证思维通道下对"祖赋人权"命题的扩展认识——基于方法论的探讨》的文章,对自己的想法作出进一步解释。

数十年的田野调查,为我们积累了大量第一手资料。但我们不能仅仅将自己视为"挖矿的",让外国人利用资料加工再转内销。这就需要有"炼金术",即对资料进行加工提炼的理论及工具。美国学者斯科特在深入的人类学调查基础上,进行了高度的理论概括,撰写了诸如《弱者的武器》等多部有影响的重要著作。我们在调查方面正在超越前人。如非常有影响的日本满铁农村惯行调查,仅仅是对华北六个村的调查,而我们的深度调查涉及全国数百个村庄。但我们的开发和基于事实材料的原创性研究还在刚起步,与国际学界还有距离。但我相信,只要我们确立方向,坚持不懈,必有收获!

改革开放40年,对于整个历史长河来说,是一瞬间;对于一个人来说,就是最重要的一生。作为学者,伴随政治学的恢复、引进、学习、吸收和消化,特别是有了原创性研究的学术自觉,实现了40年间的历史跨越。而实现这一跨越的起点和动力便是从殿堂走向了田野!

(原载"探索与争鸣"公众号,2018年12月20日)

四 站在全新历史起点上推进中国农村研究
——访华中师范大学中国农村研究院名誉院长徐勇

中国改革发端于农村改革。改革开放40年来,从"大包干"到确立家庭联产承包责任制,再到乡村振兴战略规划,中国农村发生了翻天覆地的变化。

伴随着农村改革持续而深入的进展，一批学者开始关注并长期深入研究农村。20世纪90年代，中国农村研究已成为"显学"。围绕改革开放40年来，中国农村研究及其发展相关问题，记者采访了华中师范大学中国农村研究院名誉院长徐勇。

基于问题导向的中国农村研究成为影响广泛的"显学"

《中国社会科学报》：伴随着波澜壮阔的改革开放进程，40年来，中国农村实现"山乡巨变"。在您看来，基于这种发展实践所形成的中国农村研究，走过了怎样的历程？

徐勇：我国改革开放从农村开始。农村改革起初是农民自发兴起，后来中央将改革提升到国家政策层面。对于农村改革兴起本身，学界刚开始参与不多。

农村改革兴起后，开始被一批学者关注。特别是一批有思想的中青年学者自觉地进行农村调查，了解正在发生的农村变化，写下不少有分量的调查报告，为中央决策提供了依据。其中的一些研究者进而成为中央决策者。总体上说，20世纪80年代的中国农村研究对象主要是政策导向，围绕农村改革和农村政策而展开。

学术研究与时代问题紧密相关。20世纪90年代，农业、农村和农民问题成为党和国家工作的重中之重。围绕"三农"问题，学界从不同学科角度进行了大量的调查和研究。与此同时，农村也出现了许多新变化、新情况、新问题。例如，随着农村经济体制的稳定，在农村治理领域实行村民自治。当村民自治上升为国家法律进行普遍推广时，出现了许多新的问题。21世纪初，国家取消历史上长期存在的农业税，乡镇治理体制面临新的问题。这些问题引导着中国农村研究，并成为学界热门话题。学者在推动"三农"问题解决方面也做了大量工作。总之，这一时期，中国农村研究表现出明显的问题导向，并因此而表现出特别活跃的状态，甚至成为一门有广泛影响的"显学"。

自20世纪90年代中期到21世纪初，中国农村研究成为热门研究领域，理论研究取得许多成果，但重量级和有突破性的成果还较少。2006年后，随着国家取消农业税，进行新农村建设，"三农"问题趋于平缓，农村研究也呈现多样化态势，主要表现在：其一，基础理论研究，如从本体论上认识中国农村的历史与制度。其二，战略性研究，如在工业化、城镇化、农业现代化背景下研究农村发展的走向与趋势。其三，对策性研究，如根据农村发展的紧迫问题提出对策举措，充分发挥智库的功能。

当前中国农村研究的重点，从现实层面看，主要是围绕党和国家的农村政策方针进行研究，如乡村振兴、扶贫攻坚、新型城镇化、乡村治理等。从历史层面看，大力抢救正在消逝的传统农业文明资料，从正在消逝的"最后的农民"中寻求历史变迁实据，正在成为学界一项紧迫的任务。从理论层面看，通过大型调查和建立新的分析方法，在基础理论方面有所突破，正在为学界高度关注。

基础性和学理性研究不足深度调查和系统研究不够

《中国社会科学报》：40年来，中国农村研究成就有目共睹。我们在回顾成绩的同时，是否也梳理过其中有待提升的方面？

徐勇：学术只有在反思中才能前进。40年来，中国农村研究取得了很大成就。不认识到这一点，是不客观的。同样，40年来，中国农村研究还存在许多不足，与中国农村实践相比呈严重反差。不认识到这一点，同样是不客观的。中国农村研究中存在的不足，主要是问题的紧迫性造成的。

由于这一时期农村研究的"问题热"，中国农村研究一度成为热门话题和各学科关注的"显学"。但这种由"问题热"引发的研究，更多是一种主张性研究，学理性层面的思考较为欠缺，深度解释不够；对现实问题关注较多，未能将农村问题置于整个历史长河和现代化大背景下考察，从而发现历史规律；急于寻求现实对策较多，对于中国农村发展未来走向的科学预测不够，欠缺足够的想象；对于中国农村文明传承及中国农村改革发展道路的经验总结研究不够，如我国农村改革开启了中国改革开放的历史进程，我国的城镇化是世界少有的大规模的社会变迁过程，我国在数十年时间解决了数亿人的贫困问题；等等。在这些领域，其中一些有丰富的经验，也有一些需要总结教训，这都需要认真加以研究和总结，为人类提供宝贵的经验和启示。

中国农村研究的最大优势就是拥有世界上无与伦比的研究资源：这就是漫长丰富的农业文明、近现代以来的农村巨大变迁。这种研究资源是可以产生出重大成果的。但目前的研究还不尽如人意，其一，基础性和学理性研究不足，缺乏从丰富的经验抽象出来的原创理论和概念，从而难以产生广泛的影响。其二，深度调查和系统研究不够。没有将一口井打深的深度调查，就无法充分认识中国农村的丰富性和多层次性；没有系统研究，大量成果呈碎片化状态，难以产生持续的影响力。

将中国农村调查提升到与时代相匹配的高度

《中国社会科学报》：中国农村研究的主要方法是经验性研究。如何总结中国农村调查的发展历程？

徐勇：世界上，没有哪一个国家在一百多年时间里经历了中国这样巨大而复杂的变化。在20世纪，中国经历了从一个最大最古老的农业国家向最大的工业国家的转变。农业、农村和农民问题是历史转变中的焦点问题，为解决其中的问题，产生了各种调查。改革开放以前，中国农村调查的主要特点有：具有很强的问题意识，土地问题调查是一根主线；在农村调查中建立起"民族自觉"和"调查自觉"；采用多种调查方法，产生多种不同的观点；在调查中产生和强化本土意识，开始建立本土化理论。

改革开放以来，特别是进入21世纪，中国不仅要完成农业文明国家向工业文明国家的转变，而且要实现由一个地区性大国向世界性大国的转变。如何认识和处理好农业、农村和农民问题，成为历史转变中的焦点问题。由此对农村调查提出了更高要求和期待。当前，中国的农村调查面临双重任务：20世纪未完成而新世纪又需要完成的任务，20世纪末提出而新世纪很快面临的任务。

《中国社会科学报》：您认为，要完成这个双重任务，中国农村调查应该在哪些方面着力？

徐勇：我认为，既要充分吸取历史经验，又要努力弥补过往的不足，将中国农村调查提升到与时代相匹配的高度。总体来说，21世纪的农村调查，需要在以下几个方面展开深入研究。

一是加强基础性调查。要站在人类文明长期历史积累的高度，认识一个国家成长变化的基础。这一基础是构成一个国家社会变迁的起点和底色，并对社会发展形成制约。因此，要发展，就必须认识这一基础条件，而实现这一目的的重要方式就是大型调查。

二是加强学理性调查。人类只有借助一定的理论知识和认识视角，从不同角度进行调查，才能揭示出人类社会发展的内在规律性。中国学者的理论自觉愈来愈强，但是如果没有基于学理关怀的大规模农村调查作为支撑，就难以从第一手资料中提炼发现新的理论，以超越前人。

三是加强区域性调查。中国是一个地域辽阔、人口众多、文明进程极不相同的大国，各个区域的特性和发展极不平衡。20世纪初的中国农村调查主要集中于东部和中部地区的少量地方，直到1949年后才有为了识别西部少数民族而开展的西部调查。但以上调查均缺乏区域分类，不能为人们了解不同区域的农村提供详细资料，更难以通过整合进而挖掘不同地方的底色和特性。进入21世纪后，随着农业税的取消和工业化城镇化的推进，农业、农村和农民问题的区域性更为突出，不同区域农村发展差异性较大。在这种背景下，强化区域社会的农村调查自觉，不仅可以为国家对农村不同地区分类施策提供依据，也有助于从不同区域角度认识中国文明进程和国家成长路径。

四是加强系统性调查。20世纪上半期的中国农村调查中，调查角度的多样性较强，但对农村社会的整体性持续性调查不够。20世纪80年代以后的农村调查，虽然取得不少成果，但总体上看，主要还是围绕研究项目设置，即为了完成某个项目而进行调查，项目结束后调查也就结束了，未能系统并持续不断地进行全面跟踪调查。调查成果严重碎片化、零散化，难以形成系统性成果，进而发现农村社会变化的内在规律和特点。

五是加强主体性调查。在长期的历史进程中，农民只是作为客观历史条件的一部分存在，缺乏主体自觉。如马克思所说："他们不能代表自己，一定要别人来代表他们。"进入20世纪以后最大的变化就是，农民的主体性凸显。也正因为如此，才有各种以农民为对象的农村调查。但这一时期，农民只是作为调查对象并按照调查者的目的回答问题。农民未能作为历史进程的主体进行自我叙述，这使得调查的丰富性、多样性、复杂性、细节性有所欠缺。20世纪和21世纪是中国发生巨大历史变革的世纪，广大农民的生活波澜起伏，他们的命运、行为和心理都蕴含着巨大的历史财富，有待通过大型调查加以开发和记录。

六是加强传承性调查。20世纪是中国由传统农业文明国家向现代工业文明国家转型时期。但由于一定时期内，整个社会怀抱以现代工业文明实现国家自强的决心，对20世纪早期的中国传统农业文明持否定态度；同时，由于各种原因也缺乏足够的精力进行大规模农村调查，进而全面总结传统农业文明传承下来的珍贵遗产。进入21世纪，一方面，国家日益强大；另一方面，传统农村和农民正在迅速变革，成为"最后的农民"和"消逝的农村"。这一巨大历史变化强烈期待通过抢救式的农村调查，全面了解传统文明底色，以总结挖掘继承珍贵的农业文明遗产，使得中国优秀传统农业文明得以传承。

在东西方比较中把握具有"中国特性"的本体制度

《中国社会科学报》：我知道，作为国内最重要的农村调查研究机构之一，中国农村研究院也开启了国外农村调查。这一调查的初衷是什么？

徐勇：20世纪，处于历史断裂边缘的中国，主要任务是"睁开眼睛看世界"，向先进文明学习。在此进程中，由于缺乏对外国的深度调查，其认识受到极大限制，无法在比较中认识他者并建构自主性。

英国是世界上第一个现代工业文明国家，在英国由西方走向东方时，面对不可知的世界进行了广泛的实地考察，为国家决策提供了重要依据。英国仅仅依靠东印度公司便将印度殖民化了。马克思通过东印度公司的调查资料，发现英国得以殖民化印度的重要方法是通过调查掌握了开启"印度之门"的钥匙——村社制度。

近代以来，日本有组织地对中国进行了大规模调查并开始直接为决策服务。20世纪三四十年代，日本学者介入中国农村调查。他们在调查前做了大量准备，明确了自己的调查目的，"不是获得立法乃至行政的参考资料"，而是了解"中国人民怎样在惯行的社会下生活"。正是在有学术目的的调查方针指导下，调查员受到调查专门训练，使得调查能够不断深入、精细，能够从中发现支配广大农民生活和行为的依据。美国学者运用日本满铁惯行调查资料撰写了一批有分量的专著，使得中国学者在研究中国农村时要读美国学者的论著并受其影响。直到20世纪末，学界仍然流行着"中国农村在中国，中国农村调查在日本；中国农村在中国，中国农村研究在美国"的观点。

中国走向世界不会重复殖民者的老路，所秉持的是"人类命运共同体"的崭新理念。这需要不同国家和文明之间的尊重和包容，而尊重和包容的前提是互相了解和认识，调查则是了解和认识的重要条件。因此，伴随中国走向世界并日益走近世界舞台中央，中国的农村调查也要走向世界，并通过调查在比较中寻找开启世界之门的钥匙。

《中国社会科学报》：如何在比较中探寻中国农村发展的历史脉络和未来走向？

徐勇：在思想界，自亚里士多德以来，流行的是"东西方"的二元世界观。人们将以西欧为代表的世界称为"西方"，将以俄罗斯、印度和中国等为代表的世界称为"东方"。东西方是两个不同的世界，有着不同的历史并形成不同的传统。这种二元划分除了简单化以外，有一个致命的问题，就是忽视或者漠视了东方社会内部的差异。其实，无论是西方世界，还是东方世界，其内部都有很大的差异性。西方世界的英、德、法，各有不同；东方世界的俄、印、中，相差甚大。在某些方面，所谓东方世界内部的差异并不亚于东西方世界之间的差异。

中国是有着悠久农业文明传统的东方大国，由此型构了当代中国的一个基本国情——"大国小农"，即由数亿个农户构成的农民大国；并在长期历史进程中形成了"中国特性"，其中包括特有的中国家户制传统。这一传统既不同于以西欧为代表的"西方"庄园制传统，也不同于以俄罗斯和印度为代表的"东方"村社制传统。因此，要认识"中国特性"，除了与西方世界相比较，还应该与东方世界相比较，特别是与曾经对中国道路产生重大影响的苏联和与中国邻近的印度比较。只有通过深入细致的比较，才能准确把握具有"中国特性"的本体制度，进而从传统中寻求当今中国农村发展道路的历史脉络和未来走向，建立传统与现代的关联性。

中国农村研究即将进入由大到强的新时代

《中国社会科学报》：站在新的起点上，未来应如何开拓中国农村研究新境界？

徐勇：今天，中国农村实践已站在全新的高点上，中国农村研究也要站在全新的历史高点上。

当前，我国农村正在发生历史性变化。传统、当下与未来都为学者提供了丰富的研究资源。中国农村研究也将进入新的阶段——这就是从40年前的从无到有，从40年来的由小到大，现在即将进入一个由大到强的新时代。"强"的重要标志就是，使研究成果具有厚重性、深刻性和广泛的影响力。中国在历史上创造了灿烂的农业文明，需要认真加以总结；中国在当代创造了农村改革伟业，需要认真加以梳理；中国有着丰富的农村实践经验，需要进行原创性研究，产生出无愧于伟大时代的重要成果。

《中国社会科学报》2019年2月12日第1630期

五　扎根田野，耕耘一流政治学研究
——专访著名政治学者徐勇教授

徐勇，华中师范大学中国农村研究院教授、教育部首批文科长江学者特聘教授，博士生导师。主要从事中国政治与乡村治理研究，是国内最早将实证研究方法引入政治学研究领域的学者之一，也是我国农村村民自治和城市社区自治研究领域的开拓者之一。先后担任国务院学位委员会政治学学科评议组召集人、国家社会科学基金评审组成员、教育部社会科学委员会（政治学、社会学、民族学）学部委员、中国政治学会副会长，曾任湖北省政治学会会长。获得国家级有突出贡献的中青年专家、全国师德先进个人、国务院特殊津贴专家、湖北省优秀教师、荆楚社科名家等荣誉称号。主持教育部人文社会科学重大招标项目以及国家社会科学基金重点项目数项，独著或合著各类学术著作20余本、在《中国社会科学》《政治学研究》等国内权威以及核心期刊上发表文章两百余篇。主要学术著作有：《非均衡的中国政治：城市与乡村比较》（1992）、《中国农村村民自治》（1997）、《包产到户沉浮录》（1998）、《乡村治理与中国政治》（2003）、《现代国家、乡土社会与制度构建》

（2009）、《农民改变中国》（2012）等。

编者按 改革开放以来，国内政治学者植根中华大地，熬过了筚路蓝缕的时代，使得政治学研究取得了极大进步。然而，形成一个有生命力和话语影响力的强劲学科依然需要一代又一代政治学人持续耕耘，后辈需要努力的方面可谓其多。徐勇教授是我国著名政治学家，长江学者，我国农村村民自治和城市社区自治研究的开拓者之一。从教三十余年来，徐勇教授产出一大批高质量学术成果，培养了大批优秀政治学人才。本期专访中徐勇教授结合自身丰富的政治学研究与治学经验，向我们展现了属于中国政治学人的担当与情怀。

政治学人 尊敬的徐教授，您好！感谢您抽出宝贵的时间接受政治学人平台的专访。作为华中师范大学"土生土长"的政治学科班出身学者，驱使您走上政治学研究道路的初衷是什么呢？

徐勇 对于40年前入校的一代学人来说，从事某个专业的研究是没有选择的，也是没有自觉意识的。我入校时，中共十一届三中全会还没有召开，阶级斗争为纲的路线仍然在延续。阶级斗争就是政治。因对这种政治的敬而远之，考大学时我报的专业是中文和历史，只是后来录取时将我录取到政治教育专业。师范大学主要是培养老师，政治教育专业涉及的课程内容面较宽，专业深度不够，这也比较适合我们这样的学生的需要。我上大学之前做了五年农民，当了三年工人，没有接受过中学教育。考大学纯粹是应急，学习的目的性很强，知识面也有限。上大学后，开的课多，特别是有专门的时间读书，知识面迅速扩大。

读了两年书后，我就不满足于被动地读书了，有了表达的冲动。当时，解放思想的浪潮涌动，整个社会空前活跃，是激情燃烧的岁月。大三时，我开始写作和发表思想性和学术性论文，整天陷入读书、思考和写作之中，对于其他事务没有太多考虑。我们大学毕业由国家包分配，1982年，1977级春季分配，可能是国家计划来不及，我们一直到假期后才分配。假期前，我已将行李全部搬运回老家，准备回老家当一名中学老师，只是到了假期后宣布分配结果，才知已留校工作。这可能与我之前有点写作基础有关吧！

我大学毕业后留校并不是当专业老师，而是在刚成立的科学社会主义研究所做事务工作。我们学校的科学社会主义专业起步较早，是全国最早的硕士点和博士点之一，连复旦大学的科学社会主义专业研究生都还要到我们学校授予学位。在这样一个重要单位，我是最年轻的人员，承担了大量行政杂务工作，特别是负责图书资料的整理工作，所里的第一张图书卡片就是我做的。当资料员的最大好处就是可以阅读大量资料文献。

在研究所工作，必然会协助做一些研究工作。当时，我们所主体是科学社会主义专业，同时也从事政治学专业的相关研究。当时的科学社会主义与政治学专业没有严格的区分，我同时参加两个专业的研究工作，特别是承担一些基础性事务。记得中国大百科全书的政治学卷曾在我们学校讨论修订，我承担了会务工作。

大学毕业留校两年后我在职攻读硕士研究生，有了更多的专业时间。到20世纪90年代初，因为承担教育部青年基金项目等原因，我在专业领域方面更多的向政治学专业转变，主要从事农村基层治理研究。随着我国学科建设的发展，专业分化日益强化，科学社会主义与政治学尽管都同属于政治学一级学科，但学科边界已有所分化，后者通常被称之为"小政治学"。我于20世纪90年代中期就读在职博士生，专业仍然是科学社会主义，导师也仍然是李会滨教授。但因为从事农村基层治理研究，我的研究领域愈来愈向小政治学倾斜，好在李会滨老师非常宽容，尊重我的选择。所以，我们从事政治学研究是不由自主的，这也是我们这一代人的共同特点，都不是严格的政治学科班出身。

政治学人　改革开放后经过近40年的发展，您觉得中国政治学研究做出了哪些成绩与贡献？未来还应当在哪些方面进一步努力？

徐勇　改革开放以来的中国政治学所取得的成就无论怎么样说大，都不过分；改革开放以来的中国政治学还需要努力的空间无论怎么样说大，也不过分。40年来，中国的政治学发展经历了三个阶段：从无到有、从小到大，正在进入一个从大到强的阶段。

（1）20世纪80年代，政治学恢复重建，主要是打基础，包括编写政治学教材、政治学辞典。

（2）20世纪90年代，随着全国设立专门的教学和研究机构，设立专门的学位点，政治学的学科体系日益完善。

（3）进入21世纪，中国的政治学进入一个由小到大，迅速发展的阶段。2000年，北京大学、复旦大学、中国人民大学、华中师范大学等四所大学率先成为全国第一批政治学一级学科博士硕士授权单位。自此到如今，全国已有近30家政治学一级学科博士授权单位，硕士授权单位更多。与此同时，各个学校的政治学在发展中也逐渐形成自己的特色和优势。

经历了近40年的发展，中国的政治学无论在科学研究、人才培养、文明传承和资政服务方面都取得了突出的成就。当下，中国的政治学进入到一个由大到强的转变。政治学过往主要是引进、吸收，但还未来得及充分消化，特别是在独创性方面还有相当长的路要走。40年来的中国政治提供了前所未有的丰富实践，但还没有产生与伟大实践相匹配的伟大理论成果；在政治学议程、话语体系等方面还缺乏自主性和创造性；还没有提出和创造能够广泛影响和引领世界的政治学标识性概念和原创性理论等。

政治学人 作为全国首批文科长江学者特聘教授，可以说您开辟了一个研究领域，率先将实证调查方法引入政治学领域并形成了一个有特色的团队。关于研究方法的争论在学术界一直是个悬而未决的问题，在您的研究生涯中，您对研究方法的理解和态度是怎么样的？

徐勇 我以为研究方法是"有法而无法"。

一是"有法"，研究是有方法的。方法是工具，只有好的工具才能产生好的结果，要避免方法虚无主义。我们这个团队是从政治学的角度研究农村问题的。政治学的传统研究对象是整体国家，传统方法主要是规范方法，传统资料来源主要是文件文献。而在研究基层和农村问题时，传统方法就不够了，就需要运用实证调查方法，获得第一手资料。只有在方法上有所突破才能取得相应的研究成果。

二是"法无定法"，方法服从研究目的。政治现象纷繁复杂，"方法工具箱"里应该有多种方法才能更好从多个面向去理解、分析和解决问题，如社会学的问卷方法、人类学的扎根调查方法都有助于政治学研究。

三是避免"方法异化"。方法再好终究只是工具，工具是为解决问题服务的，服从于人的需要。但在相当长的时间里，为了追求诸如自然科学一样的精确性，过分看重方法，甚至陷入为了方法而方法的"方法异化"。记得20世纪80年代，美国著名政治学者阿尔蒙德到我们学校讲学，黑板上几乎全部是数字符号公式，让人不得要领。当下，中国的政治学也有这样的倾向，过度关注大数据，而缺乏问题感。

对于学术研究来讲，首先是有个好问题，然后有个好方法，最后有个好观点。

政治学人 2018年是中国改革开放40周年，艰苦卓绝的时代已成记忆。您如何看待在过去的40年时间里中国乡村治理的变化？在您的判断中，您觉得就解决中国"三农"问题而言，当下的着力点应该在那些方面？

徐勇 在过去的40年时间里，中国的乡村治理主要是适应性变化，即适应中国的现代化进程。期间，乡村治理承受着巨大的压力，特别是在20世纪90年代，农民负担沉重，朱镕基总理称之为"民怨沸腾"。乡村治理为了稳定农村，承受极大压力。许多创新之举可谓生不逢时，未能延续，如村民自治因为外部环境压力而难以按照自治的逻辑运行，村委会不得不行政化。

如今，现代化由初中期进入中后期，乡村治理的外部环境发生了很大变化，但要求更高。如果说美国是在没有传统农民的空地上进行现代化起步的，那么，我国则是在一个有着世界最多农民的古老国度里从事现代化建设的。进入现代化中后期以来，农业和农村的短板更为突出，农业产值下降到个位数，但农民仍然是巨大的群体。这是现代化进入中后期中国面临的重大国情，也是由中国的传统底色决定的。所以，在现代化中后期，研究解决"三农"问题之道，一是要更好把握中国的基本底色，知道自己从哪里出发；二是要看清世界发展的趋势，确立好前进的坐标；三是要寻找中国农村发展的道路，因时因地选择合适的方式。

政治学人 华中师范大学从20世纪80年代开始就致力于中国农村问题的研究，并取得累累硕果，目前中国农村研究院已经成为国内农村问题研究领域的领跑者。您能否为我们分享您坚持农村问题研究的初心和理由？我们如何在对基层的研究中更好地了解关乎国家的政治学？

徐勇 人的意识往往是经由不自觉到自觉的过程。最开始做农村研究，只是因为外部环境的感染。20世纪80年代正是我国农村改革如火如荼的岁月，农村基层正在发生迅速的变化。我1986年申报的首批教育部青年基金项目便是"我国城乡基层政治发展研究"。经历了20世纪80年代末的重大政治事件之后，我开始了理论的自觉，其标志就是1991年我在《社会科学报》发表了一篇文章，题目是《重心下沉：90年代学术新趋向》。文章反思了20世纪80年代的学术不足，提出了学术重心问题。文章指出，"80年代正处于传统与未来的交汇处，对历史的轻率否定和对未来的超前追求常常将人们的思维定位于'应该怎样'的价值判断层面。这种'应该怎样'的理想主义倾向能激起人们的热情，却也容易滑向大而不当、脱离客观实际的思维误区。随着社会思维从亢奋趋于冷静，思维方式开始从简单地定论'应该怎样'转向重视'是怎样'"。"进入90年代，随着对外来文化的从容分析吸收，人们力图运用新的文化思维观照、透视本国的实际情况，特别是制约社会发展的基层社会，以求得对社会的深刻理解。"我的这篇文章是有针对性的。因为20世纪80年代学术界的注意力主要集中于国家上层，关注的是上层变革，注重的是上层变革的走向与路径，如新权威主义的大行其道，而正在发生深刻变化的基层，特别是农村田野却是学界的盲区。

上层的变动进一步促进我的学术反思。1992年我出版了《非均衡的中国政治：城市与乡村比较》一书。在书的开头，我在引述马克思关于东方社会的论断之后，明确提出了一个问题，这就是包括中国在内的东方社会，为什么上层政治经常发生更迭，但整个社会并没有发生根本性的变化；学界关注较多的是国家上层的变化和更迭，而基层社会却被忽视，事实上恰恰是基层社会的不动，造成了上层变动的复杂结果。为此，我提出了要将政治体系一分为二：一是上层国家权力；二是基础性政治社会，并提出加强基础性政治社会的研究。《非均衡的中国政治：城市与乡村比较》一书的出版便是这一努力。只是当时这本书的发行有限，未能产生太大影响，但它从根本上转换了我的研究视角，这就是自己的研究重心和视角转向基层，特别是为政治学界所冷落和忽略的农村田野。

自那以后，我便将田野与政治密切联系起来。我认为，中国政治存在于中国的社会土壤上，而中国社会主要是农村社会。从农村着眼可以更深刻理解中国政治的社会基础，理解中国政治为什么是这样而不是那样。直到现在，我仍然认为，中国长期历史上存在的专制政治，其深刻的社会基础是小农社会，是作为政治客体的农民。他们在政治上要么一直跪着，要么自己站了起来而让他人继续跪着。如著名史学家斯塔夫里亚诺斯所说，中国农民"有造反而无革命"。中国之所以上层政治不断更迭，但政治形态没有质的改变，从根本上说是最广大的社会民众不是政治活动的主体，不能通过有序的政治参与改变政治土壤，由此使得皇权政治长期延续下来。中国的政治形态要从根本上得到改善，不仅仅在于少数精英的先知先觉，更在于广大民众通过政治实践获得政治自觉和自主。当广大人民不能作为政治主体自主、自立和自治时，政治文明的进程就会永远在路上！

政治学人 政治学人团队中不少成员都有幸聆听过您的学术报告，在我们的印象里您不仅关注经验，对理论经典也有非常深刻的把握。您认为政治学研究中经典著作扮演着怎样的角色？

徐勇 经典与经验同等重要。经验提供现场感，经验提出问题，经验激活思维。经典引领方向，经典给人启示，经典提供阶梯。这两者是相辅相成的。没有经验的经典容易锁定思维，没有经典的经验只是一堆碎片。

我在从事农村研究之前，受到过系统的马克思主义理论训练，马克思主义经典著作是必读之书。这种经典的训练对于后来从事农村研究大有好处。首先是经典引领方向，将经验研究引向深入。如我在1992年出版的《非均衡的中国政治：城市与乡村比较》一书，开门见山地表示，本书所要探讨的是马克思的命题：东方社会为何上层多动，下层不动的问题？我不是仅仅研究基层和农村问题，而是基层和农村问题关系到国家政治。

其次，经典给人启示。自20世纪90年代起，大量外国经典著作被引进国内。从经验研究而言，我是最早从事农村村民自治的研究学者之一。自20世纪90年代末以来，村民自治成为热点，但也出现了低水平重复的问题。而此时，经典派上用场。我开始运用现代国家理论研究村民自治，将村民自治置于现代国家建设的高度加以认识，并指出：现代国家的重要特征是国民国家，每个公民享有参与政治的民主权利，村民自治便是具体实践。由此便将村民自治与传统乡村自治区分开来。

最后，经典提供阶梯。自20世纪90年代末以来，"三农"问题成为学界热点问题，一直持续到当下。我在这种喧嚣的热闹中多次冷静地指出，"三农"研究热不是因为"三农"研究水平有多高，而是这一问题是社会热点，比较容易出成果。正因为如此，"三农"研究的门槛低，议论多，真知灼见少。与"三农"成为问题一样，"三农"研究也成了问题。为了超越低水平重复，2010年左右，我们开始一方面着手深度调查；另一方面从本体论的高度认识中国农村的根本性和本源性问题。经典提供了台阶。如马克思在论述东方社会时，将村社制视之为理解印度和俄国的一把钥匙。那么，理解中国的钥匙是什么呢？马克思当年敏锐地意识到，中国虽然同样是东方社会，但与俄国和印度有所不同，但他没有指出这里的不同是什么。我们在马克思认识的基础上，根据我们的调查，提出了"家户制"的概念，认为家户制是中国农村社会之根，是理解中国社会的一把钥匙。

通过经典，我们在经验调查时，才会有一双发现问题的慧眼；通过经典，我们处理调查材料时，才有有效的分析工具；通过经典，我们面对调查材料时，才能将其整合为理论。

政治学人 作为学界前辈，我们很想知道您在的学术研究中是否遭遇过挑战和困难，您又是怎样克服的？能给我们分享一个具体的小故事吗？

徐勇 做研究，尤其做田野调查，一定会吃苦，甚至有危险，这是司空见惯的。关键是要有兴趣。有兴趣，就不会觉得苦，就是苦，也能够忍受。

做学术研究本是个人兴趣爱好，我的个性也适合这种个体性的研究。但要将一件事情做大做强，个人的力量是有限的，需要更多的人共同来做。而对于有着数千年个体家户传统的国家来说，不同的人长期共同做一件事，非常艰难。中国出了部电影《中国合伙人》，便是如此。

在2000年前，我们做田野调查和研究属于志同道合，是"无编制、无经费、无房子"的自由人联合体。2000年，我们获得了教育部重点基地，"三无"变成"三有"，条件改善了，新的问题也出现了。一是志同道不一定合。研究"三农"问题是共同的志向，但研究"三农"问题的道路有所不同。毕竟人多了，每个人的想法都不一样。二是利益不平衡。"三有"之后，谁先有，谁后有；谁有多，谁有少；谁有什么，谁没有什么，便成为一道难题。我作为基地负责人，必须面对这样的难题。我本一书生，处理这样的难题缺乏经验。但有两条：一是充分尊重各人的选择，只有志同道合，基地平台才能延续；二是形成核心价值、核心团队、核心带头人、核心竞争力，将基地平台不断地做大做强。10多年来，基地不断有人出，也不断有人进，但一步一步在壮大在发展，直到前两年，基地在全国评估中获得总排名第一的佳绩。有些出去的人找到自己合适的位置，也做得不错。

我的体会是做学问，一个人做易，一群人做难。现在我们正在做一项号称学术三峡工程的全国和全球大调查，每年参与的人达上千人。要将这么多的人凝聚起来共同做一件事，非常困难，特别是担心安全问题。好在现在主持工作的是年富力强的负责人，有能力将这样一项大工程推进下去。

政治学人 华中师范大学政治学科的人才培养出众，在政治学人曾经统计过的全国百篇优秀博士论文名单中，您不仅自己曾获得这一荣誉，并且您指导的学生也最多次入选，是名副其实的"金牌论文指导教师"，我们很想知道您在学生培养方面有哪些"金钥匙"？

徐勇 "两方"：方向和方法。

在中国，师承非常重要，而师承更重要的是道。首要之道，就是尊重学生的自主性。对于真正做学问的人来说，有自己的想法和兴趣，这是学生发展的动力。我的硕士生和博士生导师都是李会滨教授，李老师从事科学社会主义专业的研究，主要来源是文献。我后来从事农村和政治学研究，从文献到田野调查，在相当程度上与导师的领域和方法不相一致，但李老师非常包容，充分尊重我的意愿和兴趣。如果没有李老师的包容，我不可能在学问上有太大发展，我的博士学位论文也不可能获得全国首届优秀博士学位论文。而李老师充分尊重学生自主性这一点，也成为我的治学之道。

当然，对于许多学生而言，开始不一定能明确自己的努力方向，也找不到合适的方法，这就需要老师加以点拨。我是在20年前开始指导博士生的，于建嵘是我最早指导的博士生之一。他是湖南人，是天生的政治动物，有很强的问题意识。当时，他到我这里希望能够获得解决农村农民问题的答案,我没有给他提供答案,而是让他重新走70年前毛泽东写《湖南农民运动考察报告》时走过的路,看看发生了什么。他经过数月调查,向我报告:湖南农民又在"运动"了,即有组织性的抵抗过重的税费负担。我仍然没有给他提供现成的答案,而是让他驻村调查,深度了解为什么会发生"运动"?他根据我的指导,在湖南最早建立农会的地方住下来,进行村庄调查,后来写出博士论文并在此基础上形成影响广泛的《岳村政治》一书,该博士论文曾获得全国优秀博士学位论文提名奖。现场指导是以田野调查为主要方法的指导老师的重要方法。自己若不去田野,不进入现场,就很难理解学生的工作,并给予合适的指导。为指导于建嵘的博士论文,我曾经数次去他调查的现场。

政治学人 您曾写过一篇文章叫做《只有理解农民,才能真正理解中国》,您也已经在中国农村问题的研究中倾注了大量心血。如今中国城市正在快速发展,城市化水平不断提升,为什么还要如此重视对农民和农村的研究?

徐勇 农村和农民是中国文明的根基,只有理解农村和农民,才能深刻理解中国。20世纪,学界对农村和农民问题做了许多调查和研究,由于救亡图存,大量基本问题缺乏研究,导致后来农村和农民政策屡屡失误;在改革开放以后,政策也出现反复。如今,我们有了心平气和的环境,可以对中国的一些基本问题做一些深度研究,更好地了解过去。同时,中国的城镇化正在对传统中国"连根拔起",中国需要加强对自己的根基的研究,才能在变化中不致于重复昨天的失误。更重要的是,农村和农民是中国历史的重要组成部分,也成为中国人的历史基因,这种基因不会因为人进了城便很快消失。基因的优势和缺陷都会继续发生作用,影响中国的文明进程。我在《历史延续性视角下的中国道路》一文中就传统基因对未来社会的造型方面作了分析。

当然,随着传统农村和农民的消失,特别是随着农民的减少,农村和农民作为一个学术问题可能会消失,如乡村治理可能会转化为地方治理。但将具体的社会关系中的人作为对象的研究不会消失。政治学永远是一门政治人学,只是政治人是农民还是市民的身份不同而已。

政治学人 政治学的研究确实离不开作为研究主体的"人",也离不开作为研究客体的"人"。此外，我们也非常想知道，目前您和您的研究团队在主要推动哪些研究工作？

徐勇 我们现在的工作主要是两个方面。

第一，大调查，抢救历史，掌握第一手资料。

大国崛起都有大型调查相随。18世纪调查看英国，19世纪调查看俄国，20世纪调查看日本。过往学界有一句流行的话，"中国农村在中国，中国农村调查在日本"。日本人当年在中国做的调查，其精细程度连毛泽东也给予惊叹。其中，最有名的日本"满铁调查"的提纲线索便来自于毛泽东关于中国人受四种权力束缚的观点。只是由于战争等原因，中国人未来得及对中国进行持续不断的大型深度调查。我们现在正在进行的大型调查，就其范围和内容看已大大超越日本。同时，随着中国走向世界，我们的调查也已走向世界，我们的目标就是成为世界顶级的农村调查机构。21世纪的调查要看中国，也要看我们中农院。作为教育部重点基地，作为学校独立建制单位，我们实行举院体制，有条件也有能力将这一大型调查工程持续进行下去。这项工程也将成为人文社会科学领域的"大国重器"。可以自豪地讲，现在世界没有哪一个国家的大型农村调查有我们这样的规模和持续性，更没有像我们掌握浩繁的第一手资料。对于实证科学来讲，没有第一手资料，是很难做出第一流学问的。

第二，大开发，提炼理论，做出第一流学问。

有了第一手资料，也不一定能做出第一流学问。过往中国学界还流行一句话"中国农村在中国，中国农村研究在美国"。美国学者利用日本满铁调查的资料，运用理论框架加以分析，形成独创性概念，产生广泛影响，如杜赞奇、黄宗智等。中国的学者和学生通过美国学者的著作研究中国农村，缺乏独创性，如"内卷化""依法抗争"的滥用。为了改变这一被动局面，我们启动了日本满铁调查、俄国调查、英国调查文献的翻译，以取得与原有理论对话的资格。同时，加强理论和分析方法训练，对第一手资料进行深度开发，从中提炼出自己的独创性理论，如我们提出的"祖赋人权"理论，打破视"天赋人权"为唯一原则的限定。

随着大调查的推进，对大调查进行大开发将成为我们的重点，相信有更多独创性理论会被生产出来。

政治学人 政治学是一门情怀与视野并重的学科。最后,我们想请您为政治学人赠予一份嘱托与祝福,以传达给当前致力于政治学研究的教师和同学们。您认为新时代需要怎样的政治学研究?对于后辈学者而言应该向着哪些方向进一步努力?

徐勇 政治学人是一个能产生很大影响力的平台,通过这一平台,学者和学生可以授受信息,了解政治学动态,启发思考。政治学正在经历一个由大到强的转变,能否顺利实现转变,关键在于青年政治学人坚持不懈的努力。青年政治学人受到系统的政治学训练,有良好的学科基础。但一利必有一弊。过于专业化、规范化,很容易将自己的思维锁定在既定的框架内,将既有的学说视之为唯一结论。从这个意义上讲,有的人很年轻,但思维已老了;有的人已老了,但思维还年轻。无论什么人都需要解放思想,从一切教条的束缚中解放出来,释放想象力。想象不是乱想,更要通过扎实的论据加以证明。政治学既是理论学科,又是经验学科。没有足够的历史经验,容易流于空谈;没有足够的理论概括力,只是一堆毫无关联的事实经验。

我们正在经历一个为学术研究提供前所未有的经验事实的伟大时代,这一伟大时代理应产生伟大的成果,希望在年轻一代!

(“政治学人”公众号,2019年2月1日)

六 田野中的政治与学术
——Political 理论志对徐勇教授的采访

【编者按】 Political 理论志近期对中国政治学长江学者,华中师范大学徐勇教授进行了采访。徐勇教授是我国农村村民自治和城市社区自治的开拓者之一,产出了一批高质量成果,培养了一代代高水平人才。在本期专访中,我们就中国农村研究提出一些问题请徐勇教授回应。

【学人简介】 徐勇,现为华中师范大学中国农村研究院/政治科学高等研究院教授、博士生导师,教育部"长江学者"。曾任国务院学位委员会政治学学科评议组召集人、国家社会科学基金评审组成员、教育部社会科学委员会（政治学、社会学、民族学）学部委员、中国政治学会副会长、湖北省政治学会会长等。徐勇教授著有《走向现代文明》（1986）、《非均衡的中国政治：城市与乡村比较》（1992）、《中国农村村民自治》（1997）、《包产到户沉浮录》（1998）、《中国农村村民自治》（增订本）（2018）、《城乡差别的中国政治》（《非均衡的中国政治：城市与乡村差别》修订本）（2019）、《国家化、农民性与乡村整合》（2019）、《关系中的国家》第一卷（2019）等。另有数十部文集、合著及数百余篇学术论文。

理论志 尊敬的徐老师，您好！感谢您抽出宝贵的时间接受理论志的专访。众所周知，从"政党下乡"到"农民理性的扩张"（《中国社会科学》，2010），您长久以来一直聚焦中国现代化进程中农村制度建设方面的进步，驱使您走上乡村研究道路的初衷是什么呢？

徐勇 学术旨趣来自实践。就我本人来说，走上乡村研究之初，既有不自觉的学业所求，更有社会实践所引。我是在上个世纪80年代踏入学术门槛的。当时的农村改革方兴未艾，是整个中国改革的起点，一曲《在希望的田野上》热唱大江南北。农村经济改革引起了农村政治体制等一系列变革，包括人民公社体制的废除。农村变革开始吸引学人们的关注。1987年，我申报了国家教委哲学社会科学青年科研基金首批项目"我国城乡基层政治发展研究"。同年10月16日，国家教委在京召开了申报人与专家面对面地交换意见的评审会。在会上，费孝通等老先生亲临指导。

坦率讲，当时申报项目只是一种直觉，即农村是个热点，对于费老等先生们的指导也是似懂非懂，毕竟硕士生刚毕业，才入学术之门。随着项目研究，农村研究的学术自觉日益增强。人民公社体制废除后，农村实行村民自治。这是一项让九亿农民参与基层政治的新的制度，后被称之为中国农民的三项伟大创造（另两项是包产到户和乡镇企业），但当时的争议较大，缺乏理论依据。政治学研究在这一领域更是空缺。当时流行的话是："九亿农民从事村民自治，不到九个学者进行研究"。我与我所在机构的张厚安先生等参与了这一研究。从此一脚跨入农村研究之门。

自跨入农村研究之门后，便不可自拔。主要是到了1990年代，农业、农村和农民问题日益突出。《在希望的田野上》很少传唱，特别是农民负担沉重引起高层领导关注，称之为"民怨沸腾"。这一问题进一步吸引了我们的研究。当时，我们的研究有以下收获：一是将"三农"问题置于现代化进程中研究，这一问题是由传统农业社会向现代工业社会转变中发生的，有其时代特性；二是在这一历史转变中，作为传统社会主体的农民并不是消极的存在，而是历史的创造者。这一观点便集中体现在你提问中所说的《农民理性的扩张：中国奇迹的创造性主体分析》。三是要深刻理解现代化进程中的"三农"问题，必须深入农村实地调查，在调查中寻求答案，田野调查因此成为我们农村研究的基本功。

从调查认识农村，是我们农村研究的基本方法。

理论志 我们注意到了您对中国现代化进程的持续关注，您在《热话题与冷思考——关于国家治理体系和治理能力现代化的对话》（《当代世界与社会主义》，2014）与《"政党下乡"：现代国家对乡土的整合》（《学术月刊》，2007）中注意到农民与国家的纽带被重新勾连，乡村社会整合入国家体系之中，不禁疑问，这种纽带的现代性意义体现在哪里？

徐勇 到了1990年代后期，"三农"问题成为广泛关注的热点，各种想法和对策很多。大致可以分为三种倾向：一是回归传统，让农民回归到土地上，让农村回归到传统体制，主要方法是农业农村和农民本位，是一种乡土社会的视角；二是现代取向，认为现代化的标志便是传统农民的消失，随着现代化进程，"三农"问题自然会消解，是一种市场化的视角。我们所持的是第三种倾向，是一种国家的视角。这一视角认为，现代化是大势所趋，现代化进程中产生的"三农"问题要通过现代化解决。而现代化不仅仅是市场化，还包括"国家化"，即现代化的伴生物是城乡差别，现代国家建设的重要任务便是将分散而分离的农村和农民整合到国家体系中来，重新建立起社会的统一性。这在于现代国家是国民国家，农民作为现代国民，不能只是现代化的牺牲品，更重要的是分享现代化的成果。只有占人口多数的农民能够分享现代化成果的国家，才是现代国家。正是基于这一判断，我从新世纪初期，便将现代国家理论带入农村研究领域，力图将"三农"问题与现代国家建设关联起来，由此形成了一系列有关国家元素下乡的研究。这一研究成果集中体现于《国家化、农民性与乡村整合》一书中。

从国家看待农民，可以说是我的农村研究的重要特点之一。

理论志 我们注意到了一个背景：在中国乡村治理议题不断变化的情境下，我们身边许多人开始重读您在18年前的大作《县政、乡派、村治：乡村治理的结构性转换》，发现您强调中国乡村社会经历和正在经历着从"散""统""分"到"合"的不同社会阶段的剧目依然在中国乡村上演。乡土社会变迁必然伴随，并需要乡村治理结构的转变。那么这种乡村治理结构的转变未来是什么？

徐勇 1990年代后期，"三农"问题成为关注的热点，但是理论贡献不多，这在于中国的学术长期跟着政策跑，未能将政策议题转换为学术议题，将政策话语转换为学术话语。随着改革开放，学术自觉意识日益增强。"治理"这个概念首先为学术界所关注。尽管中国有丰富的治国理政的经验，但一直缺乏学理表达。当1990年代，"治理"的概念在全球运用时，很快引起中国学界，特别是政治学界的关注。我在《政治学研究》1997年第1期专门发表了《GOVERNANCE：治理的阐释》的论文。1990年代末，"治理"的概念率先运用于农村研究，形成了"乡村治理"的概念，人们试图通过这一概念研究农村，提出解决"三农"问题的对策。"乡村治理"的概念在推进中国农村研究学理化方面发挥了重要作用，因此成为长久不衰的热词，并为中央文件所运用。这是学术话语转换为政策话语的一个成功范例。

乡村治理能够成为政策话语，从根本上说在于国家通过有效的乡村治理，解决"三农"问题。而要解决这一问题，必须首先准确认识这一问题，把握农村社会发展的规律和特性。20世纪以来，"三农"问题不可谓不受重视，但解决"三农"问题所经历的曲折很多，代价甚大，重要原因是缺乏对中国农村社会的准确认识，具有很大的盲目性。以至于农村改革时普遍流行"辛辛苦苦三十年，一夜回到解放前"的说法。因此，乡村治理的前提是准确认识乡村社会。正是基于这一认识，我提出了中国乡村社会经历和正在经历从"散""统""分"到"合"的历史阶段。现在看来，"合"还在继续和深化。中国的事情只有拉长历史时段才能准确把握。从中国的长时段经验看，不分不活，不合不强。正因为"分"，充分发挥小农户的活力，中国才创造出世界最为灿烂的农业文明，直到中共十九大高度肯定了小农户的地位；但如果缺乏必要的"合"，小农经济具有的天生脆弱性难以克服，现代国家缺乏牢固的基础。当然，从"分"到"合"是一个漫长的过程，包括国家整合和农民自我联合。国家整合尽管必要，但更需要谨慎。国家天生具备的强制性往往会造成"整"而不"合"，人民公社的兴起和废除便是典型。统得过多，缺乏活力。所以，当下的乡村治理结构要加以改善，特别是对乡村事务加以分类，对应该由现代国家所解决的事务应该完全由政府承担，如公共服务等，不能以村民自治的名义推给农民；对农民能够自我调节的事务尽可能交由农民自己办理，激发社会活力和社会参与，只有这样，政府才有更多精力去处理只能由政府才能办理的事务。政府不缺位，社会有空间，应该是乡村治理努力的方向。

应用研究需要有理论关照，才经得起时间的考验。

理论志 近年来，我们欣喜地发现"祖赋人权"（《中国社会科学》，2018）进入了您的研究关怀之中，血缘关系向政治生活的渗透，对国家治理现代化进程与自治可能产生的影响。那么，我们，可以从含情脉脉的亲族血缘中看到哪些对国家治理发展的裨益之助？

徐勇 "祖赋人权"的概念是我近些年农村研究不断深入和学术转向的重要标志性成果。从本世纪初，我将现代国家理论带入农村研究领域之后，就发现我国农村研究的基础性严重缺失。有效的乡村治理是一个可持续的制度化过程。而要形成可持续的制度，必须在基础理论上有所突破。新中国成立以后，中国的农村政策不断变化和摇摆，有农民曾经形象地说"共产党像太阳，照到哪里哪里亮；共产党的政策像月亮，初一十五不一样。"中国农村改革的重要成果是"包产到户"，为什么经历了数十年的公社制，又重新回到以家庭为生产经营单位？在中南海里举行的一次高层座谈会上，有人提出了"村社"的概念。中国农村的基本单位究竟是家户还是"村社"？这些基本的理论问题尚不清楚，更不彻底。基本理论的不清晰和不彻底，必然带来认识上的混乱和政策上的摇摆。所以，我迅速从一般对策研究中抽身出来，将研究的重点转向基础理论研究。其标志性成果便是 2013 年在《中国社会科学》发表的《中国家户制传统与农村发展道路——以俄国、印度的村社传统为参照》，提出了"家户制"的概念，认为这是与传统的"部落制""村社制""庄园制"所不同的农村基础制度，是中国的创造，也是中国农村的本体性制度。这一本体性制度决定了中国独特的农村发展道路。

基础研究非常重要，但基础研究要求更高。中国学界议论多，理论少；借鉴多，原创少。重要原因是理论来源单一和同一，限制了想象，遏制了灵感。我们在转向基础理论研究的同时，在方法上转向了基础调查。尽管早在1990年代我们就确立了调查为基础的原则，但大量的调查属于应用性，缺乏系统性。2015年，我们举办了大型的中国和世界农村调查工程，为基础研究提供依据。实地调查中，我们发现了大量与既有理论结论不相吻合的现象。其中，散布于10多个南方省份的客家人长期历史以来，将血缘祖宗视为自己的行为理据。与西方到处可见的教堂不同，这里到处可见的是祠堂。这一现象促使我反思，在"天赋人权"理论出现之前，人们的权利、地位、资格来源于什么呢？"天赋人权"是否是唯一的权利理论？为此，我撰写了《祖赋人权：源于血缘理性的本体建构原则》一文，并在《中国社会科学》2018年第1期发表。这篇论文对于丰富政治学理论，特别是从中国的历史演进出发理解中国的国家治理，有一定的启示性，是一种来自于实证调查并从现象中概括理论的原创性研究。

因此，原创性研究要汲取丰富的理论和生活资源。

理论志 近年来，中国历史社会学逐渐在社会科学研究中成为"显学"，越来越多的学者开始在这一领域着墨耕耘，并深入挖掘各阶段的史料并做比较分析。我们注意到您长久以来一直有深研史料与比较研究的习惯。想请教您的研究心得有哪些？

徐勇 近些年许多学科都不约而同地走向历史，反映了人们只有走向历史的深处才能获得更为丰富的理论源泉。而我是因为农村研究和实地调查一步步地进入历史的通道的。近10多年来，我转向于农村基础理论研究。基础研究不同于应用研究，它要建立在长时段的基础上，对历史上反复出现的现象和规律加以把握。就我提出的"家户制"来说，一家一户的单位可以说是一种常识，但长期历史以来，并没有将其作为一种可持续的制度来看待，甚至是一种否定性态度，由此才有了"公社制"。而我在陕西农村调查时，一位乡间文化人说，公社早在三千年前就有了。他的意思是说，早在三千多年前，中国实行的就是集体共同耕作。"一家一户"的家户制是对集体耕作的替代。所以,只有将"家户制"置于漫长的历史长河里才能深刻理解其地位和价值;只有将其与部落制、村社制和庄园制等历史上其他农村基本制度相比较,它作为中国创立的一种制度才能立得住。我所在的机构围绕家户制作了大量调查,研究成果会不断推出。

《祖赋人权:源于血缘理性的本体建构原则》的论文发表前后都有一些争论。有读者甚至非常执着地要求刊物发表其不同看法。因为,人们普遍接受的是"天赋人权","祖赋人权"内含的血缘和血统意识近代以来一直是作为"封建意识"加以批判的。但从不同意见看,主要是因为方法的不同产生的误解,我只是对现象的一种解释而非主张。基础研究与应用研究不同,更加注重对事物的解释而不是对问题的解决。但因为这篇论文而产生的不同意见,进一步将我引向历史深处,促使我思考韦伯的一个重要结论,这就是"氏族团体在中国从未崩解,不像在西方,氏族团体早因城市的发展和基督教的缘故而瓦解了。"摩尔根也非常惊讶,血缘氏族团体在中国竟一直维持到现代,这是"他们这个民族十分固定的又一证据。""祖赋人权"背后的支配性的血缘关系为什么会长期存在,它为什么会对政治生活有着长期的历史影响?作为中国"五四运动"旗手之一的陈独秀为什么成为政治领袖后,实行的则是为邓小平所说的"家长制",而且不仅仅是陈一人。政治学要研究政治现象,更要研究政治现象反复发生背后的机制和规律。为此,近几年,我便将研究重点转向探索国家和国家治理的支配性机理,提出了将人与人联结起来的关系决定着国家行为。在中国,新的社会关系出现后,旧的社会关系仍然延续着,形成关系叠加,造成政治现象的反复发生。这种叠加的关系既造成了中国的国家演进有深厚的根底,不会轻易动摇;也会使得国家的变革异常艰难。这一成果将在我的多卷本著作《关系中的国家》中展现出来,目前已完成三卷,近百万字。

理论志 当代政治学与社会学研究从方法、问题、理论等诸层面愈发呈现出"融会贯通"的趋势。无论是政治学中的实验法在被社会学吸收,还是社会学的田野调查在被政治学融合。我们都发现了它们之间的互动脉络。众所周知,您是最早将实证研究方法引入政治学研究领域,并从社会的角度研究政治发展过程的学者之一,对这一趋势的进一步发展，您是否能够谈一谈宝贵看法？

徐勇 在政治学和社会学结合方面，我是比较早就有学术自觉意识的。这既来自于对政治现象的观察，又来自于农村研究。1980年代，中国的政治学主流是对国家层面的政治的热切关注，甚至充满着想象和激情。但在20世纪，上层政治不断变化，但也不断反复。其重要原因是社会基础变化不大。上层多动，下层不动。我在1992年出版的《非均衡的中国政治：城市与乡村比较》一书便将政治一分为二：国家上层政治与社会密切相连的基础政治，后者更具有决定性意义。我后来研究农村基层和乡村治理便是基于这一认识。而在踏入农村研究门槛后，社会学的方法更是基本方法。首先是田野调查；其次是中性立场，调查必须客观；最后是社会实验，以检验理论观点。我们从1998年以来进行了三次乡村实验，对我们深入乡村社会，将政治学的无限想象拉向有限的田野起到了重要作用。中国的政治远不是几个书生设计出来的，受到多种因素的制约。有什么样的社会就有什么样的政治。这与我现在所研究的，有什么样的社会关系就有什么样的国家形态的观点，是一脉相承的。

当然，运用社会学方法研究政治是比较费神的。我们过去的研究更多的是一种直觉，即知道要使用社会学的方法，但为什么要使用，怎样使用得更好，缺乏学术自觉。今后的学者在这方面可以大有可为。

理论志 费孝通先生指出乡土中国是一个"含情脉脉"的社会。最后，我们想请您为理论志读者们赠予一份嘱托与祝福，以传达给当前致力于研究于此的教师和同学们。

徐勇 学术研究是非常个人化的，千个师傅万个法，各有各的招。就我个人的体验来讲，主要有四点体会：

一是知识面要广，研究切口要小。对于开始进入学术门槛的学者来说，可以从小问题入手，一步步扩展和深化。我是从村民自治起步的；进一步扩展到乡村治理；由乡村治理的对策再深入家户制度的基础理论研究；由基础理论进一步走向历史深处，研究国家和国家治理的支配性关系。随着知识的积累和研究的深入，一步步地扩展研究范围，研究兴趣也愈来愈浓。从实证调查关注"怎么样"到理论研究注重"为什么"，学术问题不断产生，研究问题兴趣盎然。兴趣带来的是乐趣。

二是超越自我，不断提升研究层次。我的研究经历了三个层次。一是叙事。以1998年获得全国首届优秀博士学位论文奖的《中国农村村民自治：制度与运作》为标志，主要是叙事，即将村民自治制度叙说清楚，条理化。二是一事一理。从现象中提升概念，使叙事学理化。如社会化小农、农民理性扩张、家户制、祖赋人权等。三是万事一理。建立具有普遍性的分析框架和视角，如"国家化""关系叠加"等。通过具有普遍性的分析框架，将碎片化的现象整合到一个体系中来。

三是著书更要立说，形成独家之言。学术是自我创造，贵在独家之言。不求周全，但求一孔之见。做学问绝不可说"第一"，但一定要追求"唯一"。所谓"唯一"，是只有自己才能就说得出来，且说得还有些新意，他人不可模仿和复制。博众家之长，成一家之言，一直是我作为治学之人所追求的目标。我所在学校有"章门弟子"和"邢家学派"的说法。前者指历史学家章开沅先生培养了一批有成就的弟子，号称史学界的"章门弟子"。后者指语言学家邢福义教授多年致力于学派的创建，具有强烈的学派自觉。本人不才，有幸与两位先生同住一个门栋，平时直接联系很少，但早已是仰慕的楷模。尽管与两位先生不能比肩，但自成一体的"徐氏之言"还是致力所求的意愿。大家都能有独特的学术表达，学术繁荣便指日可待。

四是下得去，也要上得来。做农村研究，要从书本下到田野。做农业研究的要到田头，做农村研究的要到村头，做农民研究的要到炕头。但是，我们是做政治学研究，下去是为了寻找和丰富理论来源，最终要超越现象，回到案头，提炼理论。这是中国学人最为缺乏的。我一直记得黑格尔先生以不屑的口吻表达了他对东方中国人缺乏理论建树的不屑："在中国人中间，历史仅仅包含纯粹确定的事实，并不对于事实表示任何意见或者理解。他们的法理学也是如此，仅仅把规定的法律告诉人；他们的伦理学也仅仅讲到决定的义务，而不探索关于他们的一种内在的基础。"毫无疑问，黑格尔充满了西方的傲慢，但我们也不能不痛苦地接受，这并不完全是偏见。述而不作长期主宰着中国人的思维。中国学者的理论思维和原创性的理论贡献太少。这是我们学人所要努力的！多卷本著作《关系中的国家》正是这一努力的产物。

我们这一代人是在缺乏积累的基础上自我摸索出来的"草根学

人"。现在的学人基础条件好，起点高，一定能够超越前人，有新的成就！

（原载"Political 理论志"公众号，2019 年）

七　基于田野实践构建中国政治学理论

改革开放以来，我国政治学学者在确立学科自主性和本土化研究方面做了大量工作。一批学者结合中国实际，基于田野调查开展学术研究。在大量调查的基础上进行理论思考，并尝试提出中国的政治学概念，政治学"田野学派"的雏形开始显现。

政治学"田野学派"的基本特点是什么？它基于实践提出了哪些基本概念？未来，政治学"田野学派"计划开展哪些研究？围绕相关问题，记者采访了教育部长江学者特聘教授、华中师范大学人文社会科学高等研究院教授徐勇。

重新反思西方理论

《中国社会科学报》　中国政治学研究一直面临西方理论和中国经验之间的冲突。西方学者按照普遍主义原则，通过概念移植或概念调适来解释中国政治问题。如何处理西方理论和中国经验之间的关系，是中国政治学自诞生之日起就一直面临的重要问题。对此，请谈谈您的看法。

徐勇　作为一门学科的政治学直到 20 世纪才在中国出现。在相当长的时期，我国政治学存在一种突出倾向，即追随式研究——追随西方学者的思想，并以是否符合西方理论为标准开展研究，对产生于西方的理论缺乏足够的反思意识。

随着中国道路的形成，学者们开始有了理论自信和学术自觉，注意到中国经验的独特性，进而反思已有的西方理论与中国经验的关系。对此，我认为需要分类分析。

一是学术洞见。广义的西方理论是指近代以来由西方人创造的理论。这些理论的相当部分是人类文明的重要成果。特别是马克思主义理论揭示了人类发展的普遍规律，具有普遍的指导意义。即使不属于马克思主义，西方政治学的许多理论、概念、方法等都具有重要参考价值。离开了某些概念，很难将中国经验理论化、概念化，并使之普遍化。作为人类文明成果的某些理论是可以共享的，并寓于中国经验之中。

二是学术局限。需要注意的是，任何一种理论都有其局限性，都受到生产者所处时代和认识方位的限制。在中世纪向近代转变之初，西方力量并不强大，对于中国充满着美好的幻想。随着近代西方的崛起，西方理论一家独大，站在一个历史的高点上，形成了现代与传统、进步与落后、民主与专制的二元思维，并通过建构一系列概念去定义世界，构成了一个"规范的世界"，由此将人们的思维限定在一定的框架之内。人们长期身处其中而不自觉。这些固化的概念并不能对变化着的世界，特别是急剧变化的中国经验提供有说服力的解释。

三是学术偏见。需要重视的是，西方人在定义世界时，不可避免带有一定的价值取向。这种取向可能会对同样的事物作出完全不同的结论，从而产生学术偏见。

因此，要对西方理论加以分类，进行认真清理和辨析，从而了解其价值和局限。特别是，要从中国事实经验出发重新认识和反思西方理论，对自由、专制、人权、威权、"早熟"等一系列概念进行梳理和清理，弄清哪些概念是可以共享的，哪些概念具有局限性，甚至是偏见。只有这样才能走出"追随式研究"局限。

探索政治学本土化路径

《中国社会科学报》 中国政治学研究在本土化方面，作了哪些努力？

徐勇 在相当长时间里，中国的政治学处于学习和接受状态，只是在研究中形成了不同的方法、风格和路径。这就是基于文献的规范研究和基于田野调查的实证研究。中国在历史上长期都是一个农村人口占多数的国家，中国的改革是从农村开始的，农村改革创造了丰富的实践经验，也吸引了政治学者的关注。基于"实际、实证、实验"的"三实"原则，中国政治学人的视野开始从文本中走出，运用社会调查方法，关注"是什么"的问题。

一旦进入田野，研究者就能发现大量与书本不一样的事实。通过发现事实，政治学研究开始进入全新视野，走向本土化道路。这个过程是一步步展开的，也是一个从不自觉到自觉的过程。

第一，将居庙堂之高的政治学引入处江湖之远的农村田野，过往不被重视的广阔田野上的民众生活及其政治行为成为政治学研究的对象。第二，要了解农民的政治行为，必须以实地调查为基本研究方法，强调"现场主义"。即与农民生活在一起，力图从农民的角度而不是从研究者的角度研究农民的政治行为及其支配逻辑。第三，不断深化调查，并形成调查自觉。即强调事实先于价值，在着力弄清"是什么"的基础上探讨"为什么"的问题。第四，在调查与研究中构建起学术分析视角与方法。方法论方面的底色决定特色、原点决定路径、原型规制转型。此外，还有研究范式方面的价值—制度范式、条件—形式范式。第五，在调查自觉中形成理论自觉。任何理论都基于事实，但任何理论都不可能穷尽事实。只有通过调查发现事实，才能在发现事实中构建原创性或独创性理论。

当前，中国已有一批学者努力通过理论视角创新寻找突破点，进而将政治学的分析目光投向乡村基层，体现了研究视角和分析方法上的学术自觉意识。他们在个案调查基础上，开展大型问卷调查；同时，将社会实验的方法、比较分析、话语分析、博弈分析等其他方法引入政治学研究领域。这些都为政治学本土化奠定了基础。

《中国社会科学报》 在中国政治学本土化发展趋势下，"概念本土化"成为中国政治学发展的重要方向。田野政治学研究在这方面作出了哪些努力？

徐勇 与西方相比，中国政治学全面起步才数十年，且在相当长时间内主要是学习和追随，其自主性努力比自然科学更困难。尽管如此，觉醒后的中国学者的重要使命便是基于"经验的世界"对"规范的世界"概念进行清理和辨析，并对"经验的世界"加以概括和解释。

应该说，改革开放以来，我国政治学学者在确立学科自主性和本土化研究方面做了大量工作，并取得了突出成效。这是因为，中国政治学必须要结合中国具体实际进行研究。这一研究过程本身就体现了中国政治学的自主性和本土化，主要表现在两个方面。其一，引入外来概念并根据中国实际进行加工，从而实现创造性转换。最为典型的例子是"治理"和"国家治理"的概念。中国本身有丰富的治理实践，但没有成为一个学术概念。20世纪90年代，"治理"作为联合国文件中使用的概念，进入中国。中国学者对这一概念进行了学理性阐释，赋予其中国意义。这一概念在中国实践中得到进一步发展，从"乡村治理""社会治理"，一直扩展到"国家治理"。其二，在实际生活中，学者们发现许多事实现象无法用现成概念进行表述时，就会寻找新的概念加以概括和解释。

但总体来看，在相当长时间里，中国政治学在学科本土化方面还缺乏充分自觉，特别是在构建自主性概念方面还有欠缺。改革开放以来，中国发展实践创造了丰富经验，却缺乏相应的概念对其加以概括和解释，存在"概念赤字"现象。中国之治与中国之理之间严重不对称。大量的研究只是一种叙事表达，而不是由独创性概念构成的学理表达，造成"有理说不出"的困境。当然，随着改革开放的深入推进，一些学者提出社会科学自主性的议题，主动设置议题，推动了中国政治学的学科自主性和学术自觉；一些学者力图从中国政治出发来理解中国政治。

概念是构建学科体系的基础。通过自主性概念强化中国政治学的自主性和本土化是一项艰巨的任务。我们要根据中国经验提炼概念，同时也要注意概念的一般性和共享性，使具有不同文化背景的人都能通过概念来理解事物和说明问题。

构建中国政治学"田野学派"

《中国社会科学报》 政治学"田野学派"的基本特点是什么？

徐勇 一个学派的形成，是一个由不自觉到自觉的长期接续努力的过程。田野政治学一开始并没有学派自觉，只是基于田野调查研究形成独特风格。经历了30多年持续不断的田野调查和研究，政治学"田野学派"的雏形开始显现。

社会科学是对人的研究，对人的研究也有不同路径。从政治学角度看，表现出两种取向：一是以抽象的人民整体为对象的制度建构，二是以历史与社会关系中的具体的人为对象的行为模式研究。政治学"田野学派"主要是后一种取向。在研究方法方面,该学派以田野实地调查为主要方法。方法服从于研究对象。要研究历史与社会关系中的具体的人及其行为模式,就要对具体的人及其处境进行实际考察,在大量调查基础上形成观点。

从根本上说,中国政治学的"田野学派"是生长在中国大地上的一个研究学派,是相对于传统政治学规范研究而言的。其主要使命是尽可能运用社会调查的方法,去发现大量被遮蔽或迅速变化着的事实现象,去寻找事实现象之间的联系,并通过这种联系进一步深化人们对政治问题的认识。它与规范研究尽管在出发点和方法上有所不同,但目的是一样的,都是为了推进政治学科发展。它研究制度下的人,但不排斥制度,且将制度作为对人的研究的重要基点。

《中国社会科学报》 目前,政治学"田野学派"基于实践提出了哪些基本概念?

徐勇 20世纪是中国由传统社会向现代社会转变的巨大转折时期。进入21世纪,经历过传统农业社会的一代人即将离开这个世界,他们也会将丰富的传统农村记忆带走。前些年,我们的工作重点在田野调查,特别是对传统社会进行大规模的抢救式调查。2015年,我们启动了"中国农村深度调查"工程,分八大区域对全国农村进行普遍调查,获得数亿字的调查资料。通过这一大型调查,学者们加深了对中国的认识。随着调查的推进,我们开始根据新发现提出一些具有原创性的概念来概括我们所发现的事实。

农民理性扩张。在中国从落后的农业国家发展成"世界工厂"的进程中,农民工功不可没。我们于20世纪90年代便开始了对农民工的调查,发现农民工的生存逻辑与书本上的观点有很大不同。他们主动要求加班加点,每天工作达16个小时,目的是多赚点钱。他们的行为不仅改变着自己,也改变着家庭的命运。支配他们行动的逻辑是长期农业社会形成的理念,这种理念因为在工业社会能够获得更大收益而形成理性的扩张。农民工这一称呼本身就体现了两种社会交替时期的要素叠加的特点。他们是"中国奇迹"的创造者,只是没有人从理论上加以概括。我们通过"农民理性扩张"这一概念来概括农民工的创造及其行为逻辑。这也是田野政治学将历史与社会关系中的具体的人及其行为模式作为研究对象的学术自觉的起点。

家户制与家户国家。中国数千年来都是以一家一户为基本单位。农村改革的核心内容便是包产到户，实行以家庭为单位的责任制。我们开展农村调查，用的是"进村入户"方法。在一过程中，我们用"家户制"概念来概括中国农村社会的基本特性，以与西欧的庄园制、俄国和印度的村社制、非洲的部落制相区别。中国不仅创造了灿烂的农业文明，也创造了世界上特有的农村基础制度。中国这个国家就是由无数个家户组合而成的。我们将家户制这一概念延伸到政治学领域，提出了"家户国家"的概念，将"家户"作为国家和国家治理的根基。

韧性小农与韧性国家。中国在历史上长期是以家户小农为基本单位的。小农既有规模小而产生的脆弱性，也有在艰难困苦环境下顽强生存发展的韧性，只是后者在理论上被遮蔽了。我们在大规模田野调查中感受和体验了小农自强不息的坚韧性。这种坚韧性来自农民对自由的理解。近代西方强调自由即权利，是人应当具有的地位。而传统中国农民理解的自由是责任。只有履行对家庭、对祖先、对国家的责任才能达到自由状态，强调的是付出与收获的对等性。正是这种生生不息的责任支撑着一个大型文明体的延续，也形塑了中国的特性，即韧性国家。西方政治学者用"威权韧性"来概括中国，不仅带有极大的偏见，而且缺乏对韧性的进一步解释，没有认识到中国的国家韧性有深厚的历史和社会根源。

祖赋人权与历史权利。我们在南方农村调查时发现大量地方还保留着祠堂，一个村的人围绕祠堂而生存，所有村民都是同姓。他们凭借着与同一祖宗的联系而获得相应的资格、权利、地位和责任。这种现象是近代西方政治学流行的"天赋人权"这一概念无法概括的。为此，我们以"祖赋人权"这一概念加以概括。这一概念强调人的权利不是建构的，而是历史形成的。人是历史与社会关系中的人，人的权利与历史有极强的关联。祖赋人权意味着过去、现在与未来的联结。只有对历史作出贡献才能取得相应的资格和权利。这种权利是历史权利，也是集体权利；是个人权利，也是个人责任。

治水社会与治水国家。水利是农业的命脉，治水与中国的国家起源密切相关，并一直与中国历史进程相伴随。我们的田野调查将治水作为重要内容，通过调查发现，治水是一家一户无法完成的工程，只有联合起来形成治水共同体才能达成目标。这种由当事人参与的社会治水构成了一个自治性的治水社会，使得农业生产得以持续。由于小规模治水不能满足大江大河治理需求，国家的治水职能应势而生，治水国家由此产生。治水内生于社会和国家之中，并形塑着中国的社会和国家特性。这种基于内生需要形成的社会与国家，有其天然的正当性和合理性。由此，也扶正了卡尔·奥古斯特·魏特夫以先入为主概念而颠倒的事实。

《中国社会科学报》 未来，政治学"田野学派"计划开展哪些研究？

徐勇 政治学"田野学派"强调理论的源头在于田野，要从田野实践中去发现和研究问题并建构理论。它要以事实现象为依据，同时又要善于发现事实现象背后具有普遍性的逻辑，在此基础上建立起超越一定事实现象的、具有共享性和普遍性的分析范式。例如，近几年，我们依据田野调查，提出了"关系—行为""国家化"的分析框架；出版了《国家化、农民性与乡村整合》《关系中的国家》（第一、二卷）等著作。今后还会推出一系列相关论著。

下一步的研究重点是对调查材料进行深度挖掘，将调查材料理论化，从调查中提炼出具有普遍性的理论。这是比田野调查更为艰难的工作。由经验到理论，将经验与理论融为一体，中间存在多种联结机制，需要足够的理论和方法才能对事实进行精细加工，并从事实中提炼理论。

未来，政治学"田野学派"的主要工作有三个方面。其一，将田野调查延伸到政治学的核心领域——国家，打通田野与政治学研究领域的联结。田野政治学研究国家，主要是研究国家起源与基础。换言之，就是研究田野社会如何塑造国家，国家又如何与田野社会形成互动。其二，将田野调查延伸到学理研究，通过提炼概念，打通田野与政治学理论的联结。田野政治学的相关概念要源于经验事实，具有原创性。其三，将田野调查延伸到方法论层面，通过建立分析框架，打通田野与政治学研究方法的联结。

（原载《中国社会科学报》2020年8月18日）

八 扎根中国大地 开创政治学"田野学派"

编者按 9月16日,在学校学者名师聘任仪式暨教师表彰大会上,马敏教授、徐勇教授获聘我校第二批人文社会科学资深教授。下面一起走进徐勇教授求学治学的故事。

屈指算来,自1982年本科毕业留校至今,徐勇已经在"政治学"这片沃土深耕了近四十年。数十年来,他扎根田野,勤勉钻研,潜心治学,率先将实证研究方法引入国内政治学领域,被同行誉为"中国村民自治研究第一人",入选荆楚社科名家;获得国家级有突出贡献的中青年专家、全国师德先进个人、国务院特殊津贴专家、湖北省优秀教师等荣誉称号。治学之路上,徐勇不断超越着自我。做学问绝不可说"第一",但一定要追求"唯一",是他始终坚守的治学原则。

跨入农村研究之门

1978年的10月,一纸来自华中师范学院的录取通知书,悄然改变了已经在农村和工厂干了八年活儿的徐勇的命运。初入大学的徐勇主修"政治教育专业",他自觉知识面有限,除了上课,还用了大量时间读书。彼时的中国正处于一个激情澎湃的年代,各种新知识、新理论、新观点扑面而来,迅速拓展着徐勇的眼界。不再满足于被动地读书的他有了学术表达的冲动,开始尝试写作,以本科生的身份在《江淮论坛》1981年第3期发表《现代社会生产力系统结构初探》,引起广泛关注。

1982年,凭借本科时期展现出的学术素养,徐勇留校工作,进入刚组建的科学社会主义研究所做助理。在打理事务性工作之余,他也协助做一些研究工作。1984年,徐勇开始在职攻读硕士研究生,师从李会滨教授。当时的农村改革方兴未艾,由农村经济改革引起的农村政治体制等一系列变革吸引着学人们的关注。"人民公社体制废除后,农村实行村民自治。这是一项让九亿农民参与基层政治的新的制度,但当时争议较大,缺乏理论依据。政治学研究在这一领域更是空白。"当时,科学社会主义研究所的张厚安教授比较早地将研究视野投向农村,尤其关注农村基层政权问题的研究。受其影响,1987年,徐勇成功申报了国家教委哲学社会科学青年科研基金首批项目"我国城乡基层政治发展研究",专业领域逐渐转向政治学,聚焦农村基层治理,正式跨入农村研究之门,其后徐勇继续师从李会滨教授,在职攻读博士学位,从事"农村基层治理"研究。

探寻中国农村本源性问题

1991年,徐勇在《社会科学报》上发表了《重心下沉:90年代学术新趋向》一文。文章对1980年代学术界"脱离客观实际的思维误区"进行了反思,主张"透视本国的实际情况,特别是制约社会发展的基层社会,以求得对社会的深刻理解。"这种反思不仅是针对彼时学界,也激发了徐勇的学术自觉。

1992年,他的著作《非均衡的中国政治:城市与乡村比较》出版。在书的开头,徐勇明确提出:学界关注较多的是国家上层的变化和更迭,而基层社会却被忽视,事实上恰恰是基层社会的不动,造成了上层变动的复杂。他认为要将政治体系一分为二:一是上层国家权力;二是基础性政治社会,并强调要加强基础性政治社会的研究。这本著作从根本上转换了徐勇的研究视角——他的研究重心转向了基层,特别是为政治学界所忽视的农村基层社会。

徐勇注意到,从20世纪80年代开始实施的"村民自治",意味着农民从政治上的客体转换为主体,然而,"对于变化中的田野正在重塑新的政治主体,政治学界是缺乏足够认识的。"于是,"村民自治"进入徐勇的研究视野。1997年,他撰写《中国农村村民自治:制度与运行》博士论文,被评为全国首届优秀博士学位论文,以此为基础的《中国农村村民自治》则被称之为最早系统研究村民自治的著作,奠定了徐勇在村民自治研究领域的重要地位。21世纪以来,村民自治作为中国基层民主政治的一个窗口,寄予了更多的政治期待,成为中国特色社会主义基本政治制度的组成部分,作为一种普遍性的政治制度在全国推行,被誉为中国的"草根民主"。

在"村民自治"成为一个热议的学术话题之后,徐勇却开始进行冷思考。他认为"村民自治"由一种农民自发的行为,上升到国家民主制度,由政府自上而下推行,反映了中国的村民自治具有很强的国家建构性,应当置于现代国家建构的视角下考察。他较早运用现代国家理论分析农村基层治理,并由此形成了一系列重要的研究成果,集中体现于《国家化、农民性与乡村整合》一书中。这也成为他农村研究的重要转变之一。由于徐勇在基层民主政治领域的学术积淀,2006年11月30日,他走进中南海,在中共中央政治局进行的第36次集体学习会上,作了关于"中国社会主义基层民主政治建设研究"的专题讲解。

基于田野调查治理原创性研究

徐勇多次在"三农"研究喧嚣的热闹中冷静地指出:"'三农'研究热不是因为三农研究水平有多高,而是这一问题是社会热点,比较容易出成果。正因为如此,'三农'研究的门槛低,议论多,理论少;借鉴多,原创少。"知行合一,徐勇非常注重"三农"的原创性研究。

没有第一手资料,就难有原创性成果。实际上,早在20世纪90年代,张厚安教授便提出了"三个面向,理论务农"的口号,即强调走出校园书斋,面向社会,面向基层,面向农村,理论务农。到90年代中期,实证研究提升为研究所同仁的方法自觉。在1997年出版的"村治书系"总序中,徐勇强调,在研究方法上追求"实际、实证和实验",强调任何理论观点都必须建立在充分扎实的社会调查基础之上。当时的农村研究大多还是"纸上谈农",研究所倡导的"田野调查"可谓独树一帜,这也为今后教育部将农村研究的重点基地放在华中师范大学奠定了基础。

尽管有了田野调查的自觉,但这种自觉是在实践中不断深化和扩展的。囿于侧重应用性的项目调查缺乏系统性,2006年,作为教育部人文社会科学重点研究基地——中国农村问题研究中心主任的徐勇,提出了"百村观察计划"。经过试点,2009年该计划正式实施,在全国抽样选择了300多个村5000家农户进行每年定点跟踪观察,获得了大量第一手资料,不仅使中心能够在决策咨询服务方面领先一步,还助力其在教育部重点基地第三次评估中获得全国总分第一。

除了"百村观察计划",在徐勇发起和主持下,中国农村问题研究中心还陆续启动了"日本满铁调查资料和翻译""俄国和英国农村调查资料翻译""海外农村调查"等大型翻译或调查计划,统称为"学术三峡工程",预计出版调查著作 2 亿字(出版 3 千万字),目的是建设世界顶级农村及基层调查和资料机构。

如此庞大的田野调查并没有让徐勇"迷失"研究初心。"做农业研究的要到田头,做农村研究的要到村头,做农民研究的要到炕头。我们是做政治学研究,下去是为了寻找和丰富理论来源,最终要超越现象,回到案头,提炼理论。"徐勇深知,数十年的田野调查,积累了大量第一手资料,但身为研究者不能仅仅将自己视为"挖矿的",让外国人利用资料加工再转内销,而是需要有"炼金术",对资料进行加工提炼,形成原创性理论。

在中南海里举行的一次高层座谈会上,有人提出中国农村的基本单位究竟是家户还是"村社",给了徐勇启发,他迅速从一般对策研究中抽身出来,将研究的重点转向基础理论研究。其标志性成果便是 2013 年在《中国社会科学》发表的《中国家户制传统与农村发展道路——以俄国、印度的村社传统为参照》,提出了"家户制"的概念,认为这是与传统的"部落制""村社制""庄园制"所不同的农村基础制度,是中国农村社会之根,是理解中国社会的一把钥匙。

为了进一步了解中国农村形态,2015 年,在徐勇的主持下中国农村研究院正式启动了"深度中国调查"。这项有数千人参与的大型调查工程,全面深入挖掘中国农村传统底色,为传承中国农业文明,了解传统农村形态积累了大量第一手资料,规模之大,国内仅见,也为徐勇致力于原创性研究提供了依据。

基于华南宗族农村大量事实调查,徐勇和他的研究团队发现,宗族农民以祠堂为生活中心,以祠堂里的祖宗为敬奉对象,以同一祖宗的血缘关系为纽带。这一行为的背后的依据便是祖宗赋予了后人以生命、资格、财产、地位、权利与责任。原来,这个世界上并不是如"天赋人权"这一"唯一原则"所概括得那么简单,还有很多事实是这一概念和命题无法概括的。2018 年,徐勇在《中国社会科学》第 1 期发表了《祖赋人权:源于血缘理性的本体建构原则》的长文,提出了"祖赋人权"的概念。这篇论文对于丰富政治学理论,特别是从中国的历史演进出发理解中国的国家治理,有一定的启示性,是一种来自于实证调查并从现象中概括理论的原创性研究，也成为他近些年农村研究不断深入和学术转向的重要标志性成果。

培养学术团队　开创政治学"田野学派"

做学术研究本是个人兴趣爱好，徐勇觉得自己的个性更适合做个体性研究。但是，如果要将一件事情做大做强，个人的力量是有限的，需要更多的人来共同完成，比如庞大的田野调查计划。不管是作为行政负责人，还是学术带头人，带领团队更好地发展，是徐勇必须直面的问题；学术"传帮带"也是他需要肩负起的职责。

徐勇的治学之道师承于他的导师李会滨教授。徐勇回忆说："李会滨教授从事科学社会主义专业的研究，主要来源是文献；我从事的农村和政治学研究，从文献到田野调查，在相当程度上与导师的领域和方法不相一致，但李老师非常包容，充分尊重我的意愿和兴趣。如果没有李老师的包容，我不可能在学问上有太大发展，我的博士学位论文也不可能获得全国首届优秀博士学位论文。"徐勇认为，对于真正做学问的人来说，有自己的想法和兴趣，才是发展的动力。

对学生自主性地充分尊重，让徐勇指导的博士生论文有两篇获得了"百篇优博"，一篇获得"百篇优博"提名，是全国同学科获得这一奖励最多的老师；他培养的不少博士生如今已经成为学科的中坚力量和中流砥柱。

对学术自主性地尊重亦是徐勇带领团队的"心法"。他充分尊重各人的选择，认为只有志同道合，基地平台才能延续，并在此基础上注重培育核心价值，培养核心团队、核心带头人、核心竞争力，将基地平台不断地做大做强。在他担任华中师范大学政治学科学术带头人期间，该学科在全国学科评估中分别排名第二、三、四名，并于 2017 年入选"一流学科"。

如今，基于对 30 多年持续不断的田野调查和研究，徐勇提出了政治学本土化路径——构建中国政治学"田野学派"。2020 年 8 月，他在接受《中国社会科学报》采访时指出："从根本上说，中国政治学的'田野学派'是生长在中国大地上的一个研究学派，是相对于传统政治学规范研究而言的。其主要使命是尽可能运用社会调查的方法，去发现大量被遮蔽或迅速变化着的事实现象，去寻找事实现象之间的联系，并通过这种联系进一步深化人们对政治问题的认识。它与规范研究尽管在出发点和方法上有所不同，但目的是一样的，都是为了推进政治学科发展。它研究制度下的人，但不排斥制度，且将制度作为对人的研究的重要基点。"基于田野实践构建中国政治学理论，不仅是徐勇对多年学术积淀的更深入地思考，也是将华师打造成中国政治学的学科高地的路径。

治学之路上，徐勇不断超越自我。"我的研究经历了三个层次：

一是叙事，以《中国农村村民自治：制度与运作》为标志，即将村民自治制度叙说清楚，条理化；

二是一事一理，从现象中提升概念，使叙事学理化，如家户制、祖赋人权、社会化小农、农民理性扩张等；

三是万事一理，即建立具有普遍性的分析框架和视角，如国家化、关系叠加等，通过具有普遍性的分析框架，将碎片化的现象整合到一个体系中来。"徐勇说，学术是自我创造，贵在独家之言，不求周全，但求一孔之见。做学问绝不可说"第一"，但一定要追求"唯一"。所谓"唯一"，就是只有自己才能说得出来，且说得还有些新意，他人不可模仿和复制。博众家之长，成一家之言，一直是他作为治学之人所追求的目标。

（原载"华中师范大学公众号"2020年9月16日）

九　致力于基层政治和乡村治理研究，构建中国政治学"田野学派"

华中师范大学人文社会科学高等研究院在桂子山上一座两层旧楼里，政治学者、华中师范大学资深教授、博士生导师徐勇在这栋楼工作。这些年来，他致力于基层政治和乡村治理研究，并基于多年的田野调查实践，提出构建中国政治学"田野学派"，新书《田野政治学的构建》本月初完稿。

"我想知道田野上发生了什么"

"时代决定了我的方向。"徐勇曾在农村和工厂干活八年，1978年考上华中师范大学，主修政治教育专业。在校期间，他疯狂阅读、写作，发表了多篇论文，后留校进入科学社会主义研究所工作。此时，一曲《在希望的田野上》唱遍神州大地，也传至校园。

"我14岁从城镇到农村务农5年，是亲身体验过饥饿的。听到歌里唱，'老人举杯孩子们欢笑'，我很想知道田野上发生了什么。"徐勇说，当时科学社会主义研究所的张厚安教授将视线投向农村，关注农村基层政权问题。受其影响，1987年，徐勇申报了国家教委哲学社会科学青年科研基金首批项目，专业领域逐渐转向政治学，踏上农村研究之路。

徐勇说，当时社会科学的研究方法主要基于书本文献，当他把目光投向农村，投向田野，原有的方法已经远远不够。"我们这一代人是在'实践是检验真理的唯一标准'的时代里接受大学教育，并开始从事学术研究的。从事农村研究，只有深入田间地头，才能感受到田野上正在发生什么。做农业研究的一定要到田头，做农村研究的一定要到村头，做农民研究的一定要到屋头。"

走出校园，走出书本，"一是要出得了校；二是要进得了村，三是要进得了户；四是要找得到人；五是要说得上话；六是要说得了真话；七是要做得了朋友。"在多次田野调查中，徐勇切实感受到农民的伟大创造。农村变成"希望的田野"，农民从"饿肚子"到"有饭吃"，源于农村改革。在改革中出现了村民自治，"我看到农民自发地组织起来自我管理，解决许多问题，包产到户、乡镇企业和村民自治，都是中国农民的创举。"

学者要超越现象，提炼理论

20世纪90年代，"三农"问题显现。有一次，他到四川省大巴山区调查，夜里农民打着火把赶到他的住处，"从四面八方翻山越岭赶来，跟我反映情况。新世纪以来，经历了税费改革、新农村建设，现在农村的整体状况已经发生了根本性的变化"。

农村问题成为社会关注的"显学"后,因为多年"田野知农"的实证研究,2000年教育部设立重点研究基地时,将农村研究基地设立在徐勇所在的华中师范大学。2006年,作为中国农村问题研究中心主任,徐勇提出"百村观察计划",在全国抽样选择了300多个村5000家农户进行每年定点跟踪观察,获得大量第一手资料。

经历持续不断调查后,徐勇觉得,已经到了从农村大量存在又不断变化的事实现象中寻找联系、从田野实践中发现和研究问题并建构理论的时候,"我们做学术,最终还是要超越现象,回到案头,提炼理论"。

20世纪三四十年代,日本满铁公司对中国农村极其详尽的田野调查,形成报告《满铁调查》。一套《满铁调查》成为美国学者研究中国的"富矿"。基于危机感和使命感,徐勇推动了《满铁农村调查》翻译,现已翻译出版上千万字,"这些资料尽管是上世纪初的,但对于我们了解传统中国农村,学习可取的调查方法,大有裨益。"

徐勇说,在借鉴满铁调查基础上,他主持的中国农村研究院启动了"深度中国调查",这项数千人参与的工程全面深入挖掘中国农村传统底色,所调查的广度大大超越满铁调查,为原创性研究提供了依据,"'中国农村在中国,中国农村调查在日本,中国农村研究在美国'的被动状态正在改变"。

立志改变"有理讲不出"和"说了没有人信"

今年4月初,徐勇完成新书《田野政治学的构建》。他以十五个章节,全面回顾和梳理了田野政治学的理论,其中包括一系列基本概念,如"家户制"等,初步形成了"田野学派"概念体系。

徐勇将"家户制"概念,视为理解中国农村的一把钥匙。改革开放以后,农村改革以"包产到户"作为突破口。徐勇认为,中国历史上长期存在的是家户制,改革开放后,也是家户经营体制显示出极大活力。随着时代进步,"过去的问题解决了,新的问题冒出来了。农民的需求从'有饭吃''有钱花'到了现在的'有保障'。比如久旱无雨,这些天灾如何面对?他们需要农业保险,需要国家兜底"。

徐勇研究发现,当下中国农村农民与传统农村农民相比,已从"天高皇帝远"的自然状态转变为国家无处不在、无时不在的国家形态。
"中央一号文件连续17年关注'三农'问题，说明中央始终将'三农'问题置于党和国家工作的重中之重，持之以恒寻求解决之道，这是很不容易的。在中国的现代化进程中，最后一道难关是农村。这些年的实践也证明，关于农村的出路，中央有很好的部署。"

徐勇回忆，2017 年，年过六旬的他翻越大小凉山，当地路途艰险，条件恶劣，"山陡到什么程度，我不能在车上坐着，只能是躺在车上。但当地农民的生活已经好多了，一对旧社会是奴隶、曾经家徒四壁的彝族老人，每个月有低保，能够保障基本生活。很难想象，没有国家的力量，这些农民能够自我摆脱贫穷的困境。大小凉山去年实现了全面脱贫，我们国家能够让这些地方的人们脱贫，的确是人间奇迹！"

徐勇告诉《长江日报》记者，下一步工作主要做两件事，一是持续田野调查，二是深度理论开发。"中国创造了史诗般的实践经验，突破了因为农村农民问题而造成的'现代化陷阱'。我们有史诗般的实践经验，还缺乏史诗般的理论建构，处于'有理讲不出'和'说了没有人信'的被动境地。我们要突破理论建构这道难关，在丰富的中国实践经验基础上创造出能与世界对话的政治学理论。中国人不能只是西方理论的'验证者'，更要成为超越者！"

徐勇简介：

徐勇，1955 年出生，湖北宜昌人。华中师范大学人文社会科学资深教授、教育部首批文科长江学者特聘教授。国内最早将实证研究方法引入政治学研究领域的学者之一，主持大型中国与世界农村调查。长期从事中国政治与乡村治理研究。曾经担任国务院学位委员会政治学学科评议组召集人、中国政治学会副会长。主要著作有《乡村治理与中国政治》《农民改变中国》《国家治理的中国底色与路径》《关系中的国家》多卷本等。"田野政治学"的主要构建者。

（原载《长江日报》2021 年 4 月 11 日。作者王惠纯）

十　徐勇学术成果目录

一　著作

（一）独著

1. 《走向现代文明——大变革中的中国社会生活方式》，华夏出版社1986年版。

2. 《非均衡的中国政治：城市与乡村比较》，中国广播电视出版社1992年版。

3. 《中国农村村民自治》，华中师范大学出版社1997年版。

4. 《包产到户沉浮录》，珠海出版社1998年版。

5. 《中国农村村民自治》（增订本），生活·读书·新知三联书店2018年版。

6. 《城乡差别的中国政治》（《非均衡的中国政治：城市与乡村差别》修订本），社会科学文献出版社2019年版。

7. 《国家化、农民性与乡村整合》，江苏人民出版社2019年版。

8. 《关系中的国家——血缘—地域关系中的王制国家》第一卷，社会科学文献出版社2019年版。

9. 《关系中的国家——地域—血缘关系中的帝制国家》第二卷，社会科学文献出版社2020年版。

（二）两人合著

1. 《流动中的乡村治理——对农民流动的政治社会学分析》，中国社会科学出版社2003年版，与徐增阳合著。

（三）个人文集

1. 《徐勇自选集》，华中理工大学出版社1999年版。

2. 《乡村治理与中国政治》，中国社会科学出版社2004年版。

3. 《现代国家、乡土社会与制度建构》，中国物资出版社2009年版。

4. 《田野与政治》，中国社会科学出版社2009年版。

5. 《农民改变中国》，中国社会科学出版社2012年版。

6. 《国家治理的中国底色与路径》，中国社会科学出版社2018

年版。

7.《乡村治理的中国根基与变迁》，中国社会科学出版社2018年版。

（四）多人合著（含主编）

1.《中国农村政治稳定与发展》，武汉出版社1995年版，主笔（两人）。

2.《乡土中国的民主选举》，华中师范大学出版社2001年版，主编。

3.《中国城市社区自治》，武汉出版社2002年版，合著。

4.《村民自治进程中的乡村关系》，华中师范大学出版社2002年版，主编。

5.《走出"生之者寡，食之者众"的困境——县乡村治理体制反思与改革》，西北大学出版社2004年版，主编。

6.《中国农村与农民问题前沿研究》，经济科学出版社2009年版，合著。

7.《基层民主发展的途径与机制》，北京师范大学出版社2015年版，合著，国家社会科学基金成果文库。

8.《以民主促进和谐——和谐社会建构中的基层民主政治建设研究》，经济科学出版社2016年版，合著。

（五）教材（主编）

1.《地方政府学》，高等教育出版社2003年版，第一主编。

2.《地方政府与政治》，高等教育出版社2017年版，第一首席专家。

3.《地方政府与政治》（修订本），高等教育出版社2018年版，第一首席专家。

（六）参加撰写

1.《通俗政治学》，中国青年出版社1985年版，撰写一章。

2.《中国社会主义建设》，广西人民出版社1986年版，撰写一章。

3.《社会主义再认识》，华中师范大学出版社1988年版，撰写一部分。

4. 《马克思主义原理》，湖北人民出版社 1989 年版，撰写一章。

5. 《科学社会主义》，湖北人民出版社 1989 年版，撰写一章。

6. 《精神文明知识宝库》，中国广播电视出版社 1992 年，撰写 10 万字。

7. 《当代中国政治制度研究》，湖北人民出版社 1993 年版，撰写一章。

（七）系列著作（多人参与的大型工程类）主编之一

1. 《中国农村调查·专题类》，中国社会科学出版社 2016 年版。

2. 《中国农村调查·村庄类》第 2—26 卷，中国社会科学出版社 2016—2020 版。

3. 《中国农村调查·口述史类》第 1—14 卷，中国社会科学出版社 2018—2020 版。

4. 《满铁农村调查·惯行类》第 1—6 卷，中国社会科学出版社 2016—2020 版。

二 学术论文

1. 《构建中国特色政治学：学科、学术与话语——以政治学恢复重建历程为例》，《中国社会科学》2021 年第 2 期，与任路合作。

2. 《规划性变迁视角下的农民工走向与对策》，《理论与改革》2021 年第 2 期，与张慧慧合作。

3. 《中国政治统一体长期延续的三重共同体基础——以长周期政治为视角》，《华中师范大学学报》2021 年第 1 期。

4. 《调与适：在中国发现公共政策——兼及构建中国特色公共政策学》，《党政研究》2021 年第 1 期，与李旻昊合作。

5. 《"未有之大变局"：世界中国与历史中国的叠加及应对》，《探索与争鸣》2020 年第 10 期，与张慧慧合作。

6. 《关系叠加视角下的家户制政治形态——以传统汉族地区家户社会为基点》，《云南社会科学》2020 年第 4 期，与叶本乾合作。

7. 《"郡县制""封建制"的历史纠缠与斗争——关系叠加为视角》，《南国学术》（澳门）2020 年第 2 期。

8. 《国家化、民族性与区域治理——基于历史中国经验的分析框架》,《广西大学学报》2020 年第 4 期。

9.《中国政治学 20 年的跨越与走向——以优秀博士学位论文评选为例》,《吉林大学社会科学学报》2020 年第 3 期。

10.《官民衔接层域的小微权力监督研究》,《河南大学学报》(社会科学版) 2020 年第 2 期,与吕进鹏合作。

11.《中国的国家成长"早熟论"辨析——以关系叠加为视角》,《政治学研究》2020 年第 1 期。

12.《新中国 70 年农村复合制基本单元的创立与变迁》,《东南学术》2019 年第 5 期,与罗丹合作。

13.《历史政治学视角下的血缘道德王国——以周王朝的政治理想与悖论为例》,《云南社会科学》2019 年第 4 期。人大复印资料《政治学》2019 年第 10 期复印,与杨海龙合作。

14.《天下一家:人类命运共同体的家户起源》,《南国学术》2019 年第 2 期。

15.《以服务为重心:基层与地方治理的走向——以日本为例及其对中国的启示》,《深圳大学学报》2019 年第 1 期。

16.《论现代化中后期的乡村振兴》,《社会科学研究》2019 年第 2 期。

17.《学术创新的基点:概念的解构与建构》,《文史哲》2019 年第 1 期。

18.《基于中国场景的积极政府》,《党政研究》2019 年第 1 期。《中国社会科学文摘》2019 年第 4 期。

19.《政治学"田野学派"的崛起》,《政治科学研究》2018 年上卷,中国社会科学出版社 2018 年版。

20.《实证思维通道下对"祖赋人权"命题的扩展认识》,《探索与争鸣》2018 年第 9 期。

21.《用中国事实定义中国政治——基于"横向竞争与纵向整合"的分析框架》,《河南社会科学》2018 年第 3 期,《新华文摘》2018 年第 12 期。

22.《祖赋人权:源于血缘理性的本体建构原则》,《中国社会科学》2018 年第 1 期。

23.《两种依赖关系视角下中国的"以文治理"》,《学习与探索》2017年第11期。

24.《历史延续性视角下中国农村调查回眸与走向——再论站在新的历史高点上的中国农村研究》,《吉林大学社会科学学报》2018年第3期。

25.《乡村文化振兴与文化供给侧改革》,《东南学术》2018年第5期。

26.《民主与治理:村民自治的伟大创造与深化探索》,《当代世界与社会主义》2018年第4期。

27.《自治为体,法德两用,创造优质的乡村治理》,《治理研究》2018年第6期。

28.《历史延续性与中国农村社会形态的认识——一论站在新的历史高点上的中国农村研究》,澳门大学《南国学术》2017年第4期。

29.《论"寓法于治"的内生型法治》,《新疆师范大学学报》2017年第2期,与郝亚光合作。

30.《政治学视域中的实证研究》,《华东师范大学学报》(教育科学版)2017年第3期。

31.《"关系权":关系与权力的双重视角》,《探索与争鸣》2017年第7期。

32.《从中国事实看"东方专制论"的限度——兼对马克思恩格斯有关东方政治论断的辨析与补充》,《政治学研究》2017年第4期。

33.《激发脱贫攻坚的内生动力》,《人民日报》(理论版)2016年1月11日。

34.《破解项目体制造成的学术碎片化问题》,《中国高等教育》2016年第5期。

35.《公平与效率:中国农村组织制度变迁与内生机理》,《探索与争鸣》2016年第6期,与张茜合作。

36.《在比较中发现中国:中国道路的历史延续性》,《中国战略报告》2016年第2期。

37.《"根"与"飘":城乡中国的失衡与均衡》,《武汉大学学报》2016年第4期。

38. 《种瓜得豆：农村集体经济的不同产业绩效及动因》，《社会科学家》2016 年第 6 期。

39. 《历史延续性视角下的中国道路》，《中国社会科学》2016 年第 7 期。《新华文摘》2016 年第 9 期。《高等学校文科学报文摘》2016 年第 5 期。《中国社会科学》（英文版）2017 年第 2 期英文译介。

40. 《区域社会视角下农村集体经营与家庭经营的根基与机理》，《中共党史研究》2016 年第 4 期。

41. 《"分"与"合"：质性研究视角下农村区域性村庄分类》，《山东社会科学》2016 年第 7 期，人大报刊复印资料《社会学》2016 年第 11 期复印。

42. 《城乡一体化进程中的乡村治理创新》，《中国农村经济》2016 年第 10 期，人大报刊复印资料《农业经济研究》2017 年第 1 期于。

43. 《国家治理条件：历史唯物主义的视角与启示》，《贵州民族大学学报》2016 年第 6 期。

44. 《历史制度底色下世界土地改革进程与成效比较》，《社会科学研究》2016 年第 4 期。

45. 《创新集体：对集体经济有效实现形式的探索》，《华中师范大学学报》2015 年第 1 期，《中国社会科学文摘》2015 年第 6 期，人大报刊复印资料《社会主义经济理论与实践》2015 年第 4 期复印，与赵德建合作。

46. 《村民议事会：破解"形式有权，实际无权"的基层民主难题》，《探索》2015 年第 1 期，人大报刊复印资料《中国政治》2015 年第 5 期，与沈乾飞合作。

47. 《市场相接：集体经济有效实现形式和生发机制》，《东岳论丛》2015 年第 3 期，与沈乾飞合作。

48. 《探索村民小组集体所有制形式》，《农民日报》2015 年 7 月 25 日。

49. 《大碰撞：国家一体化进程中的边疆治理》，《南国学术》（澳门大学）2015 年第 3 期，《新华文摘》2015 年摘要。

50. 《让自治落地：厘清农村基层组织单元的划分标准》，《探索与争鸣》2015 年第 9 期，《新华文摘》2016 年第 2 期，与郝亚光合作。

51.《实践创设并转换范式:村民自治研究回顾与反思——写在第一个村委会诞生 35 周年之际》,《中国社会科学评价》2015 年第 3 期。

52.《关于国家治理体系与治理能力现代化的对话》,《当代世界与社会主义》2014 年第 1 期,人大报刊复印资料《中国政治》2014 年第 5 期。

53.《重达自治:连结传统的尝试与困境》,《探索与争鸣》2014 年第 4 期,人大报刊复印资料《中国政治》2014 年第 7 期。

54.《找回自治:对村民自治有效实现形式的探索》,《华中师范大学学报》2014 年第 4 期,《新华文摘》2014 年第 18 期。

55.《培育自治:居民自治有效实现形式探索》,《东南学术》2014 年第 5 期,收于人大报刊复印资料《中国政治》2014 年第 12 期,与贺磊合作。

56.《中等收入难题与社会治理创新》,《社会科学战线》2014 年第 9 期,与马海明合作。

57.《新农村建设的合力与互动机制》,《河北学刊》2014 年第 5 期。

58.《城乡一体化视域中的农业农村发展新思维》,《中国行政管理》2014 年第 10 期。

59.《现代化进程的节点与政治转型》,《探索与争鸣》2013 年第 3 期,《新华文摘》2013 年第 11 期,《高等学校文科学报文摘》2013 年第 3 期转载,人大报刊复印资料《中国政治》2013 年第 6 期。

60.《深化对农村城镇化的认识十题》,《东南学术》2013 年第 3 期。

61.《农民与现代化:平等参与和共同分享》,《河北学刊》2013 年第 3 期。

62.《中国家户制传统与农村发展道路——以俄国/印度的村社传统为参照》,《中国社会科学》2013 年第 8 期,《中国社会科学》(英文版)2014 年第 3 期英文译介,人大报刊复印资料《社会学》2013 年第 11 期。

63.《阶级、集体、社区:国家对乡村的社会整合》,《社会科学战线》2012 年第 2 期,收于人大报刊复印资料《中国政治》2012 年第

5 期。

64.《东方自由主义传统的发掘——兼论西方话语中的"东方专制主义"》,《学术月刊》2012 年第 4 期,《高等学校文科学报文摘》2012 年第 4 期转载;人大报刊复印资料《中国政治》2012 年第 7 期。

65.《基层民主发展的治理化与机制化》,《中国社会科学报》2012 年 8 月 31 日。

66.《"防震圈":自治秩序与基层重建》,《探索与争鸣》2011 年第 7 期,人大报刊复印资料《中国政治》2011 年第 10 期复印。

67.《论农业生产能力与家户生产能力提高的非均衡性》,《江汉论坛》2011 年第 8 期,与林冠合作。

68.《政府管理与群众自治的衔接机制研究》,《河南大学学报》2011 年第 5 期。

69.《"组为基础,三级联动":村民自治运行的长效机制》,《河北月刊》2011 年第 5 期,《新华文摘》2011 年第 22 期,与周青年合作。

70.《农民理性的扩张:中国奇迹的创造性主体分析》,《中国社会科学》2010 年第 1 期,《中国社会科学》(英文版) 2011 年第 1 期;《中国社会科学文摘》2010 年第 4 期;《高等学校文科学术文摘》2010 年第 2 期;人大报刊复印资料《中国政治》2010 年第 4 期。

71.《一体化中的文化自我强化与政治共识》,《天津社会科学》2010 年第 3 期。

72.《三次共和,三大伟人,三部名篇》,《探索与争鸣》2010 年第 5 期。

73.《中国发展道路:从"以农立国"到城乡统筹发展》,《华中师范大学学报》2010 年第 4 期。

74.《"宣传下乡":中国共产党对乡土社会的动员与整合》,《中共党史研究》2010 年第 10 期。

75.《村务公开民主管理推进的逻辑和方向》,《学习时报》2010 年 12 月 27 日。

76.《家族政治:亚洲政治的魔咒》,《学术月刊》2010 年第 12 期,人大报刊复印资料《中国政治》2011 年第 5 期。

77.《"服务下乡":国家对乡土社会的服务性渗透》,《东南学术》

2009 年第 1 期。

78. 《发展党内民主是保持党长期执政地位的重要保证》，《政治学研究》2009 年第 1 期，与刘义强合作。

79. 《农民改变中国：基层社会与创造性政治》，《学术月刊》2009 年第 5 期，人大报刊复印资料《中国政治》2009 年第 8 期。

80. 《延伸与扩展：乡镇民主的启动与突破》，《探索与争鸣》2009 年第 4 期。

81. 《社会动员、自主参与与政治整合——中国基层民主发展 60 年》，《社会科学战线》2009 年第 6 期，《中国社会科学文摘》2009 年第 9 期。

82. 《重视"三林"、"三牧"和"三渔"问题》，《中国社会科学报》2009 年 10 月 25 日。

83. 《民主挫折与民主的分层定位》，《学习时报》2009 年 12 月 14 日。

84. 《国家化与地方性背景下的双向型县域治理改革》，《探索与争鸣》2009 年第 11 期，人大报刊复印资料《中国政治》2010 年第 2 期。

85. 《小农社会化是伟大的改革》，《湖北日报》（理论版）2009 年 9 月 29 日。

86. 《接点政治：农村群体性事件的县域分析》，《华中师范大学学报》2009 年第 6 期。

87. 《论农产品的国家性建构及其成效——国家整合视角下的"统购统销"与"瞒产私分"》，《中共党史研究》2008 年第 1 期。

88. 《"政策下乡"及其对乡土社会的整合》，《当代世界与社会主义》2008 年第 1 期。

89. 《现代国家建构中的农民权益保护》，《华中师范大学学报》2008 年第 2 期。

90. 《防止无地青年"农民"游民化》《探索与争鸣》2008 年第 3 期。

91. 《民主：一种利益均衡机制》，《河北学刊》2008 年第 2 期。

92. 《论农民劳动的国家性建构及其成效——国家整合视角下农民劳动的变化》，《山西大学学报》2008 年第 3 期。

93.《"法律下乡":乡土社会的双重法律制度整合》,《东南学术》2008年第3期。

94.《基层民主:社会主义民主的基础性工程》,《学习与探索》2008年第4期,人大报刊复印资料《中国政治》2008年第9期。

95.《新时期党内民主建设的主要特点和经验》,《探索与争鸣》2008年第11期,《新华文摘》2009年第3期全文转载,与慕良泽合作。

96.《以中国大历史为视角看农村改革》,《中国农村研究》2008年上卷,中国社会科学出版社2009年版;

97.《创新选举工作提升民主选举质量》,《红旗文稿》2008年第16期。

98.《基层民主:社会主义民主的基础性工程——改革开放30年来中国基层民主的发展》,《学习与探索》2008年第4期,人大报刊复印资料《中国政治》2008年第9期。

99.《论党内民主与人民民主的有机衔接与良性互动》,《社会主义研究》2008年第4期,人大报刊复印资料《中国共产党》2008年第10期。

100.《政治学研究:从殿堂到田野——实证方法进入中国政治学研究的历程》,《中国人文社会科学三十年》,复旦大学出版社2008年版。

101.《如何认识当今的农民.农民合作与农民组织》《华中师范大学学报》2007年第1期。

102.《现代国家建构与土地制度变迁——写在〈物权法〉讨论通过之际》,《河北学刊》2007年第2期,人大报刊复印资料《政治学》2007年第8期。

103.《从"农村包围城市"到"城市带动农村"》,《东南学术》2007年第2期。

104.《在社会主义新农村建设中推进农村社区建设》,《江汉论坛》2007年第4期。

105.《发展基层民主促进社会和谐》,《政策》2007年第3期。

106.《建构"以农民为主体,让农民得实惠"的乡村治理机制》,《理论学刊》2007年第4期。

107.《行政下乡:动员.任务与命令——现代国家向乡土社会渗透

的行政机制》,《华中师范大学学报》2007年第5期。

108.《政党下乡：现代国家对乡土的整合》,《学术月刊》2007年第8期。

109.《政权下乡：现代国家对乡土社会的整合》,《贵州社会科学》2007年第11期，人大报刊复印资料《政治学》2008年第3期。

110.《国家整合与社会主义新农村建设》,《社会主义研究》2006年第1期，《新华文摘》2006年第9期全文转载。

111.《当前中国农村研究方法论问题的反思》,《河北学刊》2006年第2期，人大报刊复印资料《中国政治》2006年第6期。

112.《现代国家建构与农业财政的终结》《华南师范大学学报》2006年第2期。

113.《建构知识扩大再生产的机制》,《中国书评》2006年第4辑。

114.《"回归国家"与现代国家的建构》,《东南学术》2006年第4期，人大报刊复印资料《政治学》2006年第11期。

115.《"再识农户"与社会化小农的建构》,《华中师范大学学报》2006年第3期，人大报刊复印资料《中国政治》2006年第9期、《社会学》第10期。

116.《在乡镇体制改革中建立现代乡镇制度——税费改革后的思考》,《社会科学》2006年第7期。

117.《社会化小农：解释当今农户的一种视角》,《学术月刊》2006年第7期，人大报刊复印资料《农业经济导刊》2006年第11期，与邓大才合作。

118.《农村微观组织再造与社区自我整合——湖北省杨林桥镇农村社区建设的经验与启示》,《河南社会科学》2006年第5期。

119.《我国基层民主政治建设的历史进程与基本特征探讨》,《政治学研究》2006年第4期，与刘义强合作。

120.《现代国家的建构与村民自治的成长》,《学习与探索》2006年第6期，《新华文摘》2007年第3期全文转载。

121.《村民自治的成长：行政放权与社会发育——1990年代以来中国村民自治发展困境的反思》,《华中师范大学学报》2005年第2期，人大报刊复印资料《中国政治》2005年第5期。

122.《论村民自治与加强农村基层组织执政能力》,《当代世界社会主义》2005年第4期,人大报刊复印资料《中国共产党》2005年第12期,与徐增阳合作。

123.《村民自治的深化:权利保障与社区重建》,《学习与探索》2005年第4期,《新华文摘》2005年第20期全文转载。

124.《在民族与民主的思辨中建构现代国家》,《南方日报》理论版2005年10月14日。

125.《土地问题的实质是国家与农民的关系问题》,《探索与争鸣》2004年第1期。

126.《精乡扩镇、乡派镇治:乡级治理体制的结构性改革》,《江西社会科学》2004年第1期,人大报刊复印资料《公共行政》2004年第5期。

127.《民主政治与社会主义政治文明建设》,《山东科技大学学报》(社会科学版)2004年第2期,人大报刊复印资料《社会主义论坛》2004年第8期。

128.《现代化视野中的"三农问题"》,《理论月刊》2004年第9期。

129.《乡村民主的作用及其有限性》,《博览群书》2004年第9期,《新华文摘》2004年第22期摘要。

130.《村民自治的生命力所在》,《光明日报》2004年11月12日。

131.《阶梯性社会与"三农"的提升》,《华中师范大学学报》2004年第6期。

132.《村民自治:中国宪政制度的创新》,《中共党史研究》2003年第1期,《高等学校文科学报学术文摘》2003年第2期摘要;人大报刊复印资料《中国政治》2003年第4期。

133.《对阶级划分的冷思考》,《探索与争鸣》2003年第1期;

134.《内核—边层:放权式改革——对中国改革的政治学解读》,《开放时代》2003年第2期,人大报刊复印资料《政治学》2003年第2期。

135.《变乡级政府为派出机构》,《决策与咨询》2003年第5期,《中国社会科学文摘》2003年第5期转载。

136.《强村、精乡、简县：乡村治理改革的走向》，《战略与管理》2003年第4期，人大报刊复印资料《中国政治》2003年第11期。

137.《走向民本主义》，《探索与争鸣》2003年第9期。

138.《农民流动、SARS与公民保障网络》，《福建师范大学学报》2003年第5期。

139.《现代国家建构中的非均衡性和自主性分析》，《华中师大学报》2003年第5期。

140.《圈子》，《开放时代》2002年第1期。

141.《县政、乡派、村治：乡村治理的结构性转换》，《江苏社会科学》2002年第2期，人大报刊复印资料《社会学》2002年第7期。

142.《礼治理治力治》，《浙江学刊》2002年第2期。

143.《乡村社会变迁与权威、秩序的建构》，《中国农村观察》2002年第4期。

144.《"绿色崛起"与"都市突破"——中国城市社区自治与农村村民自治比较》，《学习与探索》2002年第4期，《新华文摘》2002年第12期全文转载。

145.《庄园经济——资本农业的结晶》，《学习与实践》2002年第7期。

146.《着眼基层强固基础——建设社会主义政治文明的重要途径》，《长江日报》（理论版）2002年8月8日。

147.《从村治到乡政——乡村管理的第二次制度创新》，《山东科技大学学报》（社会科学版）2002年第4期，人大报刊复印资料《中国政治》2002年第12期。

148.《论城市社区建设中的社区居民自治》，《华中师范大学学报》2001年第3期，《新华文摘》2001年第9期全文转载。

149.《治理转型与竞争—合作主义》，《开放时代》2001年第7期。

150.《村民自治、政府任务及税费改革》，《中国农村经济》2001年第11期。

151.《为民主寻根——乡村政治及其研究路径》，《中国农村观察》2001年第5期。

152.《挣脱土地束缚之后的乡村困境及应对》，《华中师范大学学报》2000 年第 2 期。《中国社会科学文摘》2000 年第 4 期转载。

153.《中国农村村级选举竞争的若干支配因素——以 25 个村庄的调查及跟踪观察为例》，人大报刊复印资料《政治学》2000 年第 3 期复印。

154.《中国民主之路：从形式到实体》，《开放时代》2000 年第 5 期。

155.《草根民主的崛起：价值与限度》，《中国社会科学季刊》2000 年夏季号。

156.《权力重组：能人权威的崛起和转换——广东省万丰村先行一步的放权改革及启示》，《政治学研究》1999 年第 1 期。

157.《利益与体制：民主选举背后的变数分析——以湖北省月村村治实验为例》，《华中师范大学学报》1999 年第 2 期。

158.《中国农村和农民问题研究的百年回顾》，《华中师范大学学报》1999 年第 6 期，人大报刊复印资料《中国现代史》2000 年第 1 期。

159.《历史的跨越与激荡——1998 年以来村委会选举评述》，《农民日报》1998 年 8 月 31 日。

160.《论村民自治背景下党组织与自治组织的协调》，《学习与探索》1998 年第 1 期，人大报刊复印资料《中国共产党》1998 年第 2 期。

161.《股份合作制崛起中村治模式转换——以广东万丰村为个案》，《华中师范大学学报》1998 年第 2 期，《新华文摘》1998 年第 8 期全文转载。

162.《论村务公开》，《中国民政》1998 年第 8 期。

163.《以村民自治推进村级公共财务的有效治理》，《天津社会科学》1998 年第 4 期。

164.《资本农业论纲》，《山西发展导报》1998 年 8 月 25 日，与于建嵘合作。

165.《民主化进程中的路径选择——河南省辉县市由村务公开到政务公开的经验与思考》，《社会科学》（上海）1998 年第 10 期。

166.《政治体系二分法》，《政治学研究》1998 年第 4 期。

167. 《在政治体制改革中实现对社会主义社会过程的科学管理》，《福建论坛》1998 年第 10 期。

168. 《论乡政管理与村民自治的有机衔接》，《华中师范大学学报》1997 年第 1 期。

169. 《政务与村务的合理划分与有效处理》，《中国民政》1997 年第 5 期。

170. 《民主化进程中的政府主动性——对四川达川市村民自治示范活动调查与思考》，《战略与管理》1997 年第 3 期，《新华文摘》1997 年第 3 期转载。

171. 《白鹤与白石两村处理农民负担问题的方式及后果比较》，《中国农村经济》1997 年第 5 期。

172. 《村干部的双重角色：代理人与当家人》，《二十一世纪》1997 年第 8 期。

173. 《GOVERNANCE：治理的阐释》，《政治学研究》1997 年第 1 期。

174. 《中国农村村民自治的创造性和独特性》，《求索》1997 年第 4 期。

175. 《论中国农村"乡政村治"治理格局的稳定与完善》，《社会科学研究》1997 年第 5 期。

176. 《浸润在家族传统文化中的村民自治》，《社会科学》1997 年第 10 期，《新华文摘》1998 年第 2 期全文转载，人大报刊复印资料《中国政治》1997 年第 12 期。

177. 《农村政治稳定的总体评估与发展趋势》，《文史哲》1996 年第 1 期。

178. 《三种流行的政治理论观点辨析：走出非此即彼的樊篱》，《东方》1996 年第 3 期，人大报刊复印资料《政治学研究》1996 年第 4 期。

179. 《由能人到法治：中国农村基层治理模式转换——以若干个案为例兼析能人政治现象》，《华中师范大学学报》1996 年第 4 期；《新华文摘》1996 年第 10 期摘要。

180. 《现代化中的乡土重建——毛泽东、梁漱溟、费孝通的思想及比较》，《天津社会科学》1996 年第 5 期；人大报刊复印资料《社会学》1996 年第 6 期。

181.《创造性继承与发展——毛泽东与邓小平解决农民问题思路比较》，《中南民族学院学报》1995 年第 3 期。

182.《现阶段农村发展中的两对矛盾及解决思路》，《学习与实践》1995 年第 6 期。

183.《论中国农村居民的分化》，《上海社会科学院学术季刊》1995 年第 3 期，与卢福营合作。

184.《市民社会发育中的"钱权交易"意识》，《探索与争鸣》1994 年第 3 期。

185.《中国农民传统政治文化的双重性格分析》，《天津社会科学》1994 年第 3 期。

186.《地区发展非均衡性的政治影响分析》，《学习与探索》1994 年第 3 期；人大报刊复印资料《政治学研究》1994 年第 5 期。

187.《论现阶段农民负担问题的特点及对国家和农民关系的影响》，《社会科学》1993 年第 7 期。

188.《市民社会：现代政治文化的原生点》，《天津社会科学》1993 年第 4 期；人大报刊复印资料《科学社会主义》1993 年第 9 期。

189.《中国古代乡村行政与自治二元权力体系》，《中国史研究》1993 年第 4 期。

190.《论现阶段农村管理体制中乡政与村治的冲突与调适》，《求索》1992 年第 2 期。

191.《社会主义现代化建设时期的农民问题初探》，《社会主义研究》1992 年第 3 期；人大报刊复印资料《科学社会主义》1982 年第 7 期。

192.《世界发展模式比较与有中国特色的社会主义》，《华中师范大学学报》1992 年第 4 期。

193.《历史主动性与社会主义进程》，《华中师范大学学报》1991 年第 2 期。

194.《20 世纪中国的历史方位与社会主义选择》，《中共党史研究》1991 年第 3 期。

195. 《古代市民政治文化的独特性与局限性分析》，《江汉论坛》1991年第8期。

196. 《重心下沉：90年代学术新趋向》，《社会科学报》1991年11月4日。

197. 《马克思恩格斯有关城乡关系问题的思想及其现实意义》，《社会主义研究》1991年第6期。

198. 《城市与乡村二元政治结构分析》，《华中师范大学学报》1990年第1期。

199. 《中国城市和乡村二元社会结构的历史特点及当代变化》，《社会主义研究》1990年第1期；人大报刊复印资料《社会学》1990年第2期。

200. 《本质平等与事实不平等：现阶段社会主义城乡关系分析》，《求索》1990年第4期；《新华文摘》1990年第11期摘要。

201. 《转型期的中国政治发展：困境与出路》，《政治学研究》1989年第1期。

202. 《现代生活方式：冲突与对策》，《经济与社会发展》1989年第2期。

203. 《改革进程中的中国政治：问题、原因及战略选择》，《学习与实践》1989年第7期。

204. 《论政治社会学的建立与发展》，《求索》1989年第5期，与黄百炼合作；人大报刊复印资料《社会学》1989年第6期。

205. 《当代知识分子的生活方式：发展与问题》，《中国社会科学》（未定稿）1988年第3期；人大报刊复印资料《中国政治》1988年第9期。

206. 《政治社会化与民主政治建设》，《福建论坛》1988年第4期，与黄百炼合作；《新华文摘》1988年第8期摘要。

207. 《现阶段必须加强基层民主政治建设》，《社会科学报》1988年4月21日。

208. 《政治现代化有关理论介评》，《湖北社会科学》1988年第5期；人大报刊复印资料《中国政治》1988年第6期。

209. 《马克思三类社会人的发展思想与当代改革》，《华中师范大学学报》1988年第3期;《高等学校文科学报文摘》1988年第5期摘要;人大报刊复印资料《马克思列宁主义研究》1988年第7期。

210.《政治现代化:世界与中国》,《社会主义研究》1988年第4期;人大报刊复印资料《中国政治》1988年第10期。

211.《政治行为分析与民主政治建设》,《求索》1988年第4期;人大报刊复印资料《科学社会主义》1988年第9期复印;《新华文摘》1988年第12期摘要。

212.《城市民主政治建设应该走在社会民主化进程的前列》,《长江日报》(理论版)1988年8月31日;人大报刊复印资料《科学社会主义》1988年第9期。

213.《建设与社会主义商品经济新秩序相适应的民主政治新秩序》,《湖北日报》(理论版)1988年9月7日。

214.《青年参与社会政治生活的特点》,《青年探索》1988年第4期。

215.《政治权利分析与民主政治建设》,《广州研究》1988年第10期。

216.《简论乡村生活方式的变革》,《福建论坛》1987年第3期。

217.《论社会主义物质消费生活方式》,《社会主义研究》1987年第2期。

218.《论社会主义的闲暇生活方式》,《华中师范大学学报》1987年第3期;《人民日报》1987年7月5日转载;《高等学校文科学报文摘》1987年第5期摘要。

219.《试论青年生活方式的一般特征》,《青年研究》1987年第4期。

220.《我国社会主义生活方式形成特点》,《毛泽东思想研究》1987年第2期。

221.《我国当代社会生活方式发展模式探讨》,《湖北社会科学》1987年第5期。

222.《走向文明——当代青年家庭生活方式概观》,《青年探索》1987年第2期。

223.《试论知识分子生活方式的一般特点》,《求索》1987年第3

期；《新华文摘》1987 年第 9 期摘要；人大报刊复印资料《社会学》1988 年第 5 期复印。

224.《社会主义生活方式辨义》,《华中师范大学学报》1986 年第 1 期。

225.《应当分层次研究生活方式》,《国内哲学动态》1986 年第 1 期。

226.《我国社会主义生活方式形成过程初探》,《湖北社联通讯》1986 年第 2 期。

227.《试论社会主义的社会政治生活方式》,《社会主义研究》1986 年第 3 期。

228.《马克思恩格斯关于生活方式问题的基本思想探讨》,《马克思主义研究》1986 年第 3 期；人大报刊复印资料《社会学》1987 年第 1 期复印；《伦理学》1986 年第 12 期复印。

229.《论社会主义生活方式》,《科学社会主义》1986 年第 3 期。

230.《人民参与决策的首要前提：政治公开化》,《社会主义研究》1986 年第 5 期。

231.《社会主义生活方式探讨》,《社会主义研究》1985 年第 1 期；《光明日报》1985 年 8 月 19 日摘要介绍。

232.《重视社会主义生活方式的研究》,《光明日报》1985 年 2 月 18 日；中央人民广播电台"新闻与报纸摘要"播介。

233.《社会主义生活方式与社会主义文明》,《江汉论坛》1985 年第 2 期；人大报刊复印资料《伦理学》1985 年第 5 期；《中国哲学年鉴》1986 年版收录。

234.《经济体制改革与新的生活方式》,《福建论坛》1985 年第 8 期。

235.《加强对社会主义社会科学管理的研究》,《光明日报》1985 年 10 月 21 日；人大报刊复印资料《科学社会主义》1985 年第 10 期。

236.《关于"建设有中国特色的社会主义"若干问题研究综述》,《科社研究》1984 年第 3 期。

237.《开展比较社会主义学研究》,《光明日报》1984 年 7 月 30 日；人大复印资料《科学社会主义》1984 年第 7 期。

238.《人生一般问题应该成为哲学的思考对象》,《哲学动态》1983 年第 8 期。

239.《共产主义在实践中前进》,《华中师范学院学报》(哲学社会科学版) 1982 年第 6 期,两人合作,徐育苗第一作者。

240.《现代社会生产力系统结构初探》,《江淮论坛》1981 年第 3 期,收入安徽人民出版社《大学生论文选编》一书。

三 获奖情况

1.《非均衡的中国政治:城市与乡村比较》,获教育部霍英东教育基金奖(1993)。

2.《中国农村政治稳定与发展》(主编),获中宣部"五个一工程"奖(1996)。

3.《中国农村村民自治:制度与运作》,获得首届全国优秀博士学位论文奖。

4.《中国农村村民自治》,获湖北省社会科学优秀成果一等奖(2001)、教育部人文社会科学优秀成果二等奖。

5.《流动中的乡村治理》,获第四届全国高校人文社会科学优秀成果二等奖。

6.《现代国家的建构与村民自治的成长》,获第五届全国高校人文社会科学优秀成果二等奖(2009)。

7.《农民理性的扩张:中国奇迹的创造性主体分析》,获第六届全国高校人文社会科学优秀成果二等奖(2012)。

8.《中国家户制传统与农村发展道路——以俄国、印度的村社传统为参照》,获第七届全国高校人文社会科学优秀成果二等奖(2015)。

9.《历史延续性视角下的中国道路》,获湖北省社会科学优秀成果一等奖(2018)。

后　记

我们为何要构建田野政治学，或者说政治学的"田野学派"？

宏大的背景是：政治学中国化与中国化政治学。

政治学界长期存在两种倾向：一是政治问题的政治表达，不能从政治学的学理性加以研究；二是学术研究的西方注脚，认为只有西方才有政治学，只有西方的政治学才是理论。

政治学作为一门学科，其自主性表现为两个方面：

一是政治问题的学术表达。学术表达必然会借鉴人类的学术成果。将政治学理论和方法运用到对中国政治问题的研究，推进政治学的中国化。

二是政治问题的中国表达。在学习和运用政治学理论和方法的过程中，产生出具有中国原创性的政治学理论，为世界政治学的进步贡献出中国人的智慧，形成中国化政治学。

政治学作为一门学科于改革开放以后恢复重建。改革开放以来，随着经济社会的快速发展，我国逐步建立起中国特色社会主义道路自信、理论自信、制度自信、文化自信。而作为上述自信的政治学表达看，严重缺乏学术自信。有理说不出，说了没人信。可以摆事实，但难以讲道理，难以从"中国之治"中讲出"中国之理"。

这是因为，作为一门学科的政治学产生于西方，学科追根溯源很容易追到西方。现代政治学也主要产生于西方。包括政治学在内的社会科学因为缺乏"根源"和"老祖宗"，很容易陷入"本土化"与"规范化"的焦虑之中。这一问题自20世纪90年代便已提出，至今还是个热门话题。《探索与争鸣》杂志近年来刊发一系列论文。中国文史学科就没有这样的焦虑。因为文史学科有自己的"根源"和"老祖宗"，如《史记》。所以文史学科特别讲究"师门"和"师承"，比如我校章开沅老师的"章门弟子"。在社会科学很难有"某门"的说法，因为一入门，就入到西方人的门下了，很容易"数典忘祖"！

所以，社会科学在中国是一门无根的学科，自然就难以成为学派了。"无根"和"无派"，是现实，意味着差距；但并不是理想，并不意味着不能改变。因为，就是西方人也不可能穷尽所有真理。"言必称希腊"，意味着永远只能当希腊人的弟子。何况这一想法并不符合希腊人的真正精神，这就是"我爱我师，我更爱真理"。"更爱真理"便意味着可以不拘泥于老师，甚至超越老师。这才是真正的"希腊精神"。认为只有西方才有政治学，只有西方的政治学才是理论的认识恰恰是背离"希腊精神"的。

从政治学的学科看，中国起步较晚，要有不断学习和永远学习的心态。但并不意味着只能学习而不可超越；只能模仿，而不能原创。

超越和原创的重要途径之一，就是走出书本，走向生活。因为生活是丰富多彩的，也是不断变化的，理论不可能穷尽生活的一切。前不久，华中师范大学赵书记接受"田野政治学"公众号的访谈，引起强烈反响。四川有一位教授发表感言说："再读一遍又有新收获：从生活出发的精神体验与思想实践往往是重新发现世界的最佳入口，是思想突破既有观念化的理论体系的最佳切口。"我以为这一感言非常确切，也表达了我们的共同心声。

当然，走向生活并不是轻视书本，恰恰相反，更要重视书本，重视理论。对于学术研究而言，只有理论关怀的调查才具有学术价值；只有经过理论提炼和加工的调查资料才是有学术意义的调查。就如文学创作一样，到生活中去是寻找源泉，但并不是对生活的照搬。只有经过加工和提炼才能产生作品。我们这些年，走向生活，做了大量调查，如果不将调查加工成学术产品，就只是一堆原材料。要加工就必须掌握一般的政治学理论。

我们的田野调查和在调查中收集到的大量数据资料，是一个宝库，是一个能够提炼原创性、又具有普遍价值理论的宝库。之所以在进行大规模田野调查之后，我们提出"田野政治学"，目的便是强化学科和学术意识，用政治学理论去开发田野调查资料，从开发中提炼中国化的政治学理论。后一步更为艰难。我们的田野调查持续了20多年时间，要进行理论开发，并产出中国化的政治学理论的时间可能更长一些。但是，人就是这样，不怕不努力，就怕没方向。方向对，路子对，就会有收获。"田野政治学"只是一种方向，一种学术自觉。

为此，我们有必要对田野政治学作一个基本界定。

田野是一种场域。它包括农村而不限于农村，是实地、实际、实践、实验的指代。相对于书本文献而言。

田野是一种方法。主张以现场主义、客观主义、科学主义的方法从实地、实际、实践、实验获取材料、灵感。田野非常强调现场感。就如地质学必须到野外考察一样。

田野政治学属于实证政治学的范畴，都强调理论来自于经验事实，而不是让事实经验与先在的理论接轨。但田野政治学比实证政治学的范围又小一些，特别强调个人的实地调查经验。

田野政治学是以田野为对象，以田野调查为方法，对政治现象和政治规律的研究。

田野政治学的特性：有学术关怀的田野调查，以调查为基础的原创理论。

田野政治学是政治学理论中国化和中国化政治学理论的具体体现。

经过数代人的努力，田野政治学已形成一种政治学研究的路径。但这一路径能否延续下去，还很难说。一是在于西方政治学已形成了一条知识生产线，不断有新的知识产品出现。中国的政治学很容易为追随最新的知识产品而忽视了自己的知识积累，有新无传，新只是引进的"新"，而不是自主的"新"。二是要使一种路径得到延续，需要更多的人沿着这一路径不断产生新的作品，有叶方能显根，有流方能显源。

无论如何，田野政治学作为一种探索，在中国的政治学术史上有其独特的地位。通过本书可以作一个总结，回望我们的学术是怎样一路走过来，同时为将往何处走提供一点启示。

本书的出版得到多方面的支持。

本书的部分内容在"田野政治学"公众号等媒体传播。负责公众号的陈军亚教授及我的工作助理李旻昊协助处理文字工作，贡献甚多。冯春凤女士与我们结识20多年，对我们支持甚多，并强烈希望编辑本书，成收官之作。在此致以诚挚的感谢！

徐 勇
2021年5月1日于武汉顿悟小屋